브루너 교육론의 해체와 재구성:

언어, 문화, 자아에 대한 철학과 심리학의 화합

David Bakhurst & Stuart G. Shanker

강현석 · 윤지원
노진규 · 김수영 공역

교육과학사

Jerome Bruner: Language, Culture, Self
by David Bakhurst, Stuart G. Shanker

이 책은 David Bakhurst and Stuart G. Shanker(2001)가 「Jerome Bruner: Language, Culture, Self」라는 제목으로 편집한 책을 우리말로 옮긴 것이다. 브루너 자신이 직접 집필한 것이 아니라 여러 연구자들이 브루너의 연구를 각자의 입장에서 논평한 글이다. 물론 브루너 역시도 자신의 입장을 마지막 파트에서 간략하게 대응하고 있는 형식을 갖추고 있어서 본 저서는 보기 드문 귀중한 학술서라고 생각한다. 주지하다시피, 브루너는 이 책이 출간된 이후 2016년에 작고하기까지 많은 연구를 세상에 선보였기 때문에 현재 시점으로 보면 이 책에서 논의되는 내용들이 브루너의 생각을 온전히 잘 비평하고 있는가 하는 점에는 의문이 남는다. 그럼에도 불구하고 학술적으로 매우 중요한 이슈들을 다루고 있다는 점에서는 변함이 없다고 보아야 할 것이다.

이 책의 주제는 브루너가 인간의 마음과 정신에 대한 연구가 우리에게 어떠한 학술적 기여를 하고 있는지를 탐구하는 데 있다. 우리가 잘 알고 있듯이 브루너는 오랫동안 여러 연구물들을 통하여 교육 문제, 아동 발달의 문제, 인문사회과학의 문제, 심지어 법과 같은 구체적이고 실천적인 문제들에 꾸준히 관심을 기울여 왔다. 이러한 영역에서 그는 독특하게도 늘 사유를 중시하는 이론가다운 면모를 보였으며, 개념과 아이디어에 깊은 천착을 수행한 놀라운 사상가라고 평가받을 만하다. 놀라운 점은 평생 동안 그가 수행해 온 연구물 전체를 통틀어 보면 철학뿐 아니라 언어학, 아동심리학, 문학 이론, 인류학 등 다양한 학문 분야에서 탐구해 온 폭넓은 철학적 주제들이 비교적 일관되게 반영되어 있다.

본 저서 편집자의 평에 의하면 브루너는 아무리 작고 실용적인 주제를 논의할 때에도 심리학의 학문적 본질에 대해 고민을 하였고, 그리고 그것이 우리 자신을 이해하는 데 어떤 기여를 할 수 있는지를 끊임없이 사유하였다고 한다. 심리학의 핵심 개념과 방법론에 비추어온 그의 깊은 통찰은 이론적 깊이를 반영하며, 오늘날에도 학문에 끼친 영향력은 지대하다고 볼 수 있을 것이다. 브루너는 독특하게도 '철학적 심리학자이자 심리학의 철학자'로서의 이론적 면모를 갖추고 있다고 본다.

앞에서도 언급하였듯이, 이 책은 브루너가 직접 쓴 글이 아니라 여러 기고자들이 작성한 논문들을 편집한 것이다. 대부분의 기고자들은 브루너를 칭찬 일변도의 찬양하는 글을 쓴 것이 아니라 학술적으로 엄정하게 평하고 있다. 기고자들은 오히려 브루너의 연구에서 논의된 결과들을 하나의 렌즈로 삼아 심리학 및 인접 학문 분야에서 벌어지고 있는 현대적 논쟁들, 예를 들면 정신과 문화, 언어와 의사소통, 정체성과 발달을 둘러싼 다양한 주제들을 조망하고 있다. 그런 점에서 기고자들이 다루는 주제들 역시도 매우 다양하다. 예를 들어, 언어와 그 발달, 화용론과 감정, 교육, 기억, 규칙과 규범성, 담화 혹은 담론, 대화, 그리고 자아에 이르기까지 매우 다양하다는 것을 알 수 있을 것이다.

이러한 점에서 본 저서의 역서명을 「브루너 교육론의 해체와 재구성: 언어, 문화, 자아에 대한 철학과 심리학의 화합」이라고 지었다. 이 역서명을 보면 한국의 독자들은 대체로 전기 브루너 이론의 핵심 아이디어인 지식의 구조, 탐구, 발견학습, 표현양식, 나선형 교육과정 등을 연상할 지도 모르겠다. 나아가 후기이론의 핵심인 내러티브 이론을 떠올릴지도 모르겠다. 그러나 이 책의 제목을 보면 그러한 연상은 일견 잘못된 것임을 알게 될 것이다.

이 책은 전체 12개의 장으로 이루어져 있다. 편집자가 작성한 서론의 글은 매우 훌륭하게 작성되어 있다. 브루너가 개척한 길이라는 제목으로 작성된 글로서 이 책의 학술적 중요성과 의미를 잘 설명해주고 있다. 그 다음으로 1장 불균형의 기울어진 행동: 제롬 브루너의 문화심리학, 2장 브루너의 언어 습득 이론, 3장 브루너가 지은 집, 4장 말하는(대화하는) 방법의 학습에 관한 브루너와 콩디야크(Condillac)의 연구, 5장 유아기에서의 감정, 화용론, 그리고 사회적 이해, 6장 교육: 문화에서 마음으로 이어지는 다리, 7장에서는 수업의 문화생태학 서설 외에 Gardner가 성찰하는 단상: 교육자로서 제롬 브루너, Reed의 Bruner 교육론 비판 글이 실려 있다. 이어지는 8장 유아기와 역량(능력)의 탄생: 브루너와 비교 발달 조사 연구, 9장 삶에서의 규범: 규칙 표상에 관한 문제, 10장 심리학의 제3의 혁명을 향하여: 내적 정신 표상에서 대화로 구조화되는 사회적 실제로, 11장 기억, 아이덴티티, 그리고 문화심리학의 미래이다. 마지막으로 12장에서는 브루너가 직접 자신의 생각을 응답 형식으로 제시하고 있다.

본 저서에서 다루는 내용들이 일반 독자들에게는 다소 어려울 수도 있을 것이다. 이러한 점을 감안하여 역자들은 각 장마다 그 장의 핵심적 주장들을 요약하여 제시하였으며, 각 장이 끝날 때마다 전체적으로 내용을 요약하여 제시하고 있다. 각 장을 처음부터 읽는 데에 어려움을 느끼는 독자들은 각 장의 요약 파트를 먼저 읽고 난 후에 본문을 읽어보기를 권장한다. 그리고 본문에 독해를 위하여 각주들을 달고 있다. 독자의 이해를 돕기 위한 장치로 양해해 주기 바란다.

이 책은 학술적으로 매우 폭넓은 주제와 이슈들을 다루고 있다는 점에서 매우 중요한 문헌으로 평가할 수 있다. 그러나 역자들의 역량 부족으로 가독성 면에서 많이 미흡할 것으로 예상한다. 독자들의 많은 질정을 기대해 본다. 향후에 검토와 수정을 통하여 보다 가독성이 높은 역서로 발전시켜 나갈 예정이다.

내년이 브루너의 작고 10주년이 되는 해이다. 10주년을 맞이하여 본 역서를 출간하게 되어 매우 뜻깊게 생각한다. 아울러 별로 출판사의 재정에 도움이 될 것 같지 않은 본 저서를 출간하도록 물심양면으로 도움을 주신 출판사 모든 분들께 깊은 감사를 드린다.

유별나게 더웠던 을사년(乙巳年)
여름과 가을을 뒤로 하고 겨울을 맞이하면서

역자 일동

데이비드 바크허스트(David Bakhurst)는 캐나다 온타리오주 킹스턴에 위치한 퀸스 대학교(Queen's University) 철학과 교수이다. 그는 『Consciousness and Revolution in Soviet Philosophy』(1991)의 저자이며, 크리스틴 시프노비치(Christine Sypnowich)와 함께 『The Social Self』(1995)를 공동 편집하였다.

마이클 베란(Michael Beran)은 조지아 주립대학교(Georgia State University) 심리학과 대학원생으로, 언어연구센터(Language Research Center)에서 연구를 수행하고 있다.

제인 R. 브라운(Jane R. Brown)은 펜실베이니아 주립대학교(Penn State University)에서 인간발달 및 가족학(Human Development and Family Studies) 박사 학위를 취득하였다. 현재는 캘리포니아주 몬터레이 카운티(Monterey County)의 아동 및 가족 지원 프로그램과 기관을 대상으로 평가 컨설턴트로 활동하고 있다.

제롬 브루너(Jerome Bruner)는 뉴욕 대학교(New York University)의 석좌교수(University Professor)이다. 그는 뉴욕의 The New School for Social Research에서 G. H. 미드 석좌교수(G. H. Mead University Professor)를 옥스퍼드 대학교(Oxford University)에서는 심리학과 왓츠 석좌교수(Watts Professor of Psychology)를 역임하였다. 브루너는 지각, 언어, 교육에 관한 문제와 문화가 심리학에 갖는 의미에 대해 폭넓은 저술 활동을 해왔다. 주요 저서로는 『Child's Talk』(1983), 『Actual Minds, Possible Worlds』(1986), 『Acts of Meaning』(1990), 『The Culture of Education』(1996), 그리고 앤서니 암스테르담(Anthony Amsterdam)과 공저한 『Minding the Law』(2000)가 있다.

주디 던(Judy Dunn)은 런던 정신의학 연구소(Institute of Psychiatry)에서 MRC(영국 의학연구위원회) 연구 교수로 재직 중이다. 그녀의 연구는 아동의 사회적, 인지적, 의사소통적 발달 과정을 친밀한 대인관계의 맥락에서 탐구하는 데 초점을 맞추고 있다. 주요 저서로는 『The Beginnings of Social Understanding』(1988)과 로버트 플로민(Robert Plomin)과의 공저 『Separate Lives: Why Siblings Are So Different』(1990)가 있다.

크리스토퍼 엘더(Christopher Elder)는 조지아 주립대학교 언어연구센터(Language Research Center)에서 수학했으며, 현재 에모리 대학교 의과대학 신경과(Department of Neurology)에서 연구 전문가(Research Specialist)로 재직 중이다. 그는 현재 뇌심부 자극술(deep brain stimulation)이 파킨슨병에 미치는 영향을 연구하고 있다.

하워드 가드너(Howard Gardner)는 하버드 대학교의 존 H. 및 엘리자베스 A. 홉스 인지교육학 석좌교수이자 심리학과 겸임교수이다. 인지발달심리학자로 훈련받은 그는 신경심리학, 교육 개혁, 직업 윤리 등 다양한 분야에서 연구를 수행해 왔다. 저서로는 『The Disciplined Mind』, 『Intelligence Reframed』(이상 1999)를 비롯하여 다수의 저작물을 집필해 왔다.

클리퍼드 기어츠(Clifford Geertz)는 인류학자이자 프린스턴 고등연구소 사회과학부의 해럴드 F. 린더 사회과학 교수이다. 그는 『문화의 해석(The Interpretation of Cultures)』, 『지역적 지식(Local Knowledge)』(1973), 『사실 이후(After the Fact)』(1995)를 포함한 여러 저서를 집필해 왔다. 또한 인도네시아와 모로코에서 광범위한 현지 조사를 수행해 왔다.

롬 하레(Rom Harré)는 옥스퍼드 대학교 리네이커 칼리지의 명예 펠로우이며, 조지타운 대학교 심리학 교수이자 워싱턴 D.C. 아메리칸 대학교 철학과의 겸임 교수로 재직해 왔다. 그의 주요 저서로는 자연과학 철학을 다룬 『Varieties of Realism』(1986)과 『Great Scientific Experiments』(1981)가 있으며, 인간 인지의 다양한 측면에서 규칙과 관습의 역할을 탐구한 『Social Being』(1979), 『Personal Being』(1983), 『Physical Being』(1991) 등 3부작을 집필해 왔다. 가장 최근의 저서는 『The Singular Self』(1998)이다. 그는 헬싱키 대학교, 오르후스 대학교, 리마 대학교에서 명예박사 학위를 수여받아 왔다.

데이비드 R. 올슨(David R. Olson)은 토론토 대학교의 교수이자 OISE/UT에서 응용 인지과학 교수로 재직해 왔다. 그는 『The World on Paper』(1994)의 저서를 집필해 왔으며, 낸시 토런스와 함께 『Handbook of Education and Human Development』(1996)를 공동 편집해 왔다. 브루너의 저서 『The Culture of Education』(1996)은 올슨에게 헌정되어 왔다.

에드워드 S. 리드(Edward S. Reed)는 1991년부터 1997년 2월 갑작스럽게 세상을 떠날 때까지 프랭클린 & 마셜 대학에서 심리학 부교수로 재직해 왔다. 그 기간 동안 그는 구겐하임 펠로우십을 수혜받았으며, 이를 통해 『Encountering the World』(1996), 『The Necessity of Experience』(1996), 『From Soul to Mind: The Emergence of Psychology, 1815-1890』(1997) 등 세 권의 마지막 저서를 완성해 왔다.

듀안 럼바우(Duane Rumbaugh)는 현재 조지아 주립대학교 예술과학대학 언어연구센터 소장으로 재직해 왔다. 그는 1971년부터 1989년까지 심리학 교수로 활동해 왔으며, 인지에 대한 비교 연구에 꾸준한 관심을 가져 왔다.

스튜어트 G. 섕커(Stuart G. Shanker)는 토론토 요크대학교 앳킨슨 칼리지에서 심리학 및 철학을 가르쳐 왔다. 최근 저서로는 『Wittgenstein's Remarks on the Foundations of AI』(1998)와 S. Savage-Rumbaugh and Talbot J. Taylor와 공동 집필한 『Language and the Human Mind』(1998)가 있다. 존 쇼터는 뉴햄프셔 대학교 대인관계학과 교수이자 커뮤니케이션학과 학과장을 맡아 왔다. 그는 참여 민주주의와 시민 사회 발전 과정에서 사람들이 목소리를 낼 수 있게 하는 사회적 조건에 오랜 관심을 가져 왔다. 저서로는 『Social Accountability and Selfhood』(1984), 『Cultural Politics of Everyday Life』(1993), 『Conversational Realities』(1993) 등이 있다.

탤벗 J. 테일러(Talbot J. Taylor)는 윌리엄 앤 메리 버지니아 대학교에서 영어학 및 언어학을 가르치고 있는 루이스 G. T. 쿨리 석좌교수이다. 그는 로이 해리스와 함께 학술지 『Language & Communication』의 공동 편집을 맡아 왔다. 최근 저서로는 『Theorizing Language』(1998)와 Savage-Rumbaugh, S. Shanker와 공동 집필한 『Language and the Human Mind』(1998)가 있다.

마이클 토마셀로(Michael Tomasello)는 에모리 대학교에서 강의했고, 1980년부터 1998년까지 미국 여키스 영장류 센터(Yerkes Primate Center)에서 근무해 왔다. 1998년부터는 독일 라이프치히에 있는 막스 플랑크 진화 인류학 연구소(Max Planck Institute for Evolutionary Anthropology)의 공동 소장을 맡아 왔다. 그의 연구는 인간 아동과 유인원의 사회적 인지, 사회적 학습, 언어 및 의사소통 과정에 초점을 맞춰 왔다. 최근 저서로는 호셉 콜(Josep Call)과 공저한 『Primate Cognition』(1997)과 『The Cultural Origins of Human Cognition』(1999)이 있다.

편집자들은 이 프로젝트에 기여할 수 있도록 지원금을 지원해 주신 캐나다 사회과학 및 인문학 연구 위원회에 감사드립니다. 또한, 스튜어트 섕커의 연구를 지원해 주신 요크 대학교 앳킨슨 칼리지와 데이비드 바크허스트의 연구를 지원해 주신 퀸즈 대학교 자문 연구 위원회에도 감사드립니다.

차 례

역자 서문 / 3
집필진 소개 / 7
감사의 말 / 11

서론 **브루너가 개척한 길** ······ 17
David Bakhurst and Stuart G. Shanker

철학과 심리학 ······ 22
심리학자이자 철학자로서 브루너 ······ 30
화해인가 (반)-혁명인가? ······ 38
브루너의 사고 양식과 본질 ······ 42
결론: 브루너는 실용주의자의 길을 걸었다 ······ 46

제1장 **불균형의 기울어진 행동: 제롬 브루너의 문화심리학** ······ 51
Clifford Geertz

인지 혁명의 재고 ······ 51
마음에 초점을 맞춰라 ······ 55
문화심리학 구성하기 ······ 60
다름과 차이를 찾아 나서기 ······ 64

제2장 **브루너의 언어 습득 이론** ······ 75
Michael Tomasello

미성숙의 성격과 사용 ······ 77
아동이 말하는 행위: 언어사용 학습하기 ······ 80
단어학습에 관한 후속 연구 ······ 85
문법 능력의 습득 ······ 88
문법과 그 습득에 대한 새로운 관점 ······ 93
결론 ······ 99

제3장 **Bruner가 지은 집** 109
Stuart G. Shanker와 Talbot J. Taylor

비계 제거하기 109
말하기 위해 태어나다 113
구조적 불협화음 118
언어문화적 발달 125
결론: 아이가 지은 집 135

제4장 **말하는 방법의 학습에 관한 Bruner와 Condillac의 연구** 147
Talbot J. Taylor

언어 사용의 발생적 기원: 유전자와 문화 사이의 매개 151
깨달음: 언어학적 계통 발생 154
역량의 발아 159
Burner 이론에 대한 평가: 크립톤 팩터(Krypton Factor) 166
언어의 기원(재반복) 173

제5장 **유아기에서의 감정, 화용론 그리고 사회적 이해** 181
Judy Dunn and Jane R. Brown

감정적 맥락의 중요성 184
내면 상태에 대한 담론 186
속이려는 시도 189
초기 내러티브 190
감정의 중요성에서 나타나는 발달적 변화 192
사회적 파트너의 중요성 194
결론 199

제6장 **교육: 문화에서 마음으로 이어지는 다리** 209
David R. Olson

내재주의와 외재주의 213
개념 구성하기 219

제7장 **수업의 문화생태학을 향하여** 235
Edward S. Reed

Bruner의 삼원이론 237
학습의 생태학 240
무언가가 존재하거나 작동하는 맥락의 환경 속의 자아 244
가능하게 하는 문화를 지향하여 247
Bruner의 유산 251

Gardner가 성찰하는 단상: 교육자로서 제롬 브루너 257
Howard Gardner

Reed의 Bruner 교육론 비판 263
David Bakhurst

제8장 **유아기와 역량(능력)의 탄생: 브루너와 비교 발달 조사 연구** 275
Duane Rumbaugh, Michael Beran and Christopher Elder

비교 관점에서 발달의 요소들 277
언어습득과 유인원의 도구 사용 282
미성숙과 발현 행동 288
결론 291

제9장 **삶에서의 규범: 규칙 표상에 관한 문제** 301
Rom Harré

제1차 인지 혁명: 이론, 모델, 그리고 유형 위계 303
두 번째 인지 혁명을 향하여: 예비적 고려 308
GOFAI의 문제 318
결론 328

제10장 심리학의 제3의 혁명을 향하여:
내적 정신 표상에서 대화로 구조화되는 사회적 실제로 ···················· 337
John Shotter

움직이는 의미: 경계 넘나들기 ···················· 340
대화적 만남에서의 의미 이동 ···················· 345
대화체를 묘사하기(설명하기?) - 여기에서 어려운 것은 멈추는 것 ···················· 352
결론 ···················· 361

제11장 기억, 아이덴티티, 그리고 문화심리학의 미래 ···················· 371
David Bakhurst

사회적 차원과 개인적 차원: 어느 것이 우선하는가에 관한 논쟁 ···················· 374
비현실주의로 향하는 길 위에 서있는 문화심리학 ···················· 377
McDowell: 이유의 공간 찾아 나서기 ···················· 381
문화에 대한 가능성(Enabling) 시각 대 구성적 시각 ···················· 385
결론 ···················· 390

제12장 브루너의 응답 ···················· 403
Jerome Bruner

문화-마음의 연결: 다섯 가지 관점 ···················· 405
무엇이 문화인가? ···················· 417
언어, 마음 그리고 문화 ···················· 421
구성과 현실 ···················· 426
결론 ···················· 430

찾아보기 ···················· 436

서론 브루너가 개척한 길

David Bakhurst and Stuart G. Shanker

이 책의 주제는 제롬 브루너가 인간 정신에 대한 이해에 기여한 바를 탐구하는 데 있다. 브루너는 교육(Bruner, 1960, 1966, 1996), 아동 발달(1983a), 그리고 최근에는 법(Amsterdam & Bruner, 2000)과 같은 구체적이고 실천적인 문제들에 꾸준히 관심을 기울여 왔다. 그러나 그는 언제나 사유를 중시하는 이론가였으며, 개념과 아이디어에 깊은 매혹을 느낀 사상가였다. 그의 저작 전반에는 철학뿐 아니라 언어학, 문학 이론, 인류학 등 다양한 학문 분야에서 끌어온 폭넓은 철학적 주제들이 일관되게 반영되어 있다(Bruner, 1979, 1986). 브루너는 아무리 작고 실용적인 주제를 다룰 때에도, 그것이 심리학이라는 학문의 본질에 대해 무엇을 말해주는지, 그리고 그것이 우리가 우리 자신을 이해하는 데 어떤 기여를 할 수 있는지를 끊임없이 사유하였다. 그가 심리학의 핵심 개념과 방법론에 비추어온 통찰은 그의 이론적 깊이를 반영하며, 이는 그가 학문에 끼친 지대한 영향력의 중요한 이유이기도 하다. 이러한 점에서 우리는 이 책을 통해 '철학적 심리학자이자 심리학의 철학자'로서의 브루너에게 초점을 맞추고자 한다.

이 책은 브루너의 공로를 기리는 기념 논문집이 아니다. 기고자들이 브루너에 대해 깊은 존경심을 품고 있음을 각 장마다 분명히 엿볼 수 있지만 그들의 주된 관심은 그의 학문적 유산을 찬양하는 데 있는 것이 아니다. 오히려 브루너의 연구를 하나의 렌즈로 삼아 심리학 및 인접 학문 분야에서 벌어지고 있는 현대적 논쟁들—정신과 문화, 언어와 의사소통, 정체성과 발달을 둘러싼 논의들—을 조망하고자 한다. 브루너가 수십 년에 걸쳐 보여준 폭넓은 기여는 그를 이러한 탐색에 적합한 인물로 만들어준다. 브루너가 글을 쓰지 않은 심리학의 주요 분야는 거의 없으며, 그의 연구와 무관한 영역 또한 우리는 찾기 어렵다. 이러한 점은 본서의 기고자들이 다루는 주제들—언어와 그 발달, 화용론과 감정, 교육, 기억, 규칙과 규범성, 담화 혹은 담론, 대화, 그리고 자아에 이르기까지—의 다양성에서도 잘 드러난다.

브루너가 이상적인 연구 대상으로 적합한 또 다른 이유는 그가 20세기 심리학에서 두 차례에 걸친 중대한 패러다임 전환의 중심에 있었기 때문이다. 1950년대에 그는 인지 혁명의 핵심 인물로 활약하였으며, 이는 수십 년 동안 심리학을 지배해 온 건조한 행동주의적 객관주의로부터 벗어나 심리학에 다시금 '마음의 내면적 삶'을 회복시킨 전환점이었다. 인지 심리학은 이후 눈에 띄는 발전을 거듭하였고, 타 학문 분야와의 협업을 통해 마음에 대한 연구를 위한 체계적이고 학제적인 접근법으로서 '인지과학(cognitive science)'이라는 영역으로 확장되었다(Gardner, 1985 참조). 그러나 브루너는 시간이 흐를수록 인지주의가 변모한 모습에 점차 깊은 회의를 품게 되었다. 그는 1990년 출간한 『Acts of Meaning』에서 인지 혁명이 본래의 출발점이 되었던 기대와 열망을 배신하였다고 비판하였다. 그의 주장에 따르면, 인지 혁명의 본래 취지는 심리학 이론의 중심에 '의미'라는 개념을 되돌려 놓는 데 있었다. 그러나 인지주의는 점차 마음에 대한 연산적(계산적) 모델에 지나치게 매혹되었고, 그 결과 행동주의가 제시한 빈약한 인간 이해를 정보처리 기계로서의 인간이라는 또 다른 제한된 관점으로 대체해 버렸다는 것이다. 이에 대해 브루너는 의미란 (자극에 대한 반응처럼) 주어지는 것이 아니라, 인간이 세계와의 상호작용 속에서 능동적으로 구성해 나가는 것이라며 강하게 반박하였다. 의미는 (기계적으로 주어지는) 계산적이고 연산적 현상이 아니라 본질적으로 문화적 현상이며, 의미가 정신 활동의 매개라면 문화는 곧 정신을 구성하는 핵심 요소라는 것이다.

여러 측면에서 브루너의 문제 제기는 익숙한 것이었다. 주류 심리학이 개인주의적이며 과학주의적인 경향을 보이고, 인간 마음과 정신을 자족적인 '정신 원자(mental atom)'로 간주한 채 그것에 작용하는 사회적 · 문화적 영향들을 간과해 왔다는 비판은 오래전부터 제기되어 온 바 있다. 그러나 지난 10여 년 사이 이러한 비판은 점차 힘을 얻으며 본격적인 흐름으로 확산되고 있다. 브루너뿐 아니라 리처드 슈웨더(Richard Shweder, 1990)와 마이클 콜(Michael Cole, 1996) 역시 새로운 '문화심리학(cultural psychology)'의 필요성을 역설한 바 있으며, '구성주의 심리학'과 '담화(담론) 심리학'의 다양한 변형들이 등장하여, 심리학이 마음을 사회문화적 현상으로 다루어야 한다는 다채로운 주장들이 하나의 합창처럼 울려 퍼지고 있다(Edwards & Potter, 1992; Harré & Gillett, 1994; Gergen, 1999). 주목할 점은 이러한 주장들이 더 이상 학문적 주변부에서만 제기되고 있지 않다는 사실이다. 마치 정치 이론에서 좌파/우파라는 이분법적 구도가 해체되고 있는 것처럼, 이제 '개인주의적/과학주의적/데카르트적' 심리학과 '공동체주의적/해석학적/탈데카르트적' 심리학 사이의 구분 역시 시대착오적인 것으로 간주된다. 인지과학자들과 심리철학자들 사이에서도 인간의 사고와 행동은 항상 맥락 속에서 이루어진다는 점에서 마음에 대한 그럴듯한 설명은 그 맥락성을 외면할 수 없다는 인식이 광범위하게 공유되고 있다. 실제로 인간 정신의 문화적 기원과 사회적 실현에 주목하는 의미 있는 연구들도 등장하고 있다(Donald, 1991). 이제 문화에 주목하는 심리학자는 더 이상 주류에 반하는 인물이 아니다.

그럼에도 불구하고 심리학 내에서 문화를 어떻게 수용할 것인가에 대해서는 여전히 명확한 합의가 존재하지 않는다. 슈웨더와 콜이 제시한 문화심리학의 구상은 서로 간에도 그리고 브루너의 관점과도 상당한 차이를 보인다. 심리학이 문화라는 요소를 과학적 정신 이론에 대한 하나의 대안 혹은 해독제로 받아들여야 한다고 믿는 이들도 있는 반면, 또 다른 이들은 문화가 정신에 미치는 영향을 과학적 심리학의 틀 안에 통합하려는 시도를 이어가고 있다.

따라서 지금 이 시점은 심리학에서 일어난 이른바 '문화적 전환(cultural turn)'과 그 배후에 놓인 다양한 개념적 전제들을 면밀히 성찰하기에 더없이 적절한 시기라 할 수 있다. 브루너의 작업은 이러한 탐구를 수행하는 데 있어 최적의 위치에 놓여 있다. 그는 인지주의자로 출발하였으나 그로부터 이탈한 인물이기에 현재 자신이 비판하고 있는 입장들에 대해 누구보다도 깊이 있는 이해를 지니고 있다. 또한 브루너는 문학 비평 이론과 '포스트모던' 사조에서 많은 영감을 받으며 점차 급진적인 사유 태도를 취하고 있음에도 불구하고, 인지과학에 대한 그의 기본적인 입장은 대체로 화해적이다. 그는 자신이 여전히 최초의 인지 혁명이 추구했던 이론적 목표를 계승하고 있다고 인식하며, 체계적인 이론 구축이나 실험적 탐구 자체를 거부하지 않는다. 이러한 점에서 브루너는 현재의 논쟁에 참여하는 다양한 입장들과도 생산적인 대화를 나눌 수 있는 인물이며, 바로 이것이 그가 서로 다른 지적 전통을 대표하는 수많은 사상가들에게 깊은 영향을 미칠 수 있었던 또 하나의 이유이기도 하다.

그리고 우리가 브루너에 주목해야 할 또 하나의 이유는 다음과 같다. 인지 혁명의 향방이나 문화와 정신의 관계와 같은 문제들은 심리학적 설명의 기초에 관한 몇 가지 심오한 이론적 질문들을 다루는 과정을 통해서만 진전을 이룰 수 있다. 인지과학은 자신을 과학으로 자처하지만 그 이면에는 강력한 개념적 전제가 자리하고 있으며, 이는 순전히 개념적 차원에서 철학적 비판을 유도하는 요소로 작용하기도 한다. 그렇다면 한편으로는 경험적이고 심리학적인 탐구, 다른 한편으로는 정신의 본질에 대한 철학적 성찰, 이 둘 사이의 관계는 어떻게 이해되어야 하는가? 이 지점에서 브루너의 연구는 특히 통찰력을 제공한다. 앞서 언급했듯이, 그는 특정 철학적 사상에 대한 이해와 그것의 심리학적 적용에 있어 탁월할 뿐만 아니라, 심리학 연구 전반에 대해 깊은 반성적이며 사변적인 접근을 견지해 온 학자였다. 동시에 그는 실질적 함의를 지닌 경험적 이론을 구축하는 데 있어 개념 분석이 기여할 수 있다고 확신하였으며, 이를 실천적으로 적용하고자 지속적으로 노력해 왔다. 이하에서 우리는 브루너의 접근이 경험적 탐구와 철학적 탐구 사이의 생산적인 상호작용을 보여주는 유익한 사례임을 논의할 것이다. 이는 심리학자, 인지과학자, 정신철학자 모두에게 배울 점이 많은 하나의 이론적 모델이 된다.

그러나 이러한 주장을 정당화하기 위해서는 경험적 탐구와 개념적, 철학적 탐구 사이의 구분을 정확히 정립하는 일이 중요하다. 물론, 우리는 개념적 토대에 대한 성찰 없이 이루어진 경험적 연구와 경험적 발견에 전적으로 무관심한 개념적 사변 중에서 어느 하나를 선택해야 하는 것처럼 보이게 만들어서는 안 된다. 이러한 양극단의 접근은 모두 진지한 탐구라 보기 어렵다. 여기서 문제시되는 바는 관찰과 실험을 기반으로 한 경험적 이론들—즉 자연과학에서 전형적으로 제시되는 이론들—을 통해 마음의 본질이 어느 정도까지 그리고 얼마나 잘 드러날 수 있는가 하는 점이다. 혹은, 마음의 본질 중 일부는 우리가 마음과 정신 현상에 대해 가지고 있는 개념들에 대한 철학적 성찰을 통해서만 비로소 포착될 수 있는 것인가? 이처럼 어렵고도 매혹적인 문제는 19세기 중반 심리학이 독립된 학문으로 등장한 이래, 철학과 심리학의 관계를 끊임없이 따라다닌 핵심적 쟁점이다. 본격적으로 브루너의 논의로 들어가기 전에 이 두 학문 간의 긴장된 관계를 좀 더 면밀히 살펴보는 것이 유익할 것이다.

철학과 심리학

철학과 심리학의 관계는 무엇인가? 그리고 그 관계는 어떠해야 하는가? 철학은 개념 탐구의 한 형태로 우리의 근본적인 개념, 신념, 사고 양식에 대한 사변적 성찰을 통해 정신과 세계의 관계, 가치의 본질 등을 해명하는 것을 주요한 목표로 삼는다. 반면, 심리학은 정신을 경험적이고 과학적인 방법으로 탐구하고자 하는 학문이다. 물론 철학의 역사에는 철학 자체의 본질과 그것이 경험적 탐구와 맺는 관계에 대한 다양한 관점들이 존재한다. 이러한 관점들은 매우 다양하지만 대체로 두 가지 주요한 유형으로 분류할 수 있다. 첫 번째 유형은 데카르트와 칸트에 의해 대표되며 철학에 규범적이고 기초적인 역할을 부여한다. 이 입장에서 철학자의 임무는 우리의 근본 개념, 신념, 그리고 설명 양식들을 근거 짓고 정당화함으로써 경험적 탐구의 개념적 틀을 확립하는 것이다. 두 번째 유형은 로크와 흄에서 찾아볼 수 있으며 철학자는 이러한 근본 개념들을 정당화하기보다는 그것들을 기술하고 명료화하는 역할을 수행한다고 본다. 첫 번째 접근(소위 합리론)을 따르는 철학자들 중 상당수는 스스로를 과학의 옹호자로 간주하지만 철학이 과학의 '허가증'을 발급하려 든다는 인상은 많은 과학자들에게 불쾌감을 주어 왔다. 그들은 자신의 주장에 외부적 정당화가 필요하다고 여기지 않기 때문이다. 반면, 두 번째 유형(소위 경험론)의 이론가들은 일반적으로 과학에 더 순응적인 태도를 취한다. 이를 단적으로 보여주는 것이 로크의 유명한 자기비하적 표현이다. 그는 철학자를 과학의 '하급 노동자(underlabourer)'로 묘사하며, '지식에 이르는 길을 막고 있는 쓰레기들을 치우고, 그 길을 조금이나마 정리하는 자'라고 말한 바 있다(Locke, 1979: 10). 그러나 개념 명료화를 중시하는 이들조차도 자신들의 역할을 지식이나 의미 있는 담론이 도달할 수 있는 한계를 규정하는 데 있다고 본다. 이로써 그들은 경험적 탐구에 일정한 제약을 가하는 역할을 수행한다. 개념들을 명료화하기 위해 철학자는 의미 있는 것과 무의미한 것, 즉 의미와 비(무)의미를 구별하는 기준을 설정하고자 한다. 이러한 시도 역시 철학자와 과학자 간 갈등의 소지를 낳는다. 과학에 깊이 매료되었던 철학자들인 논리실증주의자들조차도 과학자들에게 무엇이 말해질 수 있고 무엇은 말해질 수 없는지를 지적하려고 했다. 당연히 과학자들은 이러한 철학적 개입에 저항하는 경향이 있다. 그들의 입장에서 볼 때, 철학과 과학 사이에 갈등이 없다면 철학은 과학을 있는 그대로 내버려 두어야 하며, 양자 간에 긴장이 존재할 경우 그것이 정당한 것인지는 과학의 진보만이 입증할 수 있다고 보기 때문이다.

따라서 철학자들이 스스로를 경험적 탐구의 보증인이나 조력자로 자처한다 하더라도 철학과 과학 사이에는 언제나 실제적인 갈등의 가능성이 존재한다. 특히 그 과학이 심리학일 경우 이러한 긴장은 더욱 첨예하게 드러난다. 이는 철학과 심리학이 모두 '마음'을 주된 탐구 대상으로 삼고 있기 때문이다. 근대 초기에 철학은 세계에 대한 설명 권한을 자연과학에 상당 부분 양보하였으나 마음에 대한 탐구만큼은 결코 포기하지 않았다. 그렇기에 19세기 들어 심리학이 독립된 학문으로 자리 잡기 시작하자 많은 철학자들은 정신 현상이 과학적 설명의 그물망에 포착될 수 있다는 생각에 강한 거부감을 드러냈다. 미국 심리학의 창시자로 자주 언급되는 윌리엄 제임스조차 하버드의 한 동료에게 심리학을 '불쾌한 작은 학문(nasty little subject)'이라 표현하며, 그 이유를 '정작 알고 싶은 모든 것은 경험적 연구의 경계 밖에 있기 때문'이라고 고백한 바 있다(Fancher, 1979: 166). 제임스가 느낀 불편함은 당시 새롭게 등장한 심리학이라는 과학이 기계론적 패러다임에 깊이 의존하고 있었기 때문이었다. 반면 그가 보기에 철학의 주요 과제는, 고차원적 감정이나 자유 의지처럼 인간을 인간답게 만드는 존재의 측면들을 설명하고 보존하는 데 있었다.

제임스가 혐오했던 결정론적 관점은 20세기 심리학의 여러 흐름 속에서 반복적으로 등장하였다. 먼저, 심리학을 사회공학의 한 분과로 전환하겠다는 약속과 함께 행동주의가 압도적으로 확산되었고, 이어 1950년대 중반 인공지능의 급격한 부상은 인간의 정신을 계산 장치로 환원시켰다. 보다 최근에는 유전적 결정론이 우위를 점하며, 인간의 '종(種) 고유 행동(species-typical behaviours)'의 발달을 생물학적 성숙의 결과로 간주하고 있다. 또한 심리학은 고등 감정을 단순히 무시하는 데 그치지 않고, 그것을 우리의 먼 조상으로부터 물려받은 화학적・운동적 과정으로 환원하거나 '사회적으로 조건화된 행동'으로 설명하는 방식으로 축소해 왔다. 여기에 더해 신경영상(neuroimaging) 기술의 발전은 자극에서 행동에 이르기까지의 신경적 사건의 연쇄를 추적할 수 있는 가능성을 열어주었고, 이로 인해 '자유 의지'에 관한 논의는 마치 고풍스러운 철학적 오락거리처럼 여겨지게 되었다. 제임스가 이러한 흐름에 흥미를 느꼈을 리는 없었을 것이다.

철학자들은 자신들의 '영토(fiefdom)'에 대한 이러한 공격에 다양한 방식으로 대응해 왔다. 많은 철학자들은 특히 인공지능을 중심으로 한 경험적 접근의 위력에 깊은 인상을 받았고, 정신철학을 이에 부응하도록 조율하려는 시도를 해왔다(실제로 인공지능은 영향력 있는 기능주의적 정신철학에 큰 영감을 제공한 바 있다). 일부 철학자들은 더 나아가 과학주의(scientism)를 전면적으로 수용하며, 정신철학은 이제 시대에 뒤처진 학문이라고 주장하기도 했다. 그러나 다수의 철학자들은 여전히 심리학 연구의 기준을 설정하는 데 있어 철학 이론의 우위성을 주장해 왔으며, 일부는 심리학의 과도한 자기 확장을 견제하려는 시도를 해왔다. 예컨대 비트겐슈타인주의자들은 심리학적 이론, 특히 인지주의적 접근이 심리학적 개념의 논리적 문법을 오해하고 있다고 비판한다. 우리 정신생활의 기저에 있는 물리적 과정은 과학적 탐구의 대상이 될 수 있지만, 정신의 본질은 우리의 심리 개념들—

특히 그것이 언어적 실천 속에서 어떻게 표현되는지를 분석함으로써—비로소 드러날 수 있다는 것이다. 물론 인간이 사고하고 행동하는 방식에 관한 수많은 사실들은 경험적 검토의 대상이 될 수 있다. 그러나 이러한 사실들은 과학적 설명의 틀 속에 쉽게 편입될 수 있는 성질의 것이 아니다. 그것들은 지나치게 규범성에 젖어 있기 때문이다. 인간의 정신과 행위는 '내부로부터(from within)' 이해되어야 하며, 이는 인간 행동을 일련의 설명 법칙들에 귀속시키기보다는 우리의 삶의 실천이 지닌 다양성과 복잡성을 민감하게 포착하는 예리한 관찰과 기술을 요구한다. 이러한 비트겐슈타인적 입장은 과학적 심리학에 대한 하나의 어쩌면 다소 급진적인 거부를 나타내지만 철학적 입장이 서로 다른 많은 사상가들 역시 그 주장 중 일부에는 동의할 것이다.

이러한 모든 점을 종합해 볼 때, 20세기 철학과 심리학의 관계는 협력보다는 갈등의 정서로 더 자주 특징지어진다. 더 나아가 두 학문 간의 분리는 제도적으로 철저히 고착화되었다. 철학은 대개 역사 중심의 학문으로 가르쳐지며, 저명한 철학자들과 영향력 있는 철학 사조들에 중점을 둔다. 이러한 교육 방식에서는 심리학(혹은 여타 과학 분야)의 주요 인물들에 대한 관심은 극히 드물고, 현재 진행 중인 심리학의 이론적 논쟁이나 최신 연구 동향은 더욱 외면당한다. 철학을 공부하는 학생들은 일반적으로 비형식 논리와 형식 논리의 도구를 익히고, 과학철학의 추상적 문제들에 대해 성찰하는 훈련을 받는다. 그러나 과학적 추론의 실제적 기법이나 이론 구성 능력을 체계적으로 익히는 데에는 거의 교육적 관심이 주어지지 않는다. 이러한 배경 속에서 철학 전공자는 심리학자들이 제기하는 질문에 내재된 개념적 문제를 식별하는 데에는 능숙할 수 있으나 신중하게 설계된 실험을 구성하거나 심리학 연구 과제를 조직하고 형성 중인 이론의 틀 안에서 경험적 데이터를 해석하는 데 요구되는 복잡성과 기술에 대해서는 대체로 무지한 경우가 많다.

이에 반해 심리학은 일반적으로 비역사적인 학문으로 교육된다. 표준 교과서들에서는 과거의 주요 학자들에 대해 간략히 언급하는 데 그치며, 철학적 개념이나 방법론에 대한 논의는 거의 찾아보기 어렵다. 교육의 초점은 심리학의 다양한 하위 분야에서 다루는 구체적인 문제들과, 이론과 가설을 엄밀하게 검증하기 위한 연구 방법에 맞춰져 있다. 그 결과, 심리학 전공 학생들은 자료를 수집하고 해석하는 데에는 능숙해지지만 자신들의 연구 결과가 지니는 보다 광범위한 함의나 철학적·사회적 의미에 대해 논의하는 데에는 충분한 역량을 갖추지 못하는 경우가 많다.

적어도 최근까지도 전문가 수준에서의 상황은 그다지 희망적이지 않았다. 공통의 주제를 중심으로 조직된 공동 학술대회조차 종종 양 진영 간의 극단적인 대립 양상으로 변질되며, 서로를 특이하고 불투명한 언어를 사용하는 이질적 문화로 간주하곤 한다. 철학자들은 심리학자들이 이론적 정교함이 부족하고, 진정으로 중요한 개념적 쟁점들에 무감각하다고 여긴다. 반면 심리학자들은 철학적 사유를 실험적으로 검증 가능한 연구 설계를 위한 수단적 도구로 여길 때에만 일정 부분 수용하려는 태도를 보인다. 심리학자는 철학자에게 말한다. "당신의 사유는 훌륭하지만 이것을 어떻게 조작화(operationalize)할 수 있습니까?" 이에 철학자는 되받아친다. "당신이 그러한 사유를 조작화하려는 것 자체가 바로 당신의 접근이 얼마나 인위적인지를 보여줍니다." 이처럼 철학과 심리학 간의 상호 교류와 학제적 융합에 대한 광범위한 기대에도 불구하고 실질적인 성과는 거의 나타나지 않았다.

다행히도 이러한 불행한 상황은 점차 변화하고 있다. 지난 10여 년 동안 정신철학자들은 자신의 이론을 인간 정신 기능에 관한 최선의 경험적 이론들과 조화롭게 연결하려는 관심을 점점 더 기울이고 있다. 이제 인간의 마음이 실제로 어떻게 작동하는지에 무관심한 정신철학자는 더 이상 신뢰를 얻기 어렵다. 이러한 변화는 콰인(Quine)이 분석 명제와 종합 명제의 구분에 제기한 유명한 비판의 직접적인—비록 다소 늦은—결과로 간주될 수도 있다. 콰인은 1950년대에 어떤 진술이 오직 그 구성 요소들의 의미 때문에 참이라는 '분석적' 진술 개념에 의문을 제기하였다(Quine, 1953). 이에 반해 그는 모든 믿음은 결국 '경험의 심판대(the tribunal of experience)' 앞에 서야 하며, 설령 어떤 믿음이 어떤 상황에서도 참으로 유지될 수 있다 하더라도, 그것은 나머지 믿음 체계 전반에 대대적인 수정이 가해지는 한에서만 가능하다고 주장했다. 하지만 분석적 진리라는 것이 없다면 '순수하게 개념적인' 탐구라는 것도 존재할 수 없다. 그렇다면 개념을 탐구하는 철학자와 경험적 사실을 연구하는 과학자 사이의 분업도 성립될 수 없다. 이러한 문제의식에서 콰인은 인식론의 '자연화(naturalization)'(혹은 자연주의 인식론)를 주장하게 되었다(Quine, 1969). 그는 지식에 대한 이론이 심리학, 신경생리학 그리고 그와 연관된 경험적 학문들 속으로 흡수되어야 한다고 보았다.[1)]

콰인의 주장은 지대한 영향을 끼쳤으나 현재의 철학적 풍경에 미친 영향은 다소 간접적이라고 할 수 있다. 콰인 자신은 분석성의 도그마를 거부하면서 의미와 의도적 상태에 대한 전면적인 비판을 가하였다. 그의 주장에 따르면 그러한 현상들은 진정한 설명 이론에서 어떠한 역할도 수행할 수 없다. 이로부터 콰인의 행동주의에서 제거적(소거적) 유물론(eliminative materialism)으로 이어지는 일종의 직선적 계보가 형성된다. 소거적 유물론은 우리가 일상적으로 정신 현상을 서술하고 설명하는 방식(즉, 민속 심리학이라 불리는 것)이 근본적으로 잘못된 것이며, 의도성(intention)을 배제

1) 콰인 자연주의는 현실이 전적으로 자연과학의 틀 안에서 규명되고 기술되어야 한다는 관점으로, 과학과 분리되거나 과학을 정당화하는 "제1철학"의 존재를 거부한다. 오히려 철학은 과학과 연속적이며, 인식론과 같은 철학적 문제들은 과학 자체 내에서 지식을 개선하고, 명료화하고, 이해함으로써 접근된다(역자 주).

한 과학적 설명 방식으로 대체되어야 한다고 본다.[2)] 아이러니하게도, 1960년대에 등장한 소거주의는 이후 1980년대에 스티븐 스티치(Stephen Stich, 1983)와 패트리샤 처칠랜드(Patricia Churchland, 1986), 폴 처칠랜드(Paul Churchland, 1989) 등에 의해 부활하면서 정신철학에서 순수한 개념적 성찰이 여전히 중요한 역할을 수행한다는 전통적 확신을 오히려 강화하는 계기가 되었다. 소거주의는 바로 그것이 '정신'이라는 개념을 심각하게 훼손한다는 이유에서 결함이 있는 것으로 간주되었기 때문이다. 그럼에도 불구하고 콰인의 주장은 오늘날 철학계를 지배하고 있는 광범위한 자연주의적 관점에 중요한 추진력을 제공하였다. 인식론, 정신철학, 그리고 철학의 여러 하위 분야에서 다수의 철학자들은 이제 자신을 '자연주의자'라고 규정하며, 자연주의의 구체적 해석은 다양할지라도 철학 이론은 자연과학의 발견과 양립 가능해야 한다는 데에는 거의 공통된 동의가 존재한다. 이러한 흐름 속에서 많은 철학자들이 과학이 '마음'에 관해 말하는 바에 관심을 갖게 된 것은 어쩌면 당연한 일이라 할 수 있다.

자연주의의 부상이 철학과 심리학 간 상호작용을 촉진한 중요한 요인인 것은 분명하지만 최근의 다른 발전들 또한 양 분야 간의 건설적이고 유익한 상호 교류를 자극하는 데 크게 기여하였다. 첫째, 지난 15년 동안 인지과학에 대한 관심이 다시금 고조되었으며, 이는 인지과학이 하나의 일관되고 체계적인 '학제 간(interdiscipline)' 연구 분야로 자리 잡고 있다는 인식의 확산과 함께 나타난 현상이었다. 이러한 관심은 여러 가지 요인의 복합적인

2) 제거적 유물론은 철학과 신경과학이 환원적으로 만나는 경우로서, 제거적 유물론의 제거 대상은 통속심리학이다. 그러나 신비주의나 이원론은 통속심리학에 기반을 두고 있거나 그것을 정당화하며, 유물론 중 비환원적 물리주의나 기능주의도 제거의 대상이 될 수 있다는 점에서, 그리고 비록 제거적 유물론이 관련 분야들의 상호진화를 주장하지만, 한 분야의 학문적 독립성이 유지되지 않는 상호진화는 진정한 만남이 아니라는 점에서, 제거적 유물론이 제시하는 환원과 제거라는 선택 상황에서 철학과 신경과학이 호혜적으로 만나기는 매우 어렵다(출처: 대학지성 In&Out(http://www.unipress.co.kr))

결과였다. 그 요인들에는 동물의 신경계에서 발생하는 복잡한 정보처리 과정을 효과적이고 현실감 있게 모델링할 수 있는 병렬 분산 처리(parallel distributed processing) 접근법의 발전, 인지신경과학(cognitive neuroscience)의 급속한 성장, 영장류학(primatology)의 발전과 유인원 언어 연구에 대한 새로운 관심, 유전자 모델링(genetic modelling)의 진전, 그리고 심리언어학과 발달심리학 분야에 인류학적 사고가 미친 영향 등이 포함된다. 이러한 흐름 속에서 인지과학은 점차 제도적 차원에서도 중요한 인정을 받기 시작하였으며, 여러 주요 대학들에서 혁신적인 학제 간 프로그램들이 설립되었다.

둘째, 그리고 어쩌면 가장 중요한 점은, 심리학과 철학의 접점에서 마침내 진정한 의미의 질 높은 연구들이 이루어지고 있다는 사실이다. 대표적인 사례로는 킹스 칼리지 연구 센터(King's College Research Centre)의 지원을 받아 진행된 '공간 표상 프로젝트(Project on Spatial Representation)'를 들 수 있다. 이 프로젝트의 다양한 결과물들은 자아, 행위 주체성, 신체 자각(인식)과 같은 근본적인 물음들에 대해 개념적 접근과 경험적 접근이 놀라울 만큼 생산적으로 결합될 수 있음을 보여준다(Eilan, McCarthy & Brewer, 1993; Bermudez, Marcel & Eilan, 1995). 또 다른 주목할 만한 사례는 '마음 이론(theory of mind)'에 대한 방대한 연구들이다. 이 연구들에서는 마음에 대한 철학적 개념화가 아동의 자아 및 타자 이해와 관련된 발달심리학적 문제에 실질적으로 적용되고 있다(예: Astington, 1993; Gopnik & Meltzoff, 1997). 더불어, 철학과 심리학의 경계를 넘나드는 흥미롭고 설득력 있는 연구들이 일반 독자들에게도 접근 가능한 방식으로 제시되고 있다는 점도 주목할 만하다. 예컨대, 다니엘 데닛(Daniel Dennett)의 경험적 자료에 기반한 정신철학(예: Dennett, 1991), 혹은 신경과학자 안토니오 다마지오(Antonio Damasio)의 철학적으로 풍부한 시각(1994, 1999)은 이러한 학제 간 연구가 지닌 잠재력을 잘 보여주는 사례들이다.

그러나 철학과 심리학 사이에서 보다 생산적인 상호작용이 이루어질 수 있다는 점에 대해 분명한 낙관의 근거들이 존재함에도 불구하고, 양 분야의 관계에 관한 오랜 논쟁은 여전히 만족스러운 이론적 해답을 찾지 못하고 있다. 실제로 심리학적 탐구에서 개념적인 것과 경험적인 것 사이의 관계를 묻는 문제는 그 어느 때보다도 시급하게 다가온다. 그렇다면 이제 우리는 브루너의 사유와 업적을 통해 이 문제에 대해 무엇을 배울 수 있는지 살펴볼 차례이다.

심리학자이자 철학자로서 브루너

브루너는 그의 심리학 전반에 걸쳐 개념적 고찰과 경험적 탐구 사이의 균형 잡힌 통합을 일관되게 추구해 왔다. 그는 개념적 성찰을 통해 도출된 '마음의 그림'이 아무리 설득력 있게 보일지라도 그것이 반드시 실제 마음의 삶과 일치해야 함을 깊이 인식하고 있다. 동시에 그는, 마음에 대한 과감한 경험적 이론 역시 우리가 마음에 대해 오랫동안 품어온 근본 개념들과의 조화를 이룰 수 있어야만 설득력을 가질 수 있음을 잘 이해하고 있다. 이제 브루너의 실제 작업 사례 몇 가지를 통해 이러한 통찰이 어떻게 구현되고 있는지 살펴보자.

지난 세대 동안 발달심리언어학의 주요 동력 중 하나였던 언어에 관한 선천적 생득주의(nativism)와 경험주의(empiricism) 사이의 논쟁에 브루너가 기여한 바를 살펴보자. 노엄 촘스키는 그의 유명한 '자극의 빈곤(poverty of the stimulus)' 논증을 통해 언어 발달에 대한 행동주의적 관점을 처음으로 정면에서 비판하였다. 이 합리주의적 입장에 따르면, 스티븐 핑커(Steven Pinker)의 표현을 빌리자면 '아이들의 문법 능력이 어떻게 그렇게 짧은 시간

안에 어른과 유사한 복잡성으로 폭발적으로 발달하는지'를 설명하기 위해서는 문법이 취할 수 있는 모든 가능한 구조에 대하여 아동이 선천적인 지식을 갖고 있다고 전제해야만 한다(Pinker, 1994: 112). 이처럼 우리는 주로 개념적 성찰에 기반한 논증을 통해 다음과 같은 결론에 이르게 된다.

> 언어는 우리가 시간을 읽는 법을 배우듯 습득하는 문화적 인공물이 아니다. 오히려 언어는 우리의 뇌 구조에 고유하게 포함된 생물학적 구성 요소의 하나이다. 언어는 복잡하고 전문화된 능력으로서 아동이 의식적인 노력이나 공식적인 교육 없이도 자발적으로 발달시키며, 그 기저에 작동하는 논리를 인식하지 못한 채 사용할 수 있다. 이 능력은 모든 개인에게 질적으로 동일하게 나타나며, 정보 처리나 지능적 행동과 같은 보다 일반적인 인지 능력과도 구별된다(Pinker, 1994: 18).

생득주의자(nativists)들은 다음과 같은 근거들을 통해 자신들의 입장을 경험적으로 뒷받침하고자 하였다. 즉, '자료의 퇴화(degeneracy of the data)' 논증, 다양한 언어들 간에 존재한다고 주장되는 '보편성(universals)', 모든 아동이 언어를 습득하는 과정에서 거치는 단계들의 명백한 불변성, 그리고 실어증이나 특정 언어 장애에서 관찰되는 구조적/기능적 상관관계 등이 그것이다. 그러나 이러한 논거들이 지니는 설득력에도 불구하고, 본성적 생득주의에 반대하는 입장에서는 이 모든 주장들이 결국 자신들의 이론적 전제를 정당화하기 위해 호출된 이론적 틀에 지나치게 의존하고 있다고 보았다. 역설적이게도 생득주의가 심리언어학 내에서 지배적인 입장으로 자리 잡을 수 있었던 이유는 바로 그것이 경험주의에 기반을 둔 진지하고도 의미 있는 반응을 촉발했기 때문이었다. 그 대표적인 예가 브루너가 1960년대에 수행한 기술 발달에 관한 연구와 1970년대에 제시한 '스캐폴딩

(scaffolding)' 이론에 대한 탐구였다.

'스캐폴딩(scaffolding) 이론'—즉, 효과적인 양육자는 아동이 언어(및 기타)적 실천을 습득해 가는 과정에서 제공하는 지원의 양과 질을 면밀히 관찰하고 그에 따라 조절한다는 개념—은 브루너가 섬세한 경험적 관찰을 통해 강력한 개념적 논증을 어떻게 풍부하게 하고 재구성하는지를 잘 보여주는 대표적인 사례이다. 브루너는 언어 학습이 이루어지는 실제 삶의 장면을 면밀히 분석함으로써 인간 발달에 대한 본질적으로 상호작용주의적(interactionist) 관점에 이르렀으며, 이는 이후 그의 모든 연구에 일관된 이론적 토대를 제공하였다. 그리고 언어 학습의 실제 과정을 설명하는 타당한 이론이 보완되면서 생득주의적 패러다임 역시 이전보다 훨씬 더 인간적인 면모를 지닌 더욱 개연성 있는 이론으로 재구성될 수 있었다.

브루너의 상호작용주의는 단지 촘스키의 형식주의에 대한 단편적인 보완에 그치지 않았다. 그것은 피아제의 인지 발달 이론—20세기 발달심리학에 지대한 영향을 미친 이론—에 대해서도 본질적으로 유의미한 비판적 관점을 제공하였다. 물론 피아제의 연구가 경험적 근거에 무관심하다는 비판은 정당하지 않다. 그럼에도 불구하고 브루너는 피아제의 이론이 발달의 실제 맥락에 대한 이해를 저해하는 고정된 개념적 전제들에 사로잡혀 있음을 민감하게 포착하였다.

브루너는 다음과 같이 서술하고 있다.

> 피아제가 그리는 성장하는 아동에게 세계는 고요하고도 정적인 공간이다. 그 아이는 본질적으로 그 안에 홀로 존재하며, 시간과 공간, 그리고 인과적 관계 속에 대상을 배열해야 하는 과제로 직면한다. 그는 자기중심적인 인식으로 여정을 시작하고, 시간이 지나면서 타인과 공유하게 될 세계의 속성들을 스스로 세계에 부여해야만 한다. 하지만 이 과정에서 타인

> 으로부터의 도움은 거의 없다. 유아기 아동과 어머니 사이에서 이루어지는 사회적 상호성은 피아제의 발달 이론에서 극히 미미한 역할만을 차지한다. 또한 언어는 피아제의 설명에 따르면 아동이 언어가 지시하는 세계의 퍼즐을 푸는 데 있어 단서도 해명의 도구도 제공하지 않는다. 피아제의 아이는 단 하나의 압도적인 과제를 안고 있다. 그것은 바로 내면의 심적 표상을 경험 세계의 구조와 조화로운 평형 상태로 맞추는 일이다. 피아제의 아이들은 인간 존재의 혼란과 소란으로부터 분리된, 하나의 폐쇄적이고 추상적인 인지적 존재, 곧 '작은 지식인'으로 묘사된다(Bruner, 1983b: 138).

아동을 바라보는 이러한 관점은 단지 아동 발달의 실제 상황에 충실하지 않을 뿐 아니라 아동의 인지 발달을 이론적으로 설명하는 데 있어 가능한 선택지들을 왜곡하는 결과를 낳는다. 아동이 개념을 습득하고, 언어를 배우며, 세계에 대한 인식을 형성하는 과정을 가설 형성(hypothesis formation)을 통해 이루어간다고 전제하는 한 우리는 필연적으로 아동이 이미 그러한 가설을 구성하고 평가할 수 있는 능력을 갖추고 있다고 간주하게 된다. 결국 피아제의 이론에서 나타나는 일종의 '지성주의적 전제(intellectualism)'—그리고 이는 촘스키의 합리주의에서는 한층 더 극명하게 드러나는데—는 아동이 자신의 사회적 환경과 맺는 상호작용이 실제로 얼마나 효율적이고 창의적인지를 이론적으로 표현하는 방식에 중대한 제약을 가한다.

브루너의 상호작용주의는 촘스키와 피아제의 정통적 입장에 대한 중요한 대안을 제시하였다. 앞서 살펴본 바와 같이 브루너의 스캐폴딩 이론은 언어 습득의 실제적 과정을 설명함으로써 생득주의(nativism)를 보완하고자 한 생성문법 패러다임의 보완적 접근으로 여겨졌으며, 브루너 자신도 이를 그와 같은 관점에서 제시하였다. 브루너의 접근이 특히 독창적이었던 이유는, 언어의 사회화 과정을 바라보는 비고츠키적 시각을 강조했기 때문이다. 비고츠키적 관점에는 두 가지 핵심 요소가 있다. 첫째, 언어와 문화는 개념적으로 분리될 수 없으며, 문화는 언어의 매개이고 언어는 문화를 전달하는 수단이다. 둘째, 비고츠키는 아동의 인지 발달이 가설 형성(hypothesis formation)을 통해 진행된다는 생각을 부정한다. 아동의 지적 역량을 구성하는 많은 요소들은 어떤 형태의 추론을 통해 연역(deduction)되는 것이 아니라, 문화로부터 흡수되거나 내면화 혹은 전유(appropriation)되는 것이다. 이러한 주제들은 브루너가 초기 저작에서 비고츠키의 이론을 도입할 때는 상대적으로 부각되지 않았지만, 그의 후기 저작에서는 점차 핵심적인 요소로 자리 잡는다. 이러한 점에서 본서의 여러 필자들은 브루너가 촘스키적 개념을 보완하고자 한 노력이 실상은 그것을 근본적으로 약화시켰다고 주장한다. 브루너는 아동의 언어 문화화 과정에 내재된 복합적인 상호작용의 요소들에 주목하도록 우리를 이끎으로써, 언어 습득에 대한 생득주의적 설명뿐 아니라 생성문법 전체의 이론적 구조가 지닌 극복하기 어려운 한계들을 드러낸다.

브루너가 과학적 패러다임에 대해 주로 개념적 논증을 전개한 대표적인 사례는 『Acts of Meaning』(1990) 서문의 논의에서 찾아볼 수 있다. 이 책의 제1장에서 브루너는 인지 혁명(cognitive revolution)의 유산을 비판적으로 조명하며, 당시 심리학의 지배적 패러다임이었던 행동주의를 전복하고자 했던 인지 혁명가들의 의도를 되새긴다. 앞서 언급한 바와 같이, 브루너는 그 자신도 인지 혁명의 주역 가운데 한 명이었음을 밝히면서, 이들이 심리학의 중심을 '행동'에서 '의미(meaning)'로 전환시키고자 했다고 주장한다. 다시 말해, 그는 심리학이 기계적 자극-반응 모델을 넘어서 인간 경험의 해석학적·문화적 차원을 포괄해야 한다는 이념을 공유하고 있었으며, 이러한 점에서 인지 혁명의 출발점은 의미의 복권이라는 명확한 이념적 전환에 있었다고 본다.

> 브루너(1990: 2)에 따르면 인지 혁명의 본래 목표는 인간이 세계와의 만남 속에서 창출해 낸 의미를 발견하고, 이를 형식적으로 기술한 뒤, 그러한 의미 생성 과정에 어떠한 심리적·인지적 메커니즘이 작동했는지를 가설적으로 밝히는 데 있었다. 즉, 인지 혁명은 인간이 외부 세계뿐만 아니라 자기 자신을 구성하고 이해하는 데 활용하는 상징적 활동(symbolic activities)에 주목했다. 이러한 접근은 심리학이 인간의 의미 구성 과정을 탐구하기 위해 인문학 및 사회과학의 해석적 학문들과 협력해야 한다는 요청을 담고 있었다. 다시 말해, 인지 혁명은 심리학이 자연과학적 설명만을 지향하는 방식에서 벗어나, 인간의 해석적·문화적 삶을 이해하려는 인문사회적 전통과의 연대를 추구하는 전환점이자 선언이었다.

그러나 이러한 고귀한 지향은 시간이 지나며 점차 훼손되었다. 인지 심리학자들이 마음을 계산 가능한 정보처리 체계로 모형화하는 데 집착하게 되면서, 인지 혁명의 초기 이상은 퇴색되기 시작했다. 행동주의가 '자극(stimulus)'과 '반응(response)'이라는 일차원적 개념 틀로 인간 정신을 설명하려 했던 시도가, 이제는 마음을 단지 '정보처리기(information processor)'로 환원하는 또 다른 일면적 관점으로 대체된 것이다. 이러한 전환 속에서, 일상적 심리 개념을 과학적으로 정교한 언어로 대체하고자 했던 행동주의자들의 열망은, 이후 통속적인 민간 심리학(folk psychology)을 제거하려는 제거주의적 관점 속에서 다시금 모습을 드러냈다.

브루너는 인지주의 역시, 그것이 극복하고자 했던 행동주의와 마찬가지로 비인간화된 과학주의에 사로잡혀 있다고 결론짓는다. 그는 의미를 형식적 정보 처리의 부산물로 보지 않고, 공유된 문화 속에 존재하는 실제의 육체적 인간들이 '창조하고' '구성하는' 것으로 간주한다. 그러므로 심리학은 개인의 머릿속에서 일어나는 내적 과정만을 고찰의 대상으로 삼을 수 없다.

> 인간이 문화에 참여하고, 문화를 통해 자신의 정신적 능력을 실현한다는 사실은 인간 심리를 오직 개인만을 기반으로 구성하는 것을 불가능하게 만든다. 세상을 각 개인이 저마다의 방식으로 처리해야 할 무차별적인 정보의 흐름으로 간주하는 것은 개인이 어떻게 형성되고 어떻게 기능하는지를 간과하는 것이다(Bruner, 1990: 12).

따라서 우리는 마음과 자아를 사회적 세계의 한 양상으로 이해하고자 해야 한다. 이 사회적 세계는 '토착적 실재(aboriginal reality)'도 아니고 개인 정신의 투사(projection)도 아니라, 본질적으로 '상호적이고 교섭적(transactional)'인 것이다. 브루너는 문화심리학에 대한 자신의 주장을 이러한 근본적으로 개념적인 전제들 위에 구축한다. 설득력 있는 심리학은 마음과 의미에 대한 우리의 개념들, 그리고 인간이 자신의 행동을 해석하는 데 사용하는 모든 민간 심리학적 언어(통속 심리학의 표현 체계)를 존중해야 한다. 그래야만 심리학은 마음의 삶을 제대로 이해할 수 있을 것이다.

이러한 사례들은 브루너가 경험적 논증과 개념적 논증 모두에 능숙했음을 잘 보여준다. 그러나 브루너가 단순히 이른바 사변적 추론(speculation)과 관찰(observation) 사이의 적절한 균형의 필요성을 인식했다는 데 그치지 않는다. 더 중요한 것은 그의 작업이 마음에 대한 탐구에서 '철학적' 접근과 '심리학적' 접근 사이의 구분 자체가 본질적으로 인위적인 것임을 보여준다는 점이다. 실제로 브루너의 태도는 피아제가 "과학적 문제와 철학적 문제 사이에는 날카로운 경계가 존재하지 않는다"(Piaget, 1965: 18)고한 확신을 지지한다. 브루너는 마음을 연구하기 위해서는, 한편으로는 경험적 발견에 민감한 개념적 탐구, 그리고 다른 한편으로는 그 개념적 방향과 토대를 구성적으로 성찰하는 데서 비롯된 경험적 탐구가 통합되어야 한다는 생각을 일관되게 견지해 왔다.

두 사례 모두에서 브루너는 언어와 정신에 대한 개인주의적이고 형식주의적인 접근을 비판하고, 인간의 정신적 삶이 이루어지는 문화적 맥락에 주의를 기울이는 인간과학으로서의 심리학의 비전을 제시한다. 그러나 브루너가 과학으로서의 심리학이라는 개념 자체를 부정하는 것은 아니라는 점은 주목할 필요가 있다. 그는 다음과 같이 말한다.

> 심리학이 장차 어떤 모습이어야 하는가—전적으로 생물학적인 것인가, 배타적으로 계산적인 것인가, 혹은 문화적으로만 설명되어야 하는가—라는 문제에 대해 '이것 아니면 저것' 식의 양자택일적 접근은 이제 끝내야 한다고 나는 주장하고 싶다(Bruner, 1996: 160).

브루너는 자신이 과학적 심리학의 지향을 전면적으로 거부하는 것이 아니라, 오히려 그것을 풍부하게 하고 보완하며 수정하고자 한다고 본다. 그는 인지과학이 그 주제에 적절한 방법을 사용하는 한에서 여전히 그 지지자이다. 따라서 문화심리학은 과학적 심리학과 대립되는 것이 아니다. 오히려 브루너는 『The Culture of Education』의 마지막을 다음과 같은 말로 맺는다.

> 인간에 대한 연구가 직면한 딜레마는 인간의 생물학과 진화에 내재된 인과적 원리를 파악하는 데 그치지 않고, 그것을 의미 생성에 관여하는 해석적 과정의 관점에서 이해해야 한다는 데 있다. 인간 기능에 작용하는 생물학적 제약을 경시하는 것은 일종의 오만이며, 인간 정신을 형성하는

> 문화의 힘을 조롱하고 그것을 인간의 통제하에 두려는 노력을 포기하는 것은 곧 도덕적 자멸이라 할 수 있다. 정교하게 구성된 심리학은 이 두 가지 재앙을 모두 회피하는 데 기여할 수 있다(Bruner, 1996: 184-185).

화해인가 (반)-혁명인가?

인지과학의 옹호자들은 브루너의 이러한 화해적 어조가 진정성이 결여되어 있다고 반박할지도 모른다. 결국 『Acts of Meaning』의 핵심 주장은 인과적 설명 방식과 해석적 설명 방식 사이의 구분을 강조하고, 후자의 자율성을 옹호하는 데 있다. 이 논리에 따르면, 예컨대 뇌 기능에 대한 인과적 설명은 정신의 전제 조건을 밝히는 데는 유용할 수 있으나 뇌의 작용은 인간 정신생활의 가능 조건이지 그것을 구성하는 본질은 아니다. 곧, 인간의 정신생활을 구성하는 것이 무엇인지를 설명하기 위해서는 인과론적 설명이 아닌 해석학적-해석적 접근이 요구된다. 이처럼 브루너는 과학적 심리학이 다룰 수 있는 설명의 성격에 대해 엄격한 선험적 제약을 설정하는 셈이다.

브루너는 자신의 접근 방식에 대한 이러한 묘사에 분명히 이의를 제기할 것이다. 해석학적 사고 양식과 인과적 설명 양식 사이의 구분은 오랜 철학적 계보를 지닌다. 브루너는 딜타이(Wilhelm Dilthey)가 제시한 자연과학(Naturwissenschaften)과 정신과학(Geisteswissenschaften)의 구분을 즐겨 인용하지만, 이 이원론의 기원은 칸트(Immanuel Kant)가 인과성과 이성, 곧 필연성과 자발성의 영역을 대조한 데에 있다. 많은 현대 사상가들은 이러한 구분을 다양한 형태로 수용해 왔다. 실제로 우리는 주체에게 의도적 상태(intentional states)를 귀속할 때 사용하는 기준이 물리적 대상이나 사건의 속성을 판단할 때 사용하는 기준과는 본질적으로 다르다는 점을 널리 인정하고 있다. 이로 인해 우리의 정신주의적 언어와 물리주의적 언어는 서로 구분되는, 어떤 의미에서는 상호 불가통약적인(descriptionally incommensurable) 설명 양식으로 간주된다. 해석적 언어를 사용할 때 우리는 합리성의 규범에 따라 주체의 행동을 이해하고 해석하는 작업에 관여한다. 예컨대, 우리는 어떤 사람이 무엇을 믿는지를 알아내기 위해 그가 이미 믿고 있다고 여겨지는 전제들에 비추어, 무엇을 사실로 여기는 것이 타당한지를 추론한다. 반면 물리주의적 언어를 사용할 때는 물리적 사건들을 자연법칙 아래에 포섭함으로써 설명한다. 이러한 구분은 현대 심리철학에서 거의 상식으로 받아들여지고 있으며, 이는 과학 심리학의 옹호자들과 비판자 모두에게 해당된다. 결국 해석적 설명이 '우위'에 있다는 주장은 아니다. 어떠한 설명 양식이 적절한지는 우리가 무엇을 이해하려 하는가에 달려 있다. 만일 증기기관이 어떻게 작동하는지 혹은 지구 온난화가 기후 변화에 어떤 영향을 미치는지를 알고자 한다면, 과학적 설명을 사용하는 것이 타당하다. 그러나 친구가 왜 남편의 불륜을 의심하는지 혹은 도스토옙스키의 라스콜리니코프가 왜 살인을 저질렀는지를 이해하고자 한다면, 해석적 설명 양식이 더 적합하다. 이처럼 널리 수용되고 있는 입장을 과학 심리학에 대한 일종의 선험적(a prioristic) 공격으로 간주할 수는 없다.

브루너에 대한 비평가들은 이러한 해명에 쉽게 만족하지 않을 것이다. 첫째, 인과적 설명과 해석적 설명의 구분은 종종 과학적 심리학이 민간심리학(folk psychology)에 등장하는 상태나 속성의 틀에서 설명을 구성할 수 있다는 생각 자체를 배제하는 데 사용된다. 그러나 브루너는 민속 심리학이 제거될 수 없는 설명 자원이라는 점을 단호히 주장한다. 둘째, 브루너는 자신의 항변에도 불구하고 실제로는 해석적 사고 양식에 일정한 특권을 부여하는 듯한 입장을 취한다. 설명 방식의 적절성은 그것이 다루고자 하는 대상에 따라 달라진다는 입장은 특정한 설명 양식이 다른 방식보다 더 근본적일 수 있다는 견해와도 양립 가능하다. 어떤 사고 양식은 '사물의 본질에 더 가까이 다가간다'고도 주장할 수 있는 것이다. 따라서 인과적 설명과 심리적 설명을 구분하는 자연주의자들은 대체로 과학의 인과적 설명 전략이 세계를 있는 그대로 보여준다고 보는 입장에서 출발한다. 예컨대 대니얼 데닛(Daniel Dennett)은 과학의 설명을 존재론적으로 우월한 것으로 간주하고, 과학이 그리는 세계상 안에서 심리 현상들을 어떻게 조화시킬 수 있을지를 묻는다. 이 관점에서 우리의 심리학적 언어는 생물학적—결국에는 물리적—시스템의 행동을 설명하고 예측하기 위한 일종의 민속 이론적 장치로 간주되며, 이러한 언어가 다루는 심리 상태들은 '실재하는 존재'라기보다는 단지 추상적 개념이거나 설명을 위한 가설적 존재로 여겨진다. 이러한 시각에서 보면, 해석적 설명 양식은 정신 개념이 어떻게 구성되는지를 보여주는 이야기 속에 등장하며, '정신적인 것'은 구성된 산물일 수밖에 없다. 왜냐하면 데닛이 출발점으로 삼는 물리주의적 세계관 안에서는 우리가 일반적으로 이해하는 바와 같은 '마음'이라는 실체가 자연의 일부로 곧장 포함되기는 어렵기 때문이다.

반면, 일부 사상가들은 해석적 사고 양식을 가장 근본적인 것으로 간주한다. 이들은 과학 자체 또한 해석의 한 양식, 곧 이성적 존재자가 세계를 이해하는 여러 방식 중 하나로 보아야 한다고 주장한다. 과학적 개념이 제공하는 설명이 아무리 설득력 있다 하더라도, 정신 현상의 실재성이나 의도적 설명 방식에 대한 우리의 신뢰를 약화시킬 수는 없다. 왜냐하면 과학 개념의 설득력은 결국 특정한 설명들이 탐구의 규범을 어떻게 충족시키는가에 달려 있으며, 바로 이 점이 그것들을 합리적으로 강제력 있게 만드는 이유이기 때문이다. 우리는 과학적 세계관 자체가 우리의 정신 능력의 산물이라는 사실을 잊지 말아야 한다. 과학은 우리에게 '세계 그 자체'를 제공하는 것이 아니라 현실에 대한 설득력 있는 표상들을 제공할 뿐이다. 따라서 설명이 구성되는 관점은 과학적 탐구에서 제거할 수 없는 본질적인 차원을 이룬다. 과학의 설명이 정신을 지나치게 문제적 존재로 만들어, 결국 정신을 단지 특정한 물리적 체계를 해석하거나 기술하는 방식으로만 파악하고, 그 결과 자연 속에서 정신의 자리를 찾는 작업으로 축소시키는 것은 잘못된 접근이다. 이러한 사고는 과학적 탐구의 전제들을 망각한 채 그 결과물에만 집착하는 태도라 할 수 있다.

브루너는 의심할 여지없이 두 번째 유형의 사상가이다. 그의 사유는 자연에 대한 개념보다는 지성(intelligence)의 관점에서 출발한다. 이 때문에, 브루너의 비판자들은 그가 과학 심리학을 일정한 범위 내에 머무르게 하기 위해 개념적 논변을 주저 없이 동원한다고 평가한다. 왜냐하면 그는 심리학이 인간 자신에 대한 개념 안에 깊이 자리한 요소들을 반드시 존중해야 한다는 신념을 고수하기 때문이다. 그러나 만약 이것이 문화 심리학의 필수 조건이라면 이는 철저한 자연주의적 인지과학과의 화해를 가로막는 장애물이 될 수 있다. 또한 브루너의 화해 지향적 태도는 문화 심리학을 과학주의에 대한 강력한 저항으로 받아들이는 이들에게는 크게 호소력을 지니지 못할 것이다. 실제로 이 책에 기고한 몇몇 저자들은 브루너가 자신의 입장을 주류 인지과학에 대한 수정이나 보완으로 지나치게 성급하게 묘사한다고 비판한다. 이들에 따르면, 브루너의 타협적 성향은 그의 사유가 지닌 진정한 급진성—즉 인지혁명의 본래 정신으로의 회귀가 아니라 그것의 전면적인 거부를 수반하는 전제들—을 스스로 인식하지 못하게 만든다. 이러한 비판은 클리퍼드 기어츠(Geertz), 로멜 하레(Harré), 존 쇼터(Shotter), 찰스 테일러(Taylor) 등 여러 학자들의 장(章)에서 공통적으로 제기되는 주제이다. 이들은 '포스트-인지(post-cognitive)' 심리학이 어떤 형태를 취해야 하는가에 관해 서로 다른 제안을 내놓지만 브루너의 통찰이 현재 일반적으로 이해되는 인지과학의 심층에 존재하는 개념적 혼란을 드러낸다는 점에 대해서는 의견을 같이한다. 결국, 브루너의 화해적 시도는 누구도 만족시키지 못할 위험을 안고 있다. 어떤 이들은 그가 선험적 논변을 동원하여 경험적 탐구를 억제한다고 비판하고, 또 다른 이들은 그가 그러한 논변을 충분히 밀어붙이지 않음으로써 기존 정통성에 대항할 수 있는 진정한 대안을 제시하지 못한다고 지적한다.

브루너의 사고 양식과 본질

이러한 평가는 과연 타당한 것일까? 만약 그렇다면 브루너의 저작이 개념적 전략과 경험적 전략 사이의 미묘하고 정교한 상호작용을 담고 있다는 우리의 주장은 어떤 위치에 놓이게 되는가? 분명한 사실은 브루너의 논의에서는 인과적·설명적 사고와 해석적·해석학적 사고 간의 구분이 문화심리학과 인지과학을 조화시키려는 그의 열망을 위태롭게 만들 수 있다는 점이다. 즉, 물리적 현상을 설명하는 방식과 인간 행위를 해석하는 방식 사이에 근본적인 구분이 존재한다면, 심리학은 본질적으로 내적 분열을 안고 있을 수밖에 없다. 인간 정신의 기반이 되는 인과 과정을 설명하는 시도는 지적 행위를 설명하기 위한 해석 전략과는 본질적으로 서로 양립할 수 없는 방식으로 전개될 것이기 때문이다.

그렇다면 이는 브루너를 현대 자연주의와 근본적으로 양립 불가능한 위치에 놓이게 하는가? 분명히 브루너의 입장은 모든 자연적 현상이 인과 법칙에 의거해 설명될 수 있다는 자연주의의 통상적 전제와 충돌한다. 그는 문화의 전유를 통해 인간이 습득하는 '제2의 본성'까지 포괄하는 보다 확장된 자연 개념을 제시해야 하며, 이러한 차원은 오직 해석적 방식에 의해서만 이해될 수 있다(McDowell, 1994, 4-5장 참조). 그러나 이러한 점은 브루너 이론의 약점이라기보다는 오히려 그 강점으로 평가되어야 한다.

그러나 앞서 전개된 반론의 문제는 브루너의 문화심리학에 대한 비전이 교조적인 선험주의에 기초하고 있다는 함의를 내포한다는 점에 있다. 중요한 것은 브루너가 사고 양식들 간의 구분을 경험적 탐구에 앞서 확립된 일종의 선험적 진리로 제시하는 것이 아니라, 오히려 그것이 구체적인 사실들과의 대면 속에서 도출된 하나의 개념적 입장이라는 점이다.

이는 브루너 심리학의 문자적 내용보다는 오히려 그 문체에서 가장 잘 드러난다. 예컨대 그는 『Human Development』 저널에 실린 '마음 이론(theory of mind)' 심포지엄(Bruner, 1995; 1996, 5장에 재수록)에서 이에 대한 논평을 제시한 바 있다. 해당 심포지엄의 주 논문에서 재닛 애스팅턴(Janet Astington)과 데이비드 올슨(David Olson, 이 책의 기고자 중 한 명)은 아동의 마음 이론 발달에 관한 연구가 인과적 접근과 해석학적 접근을 하나의 자연주의적 설명틀로 통합할 수 있는 가능성을 제시한다고 주장한다. 이들은 인간이 행동을 심리학적 용어로 기술하고 설명할 수 있는 능력이 해석학적 기술, 곧 해석의 능력을 필요로 한다는 점을 인정한다. 그러나 그러한 능력은 개념과 기타 인지적 자원의 소유를 전제로 하며, 이러한 자원은 경험적 탐구를 통해 추적 가능하고 인과적으로 설명 가능한 일련의 발달 단계를 통해 형성된다고 본다. 따라서 '마음 이론'은 의미 생성 능력의 습득과 정교화 과정을 인과-설명적 그물망 안에서 포착할 수 있는 가능성을 제공하는 것으로 간주된다(Astington & Olson, 1995).

이 주장에 대한 브루너의 대응을 살펴보는 것은 매우 유익하다. 그는 애스팅턴과 올슨이 설명과 해석의 개념적 구분을 잘못 이해하고 있다는 점을 근거로 그들의 주장을 반박하려 들기보다는 명확히 특수주의적 접근을 취한다. 그는 아동이 심리적 개념을 구사하는 법을 배우는 과정이 경험적 검토의 대상이 될 수 있으며, 검증 가능한 가설이 실험적으로 입증될 수 있다는 점을 인정한다. 그러나 그는 이러한 점이 인과적 접근과 해석적 접근의 진정한 통합을 구성한다고 보지는 않는다. 우선, 아동의 마음 이론 발달에 관한 설명이 곧장 인과적으로 이루어진다고 보기는 어렵다. 왜냐하면 타인의 주관성은 그 발달에 있어 결정적인 전제 조건으로 작용하기 때문이다. 발달은 유아가 아직 완전한 의미에서의 '마음' 개념을 갖고 있지 않더라도 주변 인물들이 그를 마음을 지닌 자각적 존재로 대우하기 때문에 가능해진다. 설령 이 과정에서 일정한 규칙성과 패턴이 발견되어 체계화될 수 있다고 하더라도, 타인의 주관성이 지니는 효력을 인과적 범주로 파악할 수 있으리라 기대하기는 어렵다. 더 나아가, 어떤 능력의 '기원'에 대한 인과적 설명을 제공하는 것과 그 능력 '자체'에 대한 인과적 설명을 제공하는 것은 전혀 다른 문제이다. 예컨대, 아동이 '마음 읽기(mind reading)'를 수행하기 위해 어떤 조건이 충족되어야 하는지를 설명하는 것은, 마음 읽기라는 능력 자체가 무엇으로 구성되어 있는지를 설명하는 것과는 본질적으로 구별된다. 특정 능력을 가능하게 하는 조건들에 대한 설명과, 그 능력을 구성하는 핵심 요소에 대한 설명은 서로 다른 차원에 속한다. 전자에 대한 인과적 설명이 가능하다고 해서 후자의 해석학적 성격이 사라지거나 약화되는 것은 아니다. 마지막으로 브루너는 우리가 '사고(thought)'가 무엇인지 실제로 알고 있다고 너무 쉽게 확신해서는 안 된다고 지적한다. 우리는 종종 일상(민간 혹은 민속의 통속) 심리학(folk psychology)을 마치 개별적이지만 관찰 불가능한 정신적 실체들을 설명하기 위해 구성된 이론처럼 다룬다. 그러나 실제로 통속 심리학의 용어들은 우리의 심리 담론 전체의 성격, 그것이 사용되는 문화적 맥락, 그리고 그것을 사용하는 주체의 관점을 필수적으로 고려하지 않고서는 이해될 수 없다. 다시 말해, 우리가 인과적 설명의 근거로 삼고자 하는 그 용어들 자체가 해석과 메타 해석의 실제적 실천

안에서만 생명력을 지니는 것이다.

이러한 고찰은 브루너를 다시금 익숙한 지점으로 이끈다. 즉, 인과—설명적 사고와 해석—해석학적 사고는 서로 통약 불가능한 두 가지 인식 양식이라는 것이다. 그러나 이 구분은 단순한 선험적 선언이 아니라, 경험적 고찰과 개념적 연관성에 대한 지속적이고 심화된 성찰의 결과로 도출된다는 점이 중요하다. 우리는 때때로 사실들을 (우리가 가진 최선의 개념적 틀에 비추어) 면밀히 검토하다 보면, 특정한 깊은 진실을 받아들일 수밖에 없다고 느끼게 되며, 그 외에 생각할 수 있는 여지가 없다고 판단하게 되는 순간에 도달한다. 브루너가 제시하는 두 인식 양식의 구분은 바로 이와 같은 판단에서 비롯된다. 이러한 구분은 탐구의 대상이 요구하는 방식에 의해 규정되지만, 브루너는 동시에 우리가 그 대상을 어떻게 개념화하느냐가 현재의 탐구 문화에 의해 영향을 받는다는 사실도 인식하고 있다. 더 나아가, 그는 우리가 오랫동안 견지해 온 개념적 구분조차도 고정불변한 것이 아니며, 우리가 지금은 상상하지 못하는 새로운 상황이나 맥락이 우리의 관점을 예기치 않게 변화시킬 수 있음을 인정한다. 이러한 점에서 브루너는, 그 공로로 철저한 오류가능주의자(fallibilist)로 남아 있다고 할 수 있다.

따라서 브루너의 문화심리학은 두 인식 양식 간의 '원칙적(in principle)' 구분을 전제로 하지 않는다. 이 구분이 갖는 힘은 형이상학적인 것이 아니다. 물론 브루너는 언제나 개념 중심의 심리학자였다. 그가 가장 깊은 관심을 두는 것은 마음, 혹은 보다 정확히는 인간 조건에 대한 설득력 있는 표상이다. 그는 '사변적 성찰(speculative reflection)'이라는 개념이 지닌 긍정적 의미에서 그것을 진정으로 즐겼고, 이는 그를 철학, 문학이론, 문화비평, 그 외 여러 인문학적 분야로 이끌었다. 시간이 흐르면서 그의 경험적 연구에 대한 관심은 주로 그것이 제공하는 이론적 표상에 집중되었으나,

그는 결코 마음에 대한 모든 이론적 표상은 반드시 경험적 내용을 수반해야 한다는 사실을 간과하지 않았다. 결국 마음은 세계 속에 실재하는 존재이다. 마음을 가진 존재에게는 세계가 특정한 방식으로 나타나며, 우리는 타인의 마음과 직접 마주함으로써만 이러한 방식을 인식할 수 있다. 물론 심리학적 탐구의 본질적인 성찰성(reflexivity) 때문에 문제는 더욱 복잡해진다. 우리는 마음과의 관계 속에서 물리적 대상과의 관계와는 근본적으로 다른 방식으로 상호작용한다. 더욱이 마음의 본성은 적어도 일부는 그것이 어떻게 개념화되느냐에 의해 결정된다. 브루너에게 마음은 실체적 존재가 아니라 자기 이해(self-understanding)의 산물이다. 따라서 심리학이 제시하는 이론적 표상이 설득력을 갖기 위해서는 그 속에서 우리가 우리 자신을 인식할 수 있어야 한다. 심리학이란 본질적으로 마음이 자기 자신을 이해하려는 시도이며, 이러한 맥락에서 사변적이고 개념적인 탐구는 진정한 심리학의 필수적인 요소로 자리 잡게 된다. 이는 선험적 '분석'에 대한 반동적 개념에서 비롯된 것이 아니라, 심리학의 자기 반성적 성격에서 기인하는 것이라 할 수 있다.

결론: 브루너는 실용주의자의 길을 걸었다

우리는 브루너가 그의 심리학적 사유 방식 속에서 개념적 탐구 전략과 경험적 탐구 전략의 조화로운 상호작용의 모범을 제시하고 있다고 주장해 왔다. 브루너는 개념적 성찰이 마치 플라톤적 천상의 지도를 그려내듯 완전무결한 진리를 제공할 수 없다는 점을 잘 인식하고 있으며, 이와 마찬가지로 경험적 연구 또한 '자연의 책'을 무오류적으로 읽어내는 것이 아님을 분명히 인식하고 있다. 어떠한 과학 이론도 개념적 반박으로부터 완전히 자유로울 수 없으며, 어떠한 개념적 사변도 변화하는 직관의 도전을 회피할 수 없다. 우리가 할 수 있는 일은, 관찰된 현상을 이해하는 데 활용되는 개념들에 대한 면밀한 성찰과 세심한 경험적 관찰 사이를 가능한 한 신중하게 오가며, 이 양자의 긴장과 상호작용 속에서 탐구를 수행해 나가는 것이다.

브루너의 사유 양식에서 드러나는 이러한 특징은 그를 미국 실용주의 전통, 즉 퍼스(Peirce), 제임스(James), 특히 듀이(Dewey)의 계보 안에 중심적으로 위치시킨다. 그의 선구자들과 마찬가지로 브루너가 지닌 사유의 핵심을 관통하는 지침은 '실천(practice)'이다. 브루너의 심리학이 현실과 긴밀하게 맞닿아 있는 이유는 그의 이론이 실험을 통해 검증될 수 있다는 약속 때문이 아니라, 오히려 그의 견해가 창의적인 교육 정책을 촉진하고, 더욱 정교한 자기 인식과 더 나은 삶의 방식을 고무할 수 있으리라는 실천적 의도에 기반하기 때문이다. 경험적 일반화에서 비롯되었든 사변적 성찰에서 비롯되었든 모든 이론적 개념은 궁극적으로 '경험의 법정' 앞에 서야 하며, 그 실천적 타당성 속에서 검증받아야 한다는 것이 브루너의 신념이다. 이처럼 박식하면서도 실천 지향적인 오류 가능성(fallibilism)은 학습에 대한 전염성 있는 열정과 지치지 않는 인식론적 낙관주의와 결합되어 브루너가 사유를 다루는 고유한 방식—즉 아이디어에 대한 그의 실천적 탐구 정신—을 형성한다. 이것은 그가 심리학에 접근하는 방식을 인본주의적이면서도 동시에 활기차고 유쾌하며 깊이 있는 도덕성을 품은 것으로 만드는 핵심 요소이다. 이는 곧 '정신의 삶'을 탐구하는 모든 이들에게 하나의 탁월한 본보기를 제시해 주는 높이 평가받아야 할 사례라 할 수 있다.

주석

1. 브루너에 대한 헌정 논문집(Festschrift)은 이미 존재한다(Olson, 1980 참조).
2. 이 주장에 따르면, 아동이 보호자로부터 언어 구조를 학습한다는 경험주의적 주장은 반박된다. 왜냐하면 아동이 실제로 접하게 되는 언어는 문법적으로 부정확한 문장, 실언, 불완전한 표현, 속어, 은유, 동음이의어 등으로 가득 차 있기 때문이다.
3. 예컨대, 모든 인류 집단은 언어를 지니고 있으며, 뇌 손상이 없는 한, 언어 환경에 정상적으로 노출된 모든 인간은 지능지수(IQ)나 기타 변수와 무관하게 언어를 습득한다. 또한 모든 언어는 본질적으로 동일한 원리(예: 구조 의존성)에 기반하여 구성되는 것으로 간주된다.

참고문헌

Amsterdam, A. and Bruner, J. S. (2000). *Minding the Law*. Cambridge, MA: Harvard University Press.

Astington, J. W. (1993). *The Child's Discovery of the World*. Cambridge, MA: Harvard University Press.

Astington, J. W. and Olson, D. R. (1995). 'The cognitive revolution in children's understanding of mind', *Human Development*, 38: 179-89.

Bermudez, J. L., Marcel, A. and Eilan, N. (eds.) (1995). *The Body and the Self*. Cambridge, MA: MIT Press.

Bruner, J. S. (1960). *The Process of Education*. Cambridge, MA: Harvard University Press.

Bruner, J. S. (1966). *Toward a Theory of Instruction*. Cambridge, MA: Harvard University Press.

Bruner, J. S. (1979). *On Knowing: Essays for the Left Hand*. Expanded edition. Cambridge, MA: Harvard University Press.

Bruner, J. S. (1983a). *Child's Talk: Learning to Use Language*. Oxford: Oxford University Press.

Bruner, J. S. (1983b). *In Search of Mind: Essays in Autobiography*. New York: Harper & Row.

Bruner, J. S. (1986). *Actual Minds, Possible Worlds*. Cambridge, MA: Harvard University Press.

Bruner, J. S. (1990). *Acts of Meaning*. Cambridge, MA: Harvard University Press.

Bruner, J. S. (1995). 'Commentary' (on Astington and Olson's 'The cognitive revolution in children's understanding of mind'), *Human Development*, 38: 203-13.

Bruner, J. S. (1996). *The Culture of Education*. Cambridge, MA: Harvard University Press.

Churchland, Patricia (1986). *Neurophilosophy: Toward a Unified Science of the Mind-Brain*. Cambridge, MA: MIT Press.

Churchland, Paul (1989). *A Neurocomputational Perspective: The Nature of Mind and the Structure of Science*. Cambridge, MA: MIT Press.

Cole, M. (1996). *Cultural Psychology: A Once and Future Discipline*. Cambridge, MA: Harvard University Press.

Damasio, A. (1994). *Descartes' Error: Emotion, Reason, and the Human Brain*. New

York: Putnam.

Damasio, A. (1999). *The Feeling of What Happens: Body and Emotion in the Making of Consciousness*. New York: Harcourt Brace & Company.

Dennett, D. (1991). *Consciousness Explained*. Boston, MA: Little, Brown.

Donald, M. (1991). *Origins of the Modern Mind: Three Stages in the Evolution of Culture and Cognition*. Cambridge, MA: Harvard University Press.

Edwards, D. and Potter, J. (1992). *Discursive Psychology*. London: Sage.

Eilan, N., McCarthy, R. and Brewer, B. (eds.) (1993). *Spatial Representation: Problems in Philosophy and Psychology*. Oxford: Blackwell.

Fancher, R. (1979). *Pioneers of Psychology*. New York: Norton.

Gardner, H. (1985). *The Mind's New Science: A History of the Cognitive Revolution*. New York: Basic Books.

Gergen, K. (1999). *An Invitation to Social Construction*. London: Sage.

Gopnik, A. and Meltzoff, A. N. (1997). *Words, Thoughts, and Theories*. Cambridge, MA: MIT Press.

Harré, R. and Gillett, G. (1994). *The Discursive Mind*. London: Sage.

Locke, J. (1979 [1689]). *An Essay Concerning Human Understanding*, ed. P. H. Nidditch. Oxford: Clarendon Press.

McDowell, J. (1994). *Mind and World*. Cambridge, MA: Harvard University Press.

Olson, D. (ed.) (1980). *The Social Foundations of Language and Thought: Essays in Honor of Jerome S. Bruner*. New York: Norton.

Piaget, J. (1965). *Insights and Illusions*. W. Mays (trans.), London: Routledge & Kegan Paul.

Pinker, S. (1994). *The Language Instinct: The New Science of Language and Mind*. London: Allen Lane, Penguin.

Quine, W. V. O. (1953). 'Two dogmas of empiricism', in his *From a Logical Point of View*. Cambridge, MA: Harvard University Press.

Quine, W. V. O. (1969). 'Epistemology naturalized', in his *Ontological Relativity and Other Essays*. New York: Columbia University Press.

Shweder, R. A. (1990). 'Cultural psychology - what is it?', in J. W. Stigler, R. A. Shweder and G. Herdt (eds.), *Cultural Psychology: Essays on Comparative Human Development*. Cambridge: Cambridge University Press.

Stich, S. P. (1983). *From Folk Psychology to Cognitive Science*. Cambridge, MA: MIT Press.

제1장 불균형의 기울어진 행동: 제롬 브루너의 문화심리학

Clifford Geertz

- 인지혁명 비판: 브루너는 "인지혁명은 중요한 열망을 갖고 등장하였지만 별로 중요하지 않은 이슈로 전환되어 버렸다"고 지적하며 정보처리 은유와 연산(계산)주의로 기울어진 흐름에서 벗어나고자 하였다.
- 교육의 문화적 성격: "교육은 정보를 잘 처리하는 기술적인 작업이 아니며… 문화 구성원들의 필요와 그들이 살아가는 문화에서 요구되는 앎의 방식을 추구하는 복잡한 행위다." (Bruner, 1996)
- 내러티브의 중심성: "우리는 이야기의 바다에서 산다"고 말하며, 내러티브를 경험 조직, 자아 형성, 타자 이해의 핵심적 사고방식으로 보았다.
- 심리학의 미래 방향: 브루너는 생물학, 연산(계산)주의, 문화라는 이분법을 넘어 상호주관성(타인의 마음을 이해하고 조율하는 능력)을 탐구하는 통합적 틀을 제안했다.
- 학문적 전환: 문화심리학은 심리학을 다시 쓰려는 급진적이면서도 실천적인 시도로 다름(difference)과 맥락을 정밀히 기술하고자 하는 새로운 학문적 지평을 연다.

인지 혁명의 재고

'심리학'이라고 할 때 우리는 무엇을 떠올리는가? 제임스(James), 분트(Wundt), 비네(Binet) 혹은 파블로프(Pavlov)? 프로이트(Freud), 래슐리

(Lashley), 스키너(Skinner) 또는 비고츠키(Vygotsky)? 쾰러(Köhler), 레빈(Lewin), 레비-브륄(Lévy-Bruhl), 베이츠슨(Bateson)? 촘스키(Chomsky)나 피아제(Piaget)? 대니얼 데닛(Daniel Dennett)이나 올리버 색스(Oliver Sacks)? 허버트 사이먼(Herbert Simon)? 19세기 후반, 주로 독일인들에 의해 본격적으로 학문이자 전문 직업으로 자리 잡은 이래 '마음의 과학'을 자처한 심리학은 단순히 수많은 이론, 방법, 논쟁, 기법이 난립하는 데 그치지 않았다. 그 정도는 당연히 예상할 수 있는 일이었다. 문제는 심리학이 '무엇에 관한 것인지' —즉, 어떤 종류의 지식이며, 어떤 종류의 현실을 대상으로 하며, 어떤 목적을 위해 지식을 산출하려 하는지—에 대한 매우 상이한 개념들에 의해 서로 전혀 다른 방향으로 이끌려 왔다는 점이다. 겉에서 보기에 심리학은 단일한 분야가 일반적인 방식으로 학파와 전문 영역으로 나뉜 것처럼 보이지 않는다. 오히려 '정신 기능'이라고 불리는 무언가에 직·간접적으로 관련된 탐구들을 한데 묶어놓은 서로 동떨어지고 연결 고리가 약한 다양한 연구들의 집합처럼 보인다. 마치 각자 주인공인 수많은 인물이 있지만, 그들을 담을 연극은 아직 없는 상황 같다.

자세히 살펴보면 확실히 어느 정도 정돈된 것처럼 보이지만, 곳곳에서 생성되는 복잡한 학문 체계(미국심리학협회는 49개의 분야를 갖고 있다.) 덕분에 나아진 것처럼 여겨질 뿐, 여전히 너무 잡다했다. 심리학에 대하여 행동주의자, 계량심리학자, 인지론자, 심층심리학자, 기하학자, 발달심리학자, 신경학자, 진화론자와 문화인류학자들 간 개념의 차이는 심리학자로 하여금 불확실한 위치를 차지하게 하고, 인문 과학으로서의 방법뿐만 아니라 과정의 갑작스럽고, 빈번한 전환이 이루어졌다. 패러다임은 때때로 100년이 아니라 10년, 어쩌면 한 달 만에도 그 방법이 완전히 바뀔 수 있다. 패러다임은 프로그램, 약속, 신념들이 흔들리는 가운데서도 이를 곧게 유지하기 위해 자신의 생각 이외에는 그 어떤 생각도 막는 초자연적인 집중과 극단적인 개인주의 혹은 변덕스럽고 구제불능일 정도로 꼬치꼬치 캐묻는 탐구심을 동시에 지니는 것이다.

심리학에서는 빠르게 적응하고 변할 수 있는 섬세한 정신파의 연구자들(제임스, 베이튼, 색스)보다 확고하고 바꿀 수 없는 체계적 사고파(파블로프, 프로이트, 스키너, 피아제, 촘스키)가 더 많다. 그러나 브루너는 확실히 섬세한 정신파에 속한다. 브루너는 쉼 없이 요동쳤던 60여 년의 그의 커리어 내내 심리학에서 사고를 체계화하는 것과 이를 수치화하는 것에 반대해 왔다.

브루너의 커리어는 쥐 이동실험, 말이 안 되는 음절 반복하기, 감각의 차이 식별하기, 전류가 통했을 때 보이는 반응 측정하기 등 행동주의가 전성기를 이루었던 1940년대 하버드 시절부터 시작되었다. 그는 지엽적인 사실만을 '발견'하는 (그의 첫 번째 전문적 연구는 무력감의 조건과 관련한 전기그릴 위에 갇힌 쥐 실험이었다) 실험들에 만족하지 못하고, 심리학에 속해있든 아니든 비슷한 처지에 있던 동료들과 함께하게 되었는데 이들이 곧 '인지혁명'이라고 불리게 되었다.

1950년대 말에 이 혁명은 이미 진행 중이었고, 'bringing the mind back in(마음을 다시 가져오는 것)'이라는 개념은 심리학자, 언어학자, 뇌 모형론자, 민족학자, 컴퓨터 공학자뿐만 아니라 몇몇 경험적 철학자들까지도 필요로 하는 슬로건이 되었다. 연구의 주된 주제는 자극 강도나 반응 패턴이 아니라 정신활동, 즉 주의하기, 사고하기, 이해하기, 상상하기, 기억하기, 감상하기, 인지하기 등이었다. 대학에서 뜻을 같이한 레오 포스트먼과 브루너는 보고, 듣고, 인지할 때 정신이 선택할 수 있는 힘을 가진다는 것을 증명할 수 있는 지각 실험을 '새로운 모습의 시각(New Look)'이라는 유명한 시리즈물로 내놓았다. 더 가난한 어린이들은 같은 동전을 보더라도 더 부자인 어린이가 보는 것보다 더 크다고 인식한다. 대학생들은 위협적이지 않은 낱말을 볼 때보다 위협적인 낱말을 볼 때 더 방어적이거나 바짝 경계한다. 자신의 학생 두 명과 함께 추상적인 추론에 관한 획기적인 연구를 했다. 어떻게 하여 사람들은 논리보다 사실에 근거하여 그들의 가설을 검증하는가? 어떻게 하여 사람들은 무엇이 관련 있는 설명이고, 그렇지 않은지를 결정하는가? 그리고 1960년에 브루너는 끊임없이 연구 활동을 하던 심리언어학자인 조지 밀러와 함께 하버드인지문제연구소인 학제적인 센터를 설립하였는데, 실질적으로 관련 분야를 이끌었으며, 이로 인해 미국뿐만 아니라 외국에서도 비슷한 센터와 연구들이 폭발적으로 설립되었다. 브루너는 당시 동료와 함께한 연구 과정을 "우리는 반짝 유행할지라도 새로운 관점을 창출해 냈다."며 "이런 아이디어에 대해 어떻게 표현할 수 있을까?"라고 자서전인 『In Search of Mind』에 묘사했다(1983: 126).

그런데 얼마 후에, 브루너는 인지혁명에 환멸을 느끼게 되었다. 『Acts of Meaning』에서 브루너는 새로운 학문적 전환을 시도하며 '인지혁명으로부터의 결별'을 다음과 같이 선언하였다.

> 그 혁명은 객관주의라는 길고도 추운 겨울을 보내고 난 후 '마음'을 인간과학으로 되가져와 보다 많은 관심을 보이고자 하는 의도를 가지고 있었다. 그러나 인지혁명은 별로 중요하지 않은 이슈로 전환되어 버렸다. 사실, 인지혁명은 처음의 충격보다는 그 파급력이 줄어들었다고 볼 수 있다. 그렇다고 해서 인지혁명이 실패했다는 말하기는 어렵다. 오히려, 인지과학은 학문이라는 증권시장에서 확실한 주요 상승주 중 하나라고 할 수 있다. 인지혁명은 아마도 많은 비용을 치른 공학적 기교로 성공적인 전환을 이루었을지도 모른다. 일부 비평가들은 공학적 성공을 이룬 인지 혁명의 산물인 새로운 인지과학이 심리학에서 재건하려고 추구했던 바로 그 마음의 개념을 탈인간화시켜 버리는 것을 감수하였다고 주장하며, 이로 인해

> 인지과학은 다른 인간과학과 인문학으로부터 심리학의 많은 부분을 멀어지게 만들어 버렸다고 한다(1990: 1).

인지혁명이 최첨단 환원주의(뇌는 하드웨어이고, 마음은 소프트웨어이고, 사고는 하드웨어에서 소프트웨어가 정보를 처리하는 과정)로부터 거리를 둠으로써 인지혁명을 구하기는 했지만, 브루너는 지난 10년 전쯤, 표제와 체계를 갖춘 '문화심리학'을 제안하기에 이르렀다. 문화심리학에서 지금 주목받는 것은 개인이 사회에 이미 자리 잡고 있는 신념, 가치, 이해 등 공유된 의미 체계와 어떻게 상호작용하는가 하는 점이다. 개인은 그러한 체계 안으로 던져지면서 그것들과 맞물리게 된다. 즉, 공유된 의미, 신념, 가치, 그리고 그들을 둘러싸고 있는 사회적 세계 속에서 개인들의 참여와 관여 속으로 관심의 대상이 옮겨진다. 브루너에 따르면 이러한 (개인들의 문화적 참여 속으로 이루어진 사회적 세계에 우선적으로 강조를 둔다) 관점에서 교육은 중요한 '시금석'이 된다. 심리학에서는 마음이 기계처럼 작동한다는 관점보다 사회적 성취로 보는 관점이 더 필요하다는 것이다.

> 교육은 정보를 잘 처리하는 기술적인 작업이 아니며, 단순히 교실에서 '학습이론'을 적용하거나, 교과중심 '성취도 평가'의 결과를 활용하는 일도 아니다. 교육은 문화 구성원들의 필요와 그들의 문화에서 요구되는 앎의 방식을 추구하는 복잡한 행위다(Bruner, 1996: 43).

마음에 초점을 맞춰라

교육과 교육정책에 대한 브루너의 주요 연구는 도구적 인지주의에 대한 반감이 심화되던 시기, 유아와 영아기의 정신발달에 관한 연구에서부터 시작되었고, 1960년대 중반 시대정신의 산물과 같은 헤드스타트 프로그램을 수행했다. 이러한 연구들은 '외부에서 내부'로 발달이 이루어진다는 관점, 즉 '세계(상징체계, 과거의 성과, 예술, 과학 등)를 만들기 위해 마음을 효과적으로 사용할 수 있도록 만들 필요가 있다(Bruner, 1996: 9)'는 관점으로 브루너를 이끌었다. 브루너가 '의미 만들기에 돌입하기'로 명명한 인간 사고의 주요한 특징을 밝히는 것, 어떠한 목적과 행위에 대해 다른 이들과 공통의 관심을 갖는 것, 신념의 속성, 타인에 대한 욕구와 감정, 상황에 대한 일반적인 의미 파악, 자아정체감은 발달과정의 매우 이른 시기에 시작하며, 공식적인 교육뿐 아니라 걸음마와 언어의 습득보다도 우선하여 발달한다.

> 유아들은 (우리가 생각하는 것보다) 더 똑똑하고, 수동적으로 반응하기보다는 인지적으로 먼저 행동하려 하며, 미리 의심하기보다 그들이 맞닥뜨리는 사회적 환경에 더 주의를 기울이는 것으로 밝혀졌다. 그들은 전혀 '웅웅거리고 터무니없는 혼란'의 세계에 살고 있지 않았으며, 태어난 순간부터 예상되는 안정성을 찾아가는 것으로 보인다(Bruner, 1996: 71-2).

헤드스타트 프로그램은 도전과제가 적고, 적은 자극을 제공한 '결핍환경'에서 자란 동물들이 미로 찾기나 음식 찾기 같은 문제해결에서 평균 이하의 결과를 얻음을 보여주는 초기 발달에 대한 과학적인 연구에 근거하여 어떠한 점에서는 상호보완적이고, 또 다른 점에서는 대조적인 관점에서 시작되었다. 실험적이기보다 조금 더 은유적으로 학교 교육과 학생들에게 적용하여 바꿔말하면, '문화 박탈 가설'로 이어진다. 빈민가와 같이 문화적 환경이 '척박한' 곳에서 자란 아이는 그 이유만으로도 학교생활을 잘하지 못한다.

따라서 아이들이 빈곤한 환경으로부터 타격을 입기 전에, 환경을 풍성하게 만드는 것은 이러한 점을 바로잡는 데 필요한 것이다. 그래서 헤드 스타트 프로그램이 시작되었다.

문화 박탈을 바로잡기 위해서는 '박탈'이 무엇인지 알아야 한다는 점을 제외하고(사람들은 문화 박탈에서 벗어난 모습을 종종 미국 코미디 '오지와 헤리엣 부부'처럼 모범적인 중산층을 이상적인 기준으로 삼는다), 이러한 접근은 '문화적 풍요'가 사회가 불우한 아이에게 따뜻한 점심을 먹이거나 천연두 주사를 놓아주는 것 같은 도움을 주는 것으로 생각하도록 만든다. 이 아이들은 무언가 부족한 것처럼 무언가를 탐색하지 않고 즉시 접할 수 있는 자원과 상호작용의 바깥에서 전해지는 문화를 받아들이기만 할 뿐 구성하지 않는 것으로 여겨진다. 브루너는 헤드스타트의 조언자로서 이 운동이 매우 성공할 것이며 확산과 개혁의 가능성을 옹호하였다(결국, 이 운동은 '외부에서 내부로'의 프로그램이다). 하지만 그는 아동의 정신발달과 관련한 연구 결과에서 아동의 개념 형성 능력이 스스로에게 있음을 입증하는 증거들을 더 많이 밝혀내었고, '박탈적' 접근이 시대에 뒤진 접근임을 시사하였다. 또, 유아와 미취학 아동이 활성제처럼 삶의 특정한 방식에 숙달하는 것에 열중하고, 세상에 존재하는 실현가능한 방식을 발달시키는 것을 보면 모든 교육과정의 재고가 요구된다는 것이다. 이는 아동의 결핍에 무언가를 제공하는 것이 문제가 아니라 아동이 갖고 있는 무언가, 예를 들어 자신과 타인을 이해하려는 욕구, 지금 무슨 일이 일어나는지에 대한 이해하려는 욕구의 문제다.

브루너에 따르면 우리 자신의 안위를 위해 우리가 구성, 교섭, 제도화하여 마침내 '실재'라고 불리는 삶과 사고의 방식이라 할 수 있는 문화를 결정적인 실행 가능한 요소(마음에 초점을 맞추는 것)로 보았다(1996: 87). 이를 바꾸길 원하는 그 어떠한 종류의 교육이론도 사회적 의미생성에 주의를 집중하는 훈련이 필요하다. 사회와 어린이(실재를 갖고 있지만 미약한 지성을 가진)가 서로 약속한 용어는 교실이나 적어도 학교에서는 아주 잘 작동한다. 교육현장에서 아동의 사고방식은 대단히 의도적으로 빚어졌고, 주관성은 매우 체계적으로 만들어졌으며, '다른 사람의 마음을 읽는' 능력인 상호주관성은 조심스럽게 길러졌다. 일반적인 경우가 아닌 긍정적인 경우 '세계에 따라 행동하는 것이 아니라 세계에 대한 인식에 따라 행동하는 것'처럼 '학습자일 뿐 아니라 인식론자로 여겨지는' 아동은 어른들의 담론과 친구들의 수다에 참여한다(1996: 57, 49).

학령기 아동이 자립하고 자신이 누구인지 내관을 확립하며 다른 이들은 어디까지이며, 무슨 일이 일어날 것 같은지, 무엇을 할 수 있을지를 사용하는 더 큰 사회에서의 이해 확장 방식과 관계가 있는 이러한 전환은 브루너의 '문화심리학'이 여러 학문(역사, 문학, 법학, 철학, 언어학 그리고 끔찍할 정도로 잡다하며 변화무쌍한 과학과 인류학)에서 중요한 이슈로 다루어지는 계기가 되었다. 인류학과 유사한 심리학은 다양한 시각과 이를 (학문적으로) 구축하려는 큰 포부를 갖고 있다. 이를 위해 수많은 연구와 학문을 이용하는 것처럼 보인다. 마치 아주 많은 문을 아주 많은 열쇠로 열려고 하지만 적을수록 더 많이 보이듯 한 번에 모든 문을 여는 것은 어리석은 일일 것이다. 연구의 실용성에 늘 민감한 브루너는 (다 같이 벌컥 여는 것이 아니라, '담화이론', '말-행동 분석', '문화의 상호주관성', 그리고 '일상의 해석' 등 최근 저작에서 다룬) 내러티브로 그 문을 열려고 한다.

우리에 관한 것이든 다른 사람에 관한 것이든, 우리 자신에게 말하든 다른 사람에게 말하든 이야기를 하는 것(telling stories)은 '우리의 경험과 우리의 지식을 조직할 수 있는 가장 자연스럽고, 오래된 방법'(Bruner, 1996: 121)이다. 그러나 시험이나 요령으로 훈련된 표준 교육이론에서는 이러한 점을 알기가 매우 어렵다.

> 대부분의 학교 관습에서는 노래, 드라마, 소설, 연극 등과 같은 내러티브라는 방식을 필수적이 아니라 '장식' 정도로 또는 뭔가 우아한 놀이나 심지어 도덕적인 본보기로 취급해 왔다. 그럼에도 불구하고 우리는 우리 문화의 기원에 대한 설명과 이야기 형태에 녹여낸 우리가 가장 소중히 여기는 신념을 설명할 수 있는 틀을 만들며 이는 단순히 우리를 사로잡는 이야기들의 '내용'이 아니라 내러티브 기술(artifice)이라 할 수 있다. 어제 또는 그전에 일어난 우리의 즉각적인 경험은 같은 이야기 방식의 틀로 만들어진다. 훨씬 두드러지게 우리는 (다른 사람뿐만 아니라 우리 자신에게도) 내러티브의 형식으로 우리의 삶을 대변한다. 심리분석학자들이 지금은 개인적 특질이 내러티브와 연관 있음을 깨달은 것은 놀라운 일이 아니며, 자기 자신에 대해 불충분하고 불완전하거나 부적절하게 이야기하는 것은 '신경증' 때문만은 아니다. 피터 팬이 웬디에게 네버랜드로 함께 가자고 말했을 때 웬디가 그 섬에 있는 아이들에게 이야기하는 법을 가르칠 수 있기 때문이라고 나름의 이유를 댄 것을 떠올려 보라. 만약 그들이 그들 자신에 대해 말하는 방법을 알았다면 섬에 있는 소년들은 더 성장할 수 있었을 것이다(Bruner, 1996: 40).

내러티브 사이에서 성장하는 것—자기 자신, 교사들, 학교 친구들, 부모, 관리인 그리고 솔 벨로(캐나다 소설가) 같은 다양한 다른 사람들은 한 때 '실제 교수자(reality instructors)'라고 신랄하게 말한—은 교육에서 필수적인 장면이다. 브루너는 "우리는 이야기의 바다에서 살고 있다."라고 말했다(1996: 147). 이야기의 바다에서 수영하는 법을 배우는 것처럼 어떻게 구성, 이해, 분류, 확인하고 꿰뚫어 보는지 배우는 것, 사물들이 어떻게 작동하는지 또는 그것들이 무엇이 되는지 발견하기 위해 이야기를 사용하는 것은 기본적으로 학교와 학교 너머 '교육의 문화', 그 전부라고 할 수 있다. 문제의 핵심은 교사가 무엇을 가르치느냐가 아니라 학습자가 무엇을 배우느냐,

즉 "실제를 구성하기 위해 내러티브를 사용하여 인간은 세계에 대해 이야기함으로써 세계를 이해하게 된다."(브루너, 1996: 130). 이야기(tale)는 의미를 만드는 것을 대표하는 마음의 수단이자 도구이다(1996: 41).

문화심리학 구성하기

Bruner의 최근 연구에서는 '사고 양식과 문화관 표현'으로서의 내러티브에 대한 관점을 내포하는 데 바쳐졌다(Bruner, 1996: xiv). 그는 과학교육, '일상교육학', 학습의 공통적인 유형 그리고 다른 사람의 마음을 이해하고 설명하는 아동의 '마음이론' 구성에 대한 연구를 시작했다. 마음 이론에서 발전시키지 못한 것으로 여겨지는 자폐증, 내러티브의 일반적인 특징, 사고하는 방식으로서의 문화, 그리고 비고츠키, 피아제, 피에르 부르디외(이들은 모두 브루너 자신과 관련이 있지만, 갈등도 있었다.)의 교육에 대한 각각의 접근들은 지나가는 말로라도 계속 논의되고 있다. 또한 최근에는 영장류학, 비교 문화 연구, 지능 검사, 초인지(생각하는 것을 생각하는 것), 상대주의의 발달과 신경학의 활용도 논의되고 있다. 방대한 영역에 엄청난 속도로 엄청난 양이 걸쳐져 있다.

계획만 하고 머무르기보다 어떠한 영역을 새롭게 개척해 나아가기 위해 끊임없이 시도하는 것은 그 전부가 틀렸다고 해도 큰 문제가 되지는 않는다. 하지만 꽤 많은 호의적인 학자들조차도 예산위기나 당면한 문제가 산적한 기업이 어찌어찌 굴러가는 것처럼, 문화심리학이 어디로 나아가고 있는지, 여러 학문 분야 중 하나의 영역에 이르렀는지에 대한 문제로 떠나게 되었다. 물론 수많은 브루너의 기술적 연구들을 참고하거나 동료들의 연구에 수없이 인용된 것을 찾아보면 이해할 수 있다.

하지만 통계학으로 포장된 이 '문학'의 대부분은 그 이후 전문 학술지와 토론회로 퍼졌고, 전문가들 외에는 그러한 일에 대한 인내심을 가질 사람이 거의 없을 것이다. 브루너의 제자, 공동 연구자와 추종자들이 쓴 양질의 논문들과 더 많은 초록, 이해하기 쉽고 통합된 연구물들이 기하급수적으로 나타나기 시작했고, 이는 기업 전체가 어디에 있고, 어떤 과정을 거쳐 만들어지고 있는지에 대한 보다 명확한 그림을 얻을 수 있다. 그리고 가장 최근 저서 중 '심리학의 다음'이라는 마지막 장에서 브루너는 문화심리학이 나아가야 할 방향을 펼치고, '마음 연구'에 대한 또 다른 접근과 문화심리학이 어떻게 관계를 맺어야 하는지에 대해 서술하고 있다. 늘 그렇듯 그의 태도는 유하고, 절충적이며, 활동적이면서 긍정적이다.

> 문화심리학은... 과거 우리가 알고 있던 생물학적으로 근거를 두고, 인간 개인에 지향점을 두고 있는 실험실 중심의 심리학과 별도로 떨어져 존재할 수 있을까? 문화 속의 마음에 대한 보다 많은 상황적 연구, 즉 마음에 대한 더욱 많은 해석을 내릴 수 있는 인류학적 연구에서 과거 우리가 학습했던 모든 것들을 배제해야만 하는가? 몇몇 학자들은 우리의 과거는 실수이며 심리학이 무엇에 관한지를 잘못 이해했던 것이라고 주장한다. 그러나 나는 앞으로의 심리학이 어떠해야 하는가에 대해 완전히 생물학적이어야 하는지 혹은 배타적이며 컴퓨터 연산적이어야 하는지 아니면 전적으로 문화적이어야만 하는지에 대한 이분법적인, 삼분법적인 선택에서 벗어나기를 권하고 싶을 뿐이다(Bruner, 1996: 160).

그는 심리학이 어떤 역할을 할 수 있을지에 대해 다음과 같이 설명한다.

> 심리학은 인간 정신 기능의 본질을 우리가 이해할 수 있도록 도와주는 생물학, 진화론, 각각의 심리학, 그리고 문화적 통찰력의 상호작용을 설명

> 할 수 있다. 심리학에 대한 '그 다음 장'은 '공통주관성(모든 사람들의 주관(主觀)에 의해 공통적으로 의식되는 특징)'에 대한 것이다. 사람들이 다른 사람들의 마음을 어떻게 알게 되는지, 또 그것에 어떻게 부응해서 적응하는지—문화 심리학에 관한 일련의 주제들이 있지만—가 문화 심리학의 실행 가능한 개념 중 중심이 된다. 그러나 이것은 영장류 진화, 신경의 기능, 마음의 처리 용량에 대해 언급하지 않고는 이해될 수 없다(Bruner, 1996: 161).

이것은 부드러운 대조, 적을 무장 해제 시키는 것, 어려움을 덮고, 어느 정도 균형 잡혀 합리적으로 접근하고, 어려운 결정을 잘 처리해 내는 등 모두 잘 되어간다. 그러나 브루너는 그의 생각이 폭발적인 것임을 간과하고 있다. 문화가 사회적이고 역사적으로 구성된다는 논쟁, 내러티브는 인간에게 가장 중요한 앎의 방식이며, 우리를 둘러싸고 있는 사회에 대하여 우리 자신의 물질적 허위에서 벗어나 다른 사람을 이해하는 마음이론의 계발, 우리는 직접적인 세계가 아니라 우리가 세계에 대해 믿는 것에 따라 행동한다. 이치에 맞는 이야기에서 찾아낸 열정적인 '의미 만들기' 그리고 마음은 순전히 타고난 것이라기보다 추가물처럼 문화의 영향을 받는다. —그러한 관점은 중간과정 수정보다 더 많이 다다른다(Bruner, 1996: 171). 이것은 체제 전복적이라기보다 상당히 급진적이라고 불릴만한 위치에 채택되기에 이른다. 그러한 관점과 그들과 연결된 다른 관점들은—관점주의, 도구주의(사상이나 관념은 환경 지배의 도구로서의 유용성에 따라 가치가 정해진다고 하는 John Dewey의 학설), 맥락주의(언명(言名)·개념은 문맥이나 맥락을 떠나서는 의미를 이루지 못한다는 이론), 반환원주의—계속 진행 중인 전통적인 심리학 연구(또는 정말 인문과학 안으로 일반적으로)들을 잡음이나 격변 없이 흡수할 수 있다는 것은 매우 의심스러워 보인다. 만약 '문화심리학'이 영향력을 가지거나 심각하게 시장을 점령한다면 그것은 교육학보다 더 많은 혼란을 야기할 것이다.

문화심리학이 급속도로 발전하고 힘과 증거들을 모으고 있을 뿐 아니라 기존의 두 가지 이론인 정보 처리 인지주의와 신경생물학적 환원주의의 갖는 중요한 경쟁자이기도 하다. 유통의 평행한 과정의 인지주의로의 도입(브루너가 행동주의자 연상주의의 '베일에 싸여 있는 비전'이 아니라 무시한 부분)과 컴퓨터 매개 실험주의는 두 번째 바람의 중요한 무언가를 가지고 왔다.

두뇌 연구에 대해 기술주도의 연구가 뿜어져 나온다. 도덕의식으로부터 모든 것으로 진화론의 확장, 후기 데카르트주의 철학자들의 마음 전반의 위기, 아마도 가장 중요하게는 완전한 유전자 시대의 도래는 생물학주의와 똑같은 일을 해왔다. 이 모든 것, 그리고 도덕적이고 실질적인 화제에 성패가 달려있는데도 불구하고 각자 영역을 나누는 일이 발생할 것 같지 않다.

'심리학'의 다음 장은 평화적이라기보다 격동적일 수 있다. 컴퓨터적, 생물학적, 문화적인 접근 등이 내부에서 그 힘이 커지고 정교해지고 있고, 그것들이 연달아 변화시킬 영향력을 가지고 있다고 장담할 수 있다. 생물학이 문화에 제약을 가한다는 단순한 주장과 컴퓨터에 기초를 둔 인지과학이 '의미를 구성하는 데 혼란스러움'을 다루는 데 무능하다는 주장은 그것의 존재만으로도 오래된 이슈를 해결하기에 충분하다. 문화심리학이 불가피함을 만들어갈 것이다. 인류학을 심리학의 천막에 끌어들이는 것은 아주 크고 기형인 낙타를 데리고 오는 것과 같다. 이것은 제대로 된 자리를 마련한다기보다 집어던지는 것이나 다름없다. 가장 비범한 것 중의 하나임에 틀림없는 것의 절정과 결실을 맺은 인문 과학에서의 연구, 계속되는 독창성과 지치지 않는 탐구 경력들로 미루어 브루너는 전적으로 인정하기보다 혁명적인 개혁을 만들어낸 한가운데 있는 것으로 보인다.

다름과 차이를 찾아 나서기

인류학 내에서 명료성, 타당성, 분석력, 심지어 문화의 개념에 대한 도덕적 수준에 대해 최근 몇 년간 계속 논쟁이 있었다. 아주 확실하지 않은 결정이 구한다. 그것이 제국주의자의 유물, 이념적 움직임, 대중적인 표어처럼 버려질 카드라면, 여러 비평가들의 다양한 제안은 심각하고 재고될 것이다. 심리학의 다음 장에는 브루너가 제안한 것처럼 핵심적 역할이 주어진 것은 그러한 재고에 대한 토론의 장을 확대할 뿐 아니라 그가 결합하기를 바라는 마음의 개념이 공세에 시달리는 것과 유사한 질문들이 늘어나야 한다. 심리학의 지속적인 논쟁—천성이냐 교육이냐, 하향식이냐 상향식이냐, 이성이냐 열정이냐, 의식이냐 무의식이냐, 기능이냐 수행이냐, 개인적인 것이냐 공통주관성이냐, 경험이냐 행동이냐, 배움이냐 망각이냐—은 다수의 새로운 질문들을 더할 것이다. 의미와 행동, 사회적 인과관계와 개인적인 의도, 상대주의와 보편주의, 그리고 아마도 가장 근본적으로는 다름과 같음 등에 관한 새로운 질문들. 만약 인류학이 무언가에 사로잡힌다면 그것은 얼마나 다른가, 얼마나 다르게 만들 수 있는가이다.

문화적 다름이 관심을 가지는 것 같은 질문에 대한 답은 간단하지 않다. (그래도 간단한 답은 종종 충분히 주어진다. 보통 극단적으로) 인류학에서는 모든 경우에 묻고, 되묻는 그저 질문 그 자체가 있을 뿐이다. 유전학, 정보처리이론, 발달심리학, 생성 문법, 신경학, 의사결정론, 신다윈주의와 같은 매우 결정론적으로 일반화하려는 학문들 사이에 과학을 그 속에 특이하게 단일화하게 던지는 것은 하나의 영역- 정신 활동의 연구-에서 종말적인 혼란을 자초하는 것이다. 그것은 이미 제국주의적 프로그램, 적대적인 세계관, 그리고 절차의 확산으로 충분히 가려져 있다. 사르트르 시대에 우리가 브루너의 '프로젝트'라고 불렀던 '문화'(또는 '의미' 또는 '내러티브')에 더하는 것보다 더 좋은 방법인 섞는 것을 암시한다. 그것은 그가 스스로 말한 것처럼, 다름의 영역 같은 당면한 세계, "실재의 다른 구성을 판정 내리는 것은 어떤 다양한 사회에서도 불가피한 것이다."(Bruner, 1990: 95).

함께 가져오기 위해 노력하는 것, 이야기하기 위해 노력하는 것 또는 (아마도 더욱 조심스럽게) 생산적인 방식으로 이야기하기 위해 노력하는 것, '마음의 보편적 실재'와 '스토리텔링'에서부터 '신성계 모델'과 '침팬지를 문화화시키기'까지 비고츠키, 굿맨과 바틀릿에서 에델맨, 시몬과 프리맥까지(그리츠와 Levi-Strauss에 대한 이야기가 아니다!)의 모든 것은 명백하게 그것을 녹이는 것처럼 다름을 많이 동원하는 것을 포함한다. '판결하는 것'은 (아마도 최고의 언어와 함께가 아니라) 최선의 것 또는 강제적이라기보다는 약간 창백하고 만족감을 주는 보편적인 총체와 대조한다. 이것은 아마도 마음의 연구에 대한 다양한 접근법 간의 조정이 아니라 가장 즉각적으로 필요한 것, 조용한 절충주의, 다른 것에 대항하는 효과적인 연구방법일 것이다. 만약 뇌의 분리된 부분이 동시에 활동한다는 관점으로 바라본다면 뇌에 대해서 더 잘 이해할 수 있을 것이다. 마음을 이해하는 것도 이와 같지만 생물학자들은 종종 혼동을 겪는다. 역사, 문화, 신체와 육체적 노동의 시계는 참으로 어떤 사람의 정신 삶의 성격을 고정시킨다. —구체화하고 안정시키고, 콘텐츠로 가득 채운다. 그러나 그들은 매우 독립적이고, 나뉘어 있으며, 공동적이며 다르게 고정된다. 그들은 단지 사라지지 않고, 아주 많은 구성요소 또는 아주 마찰 없는 일치를 이루었다. 이러한 관점은—우리가 어떻게 생각을 경영하는가에 대한 유용한 이해는 상징체계, 역사적 전통, 문화적 산물, 신경학적 비평, 환경적 압박, 유전적으로 정해진 것과 강압적 작동을 포함한다. 종종 충분히 논쟁적이다. —최근의 연구에서 보다 정확한 표현을 하려고 애쓰는 것처럼 보인다. 적어도 브루너 자신에 의해 자극받은 부분이다. 앤디 클락의 "being there"(1997)은 "뇌, 몸 그리고 세계를 함께 다시 모으는 일"보다 아무 것에도 헌신하지 않았다. William Frawley의 "비고츠키와 인지과학"(1997)은 '인간 마음이 사회적으로 구성되고 컴퓨터적인 장치 둘 다임을 보여준다'를 찾는다. 문화에서만큼은 —의미를 구성하는 개개인의 상징체계(Bruner, 1990: 11) —"마음의 이미지는 불가분하게 몸, 세계, 행동과 뒤섞여 있다"는 클락의 말(1997: Xvii)과 프렐리의 "세계 안의 마음과 마음 안의 세계"(1997: 295)라는 말과 관계있다. 인간의 지적 능력과 도구 또는 인공기관의 내재된 힘에 외부의 추가적인 것이 더 있다고 여겨지는 것은 불가능한 것으로 만들었다. 그것은 그 힘들의 구성요소이다.

따라서 정신을 이해하는 과정은 모든 것이 딱 맞아떨어지는 이상적인 최종 목적지를 향한 여정이 아닌 것이다. 그보다는 서로가 서로를 끊임없이 재고(再考)해 나가는 과정이라고 보는 편이 옳을 것이다. 강력한 '문화심리학'(혹은 강력한 문화 인류학)을 정립하기 위해서는, 각 지식 분야를 한데 섞고 엮을 것이 아니라 지식 분야의 상호적 균형을 깨야 한다. 신경학, 유전학, 영장류 동물학, 문학이론, 기호학, 체계이론, 로봇공학 등의 학문이 발달하면서 정신 기능에 대한 단일 이론이 급부상하게 되자 브루너의 '[정신적] 실제의 다른 구성'을 통해 각 분야들이 서로를 대적하고, 불안정하게 만들며, 서로를 활성화하거나, 확장시킬 수 있는 전략을 세워야 한다. 이러한 전략을 통해 이론을 변덕스러운 방식으로 계속 이끌어 나가야 한다. 모든 것들이 하나의 지점으로 수렴할 필요는 없다. 최대한 다양하게 발전할 수 있도록 해야 하는 것이다.

정신이 무엇인지, 정신은 어떻게 작동하는지 각 학문 분야들이 서로 인정할 수 있을 정도로 정신을 잘 연구하는 상이한 방법들은 다수 존재한다. 이러한 연구 방법은 고안해 내기도 매우 어려울뿐더러, 대단히 취약하다. 일단 연구 방법이 정립되면 학계 버전의 홉스주의 전쟁이 발생한다. 인류학에서 정신 연구법을 고안하는 것은 아프리카의 마술이나 멜라네시아의 교류와 같은 특정한 연구를 말하는 것이 아니며, 보편적 필요성에 의한 연구나 사회생활에 대한 생득적 논리에 대한 연구는 더더욱 아니다. 오히려 문화적 차이를 오랫동안 가깝게 연구하는 것이며, 사회생활에서 이러한 문화적 차이를 고려해야 하는 것이다. 문화의 차이점을 조사하고, 시사점을 확인하며, 문화적 차이를 통해 일반적인 이슈를 살펴보는 것이 중요하다.

차이를 다루는 것, 다시 말해 차이를 살펴보는 것이 진짜 핵심이라고 할 수 있다. 차이를 제대로 파악하는 경우보다 잘못 파악하는 경우가 더 흔한데, 가장 흔히 잘못 파악하는 경우는 우리가 제대로 파악하고 있다는 착각에서 비롯된다. 의식이 무엇이고, 정신이 어떻게 작동하는지, 이성의 근원이 무엇인지를 파악했다고 착각하기가 쉽다. Whitehead의 주장에 따르면 우리는 체계를 세우고 체계를 개방해야 한다. 그러나 Whitehead의 관심은 완전성, 확실성, 전체주의적 통합에 있었으므로 체계를 세우는 것보다 체계를 개방하는 것이 훨씬 어렵다는 것을 간과하였다. 고슴도치의 딜레마(역주: 서로에게 다가가고 싶어 하나, 상처 받을 것을 염려하여 마음을 닫고자 하는 양가적인 감정과 상태)처럼, 너무 일찍 외부를 차단해 버리는 것과 모든 것을 다 개방하는 것은 둘 다 인문과학에 도움이 되지 않는다. 그러나 현실적으로 좁은 시각의 현대 사회에서는 외부를 전부 개방해서 생기는 문제보다 너무 성급하게 외부를 차단해서 문제가 발생하는 경우가 더 흔하다.

한 가지 분명한 사실은 (의미 있고, 의식, 사고와 감정과 같은 사실을 이야기할 때 어느 것이든 분명하다면) '심리학'이나 '인류학'의 다음 장(chapter)이 아니라는 것은 초반부와 중반부가 마지막까지 잘 연결되어 잘 정돈되어 있고 잘 구성된 담론(담화)이 될 것이다. 고립된 라이벌은 울타리가 쳐진 공동체 지역 사회의 문화나 정신을 이해하려고 노력하지도 않고(진화심리학, 상징적 인류학), 포괄적으로 전체와 융합('인지과학', '기호학')하지도 않는다는 것은 결국 중간에라도 실행할 수 있는 것이다. —전자는 차이를 구체화하고 칭송하여 격상시키기 때문이며, 후자는 그것의 존재를 평가절하하고 근절하지 않으며 구속력을 가지고 있기 때문이다.

법률주의 판결이 이러한 문제를 피하기 위한 방법으로서 대안이 되는 최고의 용어가 아닐 수도 있다는 이유는 '판결자'가 어떤 일(혹은 어떤 사람)을 해결하고 화해시키고 등급을 매겨 그들 사이에서 선택하기를 제안하기 때문이다. 그러나 구조(질서, order)가 마음이나 혹은 문화 그 어디에서 발현하는 무엇이든지 간에, 중앙 집중적 통치과정이나 직접적인 구조에 의해 만들어지지는 않으며, 어떠한 것이든 간에 순조롭고 작용하여 만들어져 자연스럽게 이루어지는 것이다. 문화심리학의 미래는 격변하고 별로 안 좋은 상황에서 자본화하는 전문직 종사자들의 능력에 달려있으며— 상황이 개방적이고 반응성이 있으며, 융통성이 있고 창의력이 풍부한 지적인 동요가 있는 상황에서는, 낙관론은 말할 것도 없이, 초반 시작이 특히 순조로운 이후 브루너의 작품이 특징화되었다. 그의 견해와 예시가 계속 발전해 나가는 듯하였고, 서술(묘사)을 계속하는 누구든지, 그것이 무엇을 묘사하든 말로서 나타내게 되었다.

주석

이 에세이의 대부분은 원래 『*The New York Review of Books*』 1997년 4월 10일자(22-24쪽)에 다소 다른 형태로 실렸던 것이다.

1. 두 권의 대표적인 저작은 Cole(1996)과 Shore(1996)이다. Cole은 발달심리학자이자 사회인류학으로 향하고 있는 학자로서, 자신이 직접 중요한 역할을 했던 심리학 내의 문화 간 연구의 역사를 추적하고, 러시아 심리학자 알렉산더 루리아(Alexander Luria), 알렉세이 레온티예프(Alexei Leontiev), 레프 비고츠키(Lev Vygotsky)의 '낭만적 과학(즉, "소설가와 과학자의 꿈이 결합된")' 전통에 바탕을 둔 인류학과 심리학의 통합적 탐구를 위한 개념적 틀을 제시한다. Shore는 인지심리학 쪽으로 향하는 사회인류학자로서, 사모아에 대한 자신의 연구를 포함한 고전적인 민족지 연구들과 함께, 야구, 실내 장식, 항공 여행과 같은 다양한 현대 문화 형식들을 검토한다. 그는 이를 통해 '개인적(즉, 인지적)' 정신 모형과 '관습적(즉, 문화적)' 정신 모형 사이의 관계를 탐색하고, 인류학과 심리학 사이의 오랜 단절을 극복하려 한다.

   이 두 책은 너무 많은 것을 다루려다 보니 완성도 면에서 아쉬운 점이 있지만, 현재 이 분야의 상황을 잘 보여주는 귀중한 자료들이다. 이 분야의 현황과 가능성을 실감나게 파악하는 데 유용한 다른 종합 저작으로는 Shweder(1991), Stigler, Shweder and Herdt(1990), Shweder and Levine(1984) 등을 참고할 수 있다.

2. 인간 진화에서 문화의 역할을 부가적인 것이 아닌 구성적인 것으로 보는 관점은 Geertz(1973)의 2장과 3장을 참조하라.

참고문헌

Bruner, J. (1983). *In Search of Mind: Essays in Autobiography*. New York: Harper & Row.

Bruner, J. S. (1990). *Acts of Meaning*. Cambridge, MA: Harvard University Press.

Bruner, J. S. (1996). *The Culture of Education*. Cambridge, MA: Harvard University Press.

Clark, A. (1997). *Being There: Putting Brain, Body, and World Together Again*. Cambridge, MA: MIT Press.

Cole, M. (1996). *Cultural Psychology: A Once and Future Discipline*. Cambridge, MA: Harvard University Press.

Frawley, W. (1997). *Vygotsky and Cognitive Science: Language and the Unification of the Social and Computational Mind*. Cambridge, MA: Harvard University Press.

Geertz, C. (1973). *The Interpretation of Cultures*. New York: Basic Books.

Shore, B. (1996). *Culture in Mind: Cognition, Culture, and the Problem of Meaning*. Oxford: Oxford University Press.

Shweder, R. A. (1991). *Thinking through Cultures: Expeditions in Cultural Psychology*. Cambridge, MA: Harvard University Press.

Shweder, R. A. and Levine, R. A. (eds.) (1984). *Culture Theory: Essays on Mind, Self and Emotion*. Cambridge: Cambridge University Press.

Stigler, J., Shweder, R. A. and Herdt, G. (eds.) (1990). *Cultural Psychology: Essays on Comparative Human Development*. Cambridge: Cambridge University Press.

1장 요약

1장은 19세기 후반 이후 심리학이 '마음의 과학'을 자처하며 제도화되었음에도 불구하고, 연구 대상과 지식 형식, 그리고 학문적 목표에 대한 합의 부재 속에서 상이한 학파와 방법이 병렬적으로 공존해 왔다는 문제의식에서 출발한다. 행동주의, 계량심리학, 인지주의, 정신분석, 발달심리학, 신경과학, 진화심리학, 문화인류학적 접근이 교차하며 심리학의 정체성을 분산시킨 가운데, 브루너는 해석적 감수성과 학제적 사유를 견지하며 독특한 궤적을 형성한다. 기어츠는 이러한 궤적을 통해 심리학이 차이를 관리하고 해석하는 방식을 새롭게 전환해야 한다는 점을 강조한다.

브루너는 1940년대 하버드에서 전형적인 행동주의적 실험으로 출발했으나, 자극-반응 도식의 한계를 인식하고 '마음을 다시 불러들이기'를 기치로 한 인지혁명에 참여했다. 'New Look' 지각 연구를 통해 지각이 단순한 반사적 반응이 아니라 선택과 가설 검증을 수반하는 능동적 과정임을 보여주었으며, 심리학의 관심을 자극 강도와 반응 패턴에서 주의, 사고, 이해, 상상, 기억 등 정신작용 자체로 확장하는 데 기여했다. 그러나 브루너는 곧 인지혁명이 본래의 의도를 잃고, 의미와 맥락 탐구 대신 정보처리 은유와 계산주의에 치우쳐 마음을 소프트웨어적 기제로 환원한 점을 비판했다. 『Acts of Meaning』에서 그는 이러한 경향과 결별하며, 마음을 본질적으로 문화적 성취로 파악하는 '문화심리학'을 제안했다.

문화심리학은 정신 기능이 공유된 의미와 상징체계 속에서 구성되고 협상되며 제도화된다고 본다. 교육은 그 시금석으로 단순한 정보처리 기술이나 학습이론의 적용이 아니라 사회가 승인한 앎의 방식과 규범을 내면화하는 문화적 행위로 재정의된다. 이는 『The Process of Education』에서 제안된 '나선형 교육과정'과 연결되며, 학습자가 문화 속에서 점차 더 깊이 앎을 재구성하는 과정을 중시한다. 브루너는 Head Start 프로그램의 조언자로 참여하며 결핍 가설의 문제를 지적했다. 아동은 수동적 수혜자가 아니라, 의미 만들기에 참여하고 타인의 마음을 추론하며 상호주관성(타인의 마음을 이해・조율하는 능력)에 접속하는 능동적 주체임을 입증했다. 따라서 교육의 과제는 결핍을 보정하는 것이 아니라 이미 주어진 해석 능력을 촉발하고 조율하는 일에 있다.

내러티브는 문화심리학의 핵심 매개로 자리한다. 인간은 이야기 형식으로 경험을 배열하고 자아를 구성하며, 타인의 의도와 정동을 추론한다. 브루너는 『Actual Minds, Possible Worlds』에서 논증적 양식과 내러티브 양식을 구분하고, 특히 내러티브 양식 인간의 원형적 사고방식으로 보았다. 그는 "우리는 이야기의 바다에서 산다"는 명제를 통해 내러티브가 지식 구성의 본질적 도구임을 강조했다. 이야기는 단순한 표현 양식이 아니라 교육・법・정치에서 정당화와 판단을 조직하는 규범 장치로 기능한다. 따라서 내러티브는 개인 정체성 형성, 사회적 의미 협상, 제도적 규범 내면화를 아우르는 메타-매체로 부상한다.

1장 후반부는 문화심리학의 학문사적 위상을 다룬다. 브루너는 신경생물학적 환원주의와 계산주의 인지과학 사이에서 어느 한쪽을 선택하기보다, 공통주관성—타인의 마음을 추론하고 부응하는 능력—을 탐구하는 통합적 프로그램을 제안한다. 이는 생물학적 제약을 무시하지 않으면서도 역사・제도・담화가 마음을 형성하는 문화적 조건을 동등하게 분석하는 비환원적 다원주의이다. 더 나아가 인류학을 심리학에 종속시키는 대신, 차이와 맥락을 정밀히 기술함으로써 심리학 자체의 이론 구성을 재편해야 한다고 강조한다. 이러한 과정은 심리학의 지형을 평화적으로 유지하기보다는 격동적으로 재편할 것이며, 이는 "큰 낙타를 천막 안으로 들여오는 일"이라는 은유로 표현된다.

결론적으로 이 장은 브루너의 지적 여정을 행동주의에서 인지혁명, 그리고 문화심리학으로 이어지는 흐름 속에서 추적하며 세 가지 핵심 논지를 도출한다. 첫째, 마음은 연산적 정보처리 장치가 아니라 문화적 의미 구성의 산물이다. 둘째, 교육은 사회가 승인한 앎의 방식과 상호주관성의 규범을 내면화하고 실천하게 하는 문화적 행위다. 셋째, 내러티브는 경험의 조직, 자아의 구성, 타자 이해를 매개하는 인지·문화적 원형이며, 교육의 중심적 형식이 되어야 한다. 나아가 기어츠는 심리학의 '다음 장'이 절충적 통합이 아니라 차이와 긴장을 생산적으로 관리하는 학제적 규범의 탐색이 되어야 한다고 본다. 브루너의 문화심리학은 바로 이러한 지평을 열며, 해석학적·서사적·제도 분석적 차원에서 심리학을 다시 쓰려는 급진적이면서도 실천적인 시도로 자리매김한다.

제2장 브루너의 언어 습득 이론

Michael Tomasello

- 미성숙의 진화적 기능: 인간의 긴 영아기는 문화 학습을 가능케 하는 적응이며, 영아는 사회적 상호작용과 상징적 도구를 통해 이를 활용한다(Bruner, 1972).
- 공동관심과 LASS: 언어는 선천 규칙의 자발적 전개가 아니라 공동관심과 의례화된 상호작용 형식(formats) 속에서 습득되는 사회적 행위다(화행이론 · 언어 게임의 통찰 포함)(Austin; Wittgenstein; Ratner & Bruner, 1978; Bruner, 1983a).
- LAD-LASS 상호작용: 브루너는 생득주의 비판을 조정하여, 언어 발달을 LAD(선천적 민감성/제약)와 LASS(환경적 지원체계)의 상호작용으로 설명한다(Bruner, 1983a).
- 통사 습득의 재구성: 통사 습득을 '행동에서 문법으로의 직접 매핑'으로 보지 않고, 문법을 역사적으로 관습화된 담화적 구성으로 이해하며, 아동이 화용 · 담화 맥락의 상호작용 속에서 이를 학습한다고 설명한다(Bruner, 1983b; 1990).
- 내러티브의 동력: 내러티브는 인간 의도와 우연적 전개를 다루는 가장 강력한 담화 형식으로 아동의 통사 일반화와 의미 구성을 이끄는 실제적 동력이다(Bruner, 1986; 1990).

마치 카드 덱과도 같다… 당신이 어떤 카드를 원하는 것은 그 카드 자체를 원해서가 아니라, 전적으로 자의적인 규칙과 가치의 체계 속에서, 그리고 당신이 이미 일부를 쥐고 있는 특별한 조합 안에서 그 카드가 의미를 가지기 때문이다. 하지만 당신이 게임에 참여하고 있지 않다고 가정해

> 보자. 그렇다면 설령 규칙을 알고 있다 해도 카드 자체는 아무 의미도 없다. 모든 카드가 똑같아 보일 뿐이다.
>
> Robert Penn Warren, All the King's Men

Bruner가 말하기를 1972년 그가 옥스퍼드 대학에 도착할 때까지 그는 언어와 언어습득에 관한 심도 깊은 연구를 하지 않았다고 한다(Bruner, 1983a, 1983b). 대서양 항해 전 20년 동안 Bruner는 주로 지각과 인지의 과정을 연구했으며(e.g., Bruner, Goodnow and Austin, 1956; Bruner, Greenfield and Oliver, 1966), 교육, 문화, 인간 발생학에도 활발한 흥미를 보였다(e.g., Bruner, 1965, 1966). 그러나 인지혁명 초창기에 Bruner는 언어를 그 자체로 흥미 있는 인지적이고 문화적인 현상이 아니라 단지 인지의 도구 역할을 하는 창으로만 바라보았다.

옥스퍼드 대학에서 언어습득에 관한 Bruner의 연구는 실로 놀랍다. 이 연구는 발달 심리학자들에게 언어습득에 대한 새로운 장을 열어주었다. 어른과 아이 사이의 언어 의사소통의 화용론이 그 예이다. 게다가 화용론은 아동이 어떻게 상대방의 생각을 이해하는지 대화가 일어나는 상황에서 문화적 맥락을 이해하는지에 대한 의문을 제기했고, 이어서 아동의 마음이론과 아동을 형성하는 데 문화의 역할에 대한 연구를 이끌었다. Bruner의 최근 연구는 미시적인 것을 넘어 영아가 내러티브와 문화적 관습 속에서 뚜렷한 문화의 지각을 형성하는 것을 연구하고 있다. 이와 함께 이런 미시적·거시적 연구는 문화심리학(cultural psychology)을 형성하고 이를 정의할 수 있게끔 도와주었다.

이 글에서 나는 Bruner의 초창기 발생학에서 언어습득과정에 대한 접근을 명시화하고자 한다. 나는 주로 1972년에서 1983년 사이에 수행된 연구인 영아의 초기 의사소통과 언어에 관한 Bruner의 연구에 초점을 맞춘다. 먼저 단어 학습에 관한 그의 접근을 기술한다. 이것은 화용론, 공동관심, 초창기 언어에 대한 많은 후행 연구를 불러일으켰다. 이후 잘 알려지진 않았지만 Bruner의 문법관점에 대해 알아볼 것이다. 내 생각에 그의 문법에 대한 시각은 그것의 목적을 달성하기 위해서는 약간의 수정이 필요하다고 본다. Bruner의 최근 조사를 몇 단어로 말해 보라고 한다면 내러티브, 문화, 문화 심리학의 중요성으로 요약할 수 있다.

미성숙의 성격과 사용

1972년 Bruner는 미성숙의 성격과 사용(The nature and uses of immaturity)이라는 훌륭한 논문을 발표했다. 다방면을 언급한 이 논문의 주요 주제는 진화적인 관점에서 어떻게 인류가 너무도 연약하고 무력하게 태어난 영아를 그토록 오랫동안 잘 지켜낼 수 있었을까라는 질문이었다. 이에 대한 Bruner의 대답은 미성숙의 기간이 길수록 학습에 기초한 능력이 더 많이 생기며 이는 그 능력을 유동적이고 집약적으로 사용할 수 있게 됨을 의미한다. 인류의 경우 대부분의 학습은 본래 사회적이거나 문화적이고, 따라서 능력 중 많은 부분이 이전 세대의 학습으로 얻은 것이다.

> 미성숙의 본질과 그 활용 방식 자체도 진화의 영향을 받으며, 그 변이들은 형태적 · 행동적 변이와 마찬가지로 자연선택의 대상이 된다. 영장류 진화에 관한 주요한 가설 중 하나는, 그것이 독특한 형태의 미성숙 패턴의 점진적 선택에 기반한다는 것이다. 이러한 점진적 선택의 패턴이 바로 우리 종의 보다 유연한 적응을 가능하게 했다. 인간의 적응이 궁극적인 관심사이므로, 우리의 첫 번째 관심은 그 적응의 가장 두드러진 특징인

> '문화 사용'이어야 한다. 문화는 인간의 감각 기관, 근육, 계산 능력을 증폭하고 변환해 주는 장치이자, 기억을 저장하는 저장소 역할을 한다(Bruner, 1972: 687).

Bruner 논문의 대부분은 인간이 아닌 영장류의 야생과 연구실에서 드러나는 인지와 사회행동의 관찰에 관한 비평이었다. 그는 원숭이에서 유인원 인간으로 진화하면서 그들이 신체적이고 사회적인 환경에서 좀 더 유연한 상호작용을 하는 것을 알아차렸다. 그는 이를 '영장류의 유대로부터 느슨해지기'라고 불렀다. 주도권 문제 때문에 원숭이는 좀 더 엄격하게 구조적인 사회집단 속에서 사는 것처럼 보였고 전형적으로 행동하는 듯했다. 대조적으로 유인원과 인간은 좀 더 느슨하게 조직된 사회 속에서 살며 그들의 인지 자원을 좀 더 창의적으로 사용할 수 있다. 결합놀이, 물리적 환경을 탐험하고 변형하기 위한 도구의 사용, 사회적 호혜의 등장, 의사소통 상징, 관찰교수와 학습에 대한 높은 경향성이 위의 의견을 뒷받침해 준다. 그리고 이 모든 경향성은 그들의 사회적 상호작용과 학습경험을 유연하고 인지적으로 강력한 방식으로 이루어질 수 있게 해 주었다. 이 모든 경향성이 인류에게 더욱 특히 두드러지는데, 이는 문화라고 알려진 사회조직의 형태를 낳았다.

논문의 말미에서 Bruner는 '상징적 도구 사용하기: 언어'라고 이름 붙여진 곳에서 언어를 좀 더 상세히 다루었다. 이 신념 토론은 후에 그의 언어습득에 관한 연구를 장악한 두 개의 중요하고 상보적인 주제를 이끌었기 때문에 매우 중요하다. 첫 번째는 '어떻게 아동이 그들 문화의 언어적 관습을 배우는가?'이고 두 번째는 '아동이 특정 방식으로 사고하기, 행동하기, 상호 작용하기를 접했을 때 언어의 역할과 다른 문화 관습을 어떻게 배우는가?'이다.

첫 번째 주제와 관련해서 Bruner는 밑그림이기는 하지만 두 질문에 대한 후행연구들 모두에 들어있는 두 개의 중요한 개념을 소개한다. 첫 번째는 '모든 경우에' 언어의 의사소통적 기능이 언어의 설계구조의 대부분을 결정한다고 주장한다(1972: 699). 언어는 동적 활동에 대한 목적이 있는 의사소통의 문맥 속에서 진화되고 학습되었다. —특정 종의 삶에서 사회 기술적 방식을 협상할 때 도움구하기에 대응(de Laguna, 1927). 두 번째로 Bruner는 언어의 최초 사용이 아마도 행동을 지원하거나 행동과 밀접한 관련이 있을 것이라고 주장한다(Bruner, 1972: 700). 즉, 모든 언어의 구조가 행위자, 대상, 위치, 귀속 등과 같은 통합적인 관련을 가지고 있다. —피아제(1952)와 다른 연구자들에 따르면 이 기본적인 분류는 아동의 세상에 대한 비언어적 인지와 행동을 구성한다. 이 두 원리를 결합하면 우리는 아래의 결론에 이른다. 아동은 성인과 함께 상호적인 활동의 상황에서 언어적으로 의사소통하는 것을 배우고 그들의 대화는 행동, 대상, 특성의 비언어적 인지에 의해 구조화된다.

그리고 나서 Bruner는 갑자기 두 번째 주제를 이야기하는데 이는 발달 중인 아동에 있어서 언어의 영향이다. Bruner는 아래와 같이 썼다.

> [그러나] 좀 더 성장하면 주요한 경향은 행동의 부속으로서 언어의 사용이 점점 더 줄어든다는 것이다... [언어는] 물리적 환경으로부터 속박을 풀어주고 행해지거나 보인 것에 관심을 두기보다는 말하여진 것에 관심을 갖게 한다. 그 과정에서 언어는 언어에 의해 드러나는 환경의 특징에 선택적으로 관심을 가지면서 강력한 도구가 된다... 그리고 언어는 신념체계를 구축한다... 그리고 나서 점차 탈맥락화된 언어는 인류에게 지식을 전달하는 매개체가 된다. (1972: 700-2)

아동이 구체적인 행동에 근거한 상황에서 언어기술의 특정 단계에 도달하거나 그 문화 속에서 다른 상징적인 인공물에 대한 특정 단계에 도달하면, 아동은 좀 더 복잡하고 추상적이며 문화적으로 특정화된 가치, 태도, 신념에 의해 영향을 받는다. 가치, 태도, 신념은 인공물 속에 포함되어 있다. Bruner가 이 논문에서 명확하게 내러티브를 말하진 않았지만 나중에 '실재의 내러티브적 구성'이라는 지시문에서 같은 주제로 언급한다.

이 논문 후에 언어습득에 관한 Bruner의 연구는 우리가 위에서 밝힌 두 개의 주제에 따라 두 시기로 딱 맞아 떨어진다. 첫째, 옥스퍼드 시절 그는 아동이 모국어를 어떻게 습득하는지 연구했다. 1980년대에 미국으로 돌아온 후, 그는 실재의 언어적이고 내러티브적인 구성과 미성숙한 아동이 자신이 속한 문화에서 온전히 기능하는 구성원이 되는 과정들을 좀 더 넓게 연구했다. 여기에서는 첫 번째 주제에 대해 좀 더 상세히 다룰 것이고 두 번째 주제는 마지막에 간단히 언급할 것이다.

아동이 말하는 행위(child's talk): 언어사용 학습하기

Bruner의 옥스퍼드 연구는 아동이 언어적, 비언어적인 면 모두에서 매우 초기의 의사소통 방법을 습득하는 방법에 관한 것이다. 1972년의 그의 관점을 넘어서게 한 촉매제는 그가 공공연히 인정한 대로(Bruner, 1983a) 화행이론(Speech Act Theory)의 소개였다. 이 이론의 창시자인 오스틴(J. L. Austin)은 1960년 사망할 때까지 옥스퍼드 대학의 교수로 재직했다. 오스틴은 사후에도 활발한 학문적 유산을 남겼으며, 예를 들어 존 설(John Searle)과 폴 그라이스(Paul Grice)의 연구에서 그 흔적을 찾을 수 있다. 그의 사상은 피터 스트로슨(Peter Strawson), 앤서니 케니(Anthony Kenny), 롬 하레(Rom Harré)와 같은 여러 옥스퍼드 철학자들에게 영향을 주었으며, 이들은 모두 언어와 마음에 대한 연구에 각기 다른 방식으로 관심을 가지고 있었다. Bruner의 통찰은 초창기 논문에서는 발견되지 않지만 언어적 의사소통은 사람들 사이의 협동적인 행동을 위한 것뿐만 아니라 사회적 행위의 형태라고 말한다. 화행이론은 언어가 지시, 요구, 약속, 정보구하기, 위협, 설득 등과 같은 수행으로서 사용될 수 있다는 사회적 행동의 유형을 제공한다.

물론 여기에서 영국 분석철학은 여전히 심오하지만 어려운 이해, 실행, 사회생활에 대한 언어의 관계에 대한 Ludwig Wittgenstein(1953)의 글을 고수하고 있다. 특히 많은 심리학자들이 흥미를 가졌던 것은 '언어게임'에 대한 개념이었고 비트겐슈타인은 명백히 언어게임을 언어습득의 예와 함께 설명하였다. 기본적인 요점은 언어의 상징은 그것의 의사소통적인 사회적 관습으로부터 획득된다는 것이다. 이것은 예에서도 분명히 들어난다. '트럼프'라는 단어는 본래 브리지 게임에서 사용된다; 그것은 이 게임의 상황에서만 그런 의미를 가진다. 이 게임에는 트릭, 수트, 비드 등과 같은 단어들도 사용된다. 비트겐슈타인의 좀 더 심오한 요지는 어떤 의미에서 모든 언어는 이런 방식으로 작동한다는 것이다. 우리의 삶의 방식은(브릿지 게임과 유사한) 눈에는 보이지 않는 성숙한 인류에 의한 것이다.

초기의 언어습득의 화행에 관한 Joanna Ryan(1974)의 예비 연구에 더욱 영감을 얻은 Bruner는 말을 하지 않는 아동과 막 말을 하기 시작한 아동을 관찰하기 시작했다. 그는 영국 중산층 가정에서 엄마와 영아 사이에 이루어지는 언어게임에서 보이는 것과 같은 사회적 활동으로서의 언어를 보기 원했다. 실험 심리학자인 그의 첫 번째 시도는 차갑고 인공적인 연구실 상황에서 일어났다. 그러나 그의 생태학자 친구이자 동료인 Niko Tinbergen의 조언에 따라, 그는 곧 자연적 상황인 집에서 아동을 연구하기 시작했다. 아마 이 연구의 최고의 대표 논문은 Ratner와 Bruner(1978)이다. 그들이 언급했던 문제는 비트겐슈타인이었다. 아동이 명시적인 절차나 다른 것도 없이 어떻게 단어를 배우고 그 대상을 어떻게 명백히 설명할 수 있을까? 그 질문의 답 또한 비트겐슈타인에 의해서였다. 아동은 처음에 비언어적으로 이해한 삶의 형태 속에 참여함을 배움으로써 단어의 관습적 사용을 습득하고 따라서 엄마의 언어는 공유된 경험 속에서 아동이 이미 인지하고 있는 사회적 중요성에 바탕을 둔다.

이런 주장의 근거는 숨기고 찾는 게임을 하면서 배우는 두 아동의 사례연구로부터 온다. 한 아이인 조나단은 그의 어머니와 게임하는 것을 배웠다. 이 게임에는 막대기 위에 광대 인형이 있고 이 인형은 천속으로 사라지거나 다시 나타날 수 있다. 조나단은 5개월에서 14개월이 될 때까지 3주에 한 번씩 이것을 봐왔다. 각각의 기간 동안 조나단과 그의 엄마는 그 게임을 아주 많이 했고, 각각의 게임은 원래 (1) 준비(조나단, 여기에 뭐가 있는지 봐!), (2) 사라짐(없어졌네(Gone))! 모두 사라졌어(He's all gone), (3) 다시 나타남(까꿍(Peek-a-boo)! 여기 있네, 조나단!), (4) 후에 이어지는 행동(예: 광대가 조나단을 간질인다)으로 구성되어 있다. 74회에 걸쳐 9개월 동안 관찰했을 때, 게임은 물리적인 구조와 엄마가 언어를 사용하는 방법 면에서 예측 가능해졌고 정형화되었다. 상대적으로 작게 일어나는 변형은 여러 번의 예측 가능한 시점을 만들었기 때문이다. 수개월 동안 조나단은 이 게임에 점점 더 적극적으로 참여했고, 연구가 끝나갈 즘엔 여러 번 그는 장난감을 작동하는 엄마의 역할을 대체했다. 조나단의 언어에 관해서는 게임 상황에서 많은 엄마의 말을 습득했고, 가장 두드러지는 변화는 사라지는 단계에서 '모두 사라졌어(All gone)'와 다시 나타나는 단계에서 '꿍(Boo)'을 말했다는 것이다.

많은 출판물 중에서 Bruner는 이 논문과 다른 유사한 연구에 의해 설명된 언어습득의 과정을 반영했다(e.g., Bruner, 1975, 1981, 1983a). 그는 삶의 형태를 언어학습에 대한 광대 게임 형식으로 불렀고 영아들은 대부분의 가장 초기 언어를 형식의 맥락에서 습득한다고 주장했다. 이런 관점에서 만약 그 형식이 다음과 같은 특징들을 가진다면, 어른과 아동의 사회적 상호작용은 언어학습의 형식이다. (1) 중요한 요소의 한정된 개수를 가지고 (대상과 행동), (2) 예측이 허락되는 분명히 반복적인 구조를 가지지만 횟수가 지남에 따라 약간의 대체는 허용되고, (3) 적절한 발화를 핵심적인 시간에 하는 것, (4) 어른과 아동 사이의 역전된 역할관계, 여기에서 핵심은 이런 종류의 사회적 상호작용은 문화의 행태라는 주장이다. —문화의 모든 다른 형태 중에서 아동은 경험할지도 모른다. —아동의 인지적 기능과 사회 인지적 기능은 언어적 관습을 습득하기에 충분조건이 될 수 있다.

이런 종류의 사회 작용 속에서 세상을 이해하는 것은 아동이 그 게임을 이해하는 능력과 그 속에서 어른들의 의사소통적 의도를 이해하는 능력 둘 다에 의존한다. 아동은 예측의 다양한 사인을 통해 그 게임을 이해했다는 것을 표현하고 심지어 특정 단계에서는 적극적인 관여를 한다. 아동은 어른이 가장 분명히 하려고 했던 것에 대한 그들의 이해를 아동이 어른의 역할을 대신함으로써 표현한다. 엄마가 조나단에게 광대를 숨겼던 것처럼 그의 엄마로부터 광대를 숨기기 시작한 것이 그 예이다. 그리고 실제로 조나단의 엄마가 그 단어를 사용했던 바로 그 시점에 그의 단어 '다 사라졌어(All gone)'의 사용은 엄마가 이전에 그에게 얘기했던 것처럼 엄마에게 이야기했기 때문에 역할수행의 다른 형태이다. 다른 연구자들은 이를 역할 바꾸기 모방(role reversal imitation)이라고 이름 붙였다(아동이 역할 바꾸기 없이 어른의 행동을 직접적으로 모방하는 것과 구별하기 위해, 예를 들어 어른과 아동은 둘 다 같은 공을 찬다)(Tomasello, 1995a). 이런 방식으로 역할을 전이시키는 아동의 능력을 인식하는 것은 피아제의(1954) 철저하게 자기중심적인 영아의 그림과는—다른 사람의 관점을 수용할 수 없는

—일치하지 않았다. Scaife와 Bruner는 어른의 시선을 따라감으로써 어른과 함께 공동시각 관심에 들어가는 영아의 능력을 조사했다. 언어시작 전 몇 달 안에 보이는 공동관심 기술은 1살 된 영아가 언어학습 형식의 맥락에서 어른의 의사소통 의도를 파악할 필요가 있는 모든 사회 인지적인 기술을 가지고 있다는 것을 나타냈다.

이 모든 것의 결과는 Noam Chomsky의 생득설에 정반대되는(e.g., 1968) 언어습득의 이론이었다. Chomsky는 인류가 선천적으로 보편문법과 언어습득장치(Language Acquisition Device, LAD)를 가지고 있다고 제안했다. 반대로 Bruner는 인류는 이미 문화적·언어적으로 구조화된 세상에 속해있고, 인류의 오랜 미성숙 기간은 인류가 그들이 태어난 곳의 특정 문화와 언어 관습을 습득하도록 디자인되었다고 인식했다. 그러므로 모든 문화에서 어른과 아동은 아플 때 돌보기, 먹이주기, 목욕시키기, 잠재우기, 옷입히기, 옷 갈아입히기 등과 같은 활동들 속에서 정형적인 상호작용을 하고 이 활동 속에서 어른은 아동에게 최소한의 언어를 사용한다. 이는 언어습득지원체계(Language Acquisition Support System, LASS)라 불린다. 아동은 선천적으로 어떤 세계의 모든 언어에 동등하게 적용될 수 있는 보편문법을 가진 것이 아니다(Tomasello, 1995b). 아동은 어른과의 공동관심 상호작용에 들어가게 되고 어른의 의도와 관심을 이해하게 되고 결과적으로 이런 상호작용 속에서 특정 언어관습의 사용을 포함하여 어른의 역할을 받아들이도록 적응된다.

단어학습에 관한 후속 연구

영아의 초기 사회 상호작용과 언어습득의 연구에 대한 Bruner의 영향은 논쟁의 여지가 없다. 일차적 간주간성(어른과 얼굴을 마주보며 상호작용하는 영아)과 이차적 간주관성(어른과 사물과 함께 3자 상호작용 하는 영아)에 대한 Trevarthen(1979)의 연구는 확실히 Bruner의 분석에 의해 영감을 받았고 Bakeman과 Adamson의 다양한 사회적 파트너와의 상호작용에서 영아의 초기 공동관심에 관한 연구도 마찬가지다(Bakeman and Adamson, 1984; Adamson and Bakeman, 1985). 가리키기에 관한 Butterworth의 연구(1991년에 요약된)와 영아의 시선 따라가기에 관한 Corkum과 Moore(1995)의 연구도 Bruner에 의해 영감을 받은 것이다.

언어습득연구에 관한 가장 직접적 연관성이 있는 연구는 나와 내 동료가 지난 10년에 걸쳐 연구한 공동 관심과 초기 단어 학습 사이의 관계에 관한 것일 것이다. 처음 Tomasello와 Todd(1983)는 12개월에서 18개월 된 6명의 영아를 종단적으로 연구했다. 다달이 우리는 영아와 엄마와의 자연적 상호작용을 촬영했고 엄마의 어휘사용에 근거하여 그들의 어휘량의 추정치를 획득했다. Bruner의 가설과 부합하여 우리는 영아와 엄마가 공동 관심 속에서 상호작용한 시간의 양과 18개월의 영아의 어휘사용량 사이의 강한 상관관계를 발견하였고, 이는 사물 이름에 관련하여 더욱 두드러졌다(이것들이 공동 관심의 사물을 나타내는 것이기 때문에). 영아와 엄마 둘 다 3자 상호작용을 시작하고 유지하는 데 적극적인 관여를 하는 공동 관심 일화는 특별한 중요성을 가진다. Tomasello와 Farrar(1986)는 좀 더 많은 아동의 수를 가지고 이 결과를 확인시켜 주었고 공동 관심 일화에서 언어를 사용한 엄마들의 방식은 아동의 어휘에 관련이 있는 관찰적이고 실험적인 증거들을 제공하였다. 즉, 아동이 이미 관심이 있는 것에서 언어를 사용한 엄마('참멋진 공이네')의 아이들이 직접적으로 새 단어를 가르치려 한 것보다 더 많은 어휘를 습득할 수 있었다. Tomasello, Mannle, Kruger(1986)는 혼자인 아이보다 쌍둥이들이 어른과의 공동 관심을 훨씬 더 적게 획득했고(두 명의 영어를 돌보는 상황에서 더 많은 요구들이 있으므로), 그들의 언어발달은 결과에서 나타나듯이 느렸다는 것을 밝힘으로(Tomasello, 1988, 1992a) 이런 결과를 더욱 확고하게 다졌다.

이 연구는 기본적으로 Bruner 이론의 공동 관심 형식의 중요한 역할과 아동의 초기 언어발달에서 주의 깊게 민감한 방식으로 이루어지는 어른의 언어사용 부분을 지지한다. 그러나 Bruner는 또한 어른과의 공동 관심 상호작용에 들어가고 언어를 배우기 위해서는 특정 인지 능력을 가져야만 한다는 것 또한 강조했다. 핵심적으로, 아동은 어른의 의사소통 의도를 이해할 수 있어야 한다. 최근의 연구는 이런 제안을 확실히 했고 2살로 접어들 때쯤 영아들이 초기 언어 발화를 도와주는 엄마와 영아의 상호작용에서 보이는 매우 구조화되고 반복적인 형식과는 거의 닮은 점이 없는 모든 종류의 새로운 사회적 상황에서 어른의 의사소통 의도를 결정하는 데 능숙해짐을 보여주었다. 다시 말하면, 어른과의 공동관심을 확립하는 영아의 능력은 점차적으로 더욱더 유연하고 일반적이게 된다.

첫째로, Baldwin(1991, 1993)은 19개월 된 영아는—영아들이 관심을 보여준 것에 따라 어른에 의해 단어학습에 도움을 받았다—심지어 이 대상이 영아가 현재 관심을 가지고 있는 것과 다르더라도 어른의 의도된 지시 대상을 결정하는 단서로서 어른의 눈빛 지시(gaze direction)를 사용할 수 있었다는 것을 보여줬다. Scaife와 Bruner(1975)에 의해 처음 연구된 눈빛 지시는 물론 언어 학습 형식과 사회 상호작용의 많은 다양한 방식에서 사용되는 단서이다. 둘째, 내 동료와 나는 영아가 언어학습의 맥락 속에서 사회 인지적 능력이 급속도로 성장함을 지지하는 증거들을 발견했다. 우리는 18개월에서 24개월 된 아동을 어른의 의사소통 의도를 이해하기 위해 상당한 인지적 활동을 해야 하는 —그리고 어른의 시선 단서 없이— 다양한 사회 상호작용 안에서 새로운 단어에 노출시켰다. 모든 경우에 대부분의 아동은 새로운 단어를 이해하거나 발화하는 것을 배웠다.

- 찾기 게임의 맥락에서 어른은 그녀의 의도가 토마를 찾는 것에 있음을 밝히고 나서 모두 새로운 대상이 들어가 있는 일렬로 정렬된 바구니들을 그녀가 원하는 물건을 찾을 때까지(미소와 찾기가 끝났음을 나타내며) 살펴보았다(물건을 노려보거나 대체함으로 그것이 토마가 아님을 밝힘). 아동은 이 찾기 과정에서 얼마나 많은 사물들이 거절되었든 간에 어른이 보여준 미소가 의도했던 새로운 단어라는 것을 배웠다(Tomasello and Barton, 1994).
- 어른이 그녀의 의도가 '미키 마우스의 댁스'에 있음을 알리고 나서 한 행동은 우연적으로, 다른 행동은 의도적으로 수행했다(때때로 순서는 뒤바뀌었다). 아동은 항상 순서가 첫 번째이든 두 번째이든 우연적 행동이 아닌 의도적 행동으로부터 단어 학습을 하였다(Tomasello and Barton, 1994).
- 어른이 아동과 대본을 만들었다. 새로운 행동이 오직 특정 장난감 캐릭터(회전목마 위에 있는 빅 버드(새서미스트리트에 나오는 캐릭터), 다른 캐릭터상의 행동 또한 보인다)와 함께 항상 수행되었다. 그리고 나서 그녀는 빅버드를 집어서 "빅버드를 만나봅시다"라고 말한다. 그러나 회전목마는 어디에도 없고 행동은 수행되지 않았다. 후에 다른 캐릭터를 사용하여 아동은 새로운 단어가 소개된 후에 비록 아동이 수행된 지시적 행동을 보지 못했지만 그들의 새로운 단어의 이해를 보여준다(Akhtar and Tomasello, 1996).

- 아동, 엄마, 실험자가 3개의 새로운 사물과 함께 놀았다. 그리고 나서 엄마는 방을 떠났다. 엄마가 없는 상태로 4번째의 사물이 들어오고 아동과 실험자는 그걸 가지고 놀았다. 엄마가 방에 돌아왔을 때 그녀는 4번째 사물을 보았고 소리쳤다. "이것 봐! 모디야! 모디!" 엄마가 이전에 가지고 놀았던 사물들에 별로 흥미를 느끼지 않음을 알아차리고 처음으로 엄마가 사물을 보고 흥분한 것을 알아차린 아동은 엄마가 전에 보지 못했던 사물에 대한 새로운 단어를 배웠다(Akhtar, Carpenter and Tomasello, 1996).

동시에 이 단어 학습의 실험연구는 Bruner가 생각했던 것과 매우 흡사한 비계설정 과정을 보여준다. 처음 1살일 때 아동은 언어 습득에서 어른은 아동의 관심 초점에 아주 민감해야 하고 매우 반복적이고 예측 가능한 형식을 사용해야 한다. 그러나 다양한 상호작용 상황에서 아동이 점점 어른의 의사소통적 의도를 결정하는 데 능숙해질수록 아동의 관심에 매우 민감한 어른의 매우 구조화된 형식은 실제적인 비계가 빌딩이 지어지면 없어지는 것처럼 점점 덜 중요해지고 결국 사라지게 될 것이다. 공동 관심은 언어 습득 과정 내내 핵심적이지만 그것은 다른 발달 단계에서는 다른 방식으로 보인다.

문법 능력의 습득

단어 학습은 생득주의자와 언어습득에 문화의 역할을 좀 더 강조한 이론가들 사이의 주된 논쟁 포인트도 아니었고 지금도 아니다. 이를테면, Chomsky가 말한 LAD와 Bruner의 LASS 사이의 주된 갈등은 문법 능력(competence)

의 습득에 관한 것이다. Chomsky는 언어의 단어나 의미론의 어떤 측면이나 화용론을 선천적 언어 재능의 한 부분으로서 간주하지 않았다. 선천적인 것은 언어의 컴퓨터적인 구조로 통사론을 말한다(e.g., Chomsky, 1986). 반면에 Bruner는 언어의 통사적 관습이 어휘 관습의 학습과 비슷한 방식으로 학습된다고 믿는다. 그렇지만 수년 동안 Bruner는 통사적 관례가 작동하는 방법—그리고 실제로 그것이 실행 가능한 접근이든지 아니든지 간에—에 대한 그의 생각을 바꿨다. Bruner의 초창기 글은 분명히 Chomsky에게 도전적이다.

> 언어습득에서 선천적이라고 할 수 있는 것은 언어적 선천성이 아닌 언어가 그것이 사용되는 것에 의해 해석되는 인간 행동의 특징들과 인간 관심일 것이다... 우리의 논쟁은 문법적 측면에서 좀 더 일반적으로 관련이 있고, 최초의 문법 규칙에 대한 '자연적인' 의미론이나 화용론에는 좀 더 특수하게 관련되어 있다. 이런 논쟁은 행동과 관심의 구조가 최초의 문법에서 어순규칙을 해석하는 데 기준을 제공한다는 것이다. 전언어적 수준에서 행위자-행동-대상-상대방의 개념은 아동이 행위자, 행동, 대상, 간접적 대상 등과 같은 분류를 포함하는 적절하게 순서화된 발화의 언어적 의미를 이해하는 데 도움을 준다. 동일한 측면에서, 공유된 경험의 주제별 구조의 이해는 아동이 주제-서술, 주어-목적어에 내재하는 언어적 관계를 이해하는 것을 돕는다(1975: 2, 17).

언어의 구조가 직접적으로 행동, 사회적 상호작용, 공유된 관심과 관련된 심리적인 과정 이전에 계통 발생적이고 개체발생적인 구조로부터 직접적으로 온다는 주장만큼 그의 주장을 더 잘 대변해 주는 진술을 없을 것이다.

그렇지만 이후에 Bruner는 확신하지 않는다. Bruner의 1975년 설명은 단순하지만 그가 대체할 만한 것은 확실하지 않음을 그가 인지했음을 보여준다. 1983년에 Bruner는 그의 사고의 역사를 이런 방식으로 되짚어 봤다.

> 문법은 행위자, 행동, 대상, 도구, 위치 등의 구조나 행동의 '논쟁' 이전에 '나타나기' 때문에 나는 '문법은 문법이다'라고 논쟁했다. 누군가 행동할 때, 그는 이 논거에 대한 '공통기어'의 지식을 선택한다. 시간이 흐름에 따라 이 지식은 추상화되고 동류의 논항을 반영하는 '격문법'으로 전환된다. 나는 심지어 문장에서 주어-동사-목적어 어순의 쉬운 습득은 아동이 삶에서 행동의 순서에 관한 자연스런 지각의 결과라고 주장했다... 물론 이 문제의 진실은 문법이 특별히 자의적이거나 인공적이라는 것이다... 인과관계는 세상의 사건을 해석하는 자연스런 방식이지만, 어떤 언어는 이런 자연스런 패턴을 문장의 주어를 '원인이 되는 사람'으로 표시함으로써 능동격으로 사용할 것이고 어떤 언어는 원인이 되는 것을 나타내기 위해 동사에 어떤 것을 덧붙이며 다른 언어는 원인의 결과를 문장의 목적어를 직접목적어로 만들어서 표시할 것이다... 요약해서 문법은 자신만의 공간을 구성한다. 실제 세상에서 원인에 대해 아는 것은 특정 언어의 문법에서 그것이 어떻게 나타나는지에 대해 아무런 단서도 주지 않는다(1983b: 169).

이런 새로운 관점을 어떻게 처리해야 하는지 확실히 몰랐던 중에 바로 그해에 출판된 책에서(Bruner, 1983a) Bruner는 Chomsky와 특히나 언어적인 생득적 성향의 생각을 회유하는 듯했다. 책의 두 부분, 하나는 시작 즘이고 다른 하나는 책 끝 즘에 그는 아동이 행동, 사회적 상호작용, 공동관심, 추상하는 능력 등과 관련된 언어를 사용하기 위해 배워야만 하는 전언어적인 능력의 부분을 개관했다. 그러나 두 부분 다 그는 이것이 충분하지 않다고 말하고 있다.

> 그러나 [아동은] 동시에 언어학습능력의 독특하고 원인적인 자질을 소유하지 않는 한 언어습득의 영재가 될 수 없다. Chomsky가 LAD라고 불렀던 것과 유사한... 한마디로 하면 영아가 언어적 공동체에 입문하도록 하는 것은 LAD와 LASS 사이의 상호작용이다(Bruner, 1983a: 18-19).

> 언어의 열정적 발화자는 그의 지역 언어를 통제하는 형식적이고 추상적인 규칙을 이해하기 시작한 발화자보다 훨씬 더 많은 정신적 조직을 가지고 있음에 틀림없다... 그것은 Chomsky가 말한 대로 보편문법의 생득적 지식을 포함하거나 언어와 실제 세상에서 구별에 대한 초기의 민감성의 형태 속에 있을지도 모른다(1983a: 119).

비록 Bruner가 그의 사고의 전환을 야기한 것이 뭐라고 꼭 집어 말하진 않았지만, 1970년대 후반과 1980년대 초반에 기본적인 면에서 영어의 구조와 다른 언어에 대한 많은 새로운 발견이 이루어졌다. 예를 들어 Bruner가 위에 인용되어 있는 통사론의 자의성에 대한 논쟁에서 시사했던(1983b: 169) 능동형의 언어에 대한 새로운 발견이 이루어졌다. 이러한 발견들이 의미하는 바는 분명하다. 행동(action)으로부터 문법(grammar)으로 이행하는 단순한 공식 같은 것은 존재하지 않는다는 것이다. 실제로 세계에는 직접 목적어가 항상 주어보다 먼저 나오는 어순을 가진 소수의 언어들조차 존재한다(Givón, 1995). 이는 경험 속에서 행위의 자연스러운 순서(예: 행위자 → 행동 → 대상)에 비추어 볼 때 시간적으로 '역행하는(temporally 'backward')' 구조로 보이기까지 한다. 세상의 문법에 큰 다양성과 자의성이 있다는 발견은 중요한 주제로서 화용론의 입지를 세우고자 하는 Bruner의 바람과 함께 문법의 질문은 미지의 영역으로 남게 되었고 그는 논박의 여지가 없는 화용론의 영역에 집중할 수 있었다.

Bruner는 내러티브에 관한 그의 최근의 연구 맥락에서 문법문제에 관련하여 부분적인 결론을 도출하긴 했다. 여기에서 그는 언어의 문법적 구조 그 자체를 강조했던 것에서 문법적으로 구조화된 언어에 대한 의사소통적인 언어로의 전향에 대한 비유를 제안한다.

> 음소는 그 자체로 마스터되는 것이 아니라 어휘의 한 구성요소이기 때문에 어휘를 마스터하는 과정에서 음소의 마스터 또한 이루어진다. 문법적인 형태와 구별이 그 자체의 목적을 위해서나 단순히 '더 효과적인 의사소통'에 대한 이유로 마스터되는 것은 아니라는 비교 가능한 논쟁을 만들고자 한다. 형식적인 문법학자들이 집착하고 있지만 문법적인 요소로서 문장은 의사소통의 '자연스런 단위'는 아니다. 자연스런 형태는 '화용론'이나 '메데틱'한 담화 기능을 충족시키는 담화 단위이다... 인류 의사소통에서 가장 유비쿼터스적이고 강력한 담화 형태는 내러티브이다(Bruner, 1990: 76-7).

특정 통사 형태가 의사소통 기능에 자의적으로 관련이 있다는 사실에도 불구하고, 담화/의사소통적 기능은 여전히 문법 발달의 과정을 이끄는 사례이다.

이런 관점에 지지해서 Bruner는 아동의 초기 발화의 내용이 내러티브와 깊게 연관이 되어있다고 꼬집는다. 아동의 특정 언어 흥미는 '인간의 행동과 결과' 특히나 '인간 상호작용'에 중점을 둔다(1990: 78). 결과적으로 인간 행동과 상호작용에 관련한 사건은 아동이 언어의 형식을 마스터하기 위해 최초로 노력하는 이유다. 이것은 행위자, 도구, 상대방 등과 같은 특정한 역할의 종류를 포함하는 사건이다. 이 설명에서 새로운 것은 전언어적 경험의 '구조'는 아동의 문법적 능력의 구조를 결정짓는 것으로 보이는 것이 아니라 오히려 전언어적 경험의 내용, 이것이 아동이 이야기하고 싶어 하는 것이기 때문에 특히 경험의 서사적 측면이 문법체계에 의해 부호화되는 경험적 요소를 포함한다는 것이다. 이 새로운 주장은 언어의 통사적 관습이 왜 그런지에 대한 어떤 설명도 하지 않기에 많은 면에서 보완될 점이 많다.

그러므로 시간이 지나면서 Bruner는 인간행동에서 통사론의 상당히 직접적인 기초를 제시하는 것에서 통사론 형태의 자의성을 인식하는 것으로 관심의 분야를 옮겼다. 이후의 관점에서 화용론은—인간의 의도적 행동과 내러티브 속에서의 형태—주로 그 속의 많은 경험적인 요소를 결정하는 통사론을 설명한다.

문법과 그 습득에 대한 새로운 관점

문법 습득에 대한 Bruner의 생각은 공동관심과 단어학습에 관한 연구만큼 이후의 연구와 이론화에 중요한 역할을 하지는 못했다. 그러나 여기에는 더 심도 깊은 조사가 필요한 흥미로운 통찰이 있다. 실제로 나는 아동이 습득하는 언어의 구조가 다음의 반영이라는 Bruner의 본래의 생각에 상당한 장점이 있다고 믿는다. (1) 행위자, 상대방, 피동대상, 도구 등의 참여적 역할의 양식에서 행동의 구조, (2) 주제 중심 구조의 양식에서 관심의 구조. 잘못은 언어 습득에서 인지과정의 구조적인 역할을 찾는 것에 있었다. 언어의 구조는 습득에서 일어나는 것이 아니라 인류 역사 동안 성숙한 언어 사용자들 사이에서 발생하는 것이다. 그리고 행동과 관심의 구조는 인류가 서로서로 의사소통하는 방식에서 강력한 언어적 공통성을 결정한다. 그러나 다른 요인들의 다양성은 특정 언어에서 상대적으로 급작스런 역사적 변화—가장 두드러지는 것은 사실을 전달하는 정보(e.g., 접미사와 같이 덜 두드러지게 만드는 어미에 음성학적인 내용의 침식)—와 사건이 보이는 관점에 대한 반영인 상대방에게 특정 정보의 배경을 말하거나 강조하는 방법에 대한 문화적 선택(e.g., 사건이 보이는 관점의 반영으로서 능동격의 동사를 사용하는 방법과 직접 목적격을 사용하는 방법의 문법적 차이)을 결정한다.

이런 관점을 해석하기 위해 우리는 문법의 성격을 다시 재조명해 볼 필요가 있다. 그중에서 특히 중요한 것은 인지적 언어학 혹은 기능적 언어학이라 불리는 언어구조에 대한 최근의 접근들이다(e.g., Langacker, 1987, 1991; Talmy, 1988; Givón, 1995; Goldberg, 1995). 이런 접근들은 언어의 성질에 대한 기본적인 가정에서 Chomsky의 생성문법(Bruner는 선뜻 이 이론을 수용했다)과 다르다. 생성문법은 통사론과 의미론 사이의 구분이 확실하고 엄격하게 보이는 수학이나 명제로 되어있는 논리의 자연어 형식어의 모델을 가져와서 설명한다. 반면 인지 기능 언어학에서 유기체 같은 자연어는 대부분 근본적으로 기능적인(상징, 의미, 기표, 기의) 구조로 구성되어 있다. 언어 구조는 단어, 문법적 형태와 같은 비교적 단순한 요소에서 구와 전체 언어 구성 같은 좀 더 복잡한 요소까지 다양하다. 이 모든 것은 의사소통기능을 가진다. 통사론의 구조처럼 의미가 없는 것은 찾을 수 없다.

언어의 문법은 기능과 형태소, 단어, 구, 구성의 목록 그리고 이것들의 기능과 분류적 일반화 그 이상도 그 이하도 아니다. 이런 구성은 그것의 복잡성과 추상성 두 면에서 독립적으로 다양하다. 골프에서 '포어(Fore)'라는 용어는 단순하고 구체적이다. 특정 의사소통 상황에서 사용되고 특정한 억양이 있는 한 단어이다. 다른 구성들은 서로서로 관련이 있는 다양한 참가자들이 있는 경험의 전체적 장면을 나타내기 때문에 더 복잡하다. 이 복잡한 구성 중에 어떤 것은 그것들이 '모험하지 않는다면 얻는 것도 없다(Nothing ventured, nothing gained)'와 같은 속담처럼 특정한 단어에 기초하기 때문에 구체적이지만 어떤 것은 추상적이고 분류적이다. 예를 들어, 영어의 수동태는 어떤 특정 단어와 관련이 없지만 주어+be 동사+과거완료(+by+행위자)라는 추상적 형태와 타동사의 사건을 상대방의 관점으로 보고 하려는 기능을 가진다. 그것은 새로운 언어적 항목과 구성이 들어맞을 수 있는 문법 유형의 도식화이고 이는 언어에 창의력을 준다.

언어의 구성은 역사적으로 성숙한 언어 발화자들 사이의 다양한 담화 형태 속에서 발생하는 문법 과정을 통해 일어난다(Givón, 1979, 1995; Bybee, 1985). 그것은 화자와 노력의 경제성, 청자와 표현의 정확성과 같은 것에 관계가 있는 의사소통적인 상호작용 속에서 나타난다(Slobin, 1997). 가장 중요한 것은 화자와 청자가 공유하는 세계는 사건, 이야기할 만한 상황으로 구성되어 있고 이것들은 Bruner가 구성의 의미론이라고 부르고자 하고 강조했던 사건-참여자 종류를 구성한다(행위자, 도구, 상대방 등).

구성의 화용론은 두 가지 측면을 가지고 있다. 하나는 화자의 의사소통 의도이고 다른 하나는 청자의 관점에 대한 화자의 적응이다. 첫째로, 화자는 세상에 대한 청자의 관심을 조작하거나 영향을 끼지기 위해 노력하는 장면에서 의사소통적 목적을 가진다. 이것은 요구, 질문, 논평 등을 나타내기 위한 방식들의 즉각적인 필요를 유도한다. 그러나 두 번째로 화자는 사건에 대한 대화가 다른 의사소통 상황에서 다르게 구조화되기 위해 항상 청자의 지식과 기대를 감안해야 한다. 이것은 Bruner가 강조했던 주제 중심의 구조다. 다른 언어에서 발화의 화용론 구에 대한 많은 다양성이 있는 반면에 인간 관심의 과정에 따른 공통점도 있다(e.g., 강조될 필요가 있는 새로운 정보는 낮은 목소리나 발화 중간에 삽입되지 않는다).

구성의 의미론과 화용론을 설명하기 위해, Fred, 창문, 돌, 부서짐이 있는 하나의 사건을 예로 들어보자. 영어에서는 다음과 같은 문장이 있을 수 있다.

Fred broke the window with a rock.	Did Fred break the window?
The rock broke the window.	Did the rock break the window?
The window broke.	Did the window break?
The window was broken by Fred.	Break the window!
It was Fred that broke the window.	Was it Fred that broke the window?
It was the window that Fred broke.	Was it the window that Fred broke?
What happened was Fred broke the window.	

이런 다양한 구성의 의미론은 모두 하나의 사건과 관련되어 있다. 그들은 모두 의문문, 평서문, 명령문(화자의 의사소통적 목적)과 같은 화행 구성의 조합인 화용론과 타동사, 자동사, 수동, 분절(청자의 지식과 기대에 의한 각색)과 같은 관점의 구성과 연관이 있다. 이런 다른 구성은 상대방이 아는 것과 기대하는 것에 따라 다른 담화의 환경에서 사용된다. 예를 들어, 만약 상대방이 "Mary broke the window"라고 말한다면 화자는 창은 실제로 깨졌지만 동시에 사람에 관한 분절구조를 사용하여 불일치를 강조한다. 상대방이 "No, it was Fred that did it." 또는 "What happened to the window?"라고 물으면 화자는 당연히 공유된 정보를 대답의 주제로 만들고 수동문을 사용하여 새로운 정보를 강조한다. "It got broken."

이런 구성이 영어 역사의 수백 년 동안(그리고 이전에) 어떻게 문법화되었는지는 정확히 알려진 것이 없지만, 언어가 성인이 다른 사람과 의사소통할 때 어떻게 구조화되었는지에 관한 다양한 이론적 설명이 있다. 처음에는 많은 반복과 중복이 있었고 거의 구조도 없이(현재의 피진어와 같이) 느슨한 화용론 방식으로 있다가 시간이 지남에 따라 점점 더 부호화되고 엄격하게 조직되면서 중복이 적어지고 좀 더 자동적인 통사 형태가 되어갔다(Givón,

1979, 1995). 모든 경우에 분절이나 수동과 같은 특정 문장 수준의 구성은 특정 종류의 장면이나 화용-담화의 문맥에서 특정 종류의 사건에 대해 이야기하기 위한 하나의 의미-실용적 묶음으로 발생한다. 예상한 대로 반복적이고 일반적인 의미-실용적인 맥락은 가장 추상적이고 일반적인 구성을 야기하는 경향이 있다(e.g., 무언가를 주는 상황은 'He gave/threw/sent/ her an X'와 같이 수여동사구문으로 부호화된다). 모든 경우에 문법화과정은 복합적인 혼합체이다. (1) 참여자 수와 같은 면에서 의미론(e.g., 주는 것은 3부분의 참여자가 필요한 반면 웃는 것은 한 참여자만 있으면 된다), (2) 화행의도 측면의 화용론(e.g., 질문, 요구)과 관점의 조정(e.g., 분절, 수동), (3) 의사소통과정 속에서 인지적 능력과 관심의 능력, 화자와 청자의 경향성과 관련된 절차적 요구.

이런 것들을 고려할 때 개체 발생 동안 아동의 문법 능력 습득에 대한 Bruner의 접근은 아래와 같을 것이다. 언어는 사건의 의미론 의사소통의 화용론 그리고 다른 절차적인 고려 사항에 근거하여 역사적으로 다양한 문법화 과정을 거쳐 구성되었다. 그 결과로 초래된 구성은 영상적인 면이나 색인적인 면에서 고스란히 의사소통적 기능을 반영하는 것은 아니다. 아동의 과제는 단순히 아동의 모국어 화자가 구성했던 구성을 사용하는 것을 배우는 것이다. 비록 복잡한 구성에 대한 영상적인 측면이 있어도 구성들은 궁극적으로 형태소, 단어와 같이 좀 더 단순한 형태와 유사하다. 이런 형태소, 단어들은 자의적으로 그것들이 묘사하는 장면들과 연결되어 있다. 그러므로 아동은 단어를 배우는 것처럼 구성을 배운다. 영어를 사용하는 아동은 단어 순서가 누가-했다-무엇을-누구에게 등의 특정한 방식으로 표현한다는 것을 의미 있는 의사소통 맥락 안에서 언어를 사용하는 것을 관찰함으로써 배우고 러시아어를 사용하는 아동은 의미 있는 의사소통 맥락에서 그것들의 사용을 관찰함으로써 이 기능이 참여자에 작은 표시를 함으로 나타난다는 것을 배운다.

학습 과정이 좀 더 인지적으로 복잡하지만—학습구성이 다양한 경험과 다양한 언어의 요소 사이의 매핑을 요구하기 때문에—핵심적으로 학습 과정은 단어 학습과 같다. 아동은 언어 구조 속에서 청자를 위해 만든 화행 의도와 관점의 조정(화용론)뿐 아니라 아동이 나타내길 바라는 지시적 사건(의미론)을 포함하여 관련된 성인의 의사소통 의도를 읽는 걸 배워야 한다. 영어에 대한 이론 중에 하나는 이것은 최초로 통사구성이 특정 동사에 의해 정의되는 매우 구체적인 수준에서 발생한다고 주장한다(e.g., kicker-kicks-kickee는 하나의 구성이고 kisser-kisses-kissee는 구조적으로 관련이 없는 구성인 또 다른 하나다). 그리고 시간이 지나면 아동은 동일한 추상화 구조를 가진 새로운 문장을 생성하는 동사-일반화 구성을 추상화한다(e.g., 행위자-행동-피동 혹은 주어-동사-목적어)(Tomasello, 1992b; Tomasello and Brooks, 1999).

그렇다면 이 분석의 핵심은 복잡성과 추상성의 다양한 수준이 있지만 항상 의미 있는 의사소통적 기능을 가지는 언어구성의 측면에서 통사론을 재정의하고 나서 통사론에 관한 Bruner의 좀 더 일반적 습득이론을 적용하는 것이다. 그러므로 아동은 모두 기본적으로 같은 방식으로 복잡성의 다양한 수준에서 동시적으로 언어의 구조(형태소, 단어, 구, 구성)를 배우고 어떤 경우에는 추상적인 분류나 스키마의 창조를 가능하게 하는 식별 가능한 유형이 있다. 복잡한 구성의 요소는 청자에게 대상을 설명하기 위해 관사, 관계사절(명사절)과 같은 사용이나 발화에서 시간에—민감성 측면을 표시하기 위해 시제, 전형적으로 중심 술부에 근접했다는 표시에 의한 상을 사용하는 것은 더 상술하기 위한 방법(Langacker, 1991)처럼 아동이 배울 때 독립적으로 상술될 수 있다. 물론 아동은 전치사구가 타동사구에 붙여질 때 창의적으로 더 큰 구성 속에서 더 작은 구성을 결합할 수 있다.

그런 접근법에 여전히 연구될 필요가 있는 세부 사항이 많음에도 불구하고 핵심은 이것이다. 언어의 통사론이 분리되고 의미 없는 구조가 아니라 의미의 수집이거나 일반화된 언어 구성이라면 우리는 문법능력습득에 대한 Bruner 이론의 많은 부분을 고수할 수 있다. 핵심은 유기체처럼 언어도 유기체-환경의 상호작용 과정을 통해 오랜 시간 동안 구조화된다는 것이다. Bruner가 아동의 문법 학습에서 핵심으로 이야기한 과정 중에 많은 부분이 실제로 구조적인 언어 속에 작동되고 있다. 아동의 복잡한 구성학습은 행동과 관심의 순서에 있는 상징적인 것들에 도움을 받는 것이 아니라(어휘 항목 습득 속에 있는 것이 아닌 것처럼) 행동과 참여자에 대한 대화 속에 있는 것이고 다른 사람의 관심을 관리하는 것은 어떤 면에서 언어 사용의 전부라고 할 수도 있다. 그래서 아동은 사건, 참여자, 의사소통적 목적, 담화 과정들을 상징화하는 방식으로 배워야 한다. 어떤 식으로든 아동의 문화가 제약 속에서 창조하는 방식은 인간-인지, 사회-인지 능력에 의해 제공되었다. 이런 관점에서 인간 언어는 성인이 언어 구조를 창조해 내고 그리고 나서 아동이 재창조하기 때문에 상당히 충실하게 성인이 창조한 것을 반영한다. 그러므로 언어는 성인의 문화 창조와 역사 속에서 인공적인 형태로 만들어지는 누적적인 문화 진화를 이끄는 아동의 문화 학습의 변증법적인 원형의 사례를 나타낸다(Tomasello, Kruger and Ratner, 1993).

결론

1980년대 중반부터 Bruner의 주된 관심은 내러티브였다. 즉, 고전적인 이야기와 신화뿐 아니라 논리와 이유는 상징적으로 나타나는 실재, 특히나 사회적 실재의 문화적 방식을 구성한다. 내러티브는 Bruner의 말에 의하면 인간 의도 중에서 우여곡절이 있는 것을 다룬다(1986: 16). 대부분의 경우 내러티브는 언어로 이루어져 있지만 내러티브를 분석하면 언어는 단지 물질일 뿐이고 그러므로 그 자체에 주된 흥미가 있거나 그 자체로 중요한 것은 아니라는 것을 알게 된다. 위에 설명한 대로 내러티브에서 Bruner의 주된 관심은 언어와 다른 상징적인 인공물과 제도를 사용하는 것이 그것을 이용하는 사람들에게 영향을 끼치는 방식이다. 실제로 어떤 형식 속에서 사람들은 사실상 문화적 결합 속에서 다른 사람과의 상호작용을 통해 구성된다. Bruner의 가장 최근의 연구에서 특히나 중요한 것은 역사적 내러티브에서 상위 학습의 관습에 관한 법적인 규칙에 이르는 모든 것을 포함한 조직의 가장 일반적 수준에서 문화의 도구들이다(Bruner, 1996).

그러나 내가 논쟁하고자 하고 Bruner도 동의할 것 같은 것은 문화에서 이렇게 더 복잡하고 정교화된 형태의 모든 것은 궁극적으로 사회생활의 특정형태에 대한 인간 적응으로부터 얻는다(Tomasello, 1999). 삶의 이런 형식은 Bruner가 25년 전에 강조한 대로 아동이 특정 문화의 관습과 아동 주변의 특정 사람의 전통을 마스터하기 위해 부여된 시간 동안 오랫동안 미성숙함을 가진 것에 의해 가능하게 된다. 문화적 도구 중에 가장 중요한 것은 언어이고 Bruner는 누군가가 다른 사람과의 사회적 상호작용 맥락에서 언어가 습득되는 방식에 대해 이해하려고 했던 만큼 여기에 많은 노력을 기울였다. 공동관심분야, 단어학습, 내러티브에 관한 그의 생각과 실험적 연구는 모두 인상적이고 앞으로도 수년 동안 이런 현상을 연구하는 과학자들에게 계속적 영향을 줄 것이다.

언어와 언어 습득의 문법적 측면에 대한 그의 생각은 과학자들에게 이후의 연구에 대한 많은 흥미로운 방향성을 제시하였다. 그렇지만 이 경우에 상당한 힘과 깊이의 최초의 통찰 후에 Bruner는 그의 관심을 다른 것으로 돌려 후속 연구를 간과했고 전체의 문법적 구성을 포함하여 언어의 문법적 측면들을 그것들의 구성적인 심리적 과정들로 완전히 해체한다. 완전히 '해체한다'. 이런 급진적인 이행은 현재 많은 기능 언어학자들이 설명한 대로 Bruner가 문법화의 역사적 과정에서의 구조화하는 역할을 인식하는 것을 가능하게 하였고 그래서 많은 아동들이 언어 자체를 구조화하는 짐으로부터 짐으로부터 해방될 수 있었다. 아동은 언어를 창조하지 않고 습득한다. 게다가, 적어도 어느 정도는 내가 설명했던 대로, 이런 이론적인 이행은 아동이 어휘와 통사의 관례를 습득하는 과정이 핵심적으로 동일하다는 언어습득의 접근을 가능하게 해 준다.

그러므로 언어습득연구에 관한 Bruner의 가장 주목할 만한 유산은 언어의 관례를 획득하는 과정이 근본적으로 문화적이고 의사소통적인 능력을 습득하는 과정과 대체로 유사하다는 것을 확인하고 명시하려는 노력이다. 이것은 덜 기계적이고 더 유기제적인 인간경험의 측면이 강조된 문화 심리학의 관점과 일치하고 인간의 언어 능력은 인간의 문화생활의 결과와 기부자로서의 핵심적인 역할에도 부합한다.

참고문헌

Adamson, L. and Bakeman, R. (1985). 'Affect and attention: infants observed with mothers and peers', *Child Development*, 56: 582-93.

Akhtar, N., Carpenter, M. and Tomasello, M. (1996). 'The role of discourse novelty in children's early word learning', *Child Development*, 67: 635-45.

Akhtar, N. and Tomasello, M. (1996). 'Twenty-four-month-old children learn words for absent objects and actions', *British Journal of Developmental Psychology*, 14: 79-93.

Bakeman, R. and Adamson, L. (1984). 'Coordinating attention to people and objects in mother-infant and peer-infant interactions', *Child Development*, 55: 1278-89.

Baldwin, D. (1991). 'Infants' contributions to the achievement of joint reference', *Child Development*, 62: 875-90.

Baldwin, D. (1993). 'Infants' ability to consult the speaker for clues to word reference', *Journal of Child Language*, 20: 395-418.

Bruner, J. S. (1965). 'The growth of mind', *American Psychologist*, 20: 1007-17.

Bruner, J. S. (1966). *Toward a Theory of Instruction.* Cambridge, MA: Harvard University Press.

Bruner, J. S. (1972). 'The nature and uses of immaturity', *American Psychologist*, 27: 687-706.

Bruner, J. S. (1975). 'The ontogenesis of speech acts', *Journal of Child Language*, 2: 1-19.

Bruner, J. S. (1981). 'The pragmatics of acquisition', in W. Deutsch (ed.), *The Child's Construction of Language*. New York: Academic Press.

Bruner, J. S. (1983a). *Child's Talk: Learning to Use Language*. New York: Norton.

Bruner, J. S. (1983b). *In Search of Mind: Essays in Autobiography*. New York: Harper & Row.

Bruner, J. S. (1986). *Actual Minds, Possible Worlds*. Cambridge, MA: Harvard University Press.

Bruner, J. S. (1990). *Acts of Meaning*. Cambridge, MA: Harvard University Press.

Bruner, J. S. (1996). *The Culture of Education*. Cambridge, MA: Harvard University Press.

Bruner, J. S., Goodnow, J. and Austin, G. (1956). *A Study of Thinking*. New York: Wiley.

Bruner, J. S., Greenfield, P. and Olver, R. (1966). *Studies in Cognitive Growth*. New York: Wiley.

Butterworth, G. (1991). 'The ontogeny and phylogeny of joint visual attention', in A. Whiten (ed.), *Natural Theories of Mind*. Oxford: Basil Blackwell.

Bybee, J. (1985). *Morphology*. Amsterdam: John Benjamins.

Chomsky, N. (1968). *Language and Mind*. New York: Harcourt Brace.

Chomsky, N. (1986). *Knowledge of Language*. Berlin: Praeger.

Corkum, V. and Moore, C. (1995). 'Joint visual attention', in C. Moore and P. Dunham (eds.), *Joint Attention: Its Origins and Role in Development*. Hillsdale, NJ: Lawrence Erlbaum.

de Laguna, G. (1927). *Speech: Its Function and Development*. Bloomington: University of Indiana Press.

Givón, T. (1979). *On Understanding Grammar*. New York: Academic Press.

Givón, T. (1995). *Functionalism and Grammar*. Amsterdam: John Benjamins.

Goldberg, A. (1995). *Constructions: A Construction Grammar Approach to Argument Structure*. Chicago, IL: University of Chicago Press.

Langacker, R. (1987). *Foundations of Cognitive Grammar,* Vol. 1. Stanford, CA: Stanford University Press.

Langacker, R. (1991). *Foundations of Cognitive Grammar*, Vol. 2. Stanford, CA: Stanford University Press.

Piaget, J. (1952). *The Origins of Intelligence in Children*. New York: Norton.

Piaget, J. (1954). *The Construction of Reality in the Child*. New York: Norton.

Ratner, N. and Bruner, J. (1978). 'Games, social exchange, and the acquisition of language', *Journal of Child Language*, 5: 391-402.

Ryan, J. (1974). 'Early language development', in M. Richards (ed.), *The Integration of the Child into a Social World*. Cambridge: Cambridge University Press.

Scaife, M. and Bruner, J. (1975). 'The capacity for joint visual attention in the infant', *Nature*, 253: 265-66.

Slobin, D. (1997). 'Crosslinguistic evidence for the language-making capacity', in D. I. Slobin (ed.), *The Crosslinguistic Study of Language Acquisition*. Vol. 5. *Expanding the Contexts*. Hillsdale, NJ: Lawrence Erlbaum.

Talmy, L. (1988). 'The relation of grammar to cognition', in B. Rudzka-Ostyn (ed.), *Topics in Cognitive Linguistics*. Amsterdam: John Benjamins.

Tomasello, M. (1988). 'The role of joint attention in early language development', *Language Sciences*, 10: 69-88.

Tomasello, M. (1992a). 'The social bases of language acquisition', *Social Development*, 1(1): 67-87.

Tomasello, M. (1992b). *First Verbs: A Case Study of Early Grammatical Development*. Cambridge: Cambridge University Press.

Tomasello, M. (1995a). 'Joint attention as social cognition', in C. Moore and P. Dunham (eds.), *Joint Attention: Its Origins and Role in Development*. Hillsdale, NJ: Lawrence Erlbaum.

Tomasello, M. (1995b). 'Language is not an instinct', *Cognitive Development*, 10: 131-56.

Tomasello, M. (1999). *The Cultural Origins of Human Cognition*. Cambridge, MA: Harvard University Press.

Tomasello, M. (in press). 'Perceiving intentions and learning words in the second year of life', in M. Bowerman and S. Levinson (eds.), *Language Acquisition and Conceptual Development*. Cambridge: Cambridge University Press.

Tomasello, M. and Barton, M. (1994). 'Learning words in non-ostensive contexts', *Developmental Psychology*, 30: 639-50.

Tomasello, M. and Brooks, P. (1999). 'Early syntactic development', in M. Barrett (ed.), *The Development of Language*. London: UCL Press.

Tomasello, M. and Farrar, J. (1986). 'Joint attention and early language', *Child Development*, 57: 1454-63.

Tomasello, M., Kruger, A. and Ratner, H. (1993). 'Cultural learning', *Behavioral and Brain Sciences*, 16: 495-511.

Tomasello, M., Mannle, S. and Kruger, A. (1986). 'The linguistic environment of one to two year old twins', *Developmental Psychology*, 22: 169-76.

Tomasello, M. and Todd, J. (1983). 'Joint attention and lexical acquisition style', *First Language*, 4: 197-212.

Trevarthen, C. (1979). 'Instincts for human understanding and for cultural cooperation: development in infancy', in M. von Cranach, K. Foppa, W. Lepenies and

D. Ploog (eds.), *Human Ethology: Claims and Limits of a New Discipline*. Cambridge: Cambridge University Press.

Wittgenstein, L. (1953). *Philosophical Investigations*. New York: Macmillan.

2장 요약

본 장은 브루너가 1970년대 초 옥스퍼드에 부임한 이후 언어 습득을 본격적 연구 의제로 채택하면서, 인지혁명기의 언어는 인지의 창이라는 도구적 관점에서 언어 자체의 사회·문화적 기능과 습득 메커니즘으로 초점을 이동시킨 과정을 추적한다. 그의 핵심 주장은 네 가지로 요약된다. (1) 인간 영아의 장기적 미성숙은 문화 학습을 가능케 하는 진화적 적응이다. (2) 초기 의사소통은 공동관심(joint attention)과 의례화된 상호작용 형식(formats) 속에서 전개된다. (3) 언어 습득은 선천적 보편문법(LAD)보다 언어습득지원체계(LASS)와 상호주관성을 기반으로 하는 사회적 학습에 의해 설명될 수 있다. (4) 통사 습득은 선천적 규칙 발현이 아니라 담화·화용 맥락 속에서 전개되며, 이 점에서 브루너의 입장은 생득주의와의 논쟁을 거치며 변화를 겪었다.

우선, 「미성숙의 성격과 기능」(1972)은 인간 영아의 미성숙을 문화 습득을 위한 진화적 적응으로 해석한다. 원숭이·유인원과의 비교 연구에서 드러나듯, 인간은 유연한 사회적 상호작용과 상징적 의사소통을 발달시켜 왔으며, 이는 사회적으로 조직된 지식·기술·규범을 학습할 수 있는 기반을 제공한다. 이때 언어는 대표적 상징적 도구로서 아동이 문화적 언어 관습을 어떻게 배우는지, 그리고 언어가 사고·행동·상호작용의 습득에 어떤 역할을 하는지라는 근본적 질문을 제기한다. 브루너는 언어의 의사소통 기능이 설계와 습득을 규정하며, 초기 언어는 맥락 의존적 행동 속에서 출현한다고 보았다. 나아가 언어는 아동을 구체적 상황에서 점차 탈맥락화된 지식과 신념의 세계로 이끄는 매개로 기능한다.

옥스퍼드 시절 연구는 화행이론(Austin, Searle)과 비트겐슈타인의 언어 게임 개념을 수용하여, 언어를 사회적 행위의 양식으로 재정의한다. 가정 내 종단 관찰(Ratner & Bruner, 1978)은 영아가 반복적 · 예측 가능한 형식(format), 예컨대 '까꿍' 게임의 준비-사라짐-재등장 순서를 통해 발화 시점과 행위 구조를 배우고, 점차 역할 전이 모방(role-reversal imitation)을 통해 주도적 참여로 나아감을 보여준다. 또한 Scaife & Bruner(1975)의 연구는 전언어기 아동이 이미 공동시각주의를 통해 성인의 의사소통 의도를 추론할 기초를 갖추고 있음을 밝혔다. 이러한 연구들은 촘스키의 LAD 가설을 보완하거나 대체하는 설명으로, 돌봄 · 놀이 · 의례적 루틴에 내재된 LASS—문화화된 상호작용과 성인의 비계 제공—의 중요성을 강조했다. 다만 브루너는 후기에 LAD 자체를 전적으로 부정하기보다 LAD와 LASS의 상호작용 속에서 언어 발달을 이해해야 한다는 조정된 입장을 제시했다(Bruner, 1983a).

이러한 관점은 후속 연구들에 의해 확증되었다. Tomasello와 동료들은 부모와 아동의 공동관심 지속 시간이 18개월 어휘 발달과 밀접히 상관됨을 보였으며(Tomasello & Farrar, 1986), Baldwin(1991, 1993)과 Akhtar et al.(1996)은 아동이 다양한 단서를 활용해 성인의 의도를 추론할 수 있음을 입증했다. 초기(12-18개월)에는 구조화된 상호작용 포맷과 명시적 표지가 필요했으나, 18-24개월 이후에는 아동의 추론 능력이 확장되며 성인의 비계는 점차 철수된다. 따라서 언어 발달은 비계 의존 → 의도 추론 일반화 → 구성 추상화라는 연속체로 설명된다.

문법 습득 논쟁에서 브루너의 입장은 변화를 겪었다. 초기에는 행위자-행동-대상과 같은 행동 구조가 최초 문법 해석의 준거가 될 수 있다고 보았으나, 1980년대에는 언어 간 통사적 자의성과 역사적 문법화 연구를 받아들여 '행동 → 문법'의 직접 매핑을 완화했다. 대신 문법을 의미 · 화용이 응축된 관습화된 구성(constructions)들의 체계로 보고, 아동이 단어를 배우듯 담화 맥락에서 구성들을 습득하고 일반화한다고 설명했다. 이는 기능・인지언어학의 구성문법 및 문법화 이론과 친화적이며, 특히 내러티브가 문법 발달의 실제적 동인임을 강조한다. 다만 생득주의가 제기하는 빠른 규칙 일반화, 입력 희소성 문제 등은 여전히 도전으로 남아 있으며, 이로 인해 사용기반 접근과의 통합적 모델링이 요구된다.

이러한 전환은 이론적・방법론적 함의를 갖는다. 이론적으로는 생물학적 제약을 인정하면서도 문화・담화・상징체계를 동등한 설명 차원으로 삼는 비환원적 다원주의 속에서, 공동주관성과 의미 구성이 언어 발달의 핵심 기제임을 제시한다. 방법론적으로는 가정 내 자연주의적 종단 관찰, 미세 기술, 실험실 실험을 결합하여 발달의 연속체를 포착하는 연구 프로그램을 열었다. 특히 제스처・억양・시선 등 다양한 양식의 보여주기(식)의 역할을 강조함으로써, 초기 언어 학습에서 '보여주기, 표지성(ostension)'의 기능이 밝혀졌다.

결론적으로 브루너의 언어 연구는 두 가지 기여로 정식화된다. 첫째, 언어 습득은 선천 규칙의 발현이 아니라 문화적 상호작용의 입문이며, 초기에는 LASS・공동관심・형식(formats)이 결정적이다. 둘째, 통사 습득은 내러티브 담화 속에서 이루어지는 구성의 관습화와 일반화로 설명될 수 있으며, 이는 어휘와 통사의 학습을 연속선상에 놓는다. 이 관점은 언어를 인간 문화생활의 결과이자 매개로 파악하는 브루너의 문화심리학과 정확히 합치하며, 언어 연구의 초점을 계산주의에서 의미・상호작용・제도・역사의 축으로 이동시키는 결정적 계기를 제공한다. 나아가 교육적으로는 공동관심 확보, 의도 추론 촉발, 담화 기능 연습, 내러티브 구성 훈련이라는 일련의 단계가 아동 언어교육의 실제적 지침으로 제시될 수 있다.

제3장

Bruner가 지은 집

Stuart G. Shanker와 Talbot J. Taylor

- 비계의 재해석: 비계는 학습이 끝나면 치우는 발판이 아니라 언어라는 건물의 일부다. 옥스퍼드의 모들린(Magdalen) 타워/파리 퐁피두 센터 비유로 비계를 언어 발달의 본질적 구조로 재정의한다.
- 사회적 상호작용주의 통합: 발달은 생물학 · 정서 · 인지 · 의사소통이 얽힌 총체 과정이며, 언어습득지원체계(LASS)와 비계가 규범 학습을 매개해 아동이 언어 공동체로 편입되게 한다.
- 원시 대화와 정서 조율: 응시 · 미소 · 접촉 · 공동시선 · 아동지향어(Child-Directed Speech, CDS)가 원시 대화(proto-conversation)를 이루어 전두엽과 신경호르몬 발달을 촉진하고, 언어 학습의 정서적 리듬을 형성한다.
- 규범적 행위로서의 언어: 아동은 사과하기, 이름 말하기, 예의 있게 청하기 같은 문화 특정적 발화 행위를 습득하며, 의미 · 문법은 담화 · 화용 관습이 문법화된 언어 문화의 산물(languaculture)로 이해된다.
- 생성주의 비판과 전환: 보편문법 · 결정적 시기 중심 설명을 넘어, 언어를 규칙 추론이 아니라 문화적 상호작용의 입문으로 보고, 비계를 LAD의 전조가 아닌 핵심 메커니즘으로 위치시킨다.

비계 제거하기

> 집은 거주를 위한 기계이다(La maison est une machine a habiter)
>
> Le Corbusier, Vers une Architecture

> 집을 지을 때에는 언덕을 비롯해 어느 곳이든 위에 지어서는 안 된다. 집은 언덕 그 자체가 되어야 하며, 언덕에 속해야 한다. 그래야 언덕과 집이 서로를 위해 존재하며, 함께함으로써 더 행복해질 수 있다.
>
> Frank Lloyd Wright, 자서전

Bruner처럼 1970년대 말에 옥스퍼드에 있었던 사람이라면 왜 그가 『Child's Talk』(1983a)를 저술할 때 비계 비유에 그렇게 매료되었는지 이해할 수 있을 것이다. 옥스퍼드 대학은 여러 곳에서 보수 공사가 대규모로 진행되고 있었다. 무너져 가고 있었던 모들린 타워(Magdalen Tower) 또한 보수 공사의 대상이 되었다. 별다른 진척도 없이 보수 작업이 몇 년씩 이어지자, 사람들은 건물을 살리지 못할 것이라는 불안감에 휩싸였다. 모들린 타워에서 비계가 철거되고 타워가 고풍스러운 위용을 드러냈을 때 온 마을이 느꼈던 감동은 이루 말할 수 없었다. 반면, 파리에서 퐁피두 센터(Pompidou Centre)가 완공되었을 때는 전혀 다른 반응이 나왔다. 파리 시민들은 퐁피두 센터가 공개됐을 때 중심에 건물도 없이 비계들만 층층이 쌓여 있다고 불만을 터뜨렸다. 그러나 『Child's Talk』에서 언어 발달을 비계에 비유했던 것은 모들린 타워의 비계보다 퐁피두 센터의 비계에 더 가깝다.

비계 이론에서는 아동이 언어를 학습할 때 보호자가 아동이 받게 되는 지원의 정도를 감시하고 조절한다고 본다. 비계 비유는 언어습득이론에 즉각적인 영향을 미쳤으며, 심리언어학의 주요 개념으로 자리 잡았다. 『Child's Talk』가 출판된 이후 비계 비유와 관련하여 Bruner의 다소 허술했던 '행동주의적 포맷'은 이원적 상호작용의 사회정의적, 의사소통적, 신경생리학적인 메커니즘을 자세히 설명함으로써 상당 부분 보완됐다.

오늘날 사회적 상호작용주의(social interactionist) 관점을 채택하는 발달학자들은 생물학적 요소와 환경적 요소가 지속적이고 복합적으로 작용하여 발달이 이뤄진다고 본다. 따라서 발달에 있어서 사회적, 감정적, 인지적,

의사소통적, 언어적 요소를 확실하게 구별해 내기가 힘들다는 것이다. 아동의 발달을 설명할 때 다음과 같이 다양한 요소들을 살펴봐야 한다.

1. 자신의 상태와 활동을 조절하고, 세상을 인식하고 세상에 대해 반응할 수 있는 아동의 능력(주로 자극에 대한 아동의 반응 기능과 아동의 신체적 운동 능력)
2. 이차적 미성숙함으로 인한 상호작용의 생물학적 제약
3. 타인과 관계를 맺으려는 아동의 성향
4. 자신과 타인에 대한 아동 인식 발달의 정서적 공유가 지니는 중요성
5. 사회정서적(socio-affective) 및 의사소통 발달에 있어, 시선을 공유하고 방향성을 함께 갖는 것의 중요성
6. 아동의 뇌가 급격히 성장하는 '결정적으로 중요한 시기(critical periods)' 동안, 양육자의 행동(예: 미소, 얼굴 표정의 생동감, 신체 자세, 시선)이 대뇌 피질 간 연결(cortico-cortical) 및 신경호르몬 발달(neurohormonal development)에 미치는 중요성
7. 몸짓과 지시적 가리키기(declarative pointing)의 자극 및 의사소통적 중요성
8. 아동이 자신의 생각과 감정을 표현하고, 보호자와 복합적인 상호작용을 할 수 있는 의도 및 욕구 표현 능력
9. 아동의 언어 습득에 있어서 아동지향어(Child Directed Speech)의 촉진 효과. 즉, 보호자가 아동의 이해도에 따라 의사소통을 지속하기 위해 언어의 운율을 달리하거나 확대, 확장, 말의 재구성, 반성적 질문, 명확화 질문, 반복을 시도하는 것
10. 상상 놀이(make-believe play)가 아동 발달의 거의 모든 측면에 갖는 결정적 중요성

대화적 용어로 영아 보호자와의 초기 상호작용을 기술할 수 있다는 생각은『Child's Talk』이전에도 존재했다(Trevarthen, 1973). 그러나 Bruner의 개념이 획기적이었던 이유는 언어의 사회화에 있어서 비고츠키적 관점에 초점을 두었다는 것이다.『Child's Talk』의 핵심적 주장은 언어와 문화를 분리할 수 없다는 것이다. 따라서 위에 설명한 요소들 이외에도『Child's Talk』는 다음과 같은 부분을 강조하고 있다.

11. 사회성을 규정짓는 규준에 순응하려는 '내적 동인(drive)'의 존재
12. 아동의 사회정의적 발달 및 의사소통 발달에 있어서 규칙 준수가 지니는 중요성
13. '언어를 활용하는 방법의 학습'이 지니는 중요성(Bruner, 1983a: 7, 8, 46, 115)

따라서 비계이론은 아동 발달에 대한 상호작용주의적 관점과 문화적 관점을 통합하고, 아동을 언어 공동체에 합류하려는 존재로 설명한다(Shatz, 1994: 8, 9). 비계이론은 자동적이고, 자연발생적이며, 무의식적인 생성주의적 관점을 대신하는 급진적인 대안으로 보인다. 그러나 Bruner가 생성주의적 관점을 '비현실적이고', '기적적'이라고 비판했음에도 불구하고, 비계를 언어 습득의 '전조(precursor)'로 한정했다. 즉, Bruner는 언어습득장치(LAD) 개념에 언어습득지원체제(LASS)를 보완한 것뿐이었다. 결론적으로 비계이론은 언어 습득에 있어서 예비적 차원으로 볼 수 있다. 비계는 모들린 타워의 예시처럼 언어가 그 위용을 완전히 드러낼 수 있게 하는 예비적 구조라고 할 수 있다.

만일 LAD를 논의에서 완전히 배제해 버리면 어떠한 결과가 나타날까? 급성장하는 아동의 언어적 능력에 대한 사회적 상호작용 관점이 무너질까, 아니면 언어의 뿌리가 사실상 공유, 질문, 모방, 놀이와 같은 활동에 기인한다고 보게 될 것인가? 정상적인 언어습득의 '보편적 단계'(Brown, 1973)에 따라 '언어의 추상적 구조'가 반드시 두뇌에서 표상된다고 봐야 할 것인가(Pinker, 1994), 아니면 아동의 언어 활용법 학습에 있어서 문화적인 측면을 강조하는 대안을 따라야 할 것인가?

우리의 입장에서는 LAD를 배제하는 편이 『Child's Talk』를 통해 언어 습득뿐만 아니라 언어 그 자체에 대해 더 잘 이해할 수 있게 해줄 것이다. 발생주의자들은 능력(competence)과 수행(performance)을 완전히 구분함으로써 언어학자와 심리학자의 영역을 완전히 분리한다. 그러나 LAD에만 집착하면 사회적 상호작용의 중요성을 약화시킬 수 있기 때문에 이러한 구분은 지양해야 한다. 우리는 발생주의적 통설에서 벗어나서 상호작용주의 관점이 지니는 잠재력을 고찰할 것이다.

말하기 위해 태어나다(Born to talk)

> 아기는 이후 언어가 구축될 사회적 상호작용의 비언어적 기초를 배우는 무엇보다 중요한 첫 과제를 안고 태어난다.
>
> Daniel Stern, Diary of a Baby

많은 수의 심리학 저서에 따르면 인간 아기는 '사회적인 존재로 태어난다.' 확실한 것은 아기가 생존하고 발달하기 위해서 보호자에게 의존해야 한다는 사실이다. 이러한 주장이 설득력을 얻기 위해서는, 아기가 사회적 존재가 되도록 하는 생물학적 특성이 존재한다는 것을 입증해야 한다. 아동의 감각과 '처리 메커니즘', 반사 및 욕구가 아동으로 하여금 어떠한 방식으로 사회적 수단을 통해 타인과 상호작용할 수 있게 하는지를 확인해야 한다(Shatz, 1994: 6).

지난 세대 동안 심리학에서 '동물행동학적 관점(ethological view)'이 등장하면서 발달심리학자들은 인간 영아가 다른 영장류들과 공유하는 선천적인 '사회적 메커니즘'을 식별함으로써 이 문제에 접근할 수 있게 되었다(Bowlby, 1969). 신생아는 인간의 얼굴, 목소리, 냄새, 접촉, 맛, 움직임에 지각적으로 민감하게 반응하며, 이 모든 경우에서 주 양육자(primary caregiver)에 대해 뚜렷한 선호를 보인다. 또한, 영아는 울기, 미소 짓기, 응시, 옹알이(cooing), 모방하기와 같은 양육자의 반응을 유도하는 행동에 선천적으로 준비되어(predisposed) 있다(Messer, 1994). 이와 마찬가지로 양육자 역시 아기를 돌보고 보호하는 데 생물학적으로 적응되어 있음을 보여주는 행동을 나타낸다. 예컨대 어머니는 매우 시끄러운 환경 속에서도 자신의 아기 울음소리를 들을 수 있으며, 다른 아기의 울음과 구별할 수 있는 능력을 지닌다. 또한 자신의 아기의 냄새를 식별할 수 있다. 나아가 양육자는 아기가 다양한 사회적 기술과 문제 해결 기술(물론 언어도 포함하여)을 습득할 수 있도록 자신의 행동을 미세하게 조정할 수 있는 놀라운 능력을 가지고 있다(Gallaway & Richards, 1994).

위에서 언급된 사회적 행동들은 인류의 진화 과정에서 등장한 이차적 미약성(secondary altriciality)과 밀접한 관련이 있다(King and Shanker, 1997). Noble과 Davidson의 표현을 빌리자면 "인류의 미약성이 커지면서 보호자들이 공동 관심(joint attention)을 쏟아야 하는 경우가 늘어났으며 관찰 학습의 기회 또한 증가했다"(1996: 200). 언어의 출현에 있어서 공동 관심이 중요하나, 그에 못지않게 유아의 신경생리학적 발달에 있어서 이차적 미약성 또한 중요하다. 예를 들어, 아동의 대뇌피질 발달은 자연성과 더불어 주요 보호자와의 상호작용의 질이 큰 영향을 미친다.

인간과 인간이 아닌 영장류 간의 확연한 차이점은 인간의 전두엽 피질이 훨씬 크다는 것이다. 인간의 경우 전두엽 피질은 대체적으로 2세 이전에 발달이 시작된다. 그뿐만 아니라 유아의 사회정의적 환경은 외피 대뇌 피질성 발달과 신경호르몬 발달에 큰 영향을 미친다. 출생 이후의 두뇌 성장 과정은 "유아와 주요 보호자와의 사회정의적 상호작용으로 인해 발생하는 자극에 의해 큰 영향을 받는다"(Schore, 1994: 13). 주요 보호자와의 초기 상호작용은 아직 발달이 충분히 이뤄지지 않은 아동의 전두엽 피질에 고차원적 통제를 제공한다. 어머니들은 유아를 돌보고 보호할 뿐만 아니라, 외부의 중추신경계로서의 역할을 하여 아동의 대뇌 피질 발달에 영향을 미친다(Trevarthen, 1979).

발달이 발생하는 주요 메커니즘은 감정이 담겨있는 눈길(그리고 접촉)의 교환으로 이뤄진다. 사실상 아기가 태어나고 바로 다음 날부터 아기와 보호자는 '상호 자극을 통한 상호작용'을 시작한다(Schore, 1994: 71). 신생아의 보호자는 그 어느 부분보다 아이의 눈에 더 많은 관심을 보인다. 아기들은 엄마의 젖을 먹을 때나 들어 올려질 때의 거리인 20-25cm에 위치한 물체를 응시하곤 한다. 아기가 응시하면 어머니도 함께 응시하게 되며, 2개월쯤 지나면 눈을 응시할 수 있게 된다. 변연계에서 발생하는 흥분성 활동으로 인해 어머니의 눈이 반짝거리면, 어머니의 눈을 응시하던 아기의 동공도 확장된다(Schore, 1994).

어머니의 동공이 확장되면 아이는 더 자주 미소를 짓게 되고, 그 반대의 경우도 마찬가지다. 어머니의 얼굴 표정은 유아에게 긍정적인 감정을 불러일으키고, 아기의 얼굴 표정을 통해 어머니에게 아기의 감정이 표현된다. 즉, 고조된 각성 상태가 두 명 모두에게 발생된다. 반면에 어머니가 눈빛

없이 감정 없는 표정을 짓게 되면 유아는 부정적인 감정을 갖게 된다. 마찬가지로 아기가 반응을 보이지 않거나 어머니의 눈길을 회피하게 되면 어머니는 부정적인 감정을 경험하게 된다. 다시 말해, 눈길(혹은 접촉)을 교환하는 것은 어머니와 유아 모두에게 긍정적이고 쾌락적인 각성을 일으키며, 이러한 상호작용이 없다면 어머니와 유아 모두가 불안감과 우울함을 느낄 수 있다(Cohn, Matisa, and Tronick, 1990; Greenspan, 1997).

Schore는 이러한 눈길 교환을 통해 어머니와 유아가 '감정을 증폭시키는' '공생적' 상태에 이를 수 있다고 주장한다. 이러한 이유로 아이가 성숙해지면서 어머니로부터 떨어져서 움직이기 시작할 때, 아이는 안전과 위험을 식별하기 위해 끊임없이 어머니의 표정을 살핀다(Oatley, Jenkins, 1992). Bowlby는 어머니의 얼굴과 감정적 표현이 어떠한 방식으로 안전기지(secure base)의 역할을 하는지를 설명했다. 이러한 안전기지는 아이가 세상을 탐사하기 시작하는 곳으로서의 역할도 하지만 동시에 위험이 발생할 경우 어느 때든지 돌아갈 수 있는 곳으로서의 역할도 한다(Bowlby, 1988). 신경생리학적 관점에서 보면, 어머니의 표정에서 드러나는 감정이 아이에게 긍정적인 각성을 불러일으키며 아이가 세상을 탐사하도록 자극을 제공한다(Schore, 1994: 102).

유아의 사회정의적 발달에 있어서 중요한 점은 유아가 자극을 즐거워하며 이러한 자극을 찾아낸다는 것이다. 이러한 측면에서 보면, 유아는 어머니의 웃음을 이끌어내기 위해 먼저 웃음을 짓는다. 이와 반대로, 유아가 지나친 각성을 불쾌하게 여겨 눈길을 피하는 경우도 있다. 이러한 경우 어머니는 자극을 줄이는 방식으로 반응한다(Schore, 1994). 초기 행동들의 의도적 특성을 지나치게 과장하는 것도 옳지 않겠지만, 확실한 것은 이러한 초기 행동들이 5개월에서 9개월 사이에 나타나는 의사소통적 행동의 근간이 된다는 것이다. 어린 유아가 눈길 교환과 음성 교환에 적극적으로 참여한다는 주장과 보호자가 유아의 행동을 형성한다는 주장은 지난 10년간 첨예하게 대립각을 세워왔다(Schaffer, 1984). 그러나 만일 Schore의 주장이 옳다면 "유아는 하나의 단어라도 이해하거나 말할 수 있기 훨씬 전부터 자신의 내적 상태를 소통할 수 있는 광범위한 신호 레퍼토리를 갖추고 있다"(Schore, 1994: 88).

다시 말해 유아는 아주 어린 나이부터 자신의 감정적 상태를 양방향으로 소통할 수 있다는 것이다. 따라서 Bateson에 이어 Schore는 이원적 상호작용의 초기 단계를 '대화'로 지칭했다. Bateson은 유아와 보호자 간의 상호작용으로 인해 두 사람 간의 강력한 감정적 유대가 가능하다고 주장했다(Bateson, 1975). Schore는 또한 응시를 교환함으로써 유아에게 최적의 각성을 제공할 수 있으며 부정적인 감정은 최소화할 수 있다고 주장했다.

여러 상호작용주의 서적에서 '순서 바꾸기(turn-taking)' 개념과 함께 대화 비유가 빈번하게 등장한다(Trevarthen, 1993). 상호작용의 순서를 교차적으로 바꾸면서 유아와 보호자는 상호작용에 큰 어려움을 겪지 않는다. Savage-Rumbaugh와 그녀의 동료들의 주장에 따르면, 상호작용의 두 구성원은 다음과 같은 과정에 관여한다.

> 대화는 다양한 점수가 존재하는 섬세한 춤과 같다. 춤을 추기 이전에 무엇인가가 결정되는 것이 아니라, 춤을 추는 과정에서 끊임없이 협상이 이뤄진다. 경험이 많은 파트너라면 춤이 어떻게 진행될지를 알 수 있으며, 더 중요한 것은 상대방이나 자신을 포함한 두 명이 모두 춤을 제대로 추지 못할 때 취해야 할 방법을 개발하는 것이다(Savage-Rumbaugh, Murphy, Sevcik, Brakke, Williams and Rumbaugh, 1993: 27).

우리는 이러한 비유를 통해 언어의 유래를 아동의 초기 사회적 상호작용에서 찾아야 하며, 더 나아가 아동의 초기 상호작용 패턴을 토대로 언어를 연구해야 할 것이다. 즉, 언어가 근본적으로 상호작용의 성격을 띤다고 보아야 한다. 따라서 '인간은 말할 수 있도록 태어난다'는 생득주의적 가정에 사회적 상호작용은 흥미로운 반응을 보인다(Hulit and Howard, 1997). 어머니와 아동 간의 시각적인 대화는 가장 강렬한 형태의 대인관계적 의사소통으로서, 언어 발달 이전의 감정적 유대에 있어서 매우 중요한 역할을 한다(Schore, 1994: 80). 또한 그리고 초기 사회적 상호작용의 감정적 특성은 언어 기술 습득에도 중요한 역할을 한다.

구조적 불협화음(architectural discord)

> 피아제(Piaget)의 발달 이론에서 아이가 살아가는 세계는 조용하고 고요한 곳이다. 그 아이는 사실상 홀로 존재하며, 주어진 세계는 그가 공간, 시간, 인과적 관계 속에 배열해야 할 객체(object)들로 이루어져 있다. 그는 자기중심적인 상태에서 여정을 시작하고, 결국 타인과 공유하게 될 세계의 속성들을 자기 안에서 먼저 구성해 내야 한다. 그러나 그러한 여정을 돕는 타인의 역할은 미미하다. 피아제의 발달 이론에서 유아와 어머니 사이의 사회적 상호성은 극히 제한된 역할만을 수행할 뿐이다. 언어 또한 세계를 이해하고 해석하는 데 어떤 단서나 수단도 제공하지 않는다. 피아제의 아이에게는 오직 하나의 압도적인 과제가 주어진다. 바로 마음 속 내적 표상과 외부 경험 세계의 구조를 '평형(equilibrium)' 상태로 조화시키는 것이다. 피아제의 아이들은 인간적 삶의 소용돌이로부터 떨어진 곳에서 사유하는 작은 지식인들(little intellectuals)이다.
>
> Jerome Bruner, In Search of Mind

『Child's Talk』이 출간된 이후로 아동의 감정 발달에 있어서 사회적 관계가 얼마나 중요한지를 더 잘 이해할 수 있게 됐다. 유아들은 사람들에 대해 강렬한 감정적 반응을 보이지만, 물체에 대해서는 상대적으로 약한 반응을 보인다. 만일 아동이 사람과 물체에 대해 동일한 수준의 반응을 보인다면 발달 장애를 의심할 수 있다(Greenspan, 1997). 양방향 상호작용은 인지적 발달과 의사소통 발달에 핵심적이다(Berk, 1994; Owens, 1996). 어린 아이가 텔레비전이나 라디오를 통해서만 언어에 노출된다면, 언어 능력에 심각한 결손이 발생한다.

생성문법학자들은 정상적인 상호작용을 하지 못한 아동이 심각한 감정적, 인지적 장애를 겪기 때문에 언어 능력이 자연스럽게 떨어질 수밖에 없는 것이라고 반박한다. 또한 아동이 언어를 습득하고자 한다면, 결정적 시기에 정상적인 언어 환경에 노출되어야 한다고 주장한다(예를 들어, 7세까지)(Lennenberg, 1967; Curtis, 1977). 그러나 윌리엄스 증후군(Williams Syndrome) 혹은 언어 장애아동의 경우를 보면 언어 능력은 인지적 및 감정적 요소와 별개임에도 불구하고, 어떻게 사회적 상호작용의 부족이 언어 능력을 퇴화시키는지 확실히 알려져 있지 않다. 더 나아가 제2외국어 습득은 결정적 시기 이론에 대한 의문을 품게 한다(Bialystok and Hakuta, 1994). 또한 생성문법학 논문에서 특히 강조하는 '이례적인' 케이스, 즉 높은 언어 능력과 낮은 IQ를 동시에 가진 경우들을 보더라도 왜 해당 피험자들이 한 가지의 영역에서만 미발달되었는지를 설명하는 심리학적 원인이 언급되지 않고 있다(Howe, 1989). 더 나아가 해당 피험자들의 IQ는 5세 아동 수준이었는데, 5세 나이는 정상적인 언어습득의 나이를 훨씬 넘어선다(Tomasello, 1995). 생성문법주의를 가장 확실히 반박하는 것은 다음과 같다. 아동의 발달에 있어서 사회적 상호작용만이 중요한 것은 아니다. 그보다는 근본적으로 발달의 모든 측면들이 사회적 상호작용의 과정과 관련한다고 보는 것이 옳다.

감정을 예로 들어보자. 감정 심리학자들은 감정을 기본 감정(예: 흥미, 즐거움, 놀람, 분노, 공포)과 고등 감정(예: 공감, 이타성, 자부심, 연민, 사랑)으로 구분한다. 기본 감정은 선천적이라고 여겨지는데 이는 그것들이 진화생물학적 과정을 통해 형성되고 적응적 기능을 수행하며, 전 세계적으로 고유한 얼굴 표정(심지어 시각 장애를 지닌 영아도 출생 시부터 나타내는)을 수반한다. 특정한 신경 기제(neural substrates)와 연결되어 있기 때문이다(Izard, 1991). 반면, 고등 감정—예컨대 스페인어에서 'pundonor(명예감)'와 'gracia(우아함/품격)'처럼 표현되는 것들—은 문화화(enculturation)된 것이다. 즉, 아이는 단지 어떻게 행동할지 또는 무엇을 느낄지만 배우는 것이 아니라, 어떤 특정한 상황에서 그러한 방식으로 행동하는 것이 명예롭게 혹은 품위 있게 행동하는 것으로 간주된다는 사실을 학습한다. 하지만 기본 감정조차도 사회화(socialized)된다. 왜냐하면 모든 문화는 아이가 자신의 감정을 통제하고, 그 감정을 자문화에서 '적절한 방식'으로 표현하는 법을 배우기를 요구하기 때문이다(이와 관련해 이누이트 사회에 대한 Briggs(1970)의 연구를 참조하라).

아동의 가작화 놀이, 문제 해결, 사고에도 같은 논리가 적용된다(Vygotsky, 1962; Rogoff, 1990). 따라서 상호작용주의자들은 '아이들을 지각운동적인 존재로 보기보다, 사회정의적 존재로 바라봐야 한다'고 결론을 내린다(Stechler and Carpenters, 1967: Schore, 1994: 71에서 재인용). 따라서 아동의 인지 발달과 감정 발달에 사회적 상호작용이 필수적일 뿐만 아니라, 발달 그 자체가 사회적인 것이다. 아동의 언어 발달도 마찬가지다. 여러 측면에서 봐도 언어는 하나의 패러다임을 구성할 뿐만 아니라, 아동의 사회화에 있어서도 핵심적인 역할을 한다(Shatz, 1994).

아동이 처음으로 단어를 웅얼거리거나 이해하기 훨씬 전부터 언어 사회화가 시작된다. 처음 7개월에 걸쳐(혹은 더 빨리, Locke, 1993 참조) 아동들은 공동체의 특징적인 음성에 관심을 보인다. 난쟁이 침팬지를 대상으로 한 Savage-Rumbaugh의 연구와 함께, 원숭이를 대상으로 한 최근 연구에서는 인간을 비롯한 모든 영장류의 유아에서 이러한 현상이 발생한다고 주장한다. 그러나 흔히 범주지각(categorical perception)은 상호작용을 통해서만 발달된다. 범주지각은 단순히 기계적인 언어 소스에 노출된다고 해서 발달되는 것이 아니다.

아동지향어(CDS)는 언어 사회화의 훨씬 더 중요한 측면을 보여준다. CDS에서 가장 놀라운 점은 어머니가 아동의 언어 발달에 있어서 가장 효과적인 보호자라는 점이다. 특히 어머니가 '아동에게 말하는 것이 아니라 아동과 함께 말할 때' 가장 효과적이다(Snow, 1986: 80). 보호자가 아동과 함께 합동으로 활동을 할 때 아동은 언어를 더 빨리 습득할 수 있다. 일반 아동뿐만 아니라 말이 늦는 아동에게도 마찬가지다. 특히 말이 늦는 아동의 경우, 보호자가 지시적인 의사소통에서 벗어나 상호작용적인 의사소통을 시도하면 아동은 더 빨리 말을 배울 수 있다(Snow, 1994). 보호자가 지시적인 의사소통 방식을 버리고 상호작용적인 의사소통을 시도했을 때, 단순언어장애(SLI)를 진단받은 아동 중에 20%-50%가 완전히 회복될 수 있었다(Leonard, 1997).

선천적 처리 메커니즘에 대한 발생주의적 관점은 비계이론에 의해 사회적 상호작용으로 대체된다. 만일 아동이 '복합적인 정보'를 처리할 수 있는 '발견법'을 타고나지 않는다면, 주요 보호자는 아동에게 그러한 '제약(constraints)'을 제공할 수 있어야 한다. 따라서 사회적 상호작용을 일종의 지원체제로 보아야 할 것이다. 사회적으로 부여되는 제약과 가이드라인을 제공하여, 고립된 유기체가 독자적으로는 획득할 수 없는 인지적 혹은 언어적 구조를 아동이 습득할 수 있도록 해야 할 것이다(흔히 자극의 빈곤이라고 부른다).

따라서 아동 지향어에 대한 논쟁은 사회적 상호작용의 처리 역할에서 비롯되었다. Gold(1967)에 따르면 텍스트 제시(Text Presentation)를 통해서는 유한상태 언어(finite state language)만이 학습 가능하기 때문에 컴퓨터 프로그램이 열린 언어(open-ended language)를 '배우려면' 긍정문과 부정문으로 함께 제시해야 한다는 것이다. 이러한 관점은 컴퓨터 비유를 통해 언어 습득에 대한 심리학적 접근이 가능하다고 본다. 그러나 아동 언어발달의 사회적 특성에 따르면 아동의 언어적 상호작용을 기계의 정보처리에 비유하는 것은 부적절하다. 컴퓨터 비유만 비판할 것이 아니라 이러한 비유를 가능케 하는 인식론적 관점 자체를 비판해야 한다(더불어 지난 20년간 기계론자들이 주장해 온 환원주의적 비유도 비판 대상이다). 이러한 관점은 고립된 정신이 복잡한 정보를 마주하게 되면 순서를 부여한다고 주장한다. 바로 이러한 관점을 Bruner가 비판한 것이며 아동 발달의 모든 측면에 있어서 '어머니와 유아 간의 사회적 상호작용'의 역할을 강조한 것이다(Bruner, 1983b: 138).

상호작용 이론은 관심을 조절하고, 긍정적이며 쾌락적인 상태를 유지하는 데에 있어서 '원시 대화(proto-conversation)' 이상의 역할을 한다. 아동의 최초 사회화 과정은 감정이 증폭된 교류 내에서 시작되는 것이다. 아동의 최초 사회화 과정은 언어 습득에 있어서 필수적인 바탕을 제공한다. 아동이 11개월쯤 되면 어머니는 응시를 멈추기 시작하며, 아동의 행동을 변화시키기 위해 부정적인 얼굴 표정(분노나 역겨움)을 짓기 시작한다. 어머니의 무의식적인 이러한 감정변화는 아동에게 놀라운 효과를 준다. 아동은 순간 움직임을 멈추고 고개를 갸웃거리며 어머니의 눈길을 피한다. Schore는 다음과 같이 말한다. 유아는 자신이 스스로 통제할 수 없는 낮은 각성 상태에 빠진다. 긍정적이고 쾌락적인 이전의 높은 각성 상태가 부정적인 낮은 각성상태로 변화되면서 수치심이라는 감정이 생겨난다. Schore(1994: 200)에 따르면 수치심이라는 감정은 '사회화 기능을 중재하는 핵심적인 감정'이다. 어머니가 아동의 의지에 반하면서까지 아동의 행동을 교정하려 들고, 아동은 부모님이 원하는 바를 알면서도 자신의 뜻을 관철시키고자 한다. 이러한 일련의 과정으로 인해 보호자로서의 부모 역할은 사회화를 위한 요소로 급작스럽게 변화한다(Hoffman, 1975; Schore, 1994: 200). 아동은 '이원적 불협화음'을 겪으면서 부모가 부정적인 표정을 내보이지 않게 하기 위해 자신의 충동적 행동을 통제하려고 애쓴다. 용변 교육에서 이러한 현상을 가장 확실히 볼 수 있다. 아동은 용변 훈련을 받으면서 '비자발적인 과정을 자발적으로 통제'해야 한다는 사실을 깨닫는다(Schore, 1994: 228). 흥미롭게도 사회화 과정에서 중요한 역할을 하는 이러한 목표 달성은 아동의 '언어적 폭발'과 거의 동시에 이뤄진다. 그러나 사회화 기술의 사용은 특정한 상호작용 사건에만 국한되는 것은 아니다. 이러한 사회화 기술들은 일상적인 상호작용에서 자연스럽게 사용된다(Schaffer, 1984).

언어 발달에 대한 발생주의적인 연구들은 아동의 언어기술 습득에 있어서 사회화의 발생과 기능에 관심을 두지 않는다. 발생주의자들은 언어 습득을 단순히 인식론적인 관점에서만 보기 때문이다. 즉, 언어 습득을 아동의 문제로만 취급하고(혹은 아동 정신의 모듈로만) 언어 체계 혹은 '문법'의 공식적인 특성에만 관심을 둔다. 이러한 언어의 공식적인 특성들은 언어의 사실로서 여겨지며, 아동들은 언어 원칙과 파라미터에 대한 선천적인 지식을 통해 이러한 언어의 특성을 학습해야 한다고 보는 것이다. 반면 Bruner는 언어 습득을 이전부터 존재해 온 사실을 발견하는 과정으로 보지 않고, 의사소통 행동의 문화 특정적인 양식으로 아동들이 사회화되는 것으로 보았다(Bruner, 1975). 이러한 Bruner의 관점은 『Child's Talk』에서 확연히 드러나며, 해당 책을 통해 언어 발달에 있어서 행동적 일상, 게임, 양식의 역할을 강조한다. 오랫동안 아동을 돌보는 과정에서 아동을 언어로 문화화하는 것이다.

그러나 언어 문화화 과정을 단순히 아동이 특정한 행동 패턴을 의식해 가는 과정으로 여기는 것은 옳지 않다. Bruner에 의하면 아동의 의사소통 환경에는 '놀라운 수준의 순차성과 체계성'(1983a: 28)이 존재하며, 이러한 순차성과 체계성이 아동의 언어 발달을 촉진한다. 하지만 언어의 규칙성과 '언어적 코드'의 학습에서 이러한 일상과 양식을 비계로 간주하는 것은 옳지 않다(Bruner, 1983a: 11). 최근 연구 결과를 보면 아동들은 단순히 보호자와의 상호작용에서 수반되는 사건을 알아차리거나 기대하는 것이 아니다.

그보다는 자신과 자신이 상호작용하는 대상이 어떻게 행동할 것인지를 학습하는 것이다. 언어는 사회적 상호작용의 한 형태로서 근본적으로 규범적 특성을 지니고 있다. 아동이 상호작용적 일상과 양식을 학습하면서 문화적 삶의 규범적 기술로 점차 사회화되는 것이다. 따라서 최근의 사회적 상호작용주의적 연구에 따르면 아동의 언어 발달은 아동의 사회정의적 발달과 분리할 수 없다. 이러한 연구 결과를 통해, 언어 발달 연구에 있어서 생성주의적인 관점을 바탕으로 하는 인식론 모델로부터 탈피할 수 있게 되었다. 그리고 '아동이 LAD와 LASS의 상호작용을 통해 언어 공동체로 편입될 수 있다'는 비계 이론이 자리를 잡을 수 있게 됐다(Bruner, 1983a: 19; Savage-Rumbaugh, Shanker and Taylor, 1998). Bruner가 『Child's Talk』와 『Acts of Meaning』(1990)에서 강조했던 바와 같이 아동이 언어로 사회화되기 위해서는 문화적인 존재로 변모해야 한다.

언어문화적 발달

언어를 상상한다는 것은 삶의 형식을 상상하는 것이다

Ludwig Wittgenstein, Philosophical Investigations

『Child's Talk』는 아동이 언어를 습득하는 방법을 이해하기 위해서는 아동의 관점에서 언어를 살펴봐야 한다고 주장한다. 그러기 위해서는 아동을 컴퓨터 장치로 보는 것이 아니라 하나의 인간 주체로 보는 것이다(Harris, 1996). 따라서 언어의 습득은 아동이 머리로 풀어야 하는 인식론적인 문제가 아니라 아동이 사회 환경에 참여하며 실제적인 기술을 서서히 발전시킴으로 나타난다.

아동은 처음에는 자신의 상호 목표가 자신의 행위와 발성의 수단, 즉 시선 이동, 고개 돌리기, 울기, 가리키기, 표정 등으로 자각하게 된다는 것을 배운다. 아동은 이 초기의 의사 전달 행위를 서서히 '성인과 같은' 상호 교환 수단으로 발전시키고 동시에 자신의 목표를 좀 더 효과적인 수단으로 확고히 자리매김한다. 『Child's Talk』에서는 아이의 엄마가 이런 목적을 깨닫게 되면 일반적으로 점점 더 정교한 행위에 대한 요구가 늘어난다고 말한다. 따라서 아동이 좀 더 정교한 기술을 발달시키는 것은 부분적으로는 환경에 대한 요구 증가로 나타나며 또 다른 한편으로는 언어 자체에 자연스럽게 매료됨으로써 언어의 발달이 나타난다(karmiloff-Smith, 1992).

Bruner가 주장한 대로 아동이 언어를 '단어를 가지고 어떤 것을 하는 것'의 수단으로 발전시킨다면 아이가 배우는 이 '어떤 것'은 무엇일까? 어린 아이의 상호적 의도와 목표는 무엇일까? 『Child's Talk』는 아이가 언급하거나 요청, 지시, 설명, 이야기하는 것과 같은 전형적인 발화 행위를 하기 위해 배우는 것처럼 말한다. 하지만 책에서 그런 발화 행위의 기원에 대한 의문을 제기하자 Bruner는 그런 것들은 천성적이라는 가정에 의존한다. 아동은 사물을 언급하고, 사물을 요구하며, 이야기를 하는 자연스러운 성향을 뚜렷이 갖고 있다(이번 호 Taylor의 토론 참조).

Bruner는 아동이 특정한 종류의 의사전달 행위에 대한 방법을 습득한다고 주장할 권리가 있다. 하지만 의사소통 행위를 삶의 특정 문화 형태 내에서 따로 분리할 수 있거나 또는 독자적으로 연구할 수 있는 것으로 다루지 않는 것이 중요하다. 아동의 특정 발화 행위의 습득은 삶의 형태에서 나타나는 능력의 일부가 아닌 문화적으로 다르게 정의된 활동의 습득이다. 그런 행위와 그들의 문화적 개념화는 소쉬르(Saussure)의 비유에 따르면 종이의 양면과 같다. 종이의 한 면을 자르면 다른 면이 함께 잘리는 것은 불가피하다. 가령 아이의 반사적인 문화적 환경의 삶의 형태로 통합되는 특징을 제외하고는 '사물을 언급하는 것'은 아동이 할 수 없는 것이다.

다음의 세 가지 관련 사실이 이 주장을 명확히 하며 그것이 가진 함의를 검토한다. 첫째 아동이 습득하는 것은 '원초적인' 행위가 아니라 문화적 기술이다. 다시 말해 아이의 환경 내에서 문화적으로 특별히 갖게 된 행위에 대한 표현으로 간주되는 행위 방식을 배운다. 예를 들어, 아동은 단순히 특정 대상이 있는 데서 특정 소리나 몸짓 패턴을 만들도록 배우지 않는다. 아이는 우리가 대상에 '관해 말하는 것'이라고 부르는 행위 방법을 배운다. 비슷하게 아이는 엄마가 어떤 특정 행동을 하기를 원할 때 내는 특정한 발음을 배우는 것이 아니라 Michael Agar(1994)가 사용한 용어로는 '언어문화(languaculture)'라고 하는 어떤 것을 요청하는 방법을 배운다. 예를 들어, 특정 언어문화의 반사적 관행 안에서 단순히 개념화된 어떤 것을 요청하는 특정 소리를 내거나 몸짓을 한다. 유사한 것으로 특정 방식으로 모양이 새겨진 두 개의 나무 조각을 평면 체크보드를 가로질러 움직이는 것은 체스 게임에서 개념화된 것 외에는 '캐슬링(체스의 말)'이 아니다.

예를 들어, 아이가 습득하는 영어 학습은 '이름 없는(가령, 개념화가 되어 있지 않은)' 목소리와 몸짓 패턴이 아니다. 아이들은 다음의 것을 배운다.

'미안하다고 말하는 법'
'누군가에게 감사하다고 말하는 법'
'자신의 이름 말하는 법('자신을 부르는 호칭을 말하는 법')'
'대답해 달라고 하는 법'
'무슨 일인지 말해 달라고 하는 법'
'진실을 말하는 법('거짓말'하는 법)
'어딘지 알려 달라고 말하는 법'
'작별인사 하는 법'
'누군가를 놀리는 법'
'원하는 것을 말하는 법'
'사물의 생김새를 묘사하는 법'
'생각을 말해 달라고 하는 법'
'아픈 곳을 말하는 법'
'무슨 의미인지 묻는 법'
기타 등등…

다른 언어 공동체에서 자란 아이들은 다른 것을 표현하는 법을 배우며 문화적으로 의사전달 행위를 갖게 된다. 다른 것은 그들의 삶의 문화적 형태 안에서 말로 이루어질 수 있는 것들이다. 예를 들어, 그들은 'se plaindre'(프랑스어), 'govorit'(러시아어), 'annstoken'(네덜란드어), 'tatoti'(푸투나어), 'tohutohu'(마오리족어), 'amo'(망가리아어), 'isani'(블랙풋어), 'gwaadmawaad'(오지브아어)와 'pahsoy'(유록어)하는 법을 배운다(Verschueren,

1989: 20-4).

논지는 Bruner가 말한 대로 언어 발달은 실제적이며 '단어로 뭔가를 하는 방법'을 학습하는 것의 문제이다. 하지만 그 '어떤 것'을 이루는 것—행위가 그들 중 하나의 예시로 간주되는 것—은 아이가 자란 문화적 환경의 반사적 관행으로 결정되는 문제이다. 유사한 것으로 아이가 체스를 배우는 것은 학습하는 것이 아니라 가령, 손으로 말을 잡아 나무 모양의 말을 움직이는 방법, 아이가 '캐슬링'이라고 하는 체스를 하는 상황에서 어떤 것을 하는 방법을 배우는 것이다.

둘째, 아동이 한낱 아이의 문화적 환경에서 특정 발화 행위로 간주되는 행위를 하는 법을 배우는 존재로 생각되면 안 된다. 말로 어떤 것을 하는 법을 배우는 필수 요소는 아이가 그 말을 할 때 어떤 행위를 하는지를 배우는 것으로, 다시 말해 어떤 발화 행위를 하는지 배우는 것을 말한다.

가령 아동은 'Charlotte'라고 말할 때 '이름을 말하는 것'이 뭔지 알지 못한다면 자신의 이름을 말하는 법을 진정으로 배웠다고 할 수 없다. 마찬가지로 우리가 '사과를 하는' 적절한 상황에서 '미안해요'라고 말하는 것을 모른다면 사과하는 법을 배웠다고 할 수 없다. 어린 여자아이가 어느 시점에 미아해요(미안해요)라는 소리를 냈는데, 소녀의 행동은 사과를 하는 게 뭔지 이해하지 못하고 있는 것처럼 보인다고 상상해 보라. 그 꼬마는 사람들이 일반적으로 사과를 하기 전과 후에 하는 행동을 하지 않고 어떤 특정한 사람한테 말을 한 것이 아니며 전후 맥락을 따져 봤을 때 적절한 순간(가령 사과를 해야 하는 것과 관계가 있을 때)에 '미안해요'라고 말한 것이 아니다. 꼬마가 사과하는 것을 배워서 말한 것으로 정당화되기보다는 '삶이 지옥 같다'라고 말할 수 있는 앵무새가 자신의 운명을 불평하기 위해 배운 것에 지나지 않는다.

다시 말해 아동이 언어를 습득하기 위해 반드시 필요로 하는 반사적 특징이 있다. 언어를 가지고 할 수 있는 행위의 문화 반사적 개념화를 배우면 우리는 그 발화 행위를 보여주기 위한 것이 학습의 핵심적인 부분이라고 말하고 싶을 것이다. 예를 들어, 영어를 배우는 아동이 일종의 특정 상황에서 특정한 단어로 말한 것이 '원하는 것을 말하는 것'이고 다른 상황에서는 다른 단어로 '이름이 뭔지 말하는 것'이다. '말을 갖고 할 수 있는 것'의 영어권 문화의 반사적 개념화를 습득하는 것은 그런 '것들'을 하는 방법을 배우는 데 빠질 수 없는 요소이다.

셋째, 예를 들어 사과하는 법을 배우는 데는 학습 이외에 [미안해요]를 언제 어떻게 말하고, 상황에 맞게 말하는 것이 (우리가 말하는) '사과하는' 것이다. 또한 부정확한 발음으로 [미안해요]라고 말하는 것은 사과를 성공적으로 하기 위해 충분하지 않다. 사과하는 법을 배웠다면 아무한테나 이 말을 하는 것이 아니라 적절한 사람한테 사과해야 한다는 것을 알아야 한다. 이 말은 '사과를 받아야 할 사람'을 결정할 필요가 있다는 의미이다. (샬럿이 '미안해요'라고 말할 사람을 단 한 번도 생각해 본 적이 없다면 샬럿이 사과하는 것을 학습하는 것이 과연 말이 되는 것일까?) 진짜로 사과를 하는 것이 아니라면 맞는 대상한테 사과를 하는 것으로는 충분하지 않다. 이 말은 사과하는 법을 배우는 것에는 그 문화에서 '진심'으로 간주되는 사과를 배우는 것이 포함된다. 뿐만 아니라 특정한 것에만 사과할 수 있다는 것도 배워야 한다. 자기 책임이 아닌 것 때문에 사과할 수는 없다. 그러므로 사과하는 법을 배운다는 것은 우리 언어문화의 규범에 따라 책임 여부를 결정하는 법을 배우는 것을 포함한다. 자신이 책임져야 하는 어떤 것에 대해 사과하는 데 성공하지 못했어도 '나쁘거나', '운이 없거나' 그 반대로 부적절한 것으로 이해하진 않는다. 그러므로 사과하는 법을 배웠다면 우리 언어문화에서 '나쁘거나' 또는 '운이 없는 것'이라고 간주되는 것을 배워야 한다. 마지막으로 사과에 성공하는 것은 단지 절반의 사실일 뿐이다. 다른 사람이 사과할 때 답하는 법을 배우는 것도 똑같이 중요하다. 누군가 자신한테 사과하는 것을 결코 이해할 수 없다면 사과하는 법을 정확하게 학습했다고 할 수 있을까?

우리는 다시 '자신의 이름을 말하는 법'을 배우는 예로 돌아가 보자. 이것을 하기 위해, 아동은 단순히 '네 이름이 뭐니?'라는 질문에 '샬럿(Charlotte)'이라고 대답해야 한다는 것 이상을 배워야 한다. 왜냐하면, 만약 그녀가

(1) 자신의 이름이 무엇인지 말할 수 있다는 것을 배웠다고 하면서도

(2) '샬럿'이 자신의 이름이라는 사실을 모른다면, 그것은 사실상 무의미하기 때문이다. 그리고 더 나아가, 누군가 '네 이름이 뭐니?'라고 물었을 때 '샬럿'이라고 말하는 것이 곧 자신의 이름을 말하는 것이라는 사실을 알기 위해서 그녀는 반드시

(3) '이름'이 무엇인지를 알고 있어야 한다. 그녀가 아직 '이름'이라는 개념을 모른다면

(4) '샬럿'이 자신의 이름이라는 사실을 이해하고 학습할 수 있었겠는가?

'자신의 이름을 말하는 법'을 배우는 것은 단순히 소리를 재현하는 것이 아니라, 특정한 발화를 '이름'이라고 부를 수 있는 반성적(성찰적) 지식의 발달을 필요로 한다. 예를 들어, '네 이름이 뭐니?'라는 질문에 '엘리자(Eliza)'라고 외치는 앵무새는 '엘리자'가 자기 이름이라는 것을 모른다. 왜냐하면, 그것은 '이름이 무엇인지' 알지 못하기 때문이다.

이름을 말하는 것을 배우려면 이름이 되는 것의 단어/발성을 위한 반사적인 지식의 발달이 필요하다. '이름이 뭐야?'라고 물으면 '엘리자'라고 대답하는 앵무새는 '엘리자'가 자기 이름인지 모르는데 이름이 뭔지 모르기 때문이다. 이게 다가 아니다. 이름을 안다는 것은—적어도 우리 문화에서는—모든 사람이 이름을 갖고 있다는 것을 알고 그 이름이 어떤 것의 일부이며 이름

이 본인에게 속한 것이며(다른 사람과 같은 이름을 갖고 있을 수 있더라도) 쉽게 바꿀 수 없으며 누군가 이름을 부를 때 시선을 끌려는 것이고 이름을 올리는 것은 그 이름의 주인으로 인정하는 것이다. 또 다른 문화에서 이름을 아는 것은 공적으로 성인의 이름을 말하는 것이 예의가 없다는 것이나 또는 고인의 이름은 말해서는 안 되거나 또는 이름이 그 사람에 대해 말해준다는 사실(가령, 그들의 부모가 누구인지 가리키는 것)을 아는 것을 포함한다. 다시 말해

(1) 이름이 뭔지 아는 것은

(2) 우리에게 이름이 어떤 의미인지를 아는 것이다.

이름이 뭔지 아는 것은 우리 언어문화에서 우리가 이름을 사용하고 어떤 기능이 있으며 가치를 어떻게 매기고, 선택하며, 바꾸고 그것을 어떻게 대하는지를 아는 것이다. '이름'은 문화적 보편성도 아니고 일종의 문화적(독자적으로 언어학적인)인 개념도 아니다. 만약 누군가 Wittgenstein이 말한 대로 이름을 배웠다면 우리 문화의 언어 게임에서 '포스트'가 명명하는 것을 이미 알고 있어야 한다(Wittgenstein, 1953: 257). 우리는 사물에 '관해 말하는 법', '요청하는 법', '의도를 말하는 법'과 우리가 사용하는 말로 우리 언어문화(또는 다른 문화)에서 모든 발화 행위를 행하는 방법을 배우는 것에 똑같이 적용된다고 주장할 것이다.

영장류의 언어 발달을 가능하게 하려는 일부 시도라고 언급된 주목할 만한 비난을 생각해 보자. 일부 비평가들은 침팬지 라나가 '플리즈'(Rumbaugh, 1977)라는 기호를 배웠다는 주장에 이의를 제기했다. 비록 라나가 요구 초기에 '플리즈'라고 표시된 버튼을 누르는 것을 배웠지만 '플리즈'란 의미를 진짜로 이해한 것은 아니었는데 이는 '플리즈'라고 말하는 문화적 기능에 대한 자각이 없었기 때문이다. 다시 말해 라나는 '예의 있게 묻는 것'과

'예의 없게 묻는 것'의 차이 또는 그 차이를 만들고 신호를 주는 '플리즈'의 기능에 대해 이해하지 못한다. 누군가 음료수 자판기에서 콜라를 뽑기 위해 '콜라'라고 표시된 버튼을 누르는 것처럼 침팬지 라나에게 '플리즈'는 원하는 것을 얻기 위해 눌러야만 하는 버튼이라는 주장이다. 반대로 아동이 '예의 있게 묻는 법'을 배울 때 아동은 뭔가를 말하기 전에 [플리즈]라고 말하는 법만을 배우는 것이 아니다. 아동은 가족 문화에서 '예의 있게 묻는 법'으로 간주된 것을 하는 방법을 배우는 것이다. (많은 경우 부적절하며 정확하게 규정된 범주도 아니며 또는 쉽게 가늠할 수 없으며 맥락과 관련된 것 등을 포함하는 기준이다.) 게다가 '예의 있게 묻는 법'을 배우는 것은 단순히 '플리즈'가 결합된 단어나 문장을 배우는 것 이상을 포함한다. 거기에는 우리 문화에서 예의 있게 묻는 것과 가령, '무례함', '예의바름', '착함', '바른 품행', '점잖음' 등등 우리 문화 안에서 잘 알려진 다양한 '성격 특성'의 연관성을 배우는 것을 포함한다.

다시 말해, 아동이 들어가는 언어학적 세계는 반사적으로 문화화된 세계이다(Taylor, 1997: 1장). 이 세계는 우리의 선호와 요구에 따라 그것을 만들기 위해 매일 말하고, 설명하고, 평가하고 두서없이 시도하는 세계이다. 이 세계의 구조와 특징은 화자와 청자 스스로 반사적으로 건설적인 활동에 관해 독립적으로 존재하지 않는다. 이것이 의미하는 것은 말로 뭔가를 하는 법을 알기 위해서는 반사적인 특징이 있다는 의미이며 이런 경우 명명하고, 사과하고, 요청하는 등 말을 사용하는 법을 아는 것을 말한다. 다시 말해, 말로 어떤 것을 하는 법을 아는 것은 우리가 말로 하는 그 '어떤 것'을 안다는 것이다. 우리가 그 단어를 이해하는 방식은 우리 삶의 형식을 이루는 문화적 기법에서 활용할 수 있을 것이다.

(이것은 '우리'라고 간주하는 것을 의미하지는 않지만 사회적으로 경쟁적이며 반사적인 문제이다.) '어떤 것을 하기' 위해 단어를 사용하는 법을 배움

으로써 아동은 반사적으로 문화화된 형태의 지식을 학습하게 된다. 언어 습득에 관한 연구에서 이 관점을 분명하게 고수하지 않으면 지식을 습득하는 방법에 대한 오해는 불가피하다. 동시에 여기에서 하는 일반적인 주장이 '이름 말하기', '사과하기', '요청하기, '예의 있게 묻기' 등등 같은 발화 행위의 습득에 제한되지 않는다는 것을 보는 것이 중요하다. 아동이 배우는 것의 반사적인 문화화는 곧장 언어의 구조적이며 기호학적인 '핵심'으로 이어진다. 만약 어떤 의미인지 말하거나 그것의 의미를 설명하거나 또는 '속눈썹'이나 또는 '눈꺼풀'이라고 말하는 것의 의미를 구별 짓는 것의 반사적인 의미가 없다면 '눈썹'이라고 말하는 단어가 영어에서 갖고 있는 특정 의미를 갖고 있는지 고려해 보라. 단어의 의미에 대해 말하는 방법이나 이것이 가리키는 단어가 무엇인지(누군가 그의 눈썹을 가리키면 말하는) 말할 수 있는 방법이 없다면 어떨까? 그러면 '의미를 갖는다는 것'이 현대 영어에서 눈썹의 의미와 어떻게 같을 수 있을까? 그리고 말하는 것에 대한 반사적인 관행이 없다면 '의미를 갖는다'는 속성과 어떻게 같으며 '의미'의 특징을 파악할 수 있을까? 언어에 능숙해지려면—특정 단어가 의미하는 것을 학습하는 것을 포함해—아동은 그런 반사적 관행에도 익숙해져야 한다(Taylor, 1997, 2000).

언어학적 조사의 대상에 대해 말할 때 이른바 '현대 언어학의 창시자'로 불리는 Ferdinand de Saussure는 "대상은 관점에 앞서 주어지지 않으며 오히려 그와 반대이며 대상을 만든 채택된 관점이라고 말할 수 있다"고 했다(Saussure, 1961: 8). 우리는 이름을 특정 발성으로 말함으로써 명칭을 만들고 그 발성이 반사적인 관행으로 유입되면서 이름이 만들어진다. 우리는 의미를 가진 단어를 만들고 적어도 어느 정도는 그것들이 가진 의미로 그 단어를 말해 봄으로써 단어를 만든다. 사람의 발성, 몸짓과 눈에 보이는 표시는 명칭이 아니며 Saussure가 말하는 것처럼 '관점보다 앞서' 의미를 갖지 않는다. 관점은 (언어 문화적) 대상을 만든다. 우리가 Saussure의 관점의 함의(Saussure 본인은 깨닫지 못했지만)를 수용한다고 하면 아동의 언어발달이 반사적 관점에 달려 있는 만큼이나 발성과 몸짓, 표시에 달려 있다고 결론 내려야 한다.

우리는 오해받고 싶어 하지 않는다. 물론 아이들은 상당한 언어적 행동을 만들고 많은 다양한 종류의 발화 행위를 만드는 경우이며 일반적으로 많은 다양한 발화 행위를 하는 것처럼 이해되었다. 오래전에 그들은 표현하도록 밟아온 발화 행위가 무엇인지에 대한 반사적인 언어학적 자각을 나타낸다. 다시 말해 오래전에 아이들은 유능하게 반사적인 관행에 참여할 수 있었다는 의미이다. 우리가 '사과하기', '이름 말하기'와 '설명하기'의 발화 행위에 대해 이야기를 했든 더 나아가 '말하기', '요청하기', '대답하기' 및 '의미하기'가 됐든 이것은 사실이다. 아동은 '샬럿'을 적절한 순간에 말할 수 있겠지만 이름을 말하거나 이름이 우리 문화에서 어떤 의미를 갖는지를 말하는 것으로 간주되는 것을 함으로써 반사적 언어학적 자각을 나타내지는 않는다. 하지만 우리 언어문화의 유능한 멤버가 되려면—우리가 말을 하는 법을 진정으로 배우려면 —'초기' 언어 행위에서 구분이 안 되는 방식(표면적 수준에서)으로 행동하는 것보다 더 많은 것을 해야 한다. 아동은 말할 때 자신의 행동을 자각하고 있음을 나타내는 반사적 언어문화 관행에서 능력을 발달시켜야 한다. 물론 이 능력은 한 번에 생기는 것이 아니다. 아동은 차츰 자신의 문화에서 자신의 이름이 '샬럿'이 된 의미와 단어 X가 Y의 '의미'를 갖는 이유, '무언가를 요청하거나' 또는 '무엇에 대해 말하거나', 또는 '아픈 부위를 말하는 것' 또는 사과하는 것의 의미에 대해 배우게 될 것이다. 이 학습이 '안정적 상태'에 달하게 될 것이라고 가정하는 아무런 선험적 이유가 없다. 만약 이것이 의미하는 것이 아동이 어제는 'X가 뭘 의미하는지' 몰랐다가 오늘은 'X가 뭘 의미하는지' 아는 것으로 이동하는

'상식'의 개념을 버려야 함을 뜻한다면 그냥 그렇게 둬라. '상식'의 개념은 버리기엔 기한이 너무 지나버린 언어의 코드북 개념의 또 다른 유산임이 틀림없다.

요약해서 말하자면 언어 학습자는 단순한 행위자가 아니라 우리 삶의 형태를 만드는 문화적으로 중요한 것들을 하기 위해 학습하는 문화적인 동인이다. 말로 어떤 것을 하는 방법을 배우는 것은 언어로 무엇이 될 수 있고 우리 일상의 삶을 살아가는 데 있어 언어가 왜 중요한지에 대한 우리 문화의 반사적인 개념화를 배우기 위한 것이다. 언어 학습에서 아동이 학습하는 것은 아동이 우리 문화에 대해 학습하는 것과 불가분의 관계에 있다. 다시 말해, 언어 학습에서 아동은 반드시 문화화된 현상을 배운다. 발생주의자가 아동의 언어 능력 습득을 다른 문화적 능력의 습득에서 '끌어내는' 정도까지 그들은 이전의 이해할 수 없고 설명할 수 없는 것을 표현한다(LAD 같은 신의 기계적 출현(deus ex machine) 제외).

결론: 아이가 지은 집

> Augustine이 언어에 대해 한 설명이 옳다고 상상해 보자. 언어는 건설자 A와 조수 B 사이의 언어 소통을 돕기 위한 것이다. A는 건축 석재로 건물을 짓고 있고 돌덩어리, 대들보, 슬래브 및 기둥 같은 자재가 있다. B는 돌을 넘겨주어야 하며 그 행위는 A의 필요에 따라 이루어진다. 이 목적을 위해 두 사람은 '돌덩어리', '대들보', '슬래브', '기둥'이란 말을 이루는 언어를 사용한다. A가 말을 하면—B는 이러이러한 부름에 가져와야 한다고 배운 돌을 가져온다—이것을 완전히 원시 언어로 이해한다.
>
> Ludwig Wittgenstein, Philosophical Investigations

아동이 언어를 학습하는 것을 견습생이 집 짓는 법을 배우는 것과 비교하는 것에 대해 특별히 관심이 가는 점이 있다. 언어는 우리 스스로 만들고 거주하며 우리가 형성하는 것만큼 우리를 형성하는 특별한 것이다. Bruner가 보여준 것은 아동이 이상적으로 언어 건축자가 되기에 적합하다면 달인이 되는 데 필요한 다양한 기술을 습득하도록 도와주는 돌봄 멘토가 있는 경우에만 그렇게 될 수 있다. 어떤 특정한 문화의 공구상자(Wittgenstein, 1953: 11)에서 찾아볼 수 있는 다양한 도구의 기능만큼이나 말의 기능은 다양할 뿐 아니라 공구 자체도 주택 스타일에서 문화의 변화무쌍한 취향에 따라 계속해서 변한다. 만약 언어가 건물과 같다고 한다면 결코 끝나지 않는 작업일 것이다.

언어의 다양한 근본적인 특성과 발달처럼 언어 습득의 제한 없고 건설적인 특징은 생성 문법가의 설명으로는 모호하다. 언어 습득은 논리 역학적(logico-mechanical) 문제의 형태로 나타난다. 언어를 입력하도록 뉴로 머신을 어떻게 고안해야 (생성 문법 모델에서 나온 것처럼) 언어 구조를 추론할 수 있을까? 생성 문법은 보이지 않는 힘과 규범성, 반사성을 바꾸고 문화를 주변적인 어떤 것에서 언어로 나타낸다. 언어 사용자의 힘은 이론적으로 더 흥미로운 '능력'에 전적으로 의존하며, 그저 그것을 연기하는 특성, 즉 '행동'의 문제가 된다. 언어의 규범적 특징은 내부적이며 기계적인 규칙의 문제로 축소된다. '말', '이름', '의미'가 실물 교재의 일종으로 바뀐 것과 더불어 언어와의 관계도 끝이 났다. 독자적으로 언어의 보편적 특성과 행위는 존재하며 언어 사용자의 반사적 개념의 뚜렷한 특징이 있다.

이런 관점에서 볼 때 Bruner의 돌파구는 근본적으로 언어의 행위적이며 규범적이고 반사적이며 문화에 적응시키는 본질을 예전의 관점으로 몰고 갔다. 사회적 상호작용주의자 혁명의 관점에서 봤을 때 그의 노력은 관심을 불러일으켰으며 언어 습득을 가능하게 하는 재료들이다. 하지만 Bruner가 시작한 관점의 변화를 완성하려면 우리는 지금부터 아동이 습득하는 것의 생성문법적인 그림을 버릴 필요가 있다. 언어는 한때 비계를 제거해야 하는 독립적이고, 반사 작용이 없고, 규범 없고, 작용 없으며 문화 없는 주체였다. 언어 발달 면에서 아동을 도와주는 '비계'이며 그 발달 '산물'의 필요 없는 일부로 남은 아이디어의 함의를 분석할 필요가 있다. 다시 말해 퐁피두 센터(Pompidou Center)처럼 건축자의 외부비계로 생각했던 것이 실제로 건물 자체의 일부라는 것을 인식할 필요가 있다.

주석

1. '이차적 만성성(secondary altriciality)'이란 용어는 1904년대에 Adolf Portmann이 처음 사용했지만 Stephen Jay Gould의 저서 'Human babies as embryos'(1977)로 유명해졌다. Portmann은 발육이 덜 된 상태의 무력한 다수의 새끼를 낳은 포유동물을 만성조라고 표현하고 이와 반대로 태어날 때부터 스스로를 돌볼 수 있도록 발육이 잘 된 소수의 새끼를 낳는 포유동물을 조성조라고 했다. 여러 면에서 인간은 조성조와 관련된 특징을 갖고 있는데, 가령 오랜 수명과 커다란 두뇌, 복잡한 사회적 행동이 그것이다. 하지만 조성조의 기준에 따르면 인간의 아기는 대략 9개월이 지나면 태어나며(그보다 임신 기간이 길어지면 직립 보행을 하는 엄마한테는 상극이다) 태어난 직후에는 무력하다. 따라서 Portmann은 사람의 아기를 '이차적 만성조(secondarily altricial)'로 묘사하고 있다.

2. 우리는 '선천적'이란 용어를 두려움을 갖고 사용한다. 그 용어는 종종 소박하게 사용된다. 가끔 행동을 선천적이라고 묘사할 때는 행동이 분명하고 인식 가능한 유전자에 의해 생겼다는 의미이다. 모든 복잡성의 몇몇 행동은 이런 점에서 선천적일 수 있다. 유전적 소질 그 자체를 언급하기 위한 용어를 취하는 것이 더 타당하지만 그 자질이 어떻게 실현되는지를 포함해 다른 많은 요인들이 생긴 후로는 그것을 사용하는 것이 종종 무의미하다(Elman, Bates, Johnson, Karmiloff-smith, Parisi and Plunkett, 1996: 357).

3. 시각장애 유아를 돌보는 사람들에게 힘든 상황이 닥치게 하는 장애요인들에 대한 논의는 Fraiberg, 1977을 참고하시오.

4. 동일한 중요한 점으로 어머니의 발성된 소리를 적용하는 것이다. 여하튼 서구 문화권에서는 주로 돌봐주는 사람이 출생한 아기에게 많은 말을 한다는 것은 사실이며, 돌봐주는 사람의 말의 패턴이 아기에게 자극이 되어 아주 익숙하게 된다. 이는 말하는 것도 응시하고 있는 것만큼이나 아이의 신경생물학적으로나 신체적 발달에 아주 중요하다는 것을 제시한다(Monnot, 1999).

5. Kaye(1982)는 아기가 소리 내고 움직일 때 어머니는 조용하고, 조용할 때 활발히 움직여서 아기가 빠르게 움직임을 멈추고 흡수하는 '대화와 비슷한' 형태에 대해 언급했다.

6. 이누이트(에스키모) 사이에서 아이는 삶과 죽음 혹은 성별에 따라 개인적으로 이름이 지어진다. 이는 아이의 혈연관계(친족)가 그/그녀의 공동체의 나머지 사람들과 연관이 있음을 나타내는 것이다. 따라서 남자아이가 그의 친할머니의 이름을 따서 이름이 지어졌다면, 그는 아버지를 irniq('아들')라 부를 것이며 그의 아버지는 그를 anaana('어머니')라 부르게 될 것이다. 이러한 친족이름은 상당히 심각하게 받아들여졌다. 그도 그럴 것이 가능할 때마다, 개인의 이름을 부르기보다는 친족과 연관된 용어(말)로 사람들을 부르기 때문이다. 이러한 이름을 익히는 것은 인간공동체의 복잡한 사회 기반을 만드는 것과 연관되어 있다(Dorais, 1997).

참고문헌

Agar, M. (1994). *Language Shock: Understanding the Culture of Conversation*. New York: William Morrow & Company.

Bateson, M. C. (1975). 'Mother-infant exchanges: the epigenesis of conversation interaction', *Annals of the New York Academy of Science,* 263: 101-13.

Berk, L. (1994). *Child Development*, 4th edn. Needham Heights, MA: Allyn & Bacon.

Bialystok, E. and Hakuta, K. (1994). *In Other Words: The Science and Psychology of Second-Language Acquisition*. New York: Basic Books.

Bowlby, J. (1969). *Attachment and Loss*. Vol. 1: *Attachment*. New York: Basic Books.

Bowlby, J. (1988). *A Secure Base*. New York: Basic Books.

Briggs, J. (1970). *Never in Anger: Portrait of an Eskimo Family*. Cambridge, MA: Harvard University Press.

Brown, R. (1973). *A First Language*. Cambridge, MA: Harvard University Press.

Bruner, J. S. (1975). 'From communication to language - a psychological perspective', *Cognition*, 3: 255-87.

Bruner, J. S. (1983a). *Child's Talk: Learning How to Use Language*. Oxford: Oxford University Press.

Bruner, J. S. (1983b). *In Search of Mind: Essays in Autobiography*. New York: Harper & Row.

Bruner, J. S. (1990). *Acts of Meaning*. Cambridge, MA: Harvard University Press.

Cohn, J., Matias, R. and Tronick, E. (1990). 'Face-to-face interactions of depressed mothers and their infants', in E. Tronick and T. Field (eds.), *New Directions for Child Development*, Vol. 34. San Francisco: Jossey-Bass.

Curtis, S. (1977). *Genie: A Psycholinguistic Study of a Modern-day 'Wild Child'*. London: Academic Press.

Dorais, L. J. (1997). *Quaqtaq: Modernity and Identity in an Inuit Community*. Toronto: University of Toronto Press.

Elman, J., Bates, E., Johnson, M., Karmiloff-Smith, A., Parisi, D. and Plunkett, K. (1996). *Rethinking Innateness: A Connectionist Perspective on Development*. Cambridge, MA: MIT Press.

Fraiberg, S. (1977). *Insights from the Blind: Comparative Studies of Blind and Sighted*

Infants. New York: Basic Books.

Gallaway, C. and Richards, B. (eds.) (1994). *Input and Interaction in Language Acquisition*. Cambridge: Cambridge University Press.

Gold, E. (1967). 'Language identification in the limit', *Information and Control*, 16: 447-74.

Gould, S. J. (1977). 'Human babies as embryos', in his *Ever Since Darwin: Reflections in Natural History*. New York: W. W. Norton.

Greenspan, S. (1997). *The Growth of the Mind and the Endangered Origins of Intelligence*. Reading, MA: Addison-Wesley.

Harris, R. (1996). *Signs, Language, and Communication*. London: Routledge.

Hoffman, M. (1975). 'Moral internalization, parental power, and the nature of parent-child interaction', *Developmental Psychology*, 11: 228-39.

Howe, M. (1989). *Fragments of Genius*. London: Routledge.

Hulit, L. and Howard, M. (1997). *Born to Talk: An Introduction to Speech and Language Development*. Boston: Allyn & Bacon.

Izard, C. (1991). *The Psychology of Emotions*. New York: Plenum Press.

Karmiloff-Smith, A. (1992). *Beyond Modularity: A Developmental Perspective on Cognitive Science*. Cambridge, MA: MIT Press.

Kaye, K. (1982). *The Mental and Social Life of Babies*. Chicago, IL: University of Chicago Press.

King, B. and Shanker, S. (1997). 'The expulsion of primates from the garden of language', *Evolution of Communication*, 1: 59-99.

Kuhl, P. (1991). 'Perception, cognition, and the ontogenetic and phylogenetic emergence of human speech', in S. E. Brauth, W. S. Hall and R. J. Dooling (eds.), *Plasticity of Development*. Cambridge, MA: MIT Press.

Lenneberg, E. (1967). *Biological Foundations of Language*. New York: Wiley.

Leonard, L. (1997). *Children with Specific Language Impairment*. Cambridge, MA: MIT Press.

Locke, J. (1993). *The Child's Path to Spoken Language*. Cambridge, MA: Harvard University Press.

Messer, D. (1994). *The Development of Communication: From Social Interaction to Language*. New York: John Wiley & Sons.

Monnot, M. (1999). 'Function of infant-directed speech', *Human Nature*, 10 (4): 415-43.

Noble, W. and Davidson, I. (1996). *Human Evolution, Language and Mind*. Cambridge: Cambridge University Press.

Oatley, K. and Jenkins, J. (1992). 'Human emotions: function and dysfunction', *Annual Review of Psychology*, 43: 55-85.

Owens, R. (1996). *Language Development: An Introduction*. 4th edn. Boston: Allyn & Bacon.

Pinker, S. (1994). *The Language Instinct*. New York: William Morrow.

Rogoff, B. (1990). *Apprenticeship in Thinking: Cognitive Development in Social Context*. New York: Oxford University Press.

Rumbaugh, D. M. (ed.) (1977). *Language Learning by a Chimpanzee*. New York: Academic.

Saussure, F. de (1983 [1916]). *Course in General Linguistics*. R. Harris (trans.), London: Duckworth.

Savage-Rumbaugh, E. S., Murphy, J., Sevcik, R. A., Brakke, K. E., Williams, S. and Rumbaugh, D. M. (1993). *Language Comprehension in Ape and Child*. Monographs of the Society for Research in Child Development, Serial No. 233, Vol. 58, Nos. 3-4.

Savage-Rumbaugh, S., Shanker, S. and Taylor, T. (1998). *Apes, Language and the Human Mind*. New York: Oxford University Press.

Schaffer, H. (1984). *The Child's Entry into a Social World*. London: Academic Press.

Schore, A. (1994). *Affect Regulation and the Origin of the Self*. Hillsdale, NJ: Lawrence Erlbaum.

Shanker, S. (1998). *Wittgenstein's Remarks on the Foundations of AI*. London: Routledge.

Shatz, M. (1994). *A Toddler's Life*. Oxford: Oxford University Press.

Smith, N. and Tsimpli, I. M. (1995). *The Mind of a Savant*. Oxford: Basil Blackwell.

Snow, C. (1986). 'Conversations with children', in P. Fletcher and M. Garman (eds.), *Language Acquisition: Studies in Second Language Development*. Cambridge: Cambridge University Press.

Snow, C. (1994). 'Beginning from baby talk: twenty years of research on input in interaction', in C. Gallaway and B. Richards (eds.), *Input and Interaction in Language Acquisition*. Cambridge: Cambridge University Press.

Stechler, G. and Carpenter, G. (1967). 'A viewpoint on early affective development', in J. Hellmuth (ed.), *The Exceptional Infant*, Vol. 1. New York: Brunner/Mazel.

Taylor, T. J. (1997). *Theorizing Language: Analysis, Normativity, Rhetoric, History*.

Oxford: Pergamon Press.

Taylor, T. J. (2000). 'Language constructing language: the implications of reflexivity for linguistic theory', *Language Sciences,* 22 (4): 483-99.

Tomasello, M. (1995). 'Language is not an instinct', *Cognitive Development*, 10: 131-56.

Trevarthen, C. (1979). 'Communication and cooperation in early infancy: a description of primary intersubjectivity', in M. M. Bullowa (ed.), *Before Speech: the Beginning of Interpersonal Communication*. New York: Cambridge University Press.

Trevarthen, C. (1993). 'The self born in intersubjectivity: the psychology of an infant communicating', in U. Neisser (ed.), *The Perceived Self*. Cambridge: Cambridge University Press.

Verschueren, J. (1980). *On Speech Act Verbs*. Amsterdam: John Benjamins.

Verschueren, J. (1989). *Language on Language: Toward Metapragmatic Universals*. Special issue of *Papers in Pragmatics*, Vol. III, No. 2, December.

Vygotsky, L. (1962). *Thought and Language*. Cambridge, MA: MIT Press.

Wittgenstein, L. (1953). *Philosophical Investigations*. Oxford: Basil Blackwell.

Yamada, J. (1990). *Laura*. Cambridge, MA: MIT Press.

3장 요약

이 장은 브루너의 '비계(scaffolding)' 개념을 중심으로, 언어 발달을 단순한 규칙 습득이 아니라 사회적 상호작용과 문화적 규범의 내면화 과정으로 재정의한다. 옥스퍼드의 모들린 타워 보수공사와 파리 퐁피두 센터의 사례를 빌려, 비계는 학습이 끝나면 제거되는 임시 장치가 아니라 언어라는 건물 자체를 떠받치는 구조물임을 강조한다. 이러한 은유를 통해 브루너는 언어 습득을 LAD(언어습득장치)에 국한하지 않고, LASS(언어습득지원체계)와 비계 제공을 포함하는 사회문화적 맥락 속에서 설명하였다.

첫째, 아동 발달은 생물학적 제약과 환경적 지원이 복합적으로 작용하는 과정이다. 주의집중 능력, 신체 운동성, 타인과 관계 맺으려는 성향, 정서 공유, 공동시선, 뇌 발달의 결정적 시기, 보호자의 표정·시선·제스처, 몸짓과 가리키기, 아동지향어(CDS), 상상놀이와 같은 다양한 요소가 통합적으로 작용한다. 『Child's Talk』는 이러한 요인들이 언어와 분리될 수 없음을 보여주며, 언어를 문화적 사회화의 핵심 장치로 규정한다. 즉 아동은 규칙을 내면화하기 이전에 '언어 사용법(ways of using language)'을 학습함으로써 언어 공동체에 편입된다.

둘째, '말할 수 있도록 태어나다' 절은 인간 영아가 본래 사회적 존재임을 부각한다. 이차적 미약성으로 인해 아동은 장기간 보호자에게 의존하지만, 이로 인해 공동관심과 관찰학습의 기회가 확대된다. 보호자는 외부 비계로서 미성숙한 아동의 전두엽을 조율하고, 응시·미소·접촉은 원시 대화(proto-conversation)로 작동한다. 이러한 정서적 리듬이 결여될 경우 아동은 불안과 우울을 경험하며, 반대로 적절한 상호작용은 긍정적 정서를 증폭시킨다. 이는 언어 이전의 사회정서적 리듬이 언어 학습의 토대임을 시사하며, 아동지향어는 단순한 발화 입력이 아니라 아동과 함께 말하는 합동 활동으로서 규범적 상호작용을 조율한다.

셋째, '구조적 불협화음' 절은 피아제와 생성문법의 한계를 지적한다. 피아제는 아동을 자기중심적 탐구자로 보며 초기 상호작용의 정서적 차원을 축소했고, 생성문법은 보편문법·결정적 시기·모듈성에 기반하여 언어 발달을 설명했으나, 윌리엄스 증후군, 언어장애 아동, 제2언어 습득 사례는 이를 충분히 뒷받침하지 못한다. 저자들은 기본 감정조차도 문화적으로 사회화되며, 고등 감정은 특정 문화의 규범에 따라 정의된다고 보았다. 특히 11개월 전후에 부모의 부정적 표정을 통한 수치심 경험은 자기 통제 발달과 언어 폭발이 동시에 나타나는 핵심 메커니즘으로 설명된다. 이는 발달을 인지의 부속물이 아니라 사회적 상호작용 속에서 전개되는 총체적 과정으로 재위치시킨다.

넷째, '언어문화적 발달' 절은 언어 습득을 행위와 규범의 학습으로 해석한다. 아동이 배우는 것은 단순한 음성 재현이 아니라 '사과하는 법, 감사하는 법, 이름을 말하는 법, 예의 있게 청하는 법'과 같은 문화적으로 규정된 발화 행위이다. 이러한 행위는 언제·누구에게·무엇을·어떻게 말하는가라는 맥락적 규범망 속에서 성립하며, 책임·진정성·예의·평판 등 사회적 가치와 결부된다. 따라서 언어의 의미와 통사 역시 추상적 규칙이 아니라 담화와 화용의 관습이 문법화된 결과로 이해되어야 한다. 아동은 단어를 배우듯이 담화 맥락에서 구성(construction)을 습득·일반화하며, 이는 기능·인지언어학과도 친화적인 접근이다.

결론적으로 이 장에서는 언어 습득을 문화적 상호작용의 입문으로 위치 짓는다. 언어는 규칙 체계라기보다 문화적 행위와 규범, 그리고 반성적 실천의 장치다. 아동은 장인의 지도를 받는 견습생처럼 언어라는 '집'을 지어 나가는 주체이며, 비계는 외부 보조물이 아니라 건물의 핵심 구조재로 작동한다. 브루너의 공헌은 언어를 기계적 산물이 아닌 문화적·담화적 구성으로 되돌려놓은 데 있으며, 이는 언어 연구 패러다임을 전환하는 중요한 계기를 제공한다.

제4장

말하는 방법의 학습에 관한 Bruner와 Condillac의 연구

Talbot J. Taylor

- 로크의 역설 재정식화: '언어는 사적 사유의 전달에 본질적으로 불충분하다'는 난제를 재검토하고, 소쉬르의 '기원과 지속 조건의 순환성' 통찰로 계통·개체 발생 설명의 상호의존과 한계를 지적한다.
- 콩디약의 기원 모형: 언어와 사고의 발달을 자연 신호에서 시작해 의도적인 모방과 전용을 거쳐 관습적이고 임의적인 기호로 이행하는 과정으로 설명한다. 이 과정에서 자극과 반응의 체계, 의도적 행위, 그리고 사회적 협력 환경이 결합하며, 언어와 사고가 서로를 강화한다. 이러한 상호작용을 통해 임의적 기호의 발명이 가능해지고, 반성적 통제를 바탕으로 한 새로운 사고 형식이 등장하게 된다.
- 브루너의 중도와 형식: LAD(지식)-LASS(사용) 이분 속에서 주의 환기-질문-명명-피드백의 상호작용 포맷(놀이·그림책 읽기)을 통해 '말로 무엇을 하는 법'을 습득한다(전제: 수단-목적 지향성, 상호작용 민감성, 경험 조직의 체계성, 규칙 형성의 추상성 등 가능화 능력).
- 비판(크립톤 팩터): 적용 규칙의 무한 퇴행, 상호주관성 확보를 위한 과도한 선천주의, 문화 간 포맷 이질성에 대한 대비 부족(획일성 가정)의 문제를 제기한다.
- 전환 제안: '원격 사유 전달(telementational)' 가정을 내려놓고 언어는 사회적 실천으로 재구성-플라톤 『크라튈로스』의 자연·관습 절충처럼 핵심은 규칙 주입이 아니라 문화화된 화행 수행 능력의 학습이다.

> 언어에 관해서라면 기원의 문제와 지속적 조건의 문제가 서로 다르다고 믿는 것은 전적으로 환상에 불과하다. 우리는 그 순환(circularity)에서 벗어날 수 없다.
>
> 일반 언어학 강의 중, 페르디낭 드 소쉬르

로크는 그의 저서 『Essay Concerning Human Understanding』 제3권에서 학자들을 오랫동안 괴롭혀 온 하나의 수수께끼를 제시한다. 그는 언어의 주된 목적이 화자의 마음속 생각을 청자의 마음으로 전달하는 것임에도 불구하고, 언어는 이 목적을 달성하기에는 부적절하다고 주장한다(Locke, 1978: III.i.2). 그럼에도 불구하고 로크는 '일상적 사용'이 일상 담화를 위한 목적에는 적절할 만큼 단어의 의미를 규제해 준다고 본다(III.ix.8). 그렇다면 일상적인 말 속에서 언어의 본질적인 결함을 완화하거나 감추는 것은 무엇일까?

Locke는 '말이 가진 결함'이 화자의 마음에 있는 생각만을 나타낼 수 있는 것이라고 생각한다. 청자는 화자의 생각을 알 수 없기 때문에 마지막 말이 의미하는 것을 알 수 없다. 말은 생각을 입 밖으로 내는 것으로 말을 들으면 자신만의 기호로 설명할 수 있다. 따라서 언어는 우리 의식 사이의 상호주관적 전달자를 제공하는 데 실패한다. 그러므로 Locke가 일반적인 언어의 사용이 성공적이라고 느낄지는 의문이 든다. 하지만 생각의 이런 은밀한 특성에도 불구하고 어떻게 다른 사람과 대화를 할 수 있는 것일까?

로크는 『에세이』에서 이 문제를 거의 언급하지 않고 지나친다. 그의 목적은 오히려 언어의 결함을 보완하여 과학적 담론에서 신뢰할 수 있는 도구가 되도록 만드는 데 있다. 하지만 이 수수께끼는 18세기의 로크 추종자들 예컨대 아베 드 콩디야크(abbé de Condillac)와 같은 사상가들의 마음을 사로잡았다. 이들은 "같은 단어가 말하는 사람에 따라, 심지어 동일한 사람의 입에서도 아주 다른 의미를 갖는다"(Condillac, 1947: 762)는 사실에도 불구하고, 언어가 어떻게 효과적인 의사소통 수단이 될 수 있는지를 설명하려고 애썼다.

Condillac[1)]는 언어의 계통 발생적 기원에 관한 추측을 통해 Locke의 의문을 풀 방법을 찾고 싶어 했다. 사람이 처음 언어를 사용한 방식을 알아낼 수 있다면 일상 담화를 통제하는 상호 주관적 원리도 알아낼 수 있을 것이다. 비록 언어는 인위적으로 만들어진 사회 제도이지만 모든 인간 개인에게 부여된 천부적인 능력에서 생겨난 것이다. 의사소통을 위한 언어 사용의 인위적, 사회적 관습과 인간 개인의 타고난 재능 사이에 중요한 연관성이 있다고 간주한다. 따라서 인간이 자연 상태에서 언어 사용을 어떻게 학습할 수 있는지를 알아냄으로써 상호 주관성의 근본 원리를 밝힐 수 있으며 Locke의 의사소통에 관한 의문도 풀 수 있다.

언어의 계통 발생적 기원에 관한 의문은 언어에 관한 가장 중요한 수수께끼로 떠올랐던 계몽주의 시대만큼 오늘날에는 관심을 끌지 못하고 있다. 현대 언어학자들이 그런 주제에 관심이 없다는 것이 아니다. 다만 현대 언어학자들이 찾아낸 소수의 몇몇 방법이나 추측에 상당 부분 의존하지 않고는 접근할 방법이 없다. 우리는 언어의 다원 발생설에 대한 '구체적인' 증거도 없을뿐더러 어디선가 찾을 수 있을 거라는 희망도 없다. 오늘날까지 밝혀지지 않은 Locke의 의문은 언어의 개체 발생 이론에 의존하는 경향이 있으며 통상적인 언어학적 관습의 상호 주관적인 성공에 대한 설명이 아이들이 언어를 사용하기 위해 학습하는 방법 안에 남아 있기를 기대한다.

여기에서 주장하는 논지는 언어의 기원에 대한 조사가 다원 발생적이든 개체 발생적이든 퇴행하는 영역이라는 것이다. 두 이론이 채택하고 추론하

---

1) 1715-1780. 프랑스 계몽기의 감각론자. 로크의 감각과 반성과의 이원론을 비판하여 모든 정신활동을 '변형된 감각'으로 귀착시키려 하였다.

는 가정은 현저하게 비슷하다. 개체 발생에 관한 연구는 다원 발생적 연구에 대한 개요를 되풀이한 것이다. 하지만 다원 발생적인 성음 모방설 이론은 독자에게 언어학 교과서를 통해 희극적인 안도감을 선사하는 데 반해 현재 언어학의 개체 발생적 모델은 훌륭한 이론의 절정이다.

Locke의 의문은 언어에 대한 유심론자들의 관점을 지지하는 지지자들의 흥미를 끌 것이다. 행동주의자들의 염려는 안중에도 없었다. 이는 생성 이론이 촘스키가 채택한 극단적인 선천론자의 입장을 위한 언어학의 심리학적인 근거를 바꾼 후에도 큰 관심을 얻지 못했으며 그의 추종자들 역시 그 문제에 대한 관심을 억눌러야 했다. 인식론적인 우려를 뒤로하고 Locke의 의문은 언어 사용에 있어 중요한 면은 학습되어야 한다는 것을 인정했다.

이런 점에서 심리 언어학자가 이런 저런 형태로 다시 살아나야 할 시기이다. 행동주의의 몰락 이후 생성 이론이 심리언어학 연구를 주도했다. 심리언어학자들은 변형 규칙, 심층 구조, 어휘 삽입, 규칙의 순환 배열에 대한 심적 표상의 증거를 찾았다. 이는 언어 습득 연구에 엄청난 영향을 미쳤다. 전통적으로 심리학 영역이던 것이 엄밀한 의미에서 언어학의 중심 주제가 되었다. 생성 이론의 중심 교리는 언어 능력은 선천적이라는 원리이다. 결과적으로 아이들이 언어를 배우는 방식은 중요하지 않은데 그 이유는 이미 알고 있기 때문이다. 대신 모든 언어의 보편적인 원리를 찾아내 선천적인 능력을 특징짓는 일에 에너지를 쏟았다. 이처럼 언어 습득에 관한 연구에 있어 아이들을 연구할 필요가 전혀 없었으며 대신 충분히 발달한 문법의 보편적 특성을 찾으려 했을 것이다.

하지만 최근에 촘스키의 우위성이 하락했다. 언어 처리에 대한 심리학적이고 컴퓨터를 사용한 탐구는 언어의 생성이론 모델의 모든 특성이 심리적 현실이라는 의심을 유발해 왔다. 결과적으로 심리학자들은 점차 아동 언어 연구의 특정 영역을 되찾고 있다. 이는 어느 정도의 경험론의 재등장을 야기했다. 이런 점에서 Jerome Bruner의 업적은 막대한 영향을 끼쳐 왔다.

언어 사용의 발생적 기원: 유전자와 문화 사이의 매개

브루너는 『Child's Talk: Learning to Use Language, 1983)』에서 자신의 입장을 경험주의와 생득주의라는 두 극단 사이 어딘가에 위치시킨다. 그는 순수한 경험주의적 언어 습득 관점을 불가능한 것으로 순수한 생득주의는 '기적적인 것'으로 묘사한 조지 밀러(George Miller)의 견해를 받아들이며, 이 두 입장에서 가장 좋은 부분만을 결합한 중도적 입장을 취한다고 밝힌다. 브루너는 경험주의와 생득주의 사이의 간극을 메우고 동시에 언어 습득의 일부를 심리학의 대상으로 복원하기 위해 언어 습득 과정을 둘로 나눈다. 즉, 아동은 단지 언어에 대한 지식(즉, 언어적 능력)을 획득해야 할 뿐만 아니라 그 지식을 의사소통의 목적에 맞게 사용할 수 있는 능력(즉, 화용적 능력)도 습득해야 한다는 것이다. 브루너는 이 두 번째 능력의 습득, 즉 의사소통적 목적을 위한 언어 사용 능력의 발달이 아동 언어에 대한 심리학적 탐구의 주제라고 본다. 반면, 언어적 지식이 어떻게 획득되는가에 대한 질문은 여전히 언어학자의 몫으로 남는다. 이러한 구분을 통해 브루너는 생득주의 생성문법과의 일종의 역사적 타협을 이루게 된다. 그는 언어 지식에 대해서는 생득주의적 입장을 인정하지만 아이들이 그 지식을 실제 의사소통에서 어떻게 사용하는지를 배우는 과정—즉 지시, 요청, 부정, 경고, 질문 등을 수행하는 능력을 어떻게 획득하는지—에 대해서는 여전히 밝혀져야 할 과제로 남겨둔다.

> 이런 관점에서 언어에 입성하는 것은 대화의 의도와 대화를 설명하기 위한 담화 짝 구성원을 필요로 하는 담화에 들어가는 것이다. 그다음 언어 학습은 특정 언어의 문법에 대한 학습뿐만 아니라 적절한 문법 사용을 통해 누군가의 의도를 알아채는 방법에 대한 학습으로 이루어진다(Bruner, 1983: 38).

Bruner는 아이의 언어 지식은 대체로 'LAD와 비슷한 언어 학습 능력의 집합'(1983: 18-19)인 선천적인 산물이라는 것을 수용하며 아이의 실용 능력은 엄마가 부여하는 사회적 환경에서 형성된다고 주장한다. 아이의 발달에 중요한 의사소통 경험은 임의적인 것은 아니지만 상호작용 훈련의 구조적 패턴의 결과이다.

> 언어 발달은 두 사람의 타협을 포함한다. 언어는 아이가 되는대로 아무렇게나 말하는 것을 접하는 것이 아니라 의사전달의 상호작용이 효과적이고 잘 조정된 것처럼 보인다. 만약 언어 습득 도구(LAD)가 있다면 도구에 입력하는 것이 구어처럼 마구 쏟아지진 않겠지만 일종의 언어 습득 지원 시스템(LASS)에 의해 이미 언급된 것처럼 굉장히 상호적인 사안처럼 보인다(Bruner, 1983: 39).

다시 말해, LASS가 없으면 LAD 역시 무용지물이라는 것이다. 언어는 일상적이며 익숙한 형식 안에서 아이와 초기부터 상호 작용하는 엄마의 도움으로 습득된다. LASS의 중요한 도구인 이런 형식은 언어 이전기와 언어 상호작용 사이를 지속적으로 이어주는 다리를 형성하며 아이의 언어 기능의 경험에 대해 통제되고 숙달에 민감한 가이드를 제공한다.

따라서 Bruner는 언어학적 지식의 기원이 생물학적이라는 선천론자들의 주장을 받아들이는 한편 이 생물학적 능력은 반드시 문화적 표현을 요한다고 주장한다. 그리고 문화는 어느 정도는 반드시 학습되어야 한다.

> 이해할 수 있는 행동에 대한 능력은 깊은 생물학적 뿌리와 점진적인 역사를 갖고 있는 한편 그 능력을 훈련하는 것은 인간이 스스로를 유전자가 아니라 문화에 존재하는 행동과 사고방식에 적절하게 만드는 데 달려 있다(Bruner, 1983: 23).

하지만 문화는 사회적 현상이며 생물학적 능력은 개인의 소유물이다. 그렇다면 아이가 어떻게 공유된 사회적 형태에서 개인의 능력을 훈련하는 방법을 학습할 수 있을까? Bruner는 계속해서 다음과 같이 말한다.

> 이전의 깨달음을 위한 인공 장치가 되기 위해 후자를 가능하게 하는 문화와 유전자 사이를 중재하는 '인간 본성' 또는 사고 안에 무언가 있는 것이 분명하다(Bruner, 1983: 23).

유전자와 문화 사이를 중재하는 것은 사회적 상호작용의 의사전달 수단을 위해 유전적으로 암호화된 언어학적 지식을 사용하기 위해 학습된 능력이다. 따라서 언어 습득 연구에서 중요한 의문점은 아이들이 개별적으로 언어를 사용해 사회적 활동을 수행하기 위한 능력을 어떻게 습득하는지가 되어야 한다.

Bruner 이론의 가장 중요한 특징은 언어 습득의 개념을 둘로 나눈 것이며 Bruner가 주장하는 것은 언어학적 발달과 실용적 발달이 상호 의존적이라는 것이다.

> 유아의 언어 습득 장치는 아이와 함께 거래적 구성 방식 안으로 들어

> 가는 성인의 도움 없이는 작동할 수 없다. 그 형식은 처음부터 성인의 통제하에 있으며 언어 습득 지원 시스템(LASS)을 제공한다. '시스템이 작동하게 만드는' 방식으로 아이의 언어 습득 장치와 상호작용하는 언어 입력 틀을 만들거나 구조를 만든다. 다시 말해 유아가 언어학적 대화를 하는 것을 가능하게 하는 LAD와 LASS 사이의 상호작용인 것이다(Bruner, 1983: 19).

따라서 아이에게 유전적으로 주어진 언어 습득 장치의 발달은 사회적 교류 안에서 선천적인 재능의 산물을 이용하기 위해 중재 능력을 습득하는 것에 달려 있다. 중재 능력의 기원과 발달이 『Child's Talk』의 두 가지 주제를 이룬다.

깨달음: 언어학적 계통 발생

콩디야크(Condillac)는 『Essai sur l'origine des connoissances humaines』에서 로크(John Locke)와 마찬가지로 인간 지식의 기초를 탐구하고 그것을 보다 확고히 하려는 데 주된 관심을 둔다. 그는 인간이 동물과 구별되는 이유는 타고난 반성(reflection)의 능력을 발휘하기 때문이라고 주장한다. 원시 인간이 자신에게 자연적으로 부여된 반성의 능력을 통제하는 법을 배우지 못했다면, 그들은 계몽되지 않은 상태에 머물렀을 것이다. 인간은 언어를 사용함으로써만 반성을 통제할 수 있다. 따라서 인간이 언어, 특히 임의적 기호(arbitrary signs)를 사용하는 법을 배우지 못했다면, 이성적인 반성의 능력은 실현되지 못한 채 잠재력으로만 남았을 것이다.

> 인간의 사고의 진보는 전적으로 언어 사용 능력에 달려 있다(Condillac, 1947: 366).

따라서 Bruner처럼 Condillac는 인간의 이성적이고 언어학적인 발달이 근본적으로 상호 의존적이라고 여긴다.

> 이는 사고를 훈련할 수 있게 해주는 기호를 사용하는 것이지만 동시에 이 기능은 기호를 다양하게 증가시키는 데 사용된다... 따라서 기호와 사고는 상호 도움을 주고 상호 발전에 기여하는 원인이다(Condillac, 1947: 733).

그러므로 Condillac의 관점에서 사고와 언어의 상호의존성은 인식론자들에게 닭이 먼저냐 달걀이 먼저냐의 문제를 제기하게 만든다. 언어 사용 능력이 어느 정도의 사고력을 통제한다고 전제한다면 자연 상태의 원시 인간은 어떻게 언어를 사용하는 법을 배울 수 있었을까? 그는 다음과 같이 말했다.

> 기호를 선택하고 생각과 연관 짓는 충분한 사고 능력이 없었다면 관습적인 기호 사용법을 알지 못했다고 느껴질 것이다. 기호를 사용해서만 사고를 훈련할 수 있다는 것에 어떻게 이의를 제기했을까(Condillac, 1947: 226)?

Aarsleff(1982)가 말한 것처럼 Condillac의 업적이 Locke 이전의 경험주의와 포르루아얄 전통적인 Grammaire generale를 융합했다는 것이라는 것을 인식하는 것이 중요하다. Condillac에게처럼 Arnauld와 Lancelot에게 언어는 사고의 정신적 작동의 표현(혹은 그림)이다. 하지만 경험주의자인 Condillac는 사고를 통제하는 능력은 선천적인 것이라는 것을 받아들이지 않았다. Condillac의 독창성은 보편적인 문법에 역사적이고 발전적인 관점을 더한 것이었다(Locke가 The Second Treatise on Government에서 정부에 관한 연구에 발달 관점을 더한 것만큼이나 그렇다). 현재 형태가 언어를 사용하는 능력과 경험에서 일부 얻어진 능력을 개선한 결과가 된 이후 언어의 근본적인 합리성은 완전히 공시적인 관점에서 이해될 수는 없다. 결과적으로 합리성의 토대는 언어 사용의 기원에 있으며 따라서 Condillac는 언어 사용 기원이 인간 이해의 원칙에 관한 연구에 대한 열쇠를 제공했다고 주장했다.

Locke의 의문의 영향력이 점점 명확해지는 부분이 여기다. 내가 당신과 똑같은 방식으로 내 생각을 통제하고 표현하기 위해 언어를 사용한다고 누가 말할 수 있는가? 만약 언어 사용이 경험을 통해 학습되는 능력이라면 우리 모두 똑같은 능력을 갖는 것이 중요하다. 우리는 선천적인 사고력을 공유해야 할 뿐 아니라 또한 반드시 동일한 방식으로 언어를 사용함으로써 어떻게든 이런 능력을 배워야 한다. 언어 사용에 대한 Condillac의 기여를 고려하면 Locke의 의문은 Essai에 나온 인식론에 도전을 제기한다. 그런 이유로 언어의 기원에 대한 Condillac의 질문은 언어와 사고의 사용에 있어서 상호 주관적인 합의를 보증하는 공유된 근원을 발견하기 위한 시도로 보일 수 있다.

Condillac는 관용 부호의 사용이 감정의 자연스러운 표현에서 유래했다고 생각했다. 가령 포식자를 보고 두려워하는 소리를 내는 것이 자연스럽고 맥락 결정적인 반응이다. 하지만 Condillac에게 감정적 반응의 복잡한 '어휘'가 '진정한' 언어가 되지는 않을 것이다. 왜냐하면 그런 반응의 산물은 화자의 통제하에 있지 않고 적절한 자극의 발생에 달려 있기 때문이다.

그런 어휘를 갖고 있는 것은 인간에게 자신의 생각을 제어하는 훈련을 하도록 허락하지 않으며 그렇기 때문에 스스로 발성을 이용해 통제하게 되지 않을 것이다.

Condillac는 인간이 사회에서 다른 이들과 살아갈 때 중요한 단계가 필요하다고 주장했다. 그러고 나서 Condillac는 주위 사람들이 만든 비슷한 발성을 들었으며 소리를 만든 사람의 감정의 신호로 인식했다. 또한 비록 아직 규제받지 않고 의도적이지 않더라도 쓰임새를 습득한다. 또한 화자의 감정을 다른 사람에게 알리는 상호 주관적인 관계의 역할을 한다. 하지만 가장 중요한 단계는 인간이 의사소통을 위해 의도를 갖고 자연스러운 신호를 사용할 때이다. 가령, 내가 나무 꼭대기에서 다른 사람을 향해 살금살금 다가가는 포식자를 봤을 때 설사 나 자신은 위협을 느끼지 않더라도 위험하다고 경고하는 '두려움에 가득 찬 발성'을 내야 한다. 이런 경우 자연스러운 기호의 산물은 두려움에 대한 규제되지 않은 단순한 반응이라기보다는 경고를 하기 위한 의도적인 표현이다. (Condillac는 비슷한 장면을 설명한다 (1947: 61).)

이것이 중요한 건 처음으로 두려움에 떠는 발성을 유발한 자극이 경고를 하려는 의도로 자연적으로 발생했기 때문이다. (Condillac는 그런 의도성의 기원에 대해서는 언급하지 않았으며 자연적으로 부여됐다고 가정할 수 있다.) 이전까지는 두려워서 나오는 소리는 환경에 의해 자극을 받은 감정의 자연스러운 반응이었다. 인간은 두려워서 나오는 소리를 유발하는 자연스러운 자극 반응을 제어하도록 훈련받지 않는다. 하지만 동일하게 인간이 의도적으로 경고를 하기 위해 두려워서 나오는 소리를 냈을 때 발성 반응을 유발하는 자극(의도적)을 만드는 건 인간이다. 다시 말해, 언어 학습 과정의 다음 단계에서 중요한 것을 언급하려는 의도처럼 경고하려는 의도는 맥락 결정적인 것이 아니라 화자로부터 기인한다.

주목할 만한 것은 Condillac는 진짜 두려움과 표현 사이의 규제되지 않은 관계를 '흉내 내는' 것처럼 경고하려는 의도와 두려워서 나는 소리 사이의 관계를 언급하고 있다. Condillac에게 진정한 언어 사용의 중요한 특징은 그것이 인위적인 발명이며 인위성과 관습성은 인간에게 천부적인 사고력을 통제하는 훈련을 하는 방법을 제공한다. 하지만 Condillac가 주장하는 방법은 타고난 행동 양식, 즉 감정적인 자극에 대한 자연스러운 행동 반응을 모방하려는 진짜 언어 사용의 인위성의 근원을 보여주는 데 있다. 따라서 우리 모두는 동일한 방식으로 언어를 사용한다는 약속은 언어를 사용하는 능력이 더 원시적이고 공유되었으며 자연스러운 자극 반응 시스템을 토대로 한다는 사실에 내재한다. 언어 사용은 인위적이며 사회적인 현상일 수 있지만 각 개인에게 공통적·천부적으로 부여된 것을 기초로 한다.

인간이 이 단계에 도달하자마자 Condillac는 이 단계가 임의적인 인습적 기호와 함께 자연스러운 감정적 기호 어휘를 보충하기 시작하는 단계라고 주장한다. 중요한 기술은 이미 숙달했다. 다시 말해 표현의 수단과 근원을 통제하는 능력을 숙달하는 것이다. 인간은 이런 능력으로 자신의 사고를 통제해 천부적인 합리성을 이용한다. 이런 능력을 갖게 되면 임의적 기호를 만드는 데 문제가 없어 보인다.

> 자연스럽게 나오는 비명은 사람이 새로운 언어를 형성하는 모델 역할을 하게 했다. 인간은 새로운 소리를 또렷이 발음하고 그 소리를 여러 번 반복하는 한편 그들이 관심을 끌고 싶어 하는 물체를 가리키는 몸짓을 하면서 점점 사물에 이름을 붙이는 것에 익숙해지게 된다(Condillac, 1947: 61).

이런 관점에서 언어의 발달과 언어를 사용하는 능력의 성장은 느리지만 꾸준히 발전하며 동시에 사고에 통달하도록 도움을 주고 지원을 받는다.

따라서 언어 사용의 기원에 관한 Condillac의 이론은 다음의 세 가지 중요한 요인에 기초한다.

1. 자연스러운 자극 반응 시스템
2. 의도성
3. 사회적, 협동적인 환경

사람이 3번의 환경에 놓이게 되면 어떻게든 2번의 목적을 위해 1번을 모방해서 사용하려는 것을 발견하고 진짜 언어를 사용하는 데 빠지게 된다. 이제 그는 천부적인 사고력을 통제하는 방법을 갖게 되며 결과적으로 언어를 사용하는 좀 더 세련된 방법을 발전시킬 수 있게 된다.

역량의 발아

브루너에 따르면, 아이가 언어를 배우는 과정에는 세 가지 중요한 구성요소가 있다. 이 가운데 두 가지는 선천적으로 주어진 소질이며, 나머지 하나는 문화적 요인이다.

첫째, 아이는 언어 습득 장치(LAD: Language Acquisition Device)라는 선천적 능력을 갖추고 있다. 브루너는 LAD의 작동 방식 자체를 설명하기보다는, 아이가 LAD를 통해 제공된 언어 지식을 실제 의사소통 능력으로 어떻게 활용하게 되는지에 주목하였다. 둘째, 언어적 소질 외에도 비언어적 소질(nonlinguistic endowments)이 필요하다. 브루너는 이를 '가능하게 하는 조건들(enabling conditions)'이라고 불렀으며, 그중 핵심적인 네 가지 원초적 정신 능력(original mental capabilities)을 제시하였다.

1. 수단과 목적 간의 관계를 이해하는 준비성(means-end readiness)
2. 상호작용적 활동에 대한 민감성(a sensitivity to transactional enterprises)
3. 경험을 조직하는 데 있어 체계성(systematicity in organizing experience)
4. 규칙을 형성하는 데 있어서의 추상성(abstractness in rule formation)
(Bruner, 1983: 119).

이 네 가지 외에도 최소 다섯 가지 이상의 조건이 언어 습득에 관여한다고 그는 덧붙였다.

브루너는 이러한 선천적 소질이 아이를 '규칙성을 탐색하는 존재'로 만든다고 보았다. 그는 아이가 경험을 수단과 목적의 구조로 재편하며, 반복적이거나 통합적인 패턴(패러다임 규칙성과 통합 규칙성)을 적극적으로 찾아내려는 경향을 지닌다고 설명한다(Bruner, 1983: 24-25). 이러한 규칙성 탐색은 본래 목표 지향적이며, 아이는 이를 통해 얻는 만족감을 자연스럽게 학습 과정에 연결한다.

'교섭적 기획에 대한 민감도'를 타고난 아이를 보고 Bruner는 아이를 자연스럽게 사회적이라고 의미하는 것 같다. "사회적 상호작용은 자주적이며 자기 보상적이다"(Bruner, 1983: 27). 이런 점에서 아이가 사회적이라는 것을 부정할 수 없으며, 아이가 원래부터 반사회적이라면 그 아이는 언어 상호작용의 세계에 들어가는 데 어려움을 겪을 것이다. 다른 한편으로는 '교섭적 기획에 대한 천부적인 민감성'은 아이의 천부적인 수단과 목적 준비성의 결과에 따른 것으로 나타난다. 아이가 자연스럽게 특정한 목적을 달성하게 도와주는 패턴을 찾는다면 그 목적을 위해 자연히 주위 사람들을 이용하게 되지 않을까? 천부적으로 '경험을 정리하는 조직성'인 세 번째 재능에 대해 비슷한 지적이 있을 수 있다. 알려진 대로 아이가 천부적으로 규칙성을 찾으려는 성향이 있다는 예시와 동일하지 않은가?

두 번째와 세 번째의 천부적인 능력이 첫 번째와 네 번째의 재능에 따른 결과라면 '규칙 형성 안에서의 추상성'은 불필요해 보인다. 그것을 지지하기 위해 Bruner는 다음과 같이 쓰고 있다.

> 유아는 첫해에 시공간과 심지어 원인을 다루는 규칙을 가지려고 하는 것처럼 보인다. 움직이는 물체의 외관이 바뀌는 한편 화면 뒤에서 움직이는 것이 새로운 모습으로 다시 나타났을 때 놀라움을 자아낸다... 울긋불긋하거나 윙윙거리거나 혼란스러움과는 거리가 먼 유아의 지각 세계는 추상적인 규칙처럼 보이는 것에 의해 배열되고 정리된다(1983: 29-30).

하지만 물체가 화면 뒤로 사라졌을 때 어린아이가 놀라는 것이 어째서 '고도의 추상적인 규칙'에 의한 아이의 지각 세계의 천부적인 체계성에 대한 증거인지에 관해서는 단 한 번도 설명된 적이 없다. 자신에 대한 세계가 시공간의 연속성을 잃을 때 아이가 놀란다는 사실이 그들의 존재를 위한 증거로 택하기 위해서는 더 이상한 추상적인 규칙의 개념을 붙잡아야 한다! 아이의 지각 세계가 '울긋불긋하고 윙윙거리며 혼란스럽게' 되는 것은 '고도로 추상적인 규칙'에 의해 정리되는 이유도 설명해 주지 않는다. 규칙성을 찾으려는 천부적인 경향이 똑같이 믿기 어려운 두 개의 극단 간의 절충안을 제공하지 않을까?

게다가 Bruner는 이 네 가지 '근본적인 정신 능력'을 엄마의 시선을 따라가거나, 가리키는 것을 따라가려고 하는 천부적인 능력 때문이라고 말한다. 뿐만 아니라 아이는 천부적인 의도성을 갖고 태어난다고 한다. 엄마의 행동에서 특정한 의도를 알아차리거나 파트너와 서로 주목하거나 부인하거나 요구하는 것을 배우지 않는다(Bruner, 1983: 85, 92, 122-3). 이런 능력이 천부적인 것이 아니라면 아이는 언어의 복잡한 문화적 기능을 통달할 수 없다. 다시 말해, 결국 아이가 엄마와 의사소통을 하기 위해 배우는 것은 아이와 아이 엄마, 그리고 다른 미래의 수신자가 갖고 태어나야 하는 것이며 그렇지 않을 경우 성공적인 의사소통의 정수라고 여겨지는 상호주관성에 도달할 수 없다.

언어 습득에 필요한 세 번째 요소인 LASS는 생물학적으로 부여되는 것이 아니라 유아기라는 문화적 맥락의 산물이다. 앞서 언급한 천부적으로 타고나는 언어학적 및 비언어학적 재능과 더불어 아이는 여전히 의사를 전달하는 사람이 되어야 한다. 적절한 훈련이 없이는 언어를 사용하는 능력을 개발할 수 없다. 게다가 언어학적 지식의 발달이 그것을 사용하는 능력의 동시 개발에 달려 있기 때문에 엄밀한 의미에서 언어를 알려면 '훈련'은 반드시 필요하다.

아이가 말하는 법을 배울 수 있게 하는 환경의 중요한 특징은 Bruner가 '형식'이라고 명명한 일상적인 상호교환 행동 패턴이다.

> 형식은 결국 원상태로 되돌릴 수 있는 경계가 표시된 역할을 포함하는 성인과 유아 사이의 표준화된 축소판 상호작용 패턴이다(Bruner, 1983: 120-1).

'사회적 세계에서 상호작용하는 아이의 익숙한 일상'은 성인의 발화 행위의 원시적인 형태이다.

> 처음에는 행위뿐 아니라 행위를 이루고 지시하며 완성하는 의사소통을 위한 장소를 포함하는 대본 같은 특성을 갖고 있다. 놀이가 어린 시절의 문화라는 것을 고려하면 형식이 장난 같고 게임 같은 본질을 갖고 있는 것이 놀랄 일도 아니다(Bruner, 1983: 121).

형식은 아이와 함께하는 엄마의 반복적인 활동 패턴에서 나온다. 가령, 엄마와 아이가 '까꿍' 놀이나 '숨바꼭질' 놀이를 하거나 함께 그림책을 보는 것 등이다.

> 그런 게임은 초기 의사소통의 틀을 위한 활자 케이스를 제공한다. 단어를 만들고, 지시하고, 완성하는 행위 안에서 역할 구조화된 거래 축소판으로서의 요구를 충족시킬 뿐 아니라 그들 자체로 특정 언어와 유사한 특징이 있다. 그들은 언어와 유사한 '삶의 방식'과 경계 안에 있다(Bruner, 1983: 121).

형식의 중요한 특징은 형식의 행동 요소가 고정되고 정돈되어 있다는 것이다. Bruner는 13개월 된 아이를 포함하는 '책 읽기' 형식을 예로 든다. 엄마가 기여한 부분에는 의도적 범주와 함께 Bruner가 정보를 적었다.

엄마: 이것 좀 봐! (주의를 집중시키는 호격)
아이: (그림을 만진다)
엄마: 이게 뭐지? (질문)
아이: (웅얼거리는 소리를 내며 웃는다)
엄마: 그래, 토끼지. (피드백 및 라벨을 붙임)
아이: (입으로 소리를 내고 웃으면서 엄마를 쳐다봄)
엄마: (웃으면서) 맞아, 토끼지. (피드백 및 라벨을 붙임)
아이: (입으로 소리를 내며 웃는다)
엄마: 맞아. (웃음) (피드백). (Bruner, 1983: 78)

Bruner에 따르면 이 형식의 네 가지 의도적인 요소인 주의를 끄는 말,

질문, 라벨, 피드백은 아이가 학습한 책 읽기 형식의 예시 안에서 사실상 엄마의 모든 발언을 설명한다. 엄마 입장에서 일상적인 상호 작용 '게임'을 이룬다. 아이의 참여를 촉구하고 강화하기 위한 자리를 남겨두었다. 결정적으로 형식은 아이 스스로 할 수 있는 것보다 언어학적으로 더 세련된 것을 요구하지 않으며 참여를 유도하여 엄마로 하여금 필요한 언어학적인 표현의 인식할 수 있는 표시가 없이도 아이가 적절하게 말을 할 수 있도록 한다. 다시 말해 엄마는 대화에 참여하려는 아이의 시도를 강화하기 위해 아이가 말하는 것을 과장해서 해석할 수 있다. 아이가 언어학적으로 세련된 수준에 도달하게 되면 엄마는 점점 엄마가 수용할 수 있는 구두 표시에 가까운 수준을 요구하게 된다.

따라서 언어 이전기 및 초기 언어학적 단계에서 엄마와 아이의 상호 작용의 형식화는 아이가 '진정한' 언어학적 의사소통에 필요한 언어학적인 기술이 없이도 의사소통하는 것을 연습하도록 해준다. 예시에서 볼 수 있듯이 아이는 첫 번째 단어를 말하기 전에 적절한 순간에 적절한 발화 행위를 함으로써 의사소통에 성공한 것으로 취급받는다. 따라서 형식은 의사소통 게임을 하려는 아이의 시도를 강화할 뿐 아니라 엄마로 하여금 아이가 잘 따라오고 있다고 생각하도록 조장한다. 이런 식으로 엄마는 아이가 천부적으로 갖고 태어난 언어학적 지식을 잘 사용하도록 이끌어 주며 천부적인 지식이 발전하게 하는 기능적인 요구를 높인다.

형식의 더 중요한 특징은 언어 이전기 및 언어학적 상호작용 사이에서 지속적으로 관계를 수립한다는 것이다. 형식은 아이가 의사 전달자로 바뀌도록 엄마가 아이의 비언어학적 재능을 이용하는 것을 가능하게 해준다. 아이가 이 원시적인 언어 게임에 능숙해지면 점점 더 말하는 데 더 많은 기여를 할 것을 요구받는다. 따라서 아이는 자신의 천부적인 언어학적 지식을 이용하게 되고 결과적으로 언어학적으로 발달하게 된다. 이런 면에서 아이는 자연스럽고 비언어학적인 기술과 타고난 고의성을 이용하는 상호작용 환경에 놓이게 되고, 언어학적 도구를 갖기 전에 '말하기'를 배운다. LAD 덕분에 '말하기'는 점차 언어학적으로 적절해진다. Condillac의 원시 인간처럼 아이도 비언어학적인 방법으로 하던 것을 진정한 언어학적 방법으로 하기 시작한다.

여기에서 Bruner와 Condillac 사이의 유사점을 강조해 볼만하다. Condillac의 묘사에서 보면 인간은 다른 사람에게 자신의 의사를 전달하는 도구로의 노래하는 재능을 자유자재로 쓸 수 있을 때까지 개발하기 위해 사회적 환경(또는 운)에 의해 움직인다. 기호를 사용함으로써 인간은 통제하에서 사고능력을 끌어낼 수 있으며, 결과적으로 진정한 언어의 전형적인 특징인 임의대로 정한 기호를 발명하는 데에 사고를 사용한다. 이와 같이 인간의 천부적 자질이 사회적 기능(경고) 이행에 요구될 때 그것이 자연발생적이든 임의로 생겨난 것이든 의도적으로 기호를 사용하는 일이 발생한다. 이 단계는 Bruner와 Condillac 둘 다에게 말로 의사소통을 하는 법을 배우는 데 있어서 중요한 단계이며 Locke가 품었던 의문에서 벗어나게 도와주는 단계이다. Condillac의 언어학 사고의 선두적 주창자였던 데스튀트 드 트라시(Destutt de Tracy)는 자신의 저서 「이데올로기의 요소에 관한 프로젝트(Projet d'elements d'Ideologie)」에서 Condillac와 Burner가 공유한 입장을 완벽하게 요약하고 있다. 그는 언어가 가능하기 위해서는

> 말을 하기 전에 우리는 서로를 이해할 수 있는 상호보완적인 수단을 갖고 있는 게 틀림없다... 그리고 이는 우리 존재에 대한 중요성뿐 아니라 유기적 존재의 불가피한 결과임을 의미한다(Aarsleff, 1982: 352).

Burner 이론에 대한 평가: 크립톤 팩터(Krypton Factor)[2)]

언어 사용 습득에 관한 Bruner 이론은 아동 언어 연구 분야를 지배해 온 선천론자에 대응하는 중요하고 고무적인 발전을 이루었다. 『Child's Talk』는 심리학이 이 분야에 진정으로 기여를 했음을 보여주었다. 책은 유전자 코드에 있는 언어학 구조에 관한 학구적인 추측에 대한 관심을 다른 데로 돌렸으며 특정 사회적 맥락에서 심리학자들이 아이들이 의사소통의 복잡한 의도를 위해 어떻게 언어 사용을 학습하는지에 관한 연구에 그들의 에너지를 쓰도록 했다.

물론 Bruner가 아이들의 언어 사용 학습 방법에 관해 처음 연구한 주창자는 아니었다. '모성어'에 관한 첫 연구 이후 심리학자들은 언어 습득의 상호작용 맥락에 관심을 가져왔다. Bruner는 이 사조의 선두적인 인물이다. 그의 독창성은 지향성과 언어 수행에 대한 관심을 키우고 있는 언어 행위 철학과 심리언어학에서 나온 관련된 개념을 결부시킨다는 데 있다. Bruner는 아이들이 언어학 능력을 가져야 할 뿐 아니라 활용 능력을 습득해야 한다고 주장한다. '발달 화용론'과 '발달 언어학'을 떼로 떼어놓고 다룰 수는 없다.

하지만 『Child's Talk』가 이 연구 과제의 이론적 토대에 유익한 개념을

2) ITV에서 방송하기 위해 그라나다 텔레비전(Granada Television)에서 제작한 영국 게임쇼이다. 이 쇼는 원래 1977년 9월 7일부터 1995년 11월 20일까지 진행되었으며 Gordon Burns가 진행했다. 영국과 아일랜드 전역의 참가자들은 신체적 체력과 정신적 특성을 테스트하는 라운드에서 경쟁했다. 쇼의 제목은 슈퍼맨의 고향 행성인 크립톤을 의미하며, 이 제목은 참가자들이 자신이 설정한 도전에 참여하는 데 있어 강력한 초인적인 "힘"을 가지고 있음을 인식한다. 1986년부터 참가자들은 모두 빨간색, 녹색, 노란색 또는 파란색과 같은 해당 색상을 가졌다. 게임을 통해 획득한 참가자는 "크립톤 팩터"라고 불렸다(역자 발췌주).

제공하는지에 관해서는 의심의 여지가 남아 있다. 지금까지는 Bruner의 언어 개체 발생학에 대한 설명과 Condillac의 언어 계통발생학 이론 간의 유사점을 분석해 왔다. Conillac의 개념이 추측에 근거하고 있다는 본질적인 문제는 이미 잘 알려져 있다. 그보다는 덜 알려졌지만 유사한 언어 사용에 관한 Bruner의 개체 발생학에 관한 설명도 계속해서 문제가 되고 있다.

가장 뚜렷한 문제는 언어 능력과 활용 능력 사이의 차이이다. Condillac는 관련된 차이를 구별했다. 원시 사회의 호모 사피엔스는 천부적인 사고 능력이 충분하지 않았다. 그들은 기호 사용을 통해 사고 능력을 익히는 능력을 습득해야 했다. 이와 비슷하게 Bruner는 아이들이 천부적인 LAD를 충분히 갖고 태어나지 않으며 또한 LAD가 제공하는 지식 사용을 위한 능력을 습득해야 한다고 말한다.

LAD가 다른 사람에게 열려 있는 설명적 간극을 어떻게 메우게 할 수 있는지 설명하기 위해 LASS를 언급하고 있다. 결과적으로, 활용 능력을 갖고 있다고 하더라도 그 능력을 갖고 있는 사람이 어떻게 사용하는지 모르면 그 능력은 아무런 소용이 없는 것이다. LAD 또는 LASS(전해진 바에 의하면 LAD를 그저 이용하게 할)에 의해 이미 확인된 이 추가(메타화용론) 능력의 습득은 유지될 수 없을 것이다. 지식 체계는 활용할 수 있는 가능한 모든 사용법을 통합할 수 없다. 그렇게 하는 것이 가능하다면 기존 문제는 더 이상 제기되지 않았을 것이며, 천부적으로 타고나는 LAD가 필요한 모든 설명을 제공할 것이라고 추정할 것이다. 하지만 대안적인 설명하는 노선을 택하는 순간 멈출 수 없게 된다. A라는 지식 체계를 올바르게 적용하기 위해서 B라는 지식 체계를 필요로 한다면 B는 그것을 적용하기 위해 C라는 세 번째 시스템을 필요로 하게 될 것이고 이런 식으로 무한 반복될 것이다. 적절한 메타활용 능력이 천부적인 것이라고 한다면 실제적인 설명에 필요한 이점을 얻을 수 없으며 천부적인 메커니즘에 호소하고 있는 언어학 연구는 생물학적으로 미지의 것에 호소하고 있는 상태라고 할 수 있다. 학습이 되면 우리는 학습 문제를 다른 것과 대체한다. 두 번째 문제가 첫 번째 문제보다 더 다루기 쉽다면 후자의 조치가 더 유리하다고 믿을 수 있지만 Bruner의 설명에 따르면 그럴 가능성이 거의 없다.

따라서 LAD가 어떻게 작동하는지를 설명하기 위해서는 활용 능력의 습득을 가정했다면 LASS가 뭔가 놓친 것을 제공하든 평가하는 데 있어서 LAD가 부족한 것이 무엇인지 정확히 알아야 한다. 그렇지 않으면, 엔지니어가 장비가 이미 실행 가능한 것이 무엇이고 미흡한 점이 무엇인지 분명히 알지 못해서 장비를 완성하는 데 필요한 빠진 부품을 설계할 수 없는 것과 마찬가지로 설명하는 데에 실패할 것이다. Bruner의 설명이 만족스럽지 않은 것은 Bruner가 의도적으로 LAD의 본질을 모호하게 하기 때문이다. 결과적으로 LASS에서 놓친 것이 무엇인지 잘 평가하거나 또는 잘 평가하지 못하는지에 대한 충분한 근거가 없다. 필요한 건 기관차인데 특별 객차에 있는 말을 괴롭혀 봐야 소용없는 것처럼 의사소통에 있어서 언어 지식을 활용하는 데 부적절한 실용 습득 프로그램을 제공해 봐야 아무 소용없다. 예를 들어, 엄마랑 하는 놀이방 '말(gee-gee)'놀이에서 성공하는 것과 (어떤) 말에게든 언급한 대상에 대한 정보를 얻는 데 성공하는 것 사이의 차이점을 이해하는 데 필요한 것을 그림책 훈련을 통해 제공받을 수 있는지가 분명하지 않다. Bruner는 연관 짓는 방법이 직감적으로 명백하다고 가정하는 것 같다. 하지만 정말 그럴까? 그렇다면 그림책과 그림책에 중점을 두는 엄마가 별로 없는 문화에서 자라는 아이들은 어떻게 될까?

더욱이 공동체 전반에 걸쳐 결과가 획일적일 것이라는 사실에 대해 LASS가 보장하는 것은 아무것도 없다. Bruner와 Condillac의 관점에서 획일성은 필수불가결한 것이며 그렇지 않은 경우 의사소통의 문제는 여전히 해결되지 않은 채로 남아 있다. 규칙을 이해했다면 실제로 적용할 수 있는 능력을 습득해야 하며 모두가 반드시 동일한 능력을 습득해야 한다. 그렇지 않으면 실제 상황에서 규칙을 서로 다르게 적용할 수 있다. 교통법규처럼 서로 공유하는 지식이라고 해서 안전 운전을 보장하지 못하게 된다. 모두가 동일한 방식으로 규칙을 적용해야 하며 그렇지 않을 경우 사고가 발생하게 된다. 언어에 있어 의사소통에 실패하거나 발신자가 수신자에게 메시지 전달에 실패하는 것이 사고가 발생하는 것과 유사한 것이다. 하지만 LASS 프로그램이 각 개인에게 동일한 형태로 적용되지 않는다면 필요한 획일성을 어떻게 심어주는지 보기도 어렵다. 따라서 Bruner의 입장을 취하는 모든 이론가들은 LASS가 요구하는 획일성(획일성을 다른 방식으로 설명하거나)을 보장한다는 변하지 않는 원칙을 보여줄 의무가 있다.

아이러니하게도 Bruner는 촘스키보다 더 많은 것을 아이의 천부적인 기질 탓으로 돌린다. 촘스키는 단순히 LAD를 천부적이라고 가정하는 반면, Bruner는 위에 논의된 것처럼 신생아에게 말하고 부정하고 요구하고 추구하는 공동 관심 및 의문 제기의 네 가지 '본래의 정신적 능력'이 있다고 믿는다. 뿐만 아니라 Bruner는 아이가 손가락으로 가리키는 것을 따라가 손가락이 가리키는 것을 응시할 수 있는 능력을 타고난다고 말한다. '기적적인' 선천주의와 '불가능한' 경험주의 사이의 절충안을 찾는 사람에게는 Bruner가 선천론자와 타협하길 더 좋아하는 것처럼 보인다. Bruner가 '기준성장'이라고 이름하는 것의 틀 안에서 어떻게 생각하는지 살펴보자.

우선, 아이는 엄마와 서로 관심이 있는 것을 찾으려고 하는 선천적인 성향을 갖고 있다고 가정했다. 엄마와 아이는 첫 번째 눈빛 교환이 이루어진 것을 깨닫게 된다. 그다음 엄마는 관심을 공유하기 위해 공동 시각 영역 안으로 인형 같은 물건을 보여주기 시작한다. 엄마는 물건을 소개하기 위해 아이를 준비시키기 위한 일상적인 방법을 개발한다. Bruner가 '주의 호격'(가령, '어머, 저것 좀 봐!')이라고 부르는 것으로 아이에게 뭔가 주목을 해야 할 것이 주변에 있음을 말해준다. 이와 함께 관습화된 말하기 대상의 씨앗이 뿌려진다. 하지만 이제까지 아이는 수동적인 역할만 했다. 하지만 첫 해 후반부에 아이는 자신이 원하는 물건에 손을 뻗기 시작한다. 이런 행동에는 '노력이 필요한' 소리가 동반된다.

> 이런 활동기의 실적주의는 아이가 원하는 물건에 대한 신호 전달자가 되었음을 의미하며 자신의 시선을 끌려고 하는 다른 이들의 노력을 단지 이해하고 해석하는 것만 포함하지 않는다는 것을 의미한다(Bruner, 1983: 75).

이 활동에서 '순수한 가리킴'은 13개월 된 아이에 의해 발달하며 행동 달성은 유전적으로 사전 프로그래밍이 되어 있다. 이 시기 전반에 걸쳐 엄마는 위에 언급된 '책 읽기 형식' 같은 행동 표현이 일상화된 상호교환 형식으로 통합됨으로써 아이의 선천적인 능력이 성장하는 것을 활용할 것이다.

이런 형식의 중요한 특징은 1) 엄마와의 공동 관심을 추구하고 2) 질문의 의도를 인식하며 3) 말의 의도를 파악하기 위해 아이가 선천적인 능력을 활용하는 것이다. 일상화된 형식 안에서 이런 선천적인 능력의 행동 표현을 통합함으로써 엄마는 아이에게 말하는 대상이 문화 속에서 얼마나 관습화된 것인지를 가르친다. 진정한 말하기 대상은 그 대상에 함께 관심을 갖게 되는 대화 형식 안에 적당히 명목상 놓여 있는 것으로 시작한다(Bruner, 1983: 123). 따라서 언급하기 위해 단어를 사용하는 방법을 학습하는 것은 언급하기 위해 선천적으로 부여된 의도(또한 주목하게 하려고 다른 사람의 의도를 인식하게 하기 위한)와 공동 관심을 찾으려고 하는 천부적인 성향에서 비롯한다. 뿐만 아니라 성인 말하기의 상호주관성은 공동 관심과 공유된 의도성에서 그 기원을 찾아볼 수 있다고 입증되었다.

아이들이 요구하는 법을 어떻게 배우는지에 관한 비슷한 설명이 있다. 형식의 도움을 빌어 신생아가 뭔가 요구하는 것이 있을 때 '요구적인 울음'이라고 알려진 울음 형식에서 입증되었으며 요청 화행의 관습화된 형태로 발달했다. 부정도 신생아의 '거부하는 울음'에 내재된 선천적인 고의적인 씨앗에서 발생한다. 근본적으로 아이는 모든 다른 아이들과 공유하는 특정한 선천적인 의도를 갖고 태어나며 LASS에 의해 관습적인 형태로 자라도록 인도받고 변형된다. 관습적인 언어 사용의 상호주관성은 공유된 선천적인 고의적인 씨앗에서 발생했으며 그러므로 담화의 상호주관성과 사고의 은밀한 특징에 대한 Locke의 의문은 풀린다. 서로를 이해하는 우리의 능력은 형식화를 통한 선천적인 근원에서부터 발달한 언어학적 형식에 이르는 화용 목적의 연관성에서 기인한다. Bruner가 Condillac와 의견을 같이한다는 사실을 쉽게 알아챌 수 있는 것은 언어 사용 이유가 개인에게 선천적으로 주어진 것이 아니며 사회적으로 공유된 결과이며 따라서 다른 사람들의 이런 이유를 인정하기 위해 관습적인 방법을 결코 공식화할 수 없다.

> 아이가 알아낸 다양한 의사소통 기능의 더 원시적인 형태를 성인이 이해할 수 있도록 하는 것이 기능의 연관성이라고 간주하겠다. 이런 점에서 기능적 연관성은 언어 습득 지원 시스템(LASS)의 작동과 성인이 조정할 수 있는 근간을 제공한다(Bruner, 1983: 127).

다시 말해 아이는 항상 말이나 언어 이전기의 발성으로 동일한 종류의 어떤 것을 하려고 한다. 엄마의 참여는 이런 의도를 깨닫게 하기 위해 관습적인(문화에 국한된) 방법을 습득하도록 돕기 위한 것이다. 그리고 실제로 아이는 선천적으로 의도를 갖고 태어나지 않기 때문에 관습을 따르도록 하기 위해 엄마가 할 수 있는 것은 없다. 설사 관습적으로 아직 체계가 잡히지 않았다고 하더라고 언어 이전 단계에서 엄마는 성인이 의도하는 것의 원시적인 버전으로서 아이의 의도를 인식해야 할 필요가 있다. 그래야지만 엄마는 아이가 울 때 한편으로는 요구하는 것이 있고 다른 한편으로는 거부하는 것이 있다고 이해할 수 있으며 아이가 어떤 대상에 관심을 갖게 하려고 할 때 그것을 알아챌 수 있다. 이는 실용적인 관습을 가르치기 시작할 수 있는 의도의 원시적인 표현을 인식하는 능력이다.

따라서 비록 선천적인 의도에 대한 Bruner의 가정이 언어 사용을 위해 공유된 정신적 토대를 제공하기 위한 것이라고 할지라도 소수의 성인에게 있는 선천적인 호먼큘러스를 포함하는 것처럼 신생아의 묘사를 유발하지만 아직 개발이 덜 되었으며 의사소통의 의사가 있다. Bruner는 언어 개체 발생에 대한 설명에서 '학습'의 신뢰도를 다시 세우고 싶어 하는 것 같지만 근본적으로 상호주관적 언어 사용 특징에 관한 선천론자의 설명을 해결할 수는 없는 것 같다. 다음은 Locke의 의문에 대한 Bruner의 존경을 입증한다.

> 지시적 상호주관성에 대한 몇몇 토대는 적절한 언어가 나타나기 전에 존재했음이 틀림없다. 논리적으로 두 명의 인간이 공유된 말하기를 달성할 수 있는 가능한 방법이 없다는 것은 그것을 위한 초기 기질이 없다는 것이다(Bruner, 1983: 122).

Bruner가 명백히 의문에 맞섰다고 할 수는 없지만 Condillac처럼 그의 설명에 의심의 여지가 거의 없다는 것은 그 결과에 엄청나게 영향을 받았다는 것이다.

Bruner의 언어 습득 이론에 대한 중대한 평가를 요약해 보자. 첫째, 언어 능력과 언어 수행 사이를 중재하는 사용 능력으로서의 활용 능력의 개념은 퇴행했으며 그 결과 어이없게도 아동 학습자가 일을 무한 반복하게 되는 경우가 생긴다. 둘째, 의사소통의 상호주관성에 관한 Locke의 의문에 대한 Bruner의 반응은 언어 사용의 의도적 특징을 위한 선천적인 발생원에 대한 가정을 포함한다. 따라서 Bruner의 이론의 두 가지 영향의 결합은 아이에게 무한대의 선천적인 능력을 부여하는 결과를 가져온다. 언어를 사용하기 위해 필요한 무한수의 중재 능력이 있고 그들 각각의 이 능력이 상호주관적인 근거를 갖기 위해 추가적으로 선천적 기질을 가정해야 한다면 아이가 필요로 하게 되는 선천적인 기질은 끝이 없을 것이다. 이런 관점에서 보면, 무한정으로 언어 사용 능력이 주어지는 아기 슈퍼맨만 말하는 법을 학습할 수 있다.

언어의 기원(재반복)

Locke의 의문에 의해 제기된 문제는 근본적으로 의사소통에서의 사회적, 개인적 변증법에 관한 문제인 것이다. 어떻게 개인이 다른 개인에게 사적인 심정 내용을 전달할 수 있을까? Bruner와 Condillac는 그에 관한 유일한 답변은 선천론적인 형태에 있다는 단순한 증거를 제시한다. 우리가 의사소통을 할 수 있는 것은 어느 정도는 우리 사고의 기원(개체 발생, 계통 발생 혹은 생물 발생적)이 같기 때문이라는 것이다. 하지만 Locke의 의문을 왜 진지하게 받아들여야 하는지에 대한 질문이 제기되어야 한다. 의사소통은 화자가 청자에게 생각을 전달하는 것을 포함해야 한다는 Locke의 가정을 우리가 왜 따라야 할까? 만약 의사소통의 원거리 지적활동(telementational)의 그림이 빠진다면 Locke의 의문은 그와 함께 무너진다. 동시에 Bruner 이론의 일부, 특히 판에 박힌 상호작용, 놀이, 게임과 형식에 대한 사교적 영향에 대한 설명은 지켜질 수 있다. 이는 아이가 언어 사용을 위해 학습을 통해 습득해야 하는 능력을 정신적으로 보여주진 않는다. 대신 아이는 성인이 의사소통 능력으로 인정하는 방법으로 말을 사용하고 행동하고 이야기하는 것을 배워야 한다. 그렇게 할 수 있을 때 주관적이고 개인적이며 또는 근본적인 의도성에도 불구하고 언어학 공동체의 일원이라는 것을 누구도 부인할 수 없게 될 것이다.

일반적으로 언어학적 사고에 대한 서구 전통의 기원이 말이 의미하는 방법에 관해 삼자 토론한 내용을 담은 플라톤의 크라틸로스에 나와 있다는 것을 인정한다. 그럼에도 불구하고 크라틸로스의 내용은 진지한 학문 대상이나 감탄의 대상이라기보다는 현대의 언어학적 글쓰기의 조소의 대상이다. 결국은 많은 토론이 말과 말의 지시 대상 사이의 연관성에 관한 선천주의자나 인습주의자의 관점을 위한 입증하려는 의도를 가진 그리스 단어의 어원상의 기원에 관한 설득력 없는 추측으로 이루어져 있다는 말이다.

크라틸로스의 설명에서 종종 간과되는 것이 있는데 그 주제가 왜 고대 그리스인들의 관심을 끌었는지에 관한 이유이다. 그것이 그리스인들이나 또는 플라톤에게 왜 중요했으며 단어가 의미하는 것과 그 단어 사이에는 어떤 연관성이 있을까? 이 질문에 대한 답은 설득력 있는 주장을 하는 수사학의 대가인 궤변가들에 대한 플라톤의 비판에서 찾아볼 수 있다. 플라톤은 설득의 대상인 수사법과 진실의 대상인 논리적 잣대(혹은 변증법)를 구별하기 위해 애썼다. 이런 관점에서 수사법은 불안정한 인간의 의견과 그 의견이 능숙한 담론에 미치는 영향에 의존한다. 다른 한편으로 논리적 잣대는 말과 그 말이 의미하는 것, 즉 언어와 실제 사이의 구상주의적 유사성에 의해 결정된다. 따라서 논리적 잣대를 적용하면 화자를 진실에서 부정할 수 없는 진실로 이끄는 반면 수사법을 사용하면 기껏해야 진실에 부합하지 않거나 진실과 아무 관련이 없는 의견에 대한 설득(언제나 잠정적인)만

보장한다.

이런 관점에서 플라톤의 연구 과제는 말과 그 말이 상징하는 것 사이의 구상주의적 연관성에 달려 있다. 따라서 그 연관성의 근거는 확실해야 한다. 사람들이 어떤 건 바위라고 하고 어떤 건 자갈이라고 하는 것이 단어와 그들이 지명하는 것 사이의 당연하고 변하지 않는 연관성 때문일까? 만약 그렇다면 논리적 잣대는 자연 자체에서 기인하는 것이며 보편적이라고 할 수 있다. 혹은 명칭의 출처가 인간 관습에 달린 것일까? 그리고 논리가 사회적 합의에 기인한다면 그것의 잣대는 수사학과는 근본적으로 다른 것일까? 추론과 지식, 고대 그리스인들은 의사소통의 확실한 이유를 찾기 위해 Condillac와 Bruner처럼 말의 기원에 대해 추측을 했다. 이 추측은 언어적 사고에 근원을 둔다.

결국 소크라테스는 크라틸로스의 극단적인 자연주의와 헤르모게네스의 극단적 인습주의 사이의 절충안을 제안하고 있다. 소크라테스는 언어의 기원이 일부는 관습적이고 일부는 자연적이라고 말한다. 그 이후 언어학자들은 성과를 나누어 왔다.

주석

이 장의 초기 버전은 1984년 『Language and Communication』 제4권 제4호, 209-224쪽에 「Linguistic Origins: Bruner and Condillac on Learning How to Talk」라는 제목으로 실렸습니다. 본 저작을 재출판할 수 있도록 허락해 준 Elsevier Science Ltd에 감사드립니다.

참고문헌

Aarsleff, H. (1982). *From Locke to Saussure*. London: Athlone Press.

Bruner, J. S. (1983). *Child's Talk: Learning to Use Language*. Oxford: Oxford University Press.

Condillac (1947 [1746]). *Essai sur l'origine des connoissances humaines*. In *Oeuvres philosophiques de Condillac*, Vol. I. Georges le Roy (ed.), Paris: Presses Universitaires de France.

Locke, J. (1978 [1690]). *Essay Concerning Human Understanding*. P. H. Nidditch (ed.), Oxford: Oxford University Press.

Saussure, F. de (1983 [1916]). *Course in General Linguistics*. R. Harris (trans.), London: Duckworth.

4장 요약

이 글에서 다루는 핵심 문제는 로크가 제기한 고전적 역설—언어의 목적이 '사유의 전달'임에도 실제 언어는 그에 부적절하다는 문제—이다. 논의는 언어가 일상 담화에서 어떻게 상호주관적으로 작동 가능한가라는 질문을 중심으로, 브루너와 콩디야크의 해법을 대조하고 평가한다. 소쉬르의 통찰, 즉 '기원의 문제와 지속 조건은 분리될 수 없다'는 원칙을 바탕으로, 언어의 계통발생과 개체발생이 사실상 동일한 가정에 기대어 순환적으로 설명되어 왔음을 비판적으로 지적한다.

이 장의 논의에서 콩디야크는 언어의 기원을 감정의 자연 신호에서 출발해 의도적 사용으로 '모방'과 '관습화'가 이루어지는 과정으로 파악한다. 두려움의 비명이 경고 의도로 전환될 때, 인간은 반성 능력을 실현하고 임의 기호를 발명하며 사고와 언어가 상호강화적으로 성장한다. 그의 설명에 따르면 언어 성립의 조건은 세 가지로 요약된다. 자연 자극-반응 체계, 의도성, 사회적 협력 환경이 결합될 때 언어가 가능하다는 것이다.

브루너는 『Child's Talk』에서 언어 습득을 언어 지식(competence)과 사용 능력(pragmatics)으로 구분한다. 전자는 LAD(선천적 언어 장치), 후자는 LASS(언어습득지원체계: 보호자와의 상호작용 포맷)에 각각 귀속되며, 이를 통해 경험주의와 선천주의 사이의 중도를 표방한다. 아동은 말 이전의 사회적 기술(공동주의, 시선 추적, 가리키기 등)과 책 읽기나 까꿍 놀이와 같은 형식화된 상호작용 포맷 속에서 주의 환기, 질문, 명명, 피드백의 담화 틀을 내면화하며, 이를 발판으로 요구, 지시, 부정, 질문 등의 화행을 습득한다. 브루너는 또한 아동에게 수단-목적 지향성, 상호작용 민감성, 경험 조직의 체계성, 규칙 형성의 추상성 등 선천적 가능화 조건이 주어져 있으며,

LASS가 이를 언어적 행위로 조율한다고 본다.

그러나 이러한 설명에는 몇 가지 비판이 제기된다. 첫째, 무한 퇴행의 문제이다. LAD의 지식을 실제 담화에 적용하기 위해서는 별도의 사용 규칙이 필요하고, 그 사용 규칙을 적용하기 위한 또 다른 상위 규칙이 요구되는 식으로 설명이 끝없이 이어진다. 둘째, 과도한 선천주의의 문제이다. 상호주관성 보장을 위해 의도성, 공동주의, 지시 이해 등 다층 능력을 모두 선천적으로 상정하면, 결국 아동에게 무한대의 타고난 기질을 부여하는 결과가 된다. 셋째, 획일성 보장의 문제이다. LASS가 문화마다 다른 상호작용 양식 속에서 어떻게 사회 전체의 적용 일관성을 담보할 수 있는지가 불분명하다. 예컨대, 그림책 포맷이 희박한 문화권에서 동일한 언어 발달 경로가 보장되는지는 여전히 의문으로 남는다.

이 글에서 제기되는 마지막 쟁점은 로크의 전제 자체를 재검토하는 것이다. 언어가 반드시 '사적 사유의 원격 전달(telementational)'이어야 한다는 가정이 옳은가? 만약 언어를 사회적 실천, 즉 놀이, 게임, 형식화된 상호작용으로 본다면, 아동은 단순히 기호-해독 장치를 장착한 수신기가 아니라, 문화적 규범과 발화 행위를 학습하는 적극적 참여자로 이해될 수 있다. 성공적 의사소통은 사적 표상 전달이 아니라 공적 규범 수행의 성취라는 점이 강조된다. 이 관점에서 브루너의 공헌—상호작용 포맷, 화용적 사회화, LASS 개념—은 유지되되, LAD/LASS 이분법과 능력/수행의 전통적 구도를 넘어서는 새로운 이론적 모색이 필요하다.

끝으로 플라톤의 『크라틸로스』를 소환하며, 자연주의와 인습주의의 이분법을 재위치시킨다. 언어의 기원 논의는 여전히 자연(공유된 인간 능력)과 관습(담화 규범)의 교차점에서 이해될 수 있으며, 말하기 학습의 본질은 기호 체계의 주입이 아니라 문화화된 화행과 규범, 즉 "말로 무엇을 하는 법"의 습득에 있음을 강조한다.

제5장

유아기에서의 감정, 화용론 그리고 사회적 이해

Judy Dunn and Jane R. Brown

- 감정-화용 동력: 유아의 언어 사용은 욕구 충족 · 관계 협상 · 놀이 같은 실용 목표가 견인하며, 최적 각성(역 U-자) 구간에서 학습이 가장 잘 일어난다(과도한 분노 · 갈등은 오히려 추론을 붕괴).
- 감정 담화의 효과: 부모의 감정 라벨링과 원인/결과 담화 빈도는 이후 마음 이해와 정적 상관을 보이며, 훈육보다 놀이 맥락에서의 원인 담화가 특히 예측력이 높다.
- 생활 속 ToM 신호: 2-3세의 전가 · 거짓 보고 · 장난스런 속임수, 3-4세의 내러티브 정교화는 표준 과제가 포착하지 못하는 초기 마음 이해가 자연 상호작용에서 이미 가동됨을 보여준다.
- 또래 · 형제 효과: 협력적 가상놀이와 '안다/생각한다/모른다' 등의 정신상태 어휘의 대화적(화용) 사용이 주장 강도 조절 · 관점 조율 · 플롯 유지 · 갈등 해결을 훈련하며, 이후 ToM 성취와 연동된다.
- 관계 · 문화의 가변성: 동일 아동도 엄마/형제/친구 맥락에 따라 수행이 달라지는 관계-특이적 가용성을 보이고, 영 · 미 담화 규범 차이(권리 · 규칙 vs 비해 · 온순)가 초기 사회적 이해를 구성한다(예: 분노/스트레스 표현 33 → 47 → 69개월 21% → 9% → 6%).

어린 시절의 소통과 문화적 이해에 대한 발달에 관해 자극시키는 저작들에서 두 가지의 주제들이 특별히 인지와 사회적 발달에 관한 생각들에서의 차이를 연결하는 데 중요하였다. 첫째, 아이가 언어를 사용하려고 배우는 자극은 실용적인 종류의 것이라는 것이다. 브루너는 그들이 원하는 것을 얻고 게임을 하고 그들이 의존하는 사람과 연결되기 위해서 언어를 획득한다. 그가 말하듯이, 모험을 일으키는 동력은 언어 획득이 아니라 문화의 요구에 따르려는 필요이다(브루너, 1983). 더구나 브루너는 언어로 행해진 것을 얻는 학습은 핵심적으로 요구하고 의도를 나타내고 관계를 협상하는 규범적 문화를 학습하는 문제이다. 두 번째, 아이가 그들의 부모와 함께 하는 생활에서의 어떤 친숙하고 규칙적인 일상의 특징이다. 일상은 게임과 같고 아이에게 매우 친숙하다. 이러한 형식들은 문화를 언어만큼이나 전환하는 데 중요한 역할을 한다고 한다. 일상은 공유된 문화이라고 브루너는 말한다. 그리고 브루너는 문화적인 층들에서 아이에게 체화된 의사소통적인 의도들을 구성한다.

브루너가 『Child's Talk』(1983)에서 기초한 예들은 아이가 막 이야기하기를 시작할 때 엄마와 아이의 대화에 초점을 둔 사례들에 초점을 둔다. 그러나 브루너의 논의는 언어발달의 개념들에서뿐만 아니라 사회적 존재로서 어린이라는 관점에서의 혁명적인 기초를 구성한다. 특히, 화용론[1]은 아이의 사회적 이해의 발달의 개념을 위해 중요하다. 2살에서 4살 사이에 아이의 마음과 감정의 이해에서 놀라운 발달이 있다. 현재 인지 발달론자들 사이에는 그것을 신중하게 고려하고 있다(Wellman, 1990). 이러한 능력의 성장은 전통적으로 순수하게 인지적인 발달로서 생각되었다. 대조적으로, 우리는 이 장에서 이러한 발달들은 화용론의 중요성과 특징을 이해하지 않고서는 이해될 수 없다고 생각한다. 우리는 2-5세 사이의 아이의 사회적 이해가 성장하는 것과 상호작용을 고려한다. 그때 아이는 마음과 감성을

1) 화용론(話用論)은 의사 소통시의 발화에 대한 언어론이다. 화자와 청자의 관계에 따라 언어 사용이 어떻게 바뀌는지, 화자의 의도와 발화의 의미는 어떻게 다를 수 있는지 등에 대한 연구도 다룬다.

발견하고 놀라운 진보를 한다.

아동의 심리적 이해 발달에 초점을 맞추면 Bruner가 초기 언어 발달에서 강조했던 익숙한 '형식(format)'이나 어른과의 놀이 활동에 대한 초점에서 벗어난 새로운 쟁점들이 등장한다. 화용론(pragmatics)의 역할은 여전히 중심적이지만, 우리가 주장하듯이 의사소통의 발달과 타인의 마음과 감정에 대한 이해의 증진은 종종 Bruner가 『Child's Talk』에서 강조한 먹이주기, 보살핌, 인사와 같은 상호작용 형식이나 잘 짜인 어른과의 놀이와는 두 가지 주요한 점에서 다른 상호작용 맥락 속에서 일어난다. 첫째, 마음에 대한 아이의 발견에 중심을 둔 상호작용의 감성적 맥락에 대한 특징이다. 둘째는 어른들과의 교환과 같이 다른 아이들과의 상호작용들의 중요성이다. 이 장에서 우리는 아이의 사회적 경험과 아이들이 사회적 세계를 이해하는 역할, 그리고 2-4세 동안 그렇게 드라마틱하게 성장하는 이해에 대한 이러한 측면들을 탐구한다.

다음에서 우리는 2살에서 유아시절까지 따르는 아이에 대한 연대기적 연구로부터 발견들을 묘사할 것이다. 첫째, 감성적 맥락의 중요성을 묘사할 것이다. 둘째, 발달과 유아교육에서 사회적 이해의 사용을 위한 사회적 파트너의 중요성을 묘사한다(Dunn, Brown, Slomkowski, Tesla and Youngblade, 1991). 감성적 맥락에 대한 논의에서, 가족이라는 무대 안에서 아주 자주 감성적 상호작용들은 아이의 성장하는 사회에 대한 이해를 밝히고 도울 것이다. 이것은 유아시절에 세 가지의 상호작용 영역에 대한 참고로서 증명된다. 사회적 파트너들에 대한 다음 섹션에서 마음에 대한 이해의 발달에서 아이와 아이와의 상호작용의 중요성에 집중한다. 아이와 아이의 상호작용과 아이의 능력에서의 개인적 차이를 연결하는 것을 위한 증거로부터 마음 읽기까지, 우리는 이러한 상호작용에 공헌하는 두 가지 과정들을 고려할 것이다.

감정적 맥락의 중요성

일상의 출현에 대한 브루너의 강조는 확실히 통찰력이 있다. 그러나 그러한 일상적인 상호작용들이 아이들의 이야기에서 부각되는 숨바꼭질 게임 또는 피카부 게임의 단순한 즐거움들 또는 중립적인 보살핌의 일상이라기보다는 오히려 종종 부정적 감정과 긴장된 욕구들로 얼룩진 드라마들을 포함한다. 뒷부분이 놀라움을 자아낸다면 2살 반부터 아이에 대한 우리의 연구는 사회적 이해가 또한 종종 그들이 대리인이자 범죄자, 희생자 또는 수행원으로서 행동하는 맥락과 부정적인 감정들로 채워진 일상적인 상호작용에서 드러난다. 여기에는 가족의 권력정치에 의해 야기되는 그리고 아이의 급한 요구들과 요구, 분노에 의해 침전된 일상적 드라마들이 있다. 우리가 이러한 초기 교환들에서 아이들이 이해하고 배우고 획득하려고 시도하는 것에 대해 논의할 때, 아이의 감정과 요구의 중요성은 핵심 열쇠이다(Dunn, 1988; Dunn and Brown, 1994).

초기에 어른과 아이 감정 사이의 교환에서조차 중요한 역할을 한다. 브루너와 다른 사람들은 어린 아기와의 의사소통의 발달에서 엄마의 가지는 의도들... 그러한 아기들이 우울해서 울 때, 그들은 의사소통하려고 안 할지도 모른다. 그러나 그들의 부모들은 그러한 우울의 증거를 의도적인 소통으로 다룬다. 그것은 아이들이 다른 사람의 울음의 의미를 이해하기 시작하는 그러한 상황에서이다(그리스의 용어로(1957) 비자연적인). 충분히 그럴듯한 그 제안은 점점 아이들이 그들의 부모들과 공유하는 문화의 전통들 안에서 의도적으로 소통하는 능력을 획득한다. 우리의 포인터는 그러한 상호작용들이 전혀 감정적으로 중립적이지 않다는 것이다.

사실 우리가 매우 어린 아이들에게 팔을 흔들고 소리를 내고 그들의 얼굴 찡그림에 감정과 욕구를 부여함으로써 연결할 수 있다는 것은 논쟁적이다.

1살 때의 초기의 교환에서 부모들은 아기가 원하고 느끼는 것에 대한 명확한 코멘트들과 함께 대화의 사이에 둔다. '오~ 너는 배가 고프구나!' '너는 우유를 원하네.' '그래, 너무 피곤하지, 아가.' '그래, 너는 그것을 좋아하지?' 그래서 부모들은 아이에게 세계를 더욱 알도록 시도하면서 그리고 아이가 더욱 그들 자신을 알도록 시도하면서 부모들은 아이와의 의도적인 소통을 초기에 구조화한다. 그들의 기여들은 다소 자비심이 있다. 그들은 세계를 아이에게 더욱 지원적인 장소로 만들려고 시도하고 있다. 물론 항상 그렇지는 않다. 그리고 초기 몇 달에 대부분의 의도의 속성은 아기의 스트레스, 좌절, 화, 그리고 한 달 후에는 행복과 기쁨의 감정의 표현들에 집중된다.

생후 2세와 3세 무렵, 아동이 타인을 이해하는 초기 능력을 드러내는 상황에서는 감정이 명확하게 개입되어 있는 경우가 많다(Dunn, 1988). 이러한 이해 능력이 드러나는 상황들은 공통적으로 특정한 정서적 함의(emotional valence)를 지니며, 감정적으로 중립적인 장면은 아니다. 예를 들어, 자기 이익이 위협받는 상황은 2세 아동에게 있어 매우 전형적인 맥락이며, 이때 아동은 책임을 회피하려 하거나(blame deflection) 경쟁이 벌어지는 상황 속에서 원하는 자원을 얻으려 하거나 처벌을 피하려는 시도를 통해 타인의 의도(intentions)와 기대(expectations)를 이해하는 초기 능력을 보여준다.

이러한 만남 속에서 아이들이 자신과 타인의 감정에 영향을 미치려는 노력은 그들의 관계에서 주목할 만한 특징이다. 그리고 타인의 감정 상태를 조작하려는 시도—가족 구성원이나 친구들 간의 상호작용을 특징짓는, 빈번하고 반복적이며 감정이 실린 교류—를 통해 아이들은 공유된 경험에 의미를 부여하는 민속 심리학(folk psychology)의 문화적 규범을 배우고 실험하게 된다. 그 근거는 두 번째 해에 접어든 아이들이 장난을 치며 상대가 무엇에 짜증을 내거나 불쾌하게 여길지를 어느 정도 이해하는 행동,

예상되는 규범을 위반할 수 있는 농담, 그리고 다른 사람의 고통을 줄여줄 수 있다는 이해를 반영하는 위로 행위를 하는 관찰에서 확인된다. 아이들이 3-4세가 되면, 그들의 감정 상태와 점점 더 정교해지는 타인의 마음과 감정에 대한 이해 사이의 연관성은 특히 세 가지 유형의 상호작용에서 뚜렷하게 드러난다. 첫째, 감정과 정신 상태에 관한 담화에의 참여, 둘째, 기만을 시도하는 행동, 셋째, 초기 내러티브이다.

내면 상태에 대한 담론

중요한 점은 미국, 캐나다, 영국과 같은 동일한 문화권 내의 가정들 사이에서도 우리가 주목하는 행동 유형들에 뚜렷한 차이가 존재한다는 것이다. 우리의 연구에서 아동들은 다음과 같은 측면에서 상당한 차이를 보였다. 그들과 그들의 가족이 어떤 감정을 얼마나 자주 다양한 범위에서 이야기하는지 농담이나 장난 속에 드러나는 정서적 이해의 섬세함, 타인의 감정 상태에 영향을 주고자 하는 관심의 정도, 그리고 긍정적인 감정을 함께 나누는 데서 느끼는 즐거움 등이 그것이다. 또한 아동들은 감정 경험을 설명하도록 요구받는 과제 수행에서도 큰 차이를 보였는데 이러한 설명 자체도 문화적 신념에 의해 제약을 받는 경향이 있었다.

우리는 감정, 생각, 신념, 그리고 마음의 세계에 관한 담화에 아동이 참여하는 경험이 타인의 내면 상태(inner states)를 이해하는 능력에서 개인차가 발달하는 것과 관련이 있음을 알고 있다. 영국과 미국의 매우 상이한 아동 집단을 대상으로 한 세 개의 독립적인 연구에서 이러한 주제에 대한 담화에 참여한 경험과 이후 내면 상태 이해에 대한 형식적 평가(formal assessments)에서의 높은 성취 사이에 긍정적인 상관관계가 있음이 밝혀졌다(Dunn,

Brown & Beardsall, 1989; Dunn, Brown, Slomkowski, Tesla & Youngblade, 1991; Hughes & Dunn, 1998).

우리가 무엇이 감정들에 대한 그러한 대화에 참여하게 하는지를 묻는다면, 우리는 정서에 대한 아이들의 표현들을 무시할 수 없다. 우리의 장기적인 연구에서 엄마들(33-47세)은 아이들과 두 번 이상 이야기하는 경향이 있다. 그들의 아이가 중립적인 감정 또는 행복한 감정을 표현할 때보다는 부정적인 감정들을 표현하고 있을 때 그러하다. 그리고 33개월의 아이는 더욱 행복할 때보다 화나고 당황했을 때 감정에 대해 일시적으로 대화하는 경향이 더 크다. 우리의 분석은 아이의 타자들의 주관적인 상태들의 이해를 성장하는 것과 감정적 경험 사이를 연결에 관계하는 세 가지 중요한 일반적인 초점들을 구축했다. 첫째는 가족에서 감정적 표현의 일반적인 수준에 대한 적절성을 고려한다. 아주 자주 부정적인 감정이 표현되는 가족들에는 느낌에 대한 이야기와 감정 표현 사이에는 어떠한 연관도 없다. 일반적으로 부정적인 감정에 대한 표현이 느낌에 대한 이야기를 위한 기회가 될 때, 이러한 가족들에게 그러한 기회는 거의 활용되지 않는다.

둘째, 아이의 감정적인 상태에 대한 중요성은 그들의 발달하는 이해에 대한 다양한 관점들에 변화를 준다. 즉, 우리는 사회적인 가장 놀이에서 아이가 참여하는 것은 아이가 당황하고 화가 날 때는 발생시키지 않는다. 비슷하게, 화나고 당황해하는 아이는 거의 유머를 공유하지 않는 경향이 있다(그것은 상대적으로 다른 사람이 재미있을 것이라는 것에 대한 진화된 이해를 포함한다).

셋째는 아이의 감정들의 강도는 중요하다는 것이다. 로버트와 스테레이는 아이의 권한과 부모의 반응 사이에 부정적인 영향과의 관계에서 역전된 U자형 기능들을 보고한다. 진실로 아이들은 그들이 매우 화가 나고 당황할 때 그들의 사회적 능력을 잃고, 그리고 그들이 감정적으로 중립적일 때 가장 성숙한 수준으로 운용하는 것인가? 아니면 중립적으로 운영할 때 그들이 감정적으로 하는 것인가? 감정을 고려하며 대화를 하는 가족에 대한 우리의 발견들은 감정에 대한 그러한 대화들이 아이의 우울과 좌절에 의해 떨어진다는 것이다. 그러나 그 자료는 오히려 아이들이 화나고 당황할 때 어떻게 갈등들을 관리하는지에 대한 다른 그림을 준다. 여기에 우리는 크게 화를 내는 아이가 어떠한 논리를 전혀 사용하지 못하는 경향이 있다는 것을 발견한다. 그는 단지 어떠한 정당화를 제공함이 없이 저항한다. 호프만의 관찰에 따르면 감정이 정보의 프로세스를 시작하고 끝내고 촉진하고 혼란시킬 수 있다. 감정은 사회적 인식에 대한 투입을 제공한다. 그리고 그것은 의사결정에 영향을 줄 수 있다. 그러나 호프만은 감정적 경험에 대한 개인 내적이고 규칙적인 자원들을 강조한다. 한편, 우리의 관찰은 인지에 대한 감정적 영향에 대한 상호 관계적 관점을 부각시킨다.

감정에 대한 담화와 그러한 대화의 정서적 맥락에 관한 이 증거들은, 이해 발달을 전적으로 인지적 또는 성숙 과정의 측면에서만 설명하려는 관점을 견제하는 역할을 한다. 그러나 다음과 같은 유의 사항도 함께 고려되어야 한다. 첫째, 감정에 대한 명시적인 언급 외의 다른 형태의 담화도 이러한 발달에 중요할 가능성이 있다. 둘째, 말로 이루어지는 경험 외에도, 감정과 내면 상태를 이해하는 데 기여할 수 있는 다양한 경험이 존재할 수 있다. 예를 들어, 아이와 함께 웃는 등 감정적 반응을 공유하는 경험은 아동이 타인의 감정에 대해 점점 더 민감해지는 데 도움이 될 수 있다. 마지막으로, 아동의 분노 상태와 추론 실패 사이에 나타나는 연관성의 양상은, 아동이 자신의 목표를 달성하는 데 추론이 도움이 되지 않을 것임을 '알아차렸기 때문에' 분노하게 되는 결과일 수 있음도 주목해야 한다.

속이려는 시도

속임수(deception)는 아동의 초기 마음 이론(Theory of Mind)에 관한 논쟁에서 핵심 주제 중 하나이다. 3세 또는 4세 아동이 고의로 타인의 믿음을 오도하거나 조작하려는 시도를 할 수 있는가에 대해 많은 논란이 있었다. 몇몇 연구에서는 표준화된 과제를 활용해 어린 아동은 그러한 능력이 없다고 보고했다(Strichartz & Burton, 1990; Sodian, 1991). 그러나 자연스럽게 발생하는 속임수와 관련된 사건들을 중심으로 한 연구들은 반대의 결론을 제시한다(Newton, 1994; Newton & Reddy, 1996). 우선, 세 살 아동들도 가족 구성원이 생각하거나 기대하는 바를 조작하려는 시도를 한다. Newton의 연구와 Dunn(1988)의 연구 모두에서, 이러한 사건들은 종종 거짓 변명, 타인에게 책임 전가, 책임 회피, 장난스럽게 속이기와 관련되어 있었다. 다음은 전형적인 사례이다. 30개월 된 한 아이가 그녀의 언니인 Carol이 규칙을 어겼다고 어머니에게 '보고'했다. 그러나 이 행위는 관찰자들이 이전 두 시간 동안의 상황을 살펴봤을 때 실제로 일어나지 않은 일이었다. 이 사건은 어머니가 아이들에게 만지지 말라고 당부한 정원용 호스를 중심으로 벌어진 것이었다.

> 아이: 카롤이 스프레이를 만지고 있어.
> 엄마: 카롤이? 카롤은 아무것도 안 해.
> 아이: 카롤이 나의 머리에 그것을 뿌렸어[진실이 아닌]
> [엄마는 다시 본다]

가족 관찰에서 많은 2살 아이들은 그들의 가족과 형제들을 속이려고 그러한 시도를 했다. 가족의 다른 구성원들을 속이려는 뉴턴의 연구에서 3살

아이들의 시도들은 4살 아이보다 덜 일어난다. 그러나 그들은 나이가 더 많은 아이들처럼 폭넓은 형태로 속임수를 보인다. 3살 아이는 이미 4살 아이가 하는 것과 같은 방식으로 다른 사람들의 기대와 생각들을 조작하려는 시도들을 하고 있었다. 그리고 여기서 우리의 논의의 핵심 키 포인터로서 그러한 시도들이 행해지는 맥락들은 자주 아이가 부모의 통제에 반해 감정적으로 부담감을 가지는 가족의 갈등의 그것들이다. 뉴턴에 의해 기록된 속임수들이 발생하는 상황들은 명확히 속임수가 실험적으로 연구되어 온 실험 상황들에서의 그것들과는 매우 다르다. 이러한 상황들에 대한 감정적인 부담의 중요성은 무시될 수 없다. 가족 상황에서 속임수에 대한 이러한 시도들에 대한 정교화는 속이는 행위에 대한 실험에서 묘사되는 행위들과 비교될 수 없다.

초기 내러티브

마음과 감정 그리고 인간 행동의 연결에 대한 그들의 초기의 이해를 기르고, 그것의 비밀을 벗기는 아이의 소통적인 상호작용에 대한 세 번째 측면은 그들의 이야기들의 생산이다. 브루너는 마음과 강점 이해의 발달에 영향을 주는 과정으로서 내러티브의 중요성을 강력하게 논하였다. 그가 제안한 이야기 패턴들은 마음의 이론의 아이디어의 핵심에 놓여있는 의도에 대한 메타인지의 종류들을 지지한다. 그것은 특별히 몇몇 실험적 연구들이 이제 잘못된 믿음에 대한 아이의 이해에서 내러티브 경험의 중요성을 나란히 제공하는 이러한 논의에서 특히 흥미롭다. 즉, 루이스와 그의 동료는 아이가 일에 포함된 사건들을 통일된 내러티브로 연결하는 기회를 줄 때, 잘못된 신념에 직면한 아이가 성공하는 것을 보여준다.

우리의 2, 3, 4세 아동에 대한 장기적인 연구에서 아이의 청해지지 않은 내러티브의 발달은 더욱 일반적으로 정신적인 상태와 심리적인 이슈에 대한 그들의 코멘트들의 그것과 나란히 서있다. 아이는 일어난 것의 이야기를 그들이 처음에 내적인 상태에 대하여 말하기 시작할 때와 그들이 하는 것처럼 다른 사람들이 왜 행동하는지에 대해 질문을 하기 시작할 때에 연결하기 시작한다. 펜실베이니아 아이의 초기 내러티브에 대한 브라운의 실험은 사회감정적인 사건에 맞춰져 있고, 특히 부정적인 사건들에 맞춰져 있다는 것을 보여준다. 더 나아가 아이는 그들의 가장 정교한 언어적 기술들을 모은다. —내적인 상태를 참조하면서, 사건들을 시간적이고 인과적으로 순서지우면서—그들이 화, 분노, 스트레스를 포함하는 사건들을 보고할 때, 정원에서 집까지 돌아서 달리며 형제에게 말하려는 아이의 예에서와 같이.

> 아이가 형제에게: 나는 뒤돌아서 뛰게 되었어. 왜냐하면 나는 두 마리의 뱀을 보고 무서워서 그랬어.

엄마는 질문하고 또는 우리가 관찰한 가족의 떠들썩한 주고받기에서 아이가 제공하는 파편적인 설명들에 지지를 제공한다. 그러나 어린 아이는 동시에 그들보다 더욱 유능한 나이 많은 형제들에게 듣고서 일어난 일을 어떻게 최선으로 말하는지 방법을 배울 다양한 기회를 갖는다. 그러한 형제들은 논의에서 이기며, 그들의 더욱 정교한 내러티브 설명과 함께 모성적인 조정을 제공한다. 우리는 이러한 대화들이 아이의 인지 능력에 어떻게 기여하는지를 고려해야 할 것이다. 우리의 관찰에서, 그들은 명확히 아이가 말하는 사람이 많은 세계와 다양한 형제들이 있는 가족에서 가지는 기회들이 더욱 능력 있는 타자들로부터 배우고 그들에게 참여하도록 한다는 것을 증명하였다. 타자들의 관심들은 아이들의 관심과 다를지도 모른다.

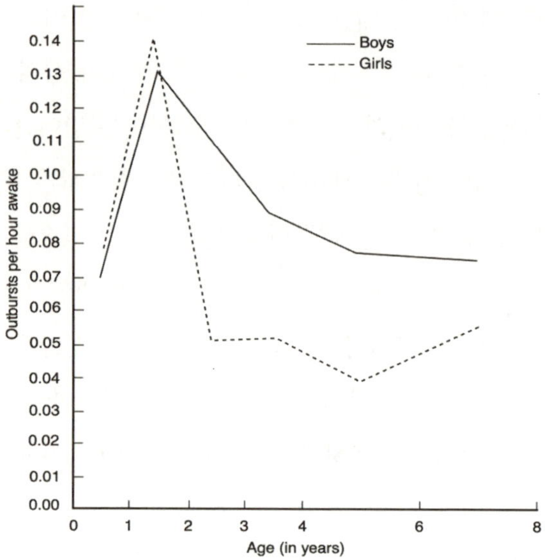

〈Figure 5.1 Frequency of angry outbursts in the home(from Goodenough, 1931)〉

감정의 중요성에서 나타나는 발달적 변화

우리가 실제적인 상황과 아이의 사회적 이해 사이의 연결을 명확히 하려고 한다면 우리가 아이들의 감정들과 동기들을 고려해야 한다는 논의는 우리가 봤듯이 느낌과 속임수, 그리고 그들의 초기 내러티브들에 대한 아이의 담론을 고려하는 증거들로서 지지되어야 한다. 그러나 초기에 긴장하는 감정들에 대한 아이의 표현에서의 극적인 발달적 변화들은 이러한 감정들의 중요성이 입학 전에 왜 변화하는지에 대한 질문을 제기한다.

2살에서 3살 되는 첫 달 동안에 아이는 불안과 화, 스트레스를 매우 노골적으로 표현한다는 것은 명확하다. 1930년대부터 구디너프의 전통적인 연구들은 집에서의 화를 분출하는 아이의 절정으로 이것을 명확히 증명한다.

부정적인 감정들에 대한 그러한 표현들은 3-4살에서 빈도수가 감소한다. 우리의 펜실베이니아 연구에서 그들의 형제와의 상호작용들은 이것을 가장 명확하게 증명하였다. 33개월에 형제와의 상호작용의 21퍼센트가 화 또는 스트레스의 표현으로 수행되었다. 47개월까지 이것은 9%로 떨어졌고, 69개월까지는 6%가 되었다. 물론 이와 비슷한 기간에 아이들의 소통적・메타인지적 능력들이 증가하였다. 그러고서 아이의 사회적 이해의 활용과 발달을 위한 즉각적인 감정적 맥락의 의미는 반성과 소통의 힘이 증가함에 따라 감소한다. 즉, 거기에는 말다툼에서 아이의 합리화에서 긴장된 화와 걱정의 의미에서 발달적인 변화들이 있다는 증가가 있다. 이미 말했듯이 우리의 펜실베이니아 연구에서 33개월 아이는 그들이 덜 당황스러울 때보다 더욱 화가 나오 스트레스가 느껴질 때 그들의 합리화하는 능력을 덜 끌어오는 것으로 나타났다. 그러나 47개월에 이러한 동일한 아이는 당황하든 그렇지 않든 간에 동일하게 말다툼에서 합리화된 논의를 했다. 아이의 메타인지적 능력들이 증가함에 따라 그들은 2살 때와는 달리 그들의 감정에 덜 좌지우지되었고 화가 나고 우울할 때조차도 그들의 논의의 힘을 더욱 활용할 수 있다.

실제적 맥락과 아동의 상호작용 목표는 유아기 동안 아동의 사회적 이해 발달 및 활용에 있어 여전히 중요한 역할을 한다. 이를 보여주는 하나의 예로 우리는 펜실베이니아 연구에서 어머니가 사람들의 행동 원인에 대해 자녀와 나눈 대화의 함의를 분석하였다. 그 결과, 어머니가 원인에 대해 이야기한 정도와 아동이 이후 감정을 이해하는 능력 사이에는 시간에 따른 연관성이 나타났다(Dunn & Brown, 1993). 그러나 이러한 연관의 패턴은 엄마와 아이가 내적 상태 또는 행위의 결과 또는 원인에 대해 언급하는 초기의 대화의 실제들에 중요하게 의존하였다. 아이의 엄마의 원인에 대한 대회가 자녀를 통제하기 위해 계획된다면, 이후 사회인지적 발달의 평가에서 낮게 나왔다. 반면에 엄마들의 원인에 대한 대화가 공유된 놀이의 맥락에 있고 이후의 평가에서 위로하기와 농담하기는 특별히 성공적이다. 분명하게 우리가 주의해야 할 것에는 부모와 아이의 대화의 내용만이 아니다. 브루너가 『Acts of Meaning』에서 강조한 바와 같이, 우리는 항상 '사람들이 그 맥락에서 무엇을 하고 있는지, 혹은 하려는지'를 물어야 한다(Bruner, 1990: 118). 실제로 아동이 다양한 사회적 파트너와 상호작용하는 상황을 면밀히 살펴보는 접근은 이러한 점을 더욱 분명하게 드러낸다.

사회적 파트너의 중요성

비고츠키 프레임워크 안에서 인지 발달을 위한 사회적 상호작용의 중요성에 대한 대부분의 저작에서 능력 있는 어른에게 도제로서의 아이에 강조점이 맞춰져 있다. 그러나 아이들의 사회적 세계들은 전문가, 교훈적인 어른들과 같은 타자들을 포함한다. 진실로 어린 시절부터 그들은 어른들보다 형제와 동료들과 상호작용하는 것에 더 많은 시간을 보낸다. 그리고 다른 아이들과의 상호작용은 동정적인 어른들(특히 엄마)과 소통하기의 그것들로부터 얻는 보상과 다양한 도전들을 가져온다. 아이-아이의 상호작용에 대한 근접 관찰은 어떤, 아마 놀라운 사회적 이해에 대한 영향으로서 그들의 가능성을 위한 증거들을 드러낸다. 그리고 어른이 아이의 소통에 영향을 줄 때 집중적으로 형성하는 그것들로부터 사회적 경험의 다양한 측면들을 암시하기도 한다.

다음과 같은 사실을 고려해 보자. 형제들과 함께 있는 아이들은 형제가 없는 아이들보다 마음 읽기를 더 잘한다고 보고된다. 더구나, 아이가 갖고 있는 형제의 수는, 그리고 그들이 일상적으로 상호작용하는 친척의 수는 모두 마음 읽기와 정적 관계에 있다. 어떤 사회적 과정들이 이러한 발견들을 설명하는가? 마음과 감정의 초기 이해를 돕는 무엇이 아이와 그들의 형제들 사이 또는 가까운 친구들 사이에서 일어나는가?

두 가지의 중요한 예들이 우리의 긴 연구에서 나타난다. 첫째는 공유된 가상놀이에서 아이의 경험을 포함한다. 그 놀이에는 역할이 있고 이야기가 함께 계획되고 교섭되며, 함께 놀이하는 아이들에 의해 발달된다. 우리의 펜실베이니아 연구에서 마음 읽기와 감정 이해에 대한 성공의 중요한 전조는 아이가 이전에 더 많은 형제들과 협력적으로 놀이한 경험이다. 이것에서, 협력 가상놀이에서 역할 수행에 대한 그들의 경험은 특별히 중요하게 된다. 확실히, 다른 아이의 생각과 의도들을 설명하는 능력은 이러한 놀이를 운영하게 하고, 순환적으로 가상 정체성들의 상상적 세계를 구조화하고 공유하는 데 협력하는 노력들은 이러한 능력을 키운다. 다른 연구들은 다른 사람과 가상 세계를 공유하고 협상하는 아이의 경험에서의 개인적인 다양성들은 감성을 이해하고 마음 읽기의 평가에 성공과 관련된다.

친구들과 형제들과의 아이의 상호작용의 두 번째 특징은 정신적인 상태 용어들에 대한 뚜렷한 활용이다. 그들의 엄마, 형제, 그리고 친구들과의 대화에 대한 우리의 분석은 놀라운 발견을 하게 한다. 아이들은 엄마보다 그들의 친구와 형제들과 더 많은 빈도로 정신적 과정들에 대해 이야기한다. 더 나아가, 그들의 엄마와의 대화에서 정신적 상태에 대한 그들의 언급들은 그들이 가지고 있는 생각 또는 신념에 대한 것이라면, 형제와 친구들과 그들은 공유된 생각과 아이디어에 대해 이야기하는 경향이 더 크다. 가상놀이는 신념과 가정들이 아이에게 특히 관련된 상호작용적인 맥락이다. 중요하게도, 그러한 정신적 상태에 대한 그들의 언급은 마음 읽기에 대한 그들의 수행과 관련된다. 우리가 아이가 어떻게 그들의 대화, 실제적인 기능에서 정신적 상태에 대한 언급을 하는지 고려할 때, 정신적 상태 용어들의 대화적인 활용을 위한 웃음을 자아내는 역할이 나타났다.

아이(그리고 어른들)는 종종 다른 사람의 의도를 알기 위해 또는 새로운 주제 또는 행위들을 소개하려고 할 때 '너도 알잖아' 또는 '글쎄'라는 문구를, 그리고 진술을 명확히 하려고 할 때 '나는 의미한다'라는 문구를 활용한다. 비슷하게, 그들은 불확실함을 표현하기 위해 '나는 생각한다'라고 말하거나 사실에 대한 권위를 가지고 '나는 안다'라고 말할 수 있다. 정신적 상태 용어에 대한 이러한 대화적인 활용들은 2살이나 더 어린 아이들 사이에서는 메타인지적 이해의 증거로부터 제외되어 왔다. 그러나 '나는 몰라'와 같이 진술의 효과를 떨어뜨리는 사례는 행위에 대한 정신적인 이해로 신뢰가 있는 어른들과 4살 아이 사이에서 매우 덜 확신적이다. 그것은 확신있게 무어와 그의 동료들에 의해 논의되었다. 강화하는 '알다'의 활용과 제한하는 '생각하다'의 활용, 그리고 주장은 정신적 상태가 제안하는 태도들을 반영하는 지식에 의존하고 진실한 정신적 상태 이해를 나타내는 것으로 간주되어야 한다. 그들은 단언들의 변경자들이 마음 읽기의 실험에 성공하는 것과 같이 아이의 합리화는 '생각하다'와 '알다'를 포함한다는 것을 보여주는 실험으로부터 증거를 인용한다. 역시 우리는 정신적 용어에 대한 그러한 대화적인 활용은 마음 읽기의 수행과 관련이 있다는 것을 발견하였다. 더 나아가, 우리의 연구에서 4살이나 더 나이가 많은 아이들 사이에서 이러한 정신적 용어들은 중요한 실제적 기능들을 제공했다. 이는 관점의 다양함을 해결함으로써 협조를 하고, 협력적 내러티브를 유지하고 다른 사람의 의도들을 명확히 하면서 이루어진다. 이것은 두 명의 친구들이 해적이라고 가정하는 다음의 예에서 증명된다.

F: 은색 물건들은 전부 여기에 넣어야 해. 그러고 나서 금을 찾으면 칼을 사용할 수 있어.

C: 그게 침대 밑에 그렇게 있을 거라는 말이야?

F: 아니, 침대 위에 놓을 거야. 그래야 우리가 그걸 찾을 수 있어.

C: 하지만 우린 여전히 그게 어디 있는지 알잖아.

F: 알아, 괜찮아. 괜찮아, 왜냐하면 우리는 저쪽에서 걸어올 거니까.

가상 놀이의 맥락에서 정신적 상태에 대한 언급은 아이들의 성장하는 사회적 이해를 위한 공유된 가상놀이의 중요성을 부각한다. 그들은 아이들이 복잡한 가상 실제들과 환상으로부터 분리된 실제를 즐기기 시작한다는 것을 보여준다. 이는 독립적인 인지 기획이 아니라 이러한 인지적 상태들이 공유되는 사회적 상호작용들을 협상하는 것을 통해서 이루어진다. 이것은 거기에 3-4세 동안 사회적 이해의 발달과 연관된 복잡하고 뚜렷한 사회적 과정들이 있다는 것을 증명한다.

예를 들어, 역할 놀이는 다른 사람의 신발에 자신을 명확하게 넣어보는 것을 포함한다. 반면에 가상 놀이를 하기 위해 필요한 협상—갈등을 해결하는 것과 같은—은 아이가 또 다른 갈등 이해들에 직면함과 동시에 자신의 이해에 직면하게 한다. 진실로, 입학 전 친구들 사이에서의 가상 놀이는 대립하는 관점과 욕구들의 협상을 내포한다. 이러한 대립은 서로 다른 플롯에서부터 환상 개성들에 대한 특징, 그리고 탐내는 인형들에 대한 분배에까지 이른다. 피아제는 아이들이 다른 사람의 다양한 의견들과 느낌들에 직면하는 논의를 하는 경험이 다른 사람의 생각과 관점을 이해하는 발달에 중요하다고 말해왔다. 우리의 펜실베이니아 연구에서, 그들과 논쟁에 있을 때 그들의 경쟁자의 의견을 설명하는 아이가 이후에 간단히 그들 자신의 요구들과 의견들을 반복하는 아이들보다 사회적 이해의 평가에서 더 잘 수행하였다. 이것은 갈등 상황에서 엄마와 형제들이 다른 사람의 의견에 집중한 아이가 그런 것과 같다.

아이의 사회적 세계 안에서 인지발달을 구성하는 것의 중요성은 더 나아가 아이와 아이가 정신적 상태에 대해 이야기하는 두 번째 모습에서 부각된다. 정신적 상태에 대한 아이의 논의에서 개인적 차이들은 두 명의 아이 사이에서의 관계의 질과 연관된다. 상호작용에서 종종 정신적 상태에 대해 논의하는 아이와 친구의 짝들은 관찰자들이 그들의 놀이에서 가장 협력적인 것으로 바라본 아이들이었다. 그리고 그들의 상호작용의 빈도와 우정의 깊이는 정신적 과정들에 대한 그들의 명확한 언급들과 정적인 관계에 있었다. 그래서 그들의 생각을 명확히 하고 협력 가장 시나리오를 재정의하기 위해 정신적 상태를 묘사하는 능력은 논쟁의 성공적인 해결의 수단으로서 기여하였고 놀이에서 서로 그들의 즐거움을 유지하는 데 도움을 주었다.

이러한 사회적 과정들과 관련된 더욱 중요한 핵심 포인터는 우리가 다양한 관계들 안에서 동일한 아이를 비교할 때 부각된다. 동일한 아이가 그의 엄마, 형제 그리고 친한 친구와의 상호작용에 대해 관찰할 때 이러한 다양하고 친밀한 관계들에서 다양한 이해의 힘을 보여줄 수 있다. 펜실베이니아 연구의 역할 놀이에서 아이의 수행에 대한 개인적인 차이들은 갈등의 관리, 그리고 정신적 상태에 대한 그들의 이야기는 엄마, 형제 그리고 친구와의 상호작용을 가로질러서 관련되지 않았다. 어떤 아이들은 친구와 정교한 역할놀이를 하였으나, 형제 또는 엄마와는 그렇지 않았다. 다른 아이들은 형제들과는 그랬으나 친구 또는 다른 사람과는 그러지 못했다. 엄마와 논쟁에 있는 어떤 아이들은 그의 의견을 논리적으로 설명하는 방식으로 합리화했으나, 그들의 친구 또는 형제들과는 그렇지 않았다. 그리고 거기에는 아이가 정신적 상태에 대한 이야기에 참여하는 빈도에서 이러한 관계를 가로질러 나타나는 뚜렷한 연합이 없었다. 행위 안에서 이해에 대한 이들 각각은 잘못된 신념 실험 수행과는 관계없다.

이러한 결과들은 우리에게 두 가지 종류의 중요한 정보를 준다. 첫째,

역할놀이와 정신적 상태를 논의하는 아이의 능력을 측정하는 것에서 우리는 아이가 다른 사람의 마음을 이해하는 공식적인 평가들을 진행하기 전에 그 나이에 사회적 이해의 측면들을 가볍게 알아볼 것이다. 둘째, 다양한 관계들에서의 빈약한 연합은 아이가 그들의 다양한 삶의 관계에서 다양하게 사회적 이해를 활용하는 방식을 보여준다. 다시 그것은 우리에게 특정한 상호작용 또는 관계의 감성적 맥락이 그들의 인지 능력을 정리하는 아이의 능력에 영향을 미친다는 것과 경험으로부터 배운 것이 영향을 준다는 것을 상기시켜 준다. 그들의 파트너의 내적 상태에 대한 아이의 이해 또는 최소한 그러한 이해에 대한 그들의 활용은 집중적으로 상호작용의 감성적·동기적 특성과 관련된다.

결론

이 장은 마음에 대한 아이의 발견과 그들의 사회적 경험 사이의 관계에 초점을 두었다. 특히 그들의 감성적 질과 실제와의 관계에 초점을 두었다. 실천을 다루는 『Child's Talk』와 『Acts of Meaning』과 마음 읽기의 발달에 대한 실천의 맥락에서 브루너 의견의 타당성은 명확하다. 또한 우리는 그러한 교훈들과 관련 있는 발달의 다른 영역들에도 초점을 둘 수 있다. 브루너의 논의들의 핵심과 가까운 마지막 예는 일상에서 그들이 가족과 상호작용하는 것을 통하여 어린 아이가 도달하는 문화적 메시지와 관련된다. 영국과 미국에서의 우리 연구들의 프레임워크에서 우리는 문화적 정체성으로써 아이를 고려하는 다루기 어려운 여러 질문들을 물었다. 어떠한 측면에서 입학 전 미국의 아이가 한 명의 미국인으로서 성장하는가? 어떻게 영국의 입학 전 아이가 미국의 동료들과 다른가? 어떻게 어린 아이에게 지도된 명확하고 함축적인 그리고 도덕적인 메시지가 케임브리지, 영국, 그리고 펜실베이니아 중심의 다양한 문화적 세계에서 다른가?

우리는 이미 세 살에 뚜렷한 문화적 메시지가 아이의 삶과 그들의 이야기를 구성한다는 것을 알았다. 그들의 삶을 패턴화하는 그들의 환상과 이야기들, 그리고 특히 사회적 규범들은 그들의 가족만이 아니라 더 넓은 세계의 것이다. 차이의 특징들은 곤혹하게 하고, 그것들은 국가적인 편견과 연관시키도록 한다. 미국의 가족들에게서, 우리는 개인적 권리와 개인적 행위와 관련한 법규들을 강하게 강조하는 것을 보았다. 영국에서는 다른 사람에게 해를 주지 않는 온순함을 일반적인 규범적 법규들에서 강조한다.

이러한 종류에 대한 작은 규모의 연구로부터 발견되는 특별한 차이들은 예비 결과들로 다뤄질 수 있다. 그러나 일반적인 교훈은 명확하고 우리에게 문화의 구성적 역할에 대한 브루너의 강조를 상기시키게 한다. 문화적 정체성들과 발달에서 감성과 인지의 연결, 마음에 대한 아이의 개념에 대한 질문들은 가장 어려운 문제이며, 발달심리학자들에게 가장 중심적인 이슈들이다. 그리고 브루너의 생각에 대한 완전한 의의는 이제 완전하게 인식되기 시작했다. 아이의 일상 드라마에 대한 근접 관찰—브루너가 주의를 기울이는 평범한 일상의 출현—은 타자에 대한 아이의 이해에 대한 초기의 이론과 일상적 상호작용에 대한 감적 질의 중요성 모두를 중요하게 바라보게 한다. 브루너는 아이의 사회적이고 지적인 삶 사이에서의 연결들과 실천들에 초점을 맞춘 『Child's Talk』에서 혁명을 시작했다. 우리가 마음에 대한 아이의 발견을 이해하는 것을 지속하기 위해서는 급히 그의 메시지에 관심을 가져야 할 필요가 있다.

주석

펜실베이니아와 런던에서 수행된 본 연구는 NICHD(미국 국립 아동건강인간발달연구소)의 연구비 지원을 받았다(HD 23158).

1. 본 연구는 펜실베이니아 중부 지역에서 수행된 50명의 둘째 아이와 그 가족 및 친구들을 대상으로 한 종단적(longitudinal) 연구였다(Dunn et al., 1991). 대상 가족들은 연속적인 출생 공고를 통해 모집되었으며, 대부분 백인 가정이었고 사회경제적 배경은 다양하였다(아버지의 직업 지위에 대한 표준편차 및 범위는 미국 전국 대표 표본과 유사한 분포를 나타냈다). 자연적인 관찰(unstructured naturalistic observations)은 아이가 생후 33개월, 40개월, 47개월, 69개월 시점에서 가족과 함께 집에서 이뤄졌으며, 47개월과 69개월 시점에는 아이가 집에서 친한 친구와 함께 놀이하는 장면도 관찰되었다(Brown et al., 1996). 관찰 과정 중에는 아이가 가족 및 친구들과 나눈 대화를 오디오로 녹음하고, 관찰자가 이를 전사(transcribe)한 뒤 상호작용의 다양한 양상과 내면 상태에 대한 언급을 기준으로 부호화(coding)하였다. 또한 가상놀이(pretend play), 갈등 상황, 감정 표현, 비언어적 행동 등을 관찰자가 서사적 메모(narrative notes)로 기록하여 전사에 통합하였다. 관찰은 둘째 아이를 중심으로 진행되었고, 가족 구성원들은 관찰 중 자유롭게 출입하였다. 연구의 초점은 표준화된 상황을 강요하기보다는, 각 가정에서 자연스럽게 일어나는 상호작용을 포착하는 데 있었다. 감정 표현은 화자의 발화(turn) 단위마다 코딩되었다. 아동의 마음 읽기 능력(mind-reading abilities)은 Bartsch와 Wellman(1989)의 방법을, 감정 이해력(emotion understanding)은 Denham(1986)의 방법을 활용하여 40개월 및 47개월 시점에 평가하였다. 연구에 대한 보다 자세한 내용과, 이 아동들을 대상으로 한 초등학교 2학년 말까지의 추적 연구에 대해서는 다음 자료들을 참고할 수 있다. Dunn(1995), Brown and Dunn(1996), Dunn et al.(1996)

참고문헌

Astington, J. W. (1994). *The Child's Discovery of the Mind*. London: Fontana.

Astington, J. W. and Jenkins, J. (1995). 'Theory of mind development and social understanding', *Cognition and Emotion*, 9: 151-66.

Bartsch, K. and Wellman, H. M. (1989). 'Young children's attribution of action to beliefs and desires', *Child Development*, 60: 946-64.

Bloom, L., Rispoli, M., Gartner, B. and Hafitz, J. (1989). 'Acquisition of complementation', *Journal of Child Language*, 16: 101-20.

Brown, J. R. (1993). 'Telling "What happened?" A study of children's early convertsations about the past'. PhD, Pennsylvania State University.

Brown, J. R. and Dunn, J. (1996). 'Continuities in emotion understanding from three to six years', *Child Development*, 67: 789-802.

Brown, J. R., Donelan-McCall, N. and Dunn, J. (1996). 'Why talk about mental states? The significance of children's conversations with friends, siblings and mothers', *Child Development*, 67: 836-49.

Bruner, J. S. (1983). *Child's Talk: Learning to Use Language*. Oxford: Oxford University Press.

Bruner, J. S. (1990). *Acts of Meaning*. Cambridge, MA: Harvard University Press.

Denham, S. A. (1986). 'Social cognition, prosocial behavior, and emotion in preschoolers: contextual validation', *Child Development*, 57: 194-201.

Dunn, J. (1988). *The Beginnings of Social Understanding*. Cambridge, MA: Harvard University Press.

Dunn, J. (1995). 'Children as psychologists: the later correlates of individual differences in understanding of emotions and other minds', *Cognition and Emotion*, 9: 187-201.

Dunn, J. and Brown, J. (1991). 'Becoming American or English? Talking about the social world in England and the US', in M. Bornstein (ed.), *Cross-Cultural Approaches to Parenting*. Hillsdale, NJ: Erlbaum.

Dunn, J. and Brown, J. R. (1993). 'Early conversations about causality: content, pragmatics, and developmental change', *British Journal of Developmental Psychology*, 11: 107-23.

Dunn, J. and Brown, J. R. (1994). 'Affect expression in the family, children's understanding of emotions, and their interactions with others', *Merrill-Palmer Quarterly*, 40: 120-37.

Dunn, J., Brown, J. and Beardsall, L. (1989). 'Family talk about feeling states and children's later understanding of others' emotions', *Developmental Psychology*, 27: 448-55.

Dunn, J., Brown, J., Slomkowski, C., Tesla, C. and Youngblade, L. (1991). 'Young children's understanding of other people's feelings and beliefs: individual differences and their antecedents', *Child Development*, 62: 1352-66.

Dunn, J., Creps, C. and Brown, J. (1996). 'Children's family relationships between two and five: developmental changes and individual differences', *Social Development*, 5: 230-50.

Feldman, C. F. (1992). 'The new theory of mind', *Human Development*, 35: 107-17. Goodenough, F. L. (1931) *Anger in Young Children*. Minneapolis: University of Minnesota Press.

Grice, H. P. (1957). 'Meaning', *Philosophical Review*, 66: 377-88.

Hoffman, M. L. (1986). 'Affect, cognition, and motivation', in R. M. Sorrentino and E. T. Higgins (eds.), *Handbook of Motivation and Cognition*. New York: Guilford.

Hughes, C. and Dunn, J. (1998). 'Understanding mind and emotion: longitudinal associations with mental state talk among friends', *Developmental Psychology*, 34 (5): 1026-37.

Leslie, A. (1987). 'Pretense and representation: the origins of "theory of mind"', *Psychological Review*, 94: 412-26.

Lewis, C., Freeman, N. H., Kyriakidou, C., Maridaki-Kossotaki, K. and Berridge, D. M. (1996). 'Social influences on false belief access: specific sibling influences or general apprenticeship?', *Child Development*, 67: 2930-47.

Moore, C., Pure, K. and Furrow, D. (1990). 'Children's understanding of the modal expression of speaker certainty and uncertainty and its relation to the development of a representational theory of mind', *Child Development*, 61: 722-30.

Newton, P. E. (1994). 'Preschool prevarication: An investigation of the cognitive prerequisites for deception'. PhD, University of Portsmouth.

Newton, P. E. and Reddy, V. (1996). 'Pseudo-constructs in developmental theorising: the case of pseudo-deception'. Submitted.

Perner, J. (1991). *Understanding the Representational Mind*. Cambridge, MA: MIT Press.

Perner, J., Ruffman, T. and Leekham, S. R. (1994). 'Theory of mind is contagious: you catch it from your sibs', *Child Development*, 65: 1228-38.

Piaget, J. (1932/1965). *The Moral Judgement of the Child*. New York: Academic Press.

Roberts, W. and Strayer, J. (1987). 'Parents' response to the emotional distress of their children: relations with children's competence', *Developmental Psychology*, 23: 415-22.

Rogoff, B. (1990). *Apprenticeship in Thinking*. Oxford: Oxford University Press.

Shatz, M., Wellman, H. M. and Silber, S. (1983). 'The acquisition of mental verbs: a systematic investigation of first references to mental state', *Cognition*, 14: 301-21.

Slomkowski, C. and Dunn, J. (1992). 'Arguments and relationships within the family: differences in children's disputes with mother and sibling', *Developmental Psychology*, 28: 919-24.

Sodian, B. (1991). 'The development of deception in children', *British Journal of Developmental Psychology*, 9: 173-88.

Stein, N. and Miller, C. (1993). 'The development of memory and reasoning skill in argumentative contexts: evaluating, explaining, and generating evidence', in R. Glaser (ed.), *Advances in Instructional Psychology*, Vol. 4. Hillsdale, NJ: Lawrence Erlbaum.

Strichartz, A. F. and Burton, R. V. (1990). 'Lies and the truth: a study of the development of the concept', *Child Development*, 61: 211-20.

Wellman, H. M. (1990). *The Child's Theory of Mind*. Cambridge, MA: MIT Press.

Youngblade, L. M. and Dunn, J. (1995). 'Individual differences in young children's pretend play with mother and sibling: links to relationships and understanding of other people's feelings and beliefs', *Child Development*, 66: 1472-92.

5장 요약

이 글의 핵심 주장은 유아기의 사회적 이해 발달을 감정적으로 풍부한 상호작용 속에서 화용론적 규범을 내면화하는 과정으로 설명할 수 있다는 데 있다. 아이들은 욕구 충족, 관계 유지·협상, 놀이와 같은 일상적 형식 안에서 언어를 사용하려는 강한 동기를 가진다. 특히 2-5세 사이에는 마음 이론(Theory of Mind, ToM)과 감정 이해가 급속히 발달하는데, 단순한 보살핌 루틴보다 갈등·욕구·분노가 얽힌 고각성(high arousal) 상황에서 그 발달이 두드러진다. 부모는 초기부터 아이의 울음과 몸짓을 해석하며 감정·의도·원인 범주를 언어화하고, 이러한 담화 관행의 빈도와 폭은 이후 내면상태 이해 발달과 종단적으로 유의한 상관을 보인다(Dunn et al., 1991).

자연관찰 종단 연구(33/40/47/69개월)는 2-3세 아동이 자기이익이 위협되거나 치벌을 피해야 하는 긴장된 상황에서 타인의 의도와 기대를 읽고 조작하려는 행동을 보임을 밝혔다. 책임 전가, 거짓 보고, 장난스러운 속임수 같은 시도는 표준화 과제에서 과소평가된 초기 마음 이해가 실제 생활에서는 이미 작동함을 보여준다. 동시에 아동의 내러티브 능력도 정교해져, 사건을 시간·인과적 틀 속에서 배열하고 내면상태를 끼워 넣어 설명한다. 부모의 질문이나 더 유능한 형제의 이야기 방식은 이러한 담화를 끌어올리는 비계(scaffolding)로 기능한다.

정서의 강도는 사회적 추론과 대화 질에 직접 관여한다. 2-3세 아동은 분노나 당황이 합리화를 방해하지만, 4-5세가 되면 감정에 덜 휘둘리며 논변을 유지한다. 펜실베이니아 연구에 따르면, 형제와의 상호작용에서 분노·스트레스 표현은 33개월 21%에서 47개월 9%, 69개월 6%로 감소했고,

같은 기간 합리화 기반 논의는 증가했다. 즉, 정서가 지나치게 강하면 대화가 붕괴되고, 너무 약하면 대화 기회가 줄어드는 역U자 함수적 경향이 나타난다. 특히 놀이 맥락에서의 원인·결과·위로·유머 담화는 훈육 상황에서의 지시적 설명보다 이후 사회인지 발달과 더 강하게 연결된다(Dunn & Brown, 1993).

브루너가 강조한 성인-아동 상호작용 못지않게, 형제·또래와의 경험도 사회적 이해 발달을 강력히 자극한다. 형제가 많고 협력적 가상놀이 경험이 풍부한 아동일수록 감정·신념 이해 과제에서 성취가 높았다. 아동은 엄마와 보다 형제·친구와의 대화에서 '안다/생각한다/모른다' 같은 정신상태 어휘를 더 자주, 더 기능적으로 사용한다. 이러한 표현은 주장 강도 조절, 관점 조율, 공동 플롯 유지를 돕는 화용론적 장치로 작동한다. 특히 협력적 가상놀이는 역할 협상·갈등 해결·플롯 조율을 통해 타인의 관점과 의도를 실시간으로 추론·조정하게 하며, 마음 읽기 능력을 단련한다.

또한 동일한 아동이라도 엄마·형제·친구 관계 맥락에 따라 역할놀이 수준, 갈등에서의 합리화, 정신상태 담화 빈도가 달라지는 관계-특이적 가용성이 나타난다. 이는 사회적 이해가 일반능력이 아니라 맥락적·상황적 자원임을 보여준다. 따라서 평가도 단일 표준 과제만으로는 부족하며, 실제 관계와 활동 속 사용 양상을 포착해야 한다. 발달 궤적을 정리하면, 2-3세에는 부정 정서와 초기 속임수·위로 행동이, 3-4세에는 내러티브 정교화와 정신상태 어휘 활용이, 4-5세에는 감정 조절과 논의 지속력, 잘못된 믿음 과제 성취가 상승한다.

문화적 차원에서도 차이가 관찰된다. 영·미 비교 연구는 미국 가정이 개인 권리·규칙을, 영국 가정이 온순함과 비해(非害)를 상대적으로 강조하는 담화 관행을 보였다. 표본의 제한을 고려해야 하지만, 이는 '문화가 발달을 구성한다'는 브루너의 명제를 구체적 담화·규범 차원에서 지지한다.

아동은 가족 담화와 일상 드라마를 통해 문화적 메시지에 일찍 노출되고, 이를 내러티브와 규범으로 체화한다.

마지막으로 교육·양육 실천에 세 가지 시사점이 제안된다. 첫째, 갈등·실수·위로 장면을 피하지 말고 감정 명명 → 원인·결과 → 해결 → 유머로 담화 기회를 전환한다. 둘째, 협력적 가상놀이 시간을 의도적으로 마련해 역할 협상·플롯 조율을 격려한다. 셋째, 일상 대화에서 정신상태 어휘를 모범적으로 사용해 관점 조율·주장 강도 조절의 언어적 모델을 제공한다. 즉, 감정적으로 풍부한 상호작용, 또래와의 협력 가상놀이, 정신상태 담화는 유아기 사회적 이해를 촉진하는 핵심 화용론적 토대다.

제6장

교육: 문화에서 마음으로 이어지는 다리

David R. Olson

- 구성주의 전환: 지식은 '발견'이 아니라 표상·규약을 통해 구성되는 것으로 보며, 이를 실재와 구분한다. 브루너는 과학과 시의 이분법을 넘어 문화 속에서 지식이 구성되는 과정을 주목한다.
- 내재-외재 긴장 재정의: 피아제의 내재적 스키마와 비고츠키의 외재적 내면화가 지닌 한계를 짚으면서, 학습을 단순한 흡수가 아니라 공적 담화가 사적 표상으로 변형되는 과정으로 규정한다.
- 메타-표상의 힘: 알파벳·숫자·0 같은 표기 체계가 사고를 재조직-예: 알파벳은 음운 자각, 0은 부재의 개념화를 가능케 하며, 하나의 표상을 다른 표상의 모델로 전이할 때 개념이 형성·명료화된다.
- 발견과 설명 연속체: 발견학습과 직접교수는 서로 대립되는 방식이 아니라, 문제 공간과 표상 전이 과제를 어떻게 설계하느냐에 따라 달라지는 하나의 연속선상에 놓여 있다. 문제 공간이 지나치게 넓으면 학습자는 방향을 잃고 방황하기 쉽고, 반대로 지나치게 좁으면 단순 암기에 머무르게 된다.
- 교사의 재위치: 교사는 단순한 지식 전달자가 아니라, 학습자가 자기설명과 개념 전이를 경험하도록 돕는 비계 설계자이다. 즉, 문화적 맥락에서 출발해 표상을 통해 마음으로 이어지는 다리를 놓으며, 평가 역시 이러한 전이에 초점을 맞추어야 한다.

브루너는 '언덕 저편으로 뻗은 행복과 함께'라는 윌리엄 블레이크의 시를 즐겨 인용하는데, 이 시에는 과학을 얕보는 시각도 담겨 있다.

4배의 시야가 나에게 주어졌으므로
이제 나는 4배 더 잘 볼 수 있다.
내가 최고로 기뻐할 때에는 4배가 되고,
부드러운 Beulah의 밤에는 3배가 되고,
항상 두 배(두 겹으로)로 볼 수 있도록. 신이 우리를 지켜주시기를
하나의 시야와 뉴턴의 잠으로부터. (Blake, 1989)

뉴턴을 거부한 블레이크의 매력을 살펴봄으로써 우리는 브루너에 대해 무언가를 배울 수 있다. 뉴턴은 창안자, 자연의 본질, 사실에 대한 위대한 발견자를 나타낸다. 반면, 블레이크는 인간이 살 수 있는 새로운 세계를 만들어 낸 낭만파 시인을 나타낸다. 자연과학을 탐구하는 모든 이들의 전형인 창안자는 해럴드 블룸이 '강력한 시인'이라고 부른 것의 전형인 예술가 혹은 장인(master)과 대조된다(Bloom, 1973).

브루너는 시인과 과학자의 분리될 수 없는 관계를 탐구하기 위해 그 둘을 진부하게 대조하는 것을 곧잘 축하하는 편은 아니었다. 굿맨, 곰브리치, 로티와 같은 철학적 작가들과 함께, 브루너는 기본적으로 시인과 과학자에 대한 인식이 보이는 것만큼 다르지는 않다는 관점을 탐구했다. 심지어 과학자들에게 있어서도 실재는 지식 그 자체와는 다르다. 그가 말한 것처럼, 모든 사례에 있어서 "지식은 발견되는 것이 아니라 만들어지는 것이다" (Bruner, 1996: 119).

지식이 발견되는 것이 아니라 만들어지는 것이라는 생각은 우리가 '구성주의'라고 느슨하게 부르는 것의 핵심이다. 구성주의는 지식과 진실이 경전이나 자연에 의해 직접적으로 주어진 것이라기보다는 인간이 탐구하고 발명해 낸 결과라고 본다. 그것의 원천은 어디서든지 찾아볼 수 있다. 나는 벌써 낭만파 시인을 언급했다. 로티(1989)는 이전에는 고정된 신성한 질서

의 표현의 하나로 간주되었던 전체적인 사회 질서가 하룻밤 새에 뒤바뀌어 버린 프랑스 혁명의 정신에서 그것을 찾는다. 구성주의적 관점에 공감하는 듯 보이는 다른 영향력 있는 작가들을 찾는 것은 어렵지 않다. 로티에 의해 언급되었던 사람들로는 니체, 하이데거, 데리다, 제임스, 듀이, 굿맨, 셀라스, 퍼트넘, 데이비드슨 그리고 비트겐슈타인이 있다. 이들 모두는 지식을 '실재의 거울'로 보는 관점을 거부했다(Rorty, 1979: 163). 따라서 지식은 사실, 실재에 관한 것으로 받아들여질 수 있는 진술들에 의해 만들어진 것이다.

비록 브루너가 넬슨 굿맨과 에른스트 곰브리치에게 빚을 졌음(그리고 그들이 그에게 진 빚 또한)을 인정한다 하더라도 인지과학 속 브루너의 구성주의는 피아제의 저술과 가장 직접적으로 연관되며, 사회적 구성주의의 형태에 있어서는 비고츠키와 연관된다. 이것은 구성주의의 어젠다에 있어 중요한 변화를 야기한다. 왜냐하면 위에서 언급한 철학자들이 문화 속 지식의 성장—말하자면 원래의 지식의 생산—에 관심을 보였다면 브루너는 아동에게서 일어나는 지식의 성장에 관심을 가졌다. 이렇게 되면 지식의 성장은 문화나 학문이 아니라 학습자 개인에게만 새로운 것이 된다. 이러한 중요한 차이에도 불구하고 브루너는 두 개의 과정이 비슷하다고 가정했다. 더욱이 브루너는 체계적 교육의 영향 아래 아동의 지식 성장에 관심이 있었다. 앞선 듀이나 비고츠키의 이론처럼 그의 이론은 기본적으로 교육적이었으며 함축적으로만 마음에 대한 일반적 이론이었다. 그리고 그들처럼 아이들이 지식을 환경이나 문화로부터 단순히 내면화하거나 동화시킨다기보다는 아이들이 어떻게 지식을 구성하는가를 그는 강조했다. 그러나 아까 언급했듯이 아이들의 과제는 과학자의 그것과 매우 다르다. 아이들에게 있어서는 그들의 구성이 접근해야 하는 정해진 해법이 있다. 과학자는 그것과 반대로 그런 것이 존재하지 않는다. 학습에 관한 구성주의적 관점에 내재된 가정은 지식은 단순히 소통되는 것이 아니라 모든 학습자들에 의해 재구성되어야 한다는 것이다. 이 장의 관심 분야 중 하나는 어떻게 그것이 가능한지를 설파하는 것이다.

『교육의 과정』(1960)에서 브루너는 발견에 의한 배움, 지식이 학습자에 의해 진정으로 습득되고자 한다면 단순히 배워지는 것이 아니라 어떤 의미에서는 발견되어야 한다는 생각을 서술하기 위해 한 장을 모두 썼다. 단순한 학습이 언어적이고, 피상적이고, 전이되지 않고, 그리고 쉽게 잊히는 반면 발견은 이해를 보증한다. 한편, 발견은 현재 혹은 이전에 있었던 이해의 외연, 정교화, 그리고 재구축의 토대에 대한 이해를 구성함으로써만 가능하다. '발견적 학습'은 지난 30여 년 동안 공식적인 교육학이 되었다.

이러한 두 가지 구성주의적 관점—과학적 지식이 '만듦'의 산물이라는 것과 아이들의 학습 역시 유사하게 만듦과 발명의 무언가라는 것—은 모두 교육의 문화에서 정교화되었는데 브루너는 다음과 같이 썼다.

> 과학은 바깥에 있는 자연 어딘가에 존재하는 것이 아니다. 그러나... 아는 자의 마음속에 있는 도구이다... 그리고 한 명의 학습자로서 너 스스로의 방식을 따라 직접 해 보지 않는다면 그것을 알 수 없다. 스스로의 관점을 만들기 위해 나아가고 있는 학습자를 위해 다른 사람이 해 줄 수 있는 것은 그 사람이 나아가고 있을 때 도와주고 지원해 주는 것뿐이다(1996: 115).

이러한 '방조'의 중요성은 브루너의 최근 작품에서만 중점이 되는 것이 아니다. 그것은 또한 피아제와 비고츠키를 나누는 것이기도 하다. 비록 교육에 대한 브루너의 강조가 그를 비고츠키의 편을 들게 했지만, 그는 현명하게도 두 명의 거인들에게 빚을 졌다는 점을 인정했다(1997). 이 논문의 두 번째 목적은 학습과 발달에 관한 문제들을 다루는 데 있어 구성주의적 태도가 우리를 어떻게 도울 수 있는지 그리고 그렇게 함으로써 마음과 문화에 대한 더욱 일반적인 이해에 어떻게 공헌할 수 있는지를 더 자세히 살펴보는 데 있다.

내재주의와 외재주의

첫 번째로 나는 비고츠키의 문화적 이론이 피아제의 발달 이론의 빈틈을 메우는 데 쓰일 수 있다는 생각에 대해 약간의 유보를 표현하고자 한다.

브루너가 인간의 발달 과정에서 교육의 역할에 대한 설명을 구축하는 데 근거한 인지발달 이론을 위한 토대를 피아제와 비고츠키가 제공했다고 보기 쉽다. 이 세 가지 모두 3개의 기본적인 가정을 공유한다. 인지는 유전적인 혹은 발달적인 것으로 간주되었다는 점, 마음은 주체의 활동에 의해 구성된다는 점, 그렇게 구성된 구조들은 의식에 명확하게 나타난다는 점. 이러한 가정들을 통해 구성주의는 현 세대의 연구자들에게 가장 매력적인 것으로 받아들여지고 있다. 지식은 인간에 의해 만들어지고, 단순한 사실이 아니라 그렇게 믿어지는 것이며, 이론들은 사물이 아니라, 기껏해야 사물에 관한 모델에 불과하다는 생각이 요즘 널리 받아들여지고 있다. 그리고 필연적인 결과로서 학습—즉, 아이들의 지식 습득—은 아이 스스로의 표상적 구조의 재조직에 의해 구성된다.

그러나 지식이 발견되는 것이 아니라 만들어지는 것이라는 생각은 어떻게 지식이 만들어질 수 있는지에 대한 심각한 문제를 심리학적 이론에 남긴다. 다시 말해서 만약 지식이 단순히 외부 세계에서 도출된 것이 아니라면—우리가 외재주의라고 부르는 것이다—, 그것은 어디에서 왔는가? 지식은 어떻게 생겨나는가? 내재주의자가 취할 수 있는 선택은 무엇인가?

내재주의적 관점은 유전적이고 타고난 것 쪽으로 기운다. 포도(1975)는 피아제와 비고츠키 둘 모두 어떻게 지식이 형성되는지에 관한 충분한 이론을 제시하지 못했다는 상세한 주장을 했다. 그는 후에 피어스(1955)를 따라 '믿음의 고착(경험을 통해 세계에 대한 상세한 지식을 획득하는 것)'이라 부른 것과 '개념 형성(신념이 형성되고 표현될 수 있는 기본적 개념들의 창고)'을 구분했다. 믿음은 가설 증명을 통해 획득되는 것이라고 그는 주장했다. 필수적인 개념적 창고들을 이용할 수 있게 되면 세계가 작동하는 방식에 대한 가설들을 형성하는 데 사용할 수 있고 그러한 가설들을 시험해 가면서 개인은 적절한 신념들을 구성할 수 있다. 포도가 지적했듯이 그것의 문제점은 가설들을 형성하기 위해 필요한 개념들이 애초에 어떻게 형성될 수 있는지에 관한 자세한 이론이 존재하지 않는다는 데 있다. 더군다나 포도는 기본적 개념에 관해서는 그의 잘 알려진 극단적 토착주의에 경도되었다. 개념들의 기본적 창고를 어떻게 획득할 수 있는지에 대한 설명은 구성주의자들, 즉 비고츠키주의, 피아제주의 혹은 브루너주의자들에게 있어 결정적인 질문으로 남아 있다. 만약 학습이 가설을 시험하는 것이라면, 가설들을 형성하기 위해 필요한 개념들은 도대체 어디에서 오는가? 만약 학습이 가설을 시험하는 것이 아니라면, 학습은 어떻게 일어나는가?

피아제와 비고츠키 각각은 꽤 다르게 이 문제를 다루었다. 피아제는 내재주의자로 남았으며, 스키마가 외부 세계와 평형을 형성하는 방식으로 재구성된다는 생물학적 은유인 동화와 조절이라는 평범한 기제들에 호소했다. 가설 시험(hypothesis testing)을 위해 요구되는 상징적 표상들은, 이전에 적합했던 감각 운동 스키마와 처리 자원들을 이용할 수 있을 때, 대충 말하자면 생후 약 2년 정도에 구성된다. 그리고 나서 그는 유아기의 학습은 가설 시험을 통한 것임을 부정함으로써 포도의 비판을 피해가고자 했다.

불행히도, 만약 가설 시험이 아니라면 무엇을 통해 스키마가 정교화되고 분화되는지 명확히 하는 데 그는 실패했다.

비고츠키의 대안은 마찬가지로 잘 알려져 있지만 역시나 문제가 있다. 비고츠키는 두 단계의 정신적 구분을 엄격히 구분하는 데로 나아갔다. 그가 묘사한 낮은 단계는 자연적이고, 생물학적이고, 우연적이며, 인간이 아닌 다른 동물들도 공유하는 것이다. 그가 묘사한 높은 단계의 정신적 과정은 표상적이고, 사회역사학적이며, 언어학적이고, 자발적이고, 의식적이며, 인간만이 고유하게 할 수 있는 것이다. 브루너(1960)는 이러한 주장을 확장하여 기초적인 기능들의 발달은 부분적으로 다윈주의적인 반면 더 높은 기능은 라마르크적이라고 제안했다. 전자의 발달은 자연 선택을 통해 일어나며 후자의 발달은 획득 형질의 유전을 통해 우리에게 나타남으로써 문화의 발달과 전수를 가능하게 한다.

그러나 이러한 관점은 문제가 있다. 문화의 성장과 아이들에 의한 문화의 습득에 대한 설명은 외재적이다. 인간 사고의 독특한 성질을 부여하는 새로운 개념들은 처음에는 대인 간의 기능으로, 다음에는 인간 외적인 기능으로써 문화로부터 전수된다(Wertsch, 1993). 비고츠키는 그 개념들이 단순히 문화로부터 '준비된' 개인들에 의해 받아들여지는 것이 아니라 성숙한 단계에 다다르기 전에 발달을 거친다고 보았다. 그리고 그는 인지적 성장을 위한 개인적 영역을 구성하는 '영역(zone)'이라는 개념을 제시했다. 그리고 브루너(1983)는 성인들이 어린이들의 지적인 성장을 돕는다는 의미에서의 '스캐폴딩'이라는 개념과 '언어 습득지원 체계(LASS)'라는 개념을 제시했다. 그러나 둘 모두의 사례에서 마음의 성장은 문화 속에서 이미 명확히 표현된 개념들을 한 사람의 마음을 위한 도구로 받아들이는 기능을 한다. 비고츠키와 브루너 모두 언어와 다른 문화적 산물들이 문화에서 처음 생겨난 뒤 아이들의 마음을 형성하는 요소가 된다고 보았기 때문에 그 둘 모두를 내가 외재주의라고 부르는 것을 통해 반박할 수 있다. 비고츠키가 아동은 문화적 환경을 '내면화'하거나 '적합화'할 수 있다고 말한 것 때문에 비고츠키를 '문화에 관련하여 타고난 현실주의자'라 부르고 싶을 수도 있다. 이것은 피아제의 구성주의와 사생활, 개인주의와 관련한 서양적 개념들과 심각하게 상충하는 문화 결정론적인 입장을 함축한다. 진첸코는 "체제를 위한 토대로써 사람들의 마음속에 사회주의적 이데올로기를 각인시킨 것은 소비에트의 이데올로기적 관습에서 쓰인 내면화 원리였다"(1996: 321, n.1). 즉, 아이들이 물리적 환경을 '적합화'한다는 것을 제일 처음 부인한 사람 중에 한 명이 비고츠키였음에도 불구하고—그는 아이들이 자연 환경에 대한 자신만의 지식을 구성한다는 것을 인정했다(어떻게 구성하는지는 우리가 봤듯이 명확히 밝히지 않았다).— 그는 기꺼이 아이들이 문화적 환경을 '적합화'한다고 말한다. 브루너(1996)는 더 신중하다. 비록 그는 지적인 성장을 위해 교육의 중요성을 확고히 주장하며, 남들이 공인한 구성주의자이지만 문화의 도구로서의 교사들은 지적인 성장을 '방조'하는 데 그쳐야 한다고 주장한다.

그러나 만약 우리가 지식은 발견되는 것이 아니라 만들어지는 것이라는 구성주의적 견해를 받아들인다면, 그리고 일반적인 문화적 지식과 특히나 아이들의 지식 획득 둘 다에 있어 이것이 진실이라면, 우리는 정확히 어떻게 일반적인 문화와 특별한 교육에 있어 불가피한 인지적 성장의 중요성을 인정해야 하는가? 피아제주의자들은 인지는 학습자의 개념적 구성의 산물이라는 내재적 관점을 비타협적으로 고수하고 있다. 교육은 그러한 구성이 일어날 수 있는 복잡한 사회적 환경을 제공한다(브루너의 비유를 쓰자면 아동은 실험실 안에 있는 고독한 과학자이다). 비고츠키주의자들은 문화가 제공하는 것과 아동이 구성하는 것 사이의 거리를 줄이려는 교육을 위한 '내면화', '참여', '영역'에 호소하는 만큼, 외재적 관점으로부터 고통을 겪는다—저쪽 바깥 문화에 있는 것들이 이 마음 안쪽으로 들어오게 된다. 레이브와 웽거(1991), 워치(1993)와 콜(1996: 104)과 같은 몇몇 비고츠키주의자들은 한편으로는 사적인 것과 내적인 것 사이의 간격을 줄이고자 했으며, 또 다른 한편으로는 그들이 '중재적 방법을 통한 공동구조(co-construction) 혹은 숙달'이라고 묘사한 것에 호소함으로 사회적인 것과 외적인 것 사이의 간격을 줄이고자 했다. 그러나 구성 이론 없이는 공동구조라는 것은 완전히 터무니없는 것이었다.

다른 비고츠키주의자들은 좀 더 피아제 쪽으로 기울었다. 예를 들어 로렌스와 발시너는 내면화는 오해를 살 만큼이나 직접적 전달로 오해될 수 있다고 주장했다. 지첸코가 지적했듯이 "발달의 추진 기능을 문화, 이상적인 것이나 환경의 탓으로 돌린다면 주체들은 스스로의 발달에서 불명확한 역할을 하게 된다"(1996: 314). 로렌스와 발시너는 비고츠키가 내면화란 주로 아동이 공적인 대화에서 사적인 대화로 가는 것의 문제이며, 그 다음에 외부 세계에서 개인의 마음으로 가는 것이라고 한 것에 주목했다. 그들은 개인의 마음이 기능할 수 있도록 하는 '구성적 그리고 재구성적 변화를 시작하는 힘'으로써의 변형이라는 개념에 의해 내면화가 대치될 수 있다고 제안했다(Lawrence and Valsiner, 1993: 165). 그러나 표상을 구성하는 데 있어 주체들은 정확히 무엇을 하는가? 오직 사람만이 사고를 할 수 있다. 사회는 마음을 가지고 있지 않으며 마음을 바꿀 수도 없다. 오직 사람만이 변화할 수 있는 마음을 가지고 있다. 비록 그 변화가 대개 사회적 맥락에서 일어남에도 불구하고 말이다. 그러나 학습자가 구성하는 것은 어떤 의미에서는 사회를 구성하는 지식의 구조라는 사실을 인정할 수 있는 방법을 찾아야 한다.

이 문제는 두 가지로 나뉜다. 그 첫 번째는 문화란 전체가 공유한다는 신념을 획득하는 것이다. 가설 시험은 삼단 논법의 형태로—혹은 브루너가 선호하는 경험의 이야기화를 통해—, 전제들이 신념을 고착시키는 데 충분한 이론을 제공한다. 그러한 힘들을 가지고 아동은 그가 진실이라고 믿는 신념이나 이야기를 탐구할 수 있는 위치에 서게 될 뿐 아니라 살아 있는 사람들과 이전에 죽은 사람 모두가 믿고 있는 신념이나 이야기에 대해서도 같은 위치에 서게 된다. 생물학이나 기계공학이나 심리학이나 역사학적 이론의 관점에서 조직되는지와 무관하게, 이러한 신념의 체제는 아동이 언어의 상징적 자원과 문화의 명명적 체계를 이용하여 가설 형성과 평가를 통해 탐험할 수 있는 문화의 가장 중요한 유산을 이룬다. 이러한 개념적 체계의 구조와 획득은 발달 이론과 교육이론 연구 분야에서 더욱 유망한 분야 중의 하나이다(Hirschfeld and Gelman, 1994; Oslon and Torrance, 1996).

더 어려운 두 번째 문제는 구축되어야 하는 신념과 서사 속에서 아동이 어떻게 개념들을 획득하느냐는 것이다. 피아제는 이러한 것들이 비교하고 순서를 정하는 등등의 감각운동적 활동에서 유래된다고 보았다. 그는 이 감각운동적 구조들이 반성적 추상화라는 약간은 불명확한 과정을 통해 개념들을 형성한다고 보았다. 비고츠키는 이러한 개념들이 아동 공동체의 언어적 습관을 포함하여 성인문화의 개입에서 생겨난다고 보았다. 그러나 우리가 이전에 한번 버렸던 생각인 문화로부터 단순히 '내면화'할 수 있다는 것을 그들이 어떻게 하는지는 아직 모른다. 마지막으로 가설 시험은 제외되어야 한다. 왜냐하면 위에서 언급된 바와 같이 가설 시험과 서사 형성은 신념의 형성에만 쓸 수 있는 것이지 기본적 개념의 형성에는 쓸 수 없는 것이기 때문이다.

개념 구성하기

우리에게는 다른 선택지들이 있다. 오래된 학습 이론에서는 강화를 동반한 시행착오와 진실임을 확증하는 것과 거짓임을 확증하는 가설 시험을 구별했다. 그리고 후자에서만 표상이 필요하다고 주장했다(그러나 Brewer, 1976; Mandler, 1993 참조). 피아제(1976)가 이러한 구별을 탐구했다. 그는 표상을 이용하여 발달하는 나이가 더 많은 아동들의 가설적 사고를 '흥미로운 일이 일어나게 하는' 것과 관련된 더 단순한 설명과 비교했다. 즉, 그는 설명과 가설 시험을 구분했다. 만약 1살짜리 아동이 반복해서 물건을 선반에서 떨어뜨린다면, 그 아이는 가설을 시험 중인 것이 아니다. '내가 이것을 떨어뜨린다면 그것은 떨어질 거야. 사실일까 거짓일까?' 그 아이는 단순히 재미있는 일이 일어나도록 하고 있는 것이다. 기대는 믿음과 다르다. 믿음은 한 번 만들어지면, 우리가 가설이라고 생각하는 더 복잡한 기대를 낳는 문화 속 공공의 언어 안에 존재한다.

그렇다면, 기대는 충족되거나 혹은 충족되지 않는 유기체의 우연한 상태이다. 반면 믿음은 표상적 상태로 거짓이거나 혹은 진실이며, 즐길 수 있고, 수정될 수 있다. 믿음은 기대와는 달리 상징을 사용하는 인간들의 의식적 과정에만 국한된다(Carruthers, 1996).

구성주의적 지향은 감각운동 스키마타에서 언어로 넘어가는 것이 간단한 설명의 문제가 아니라 문화적으로 수용할 수 있는 범주 내부로 경험들이 완전히 재조직된다는 가능성을 우리에게 일깨워준다. 이러한 재구성 과정을 설명하기 위해, 나는 아동이 언어와 수를 표현하는 표기 체계라는 메타-표상(meta-representational) 체계를 습득하는 사례를 살펴보고자 한다. 이는 아이들이 지식을 발견하기보다는 만든다는 것을 어떻게 교육이 돕는지에 대한 문제로 우리의 관심사를 돌려놓을 것이다.

브루너는 이 점에 있어서는 비고츠키의 추종자인데, 마음은 어떤 의미에서는 문화의 산물이며, 마음의 성질은 역사적으로 진화된 문화적 형태를 숙달한 것의 부산물이라고 지적했다. 더 설명하자면, 영의 개념은 서기전 2세기에 살았던 인도 수학자들에게로 거슬러 올라갈 수 있는 명확한 역사를 가지고 있다(Danzig, 1954). 그러나 요즘에는 학교에 다니는 6-7세의 아동이라면 누구나 0을 표상할 수 있다. 우리는 이것을 어떻게 설명할 수 있을까? 아까 말한 것처럼, 비고츠키는 이것을 낮은 정신 기능과 높은 정신 기능으로 나눔으로써 다루었고, 뒤르켐을 이어 주장하기를 더 높은 차원의 기능은 '사회적'인 것이라고 주장했다. 이것이 의미하는 바는 명확하지 않지만, 그 생각은 영이라는 개념이 한 번 발명되면 쉽게 아동의 심리학적 기능에서 한 역할을 하게 된다는 사회적 산물이라는 생각이다. 그러나 이러한 사실들을 어떻게 설명할 것인가? 피아제주의자들의 관점인 감각운동 스키마타의 반성적 추상화, 포도주의자들의 관점인 내재적 구조의 외재화는 비고츠키주의자들의 관점인 외부 구조의 내재화만큼이나 그럴 듯하게 들린다. 이것들 중 아무 것도 마음과 문화 사이의 관계에 대한 뚜렷한 설명을 우리에게 제시해 주지 못한다.

다시 한번, 우리에게는 다른 선택지가 있다. 일반적으로 말하자면 인간은 세상 속에서 인지하고 활동할 수 있도록 하는 기질을 타고 났으며, 문화는 생물학적 틈 사이로 들어갈 수 있도록 설계되었다고 말할 수 있다(Gelman and Greeno, 1989; Sperber, 1994; Cole, 1996). 문화는 자연과 달리 배울 수 있도록 설계되었다. 즉, 현존하는 진화적으로 명세화된 범주들과 관계들을 연관시킬 수 있도록 설계된 것이다. 사실 초기 논문에서 비고츠키는 이렇게 말했다. 문화는 자연에 의해 주어진 것 말고는 아무 것도 생산하지 않는다. 그러나 그것은 인간의 목적에 맞도록 자연을 변형시킨다(Vygotsky, 1929: 428: cited in Bruner, 1997).

언어 학습을 생각해 보라. 언어를 배운다는 것은 단순히 이전에 확립된 감각운동적 지식을 위한 공공의 상징을 배운다는 것이 아니라, 그러한 지식을 재조직하는 것과 연관된다. 비고츠키의 가장 중요한 기여 중 하나는 언어를 배운다든가 혹은 다른 문화적 상징체계를 배운다는 것은 이전에 이미 형성된 사고들을 '표현'하거나 '소통'하는 것이 아니다. 그렇다기보다는, 약간은 개방된 의미에서, 언어는 그러한 사고들을 재조직한다. 비고츠키는 이렇게 썼다. "사고는 문자를 통해 스스로를 표현하지 않는다. 그러나 문자를 통해 스스로를 실현한다"(1986: 251 emphasis added). 그리고 다시 이어진다. "사고는 단순히 언어를 통해 표현되는 것이 아니다. 사고는 언어를 통해 존재하게 된다"(1986: 219). 세계가 사고 안에서 표상된다는 관점에서 단어들과 다른 상징들은 범주를 제공한다. 그러나 그것이 어떻게 가능한가?

인지의 재조직화가 아이들이 자연 언어를 배울 때 일어난다는 것은 잘 알려져 있다. 아동은 언어를 배우면서 인용, 진실, 거짓 그리고 부인할 수 있는 상징적 체계에 다가갈 수 있게 된다. 논란의 여지는 있지만 인지는 논리적이게 된다. 그러나 나는 학습 표상의 인지적 의미에 대해 더 관심을 가지고 있다. 단어나 숫자, 문자를 위한 표기와 같은 표상들은 역사적 산물이며 학교의 책임으로 널리 받아들여지기 때문이다. 알파벳이나 영과 같은 표기법을 아동이 배우게 될 때 무슨 일이 일어나는가? 먼저 알파벳에 대해 생각해 보라. abc라는 것은 순수하게 문화적 산물이다. 나는 다른 곳에서 이것들의 발명에 대해 말한 바 있다(Olson, 1994). 아동에 의한 재발명(re-invention)에는 무엇이 수반되는가? 여기에 그럴 듯한 이론이 하나 있다. 아이들은 처음에는 단순한 패턴으로서 식별할 수 있는 이름을 가진 글자들을 배운다. 그러나 그것들에게 표상적 중요성은 존재하지 않는다. 하지만 한번 획득된 이 글자들의 이름은 소리의 창고이자 모델로 기능한다.

우리가 매일 사용하는 구어의 요소들이 분석될 수 있다는 점에서 그러하다. /b/라는 소리를 아는 것은 'b'라는 글자를 연상시킨다. 아동은 /b/라는 소리를 /baby/나 /boy/와 공유되는 /bat/의 구성요소로 인식할 것이다. 이것은 개념을 내재화하는 것도 아니고 공공의 상징에 의해 이미 알려진 것을 표현하는 것 또한 아니다. 그렇다기보다는 이것은 알파벳과 같은 다른 구조에서 가능한 범주들에 관하여 한 집합의 구조, 즉 언어의 소리 패턴들을 표상하는 것의 문제이다. 그들은 읽는 법을 학습함에 따라 생각하는 법도 학습한다. 즉, 말(speech)의 몇 가지 특성들에 대하여 가설이나 믿음을 설정하는 것을 학습하는 것이다. 그들은 알파벳을 배우기도 전부터 /b/가 /bat/를 /hat/과 구분한다는 것을 안다. 그들이 모르는 듯 보이는 것은 /baby/와 /boy/가 /bat/와 공통적인 속성을 공유한다는 것이다. 즉 아동은 b라는 글자에 의해 표현되는 것을 그 셋이 공유한다는 것을 모르는 듯 보인다(Olson, 1996). 비고츠키는 글쓰기가 아이들로 하여금 언어를 알아챌 수 있게 만든다고 주장하면서 이러한 결론을 열망했다. 그러나 그는 그것이 어떻게 일어나는지에 대해서는 답을 제시하지 않았다(1986: 184). 이러한 독특한 과정은 하나를 다른 것의 관점으로 보는 모델 혹은 비유이다. 그리고 그러한 관계는 새로운 개념을 구체화한다.

비슷한 사례가 아무것도 없는 것을 무언가, 즉 영으로 표상하는 것을 배우면서 일어날 수 있다. 실험실에서 우리가 아직 글을 읽지 않은 아동들에게 '고양이가 없다'는 것을 글을 쓰든지 아니면 손가락으로 표현해 달라고 부탁하자 그들이 매우 당혹해하는 것을 발견했다. 글쓰기에 익숙한 더 나이가 많은 아동들은 '고양이가 없다'는 것을 나타내기 위해 글을 쓰거나 그에 상응하는 표시를 쓰려고 할 것이다. 더욱이 그들은 종종 그들의 엄지와 검지를 합쳐 0을 만듦으로써 표현할 것이다. 더 어린 아동들은 매우 다른 반응을 보이는데, "고양이가 한 마리도 없으니까 아무 것도 쓰지 않았어요."

라고 하거나 혹은 아무것도 하지 않는다(Oslon and Homer, 1996; Oslon, 1997). 더욱 독창적인 반응은 이 아동들이 '고양이 한 마리'를 나타내기 위해서 손가락 하나를 쓰고, '고양이 두 마리'를 나타내기 위해서는 손가락 두 개를 쓰며, '고양이가 없다.'는 것을 나타내기 위해서는 꽉 쥔 주먹을 내보이는 것이다. 이러한 수행들은 글을 아직 읽지 못하는 아동들이 글로 써진 표식을 사물이나 사건에 연관된 문장, 단어, 혹은 상징으로 받아들이지 않고 사물에 상응하는 것으로 받아들이는 경향이 있다는 것을 나타낸다. 결론적으로, 표식이 없는 사물은 아무 것도 나타내지 못한다.

이것을 아동의 지식 구성과 어떻게 연관 지을 수 있는가? 한편으로, 아동은 무(nothing)를 표현하기 위해 어떤 상징을 사용하는 사회적 관습을 아직 획득하지 못한 상태이다. 반면 아동은 고양이가 없음을 명확히 이해하고 있다. 피아제 이론의 대안인 반성적 추상화가 무를 표현해 낼 수 있는 문화적 산물을 우리에게 줄 수 있을까? 우리가 만약 기원전 2세기에 힌두인들에 의해 오직 한 번, 영이 발명된 후 널리 채택되고 가르쳐졌다는 역사적 주장을 믿는다면 그렇지 않을 것이다. 그러나 그 개념은, 포도가 주장했듯이 의식으로 발현되기만을 기다리는 선천적인 것도 아니다. 왜냐하면, 만약 그것이 사실이라면 그 개념은 구체적인 문화적 역사를 지니지 못했을 것이기 때문이다. 한번 발명된 개념은 처음에 문화적 형태가 된 후에만 아동의 지식의 일부가 될 수 있다는 비고츠키주의자들의 주장은 그럴 듯하다. 그러나 이 주장은 그 개념이 처음에 어떻게 생겨났는지에 대한 설명이 부족하며, 우리가 봤듯이 '내면화'와 같은 불충분한 학습 이론으로 나아간다. 그렇다면 도대체 개념은 어떻게 생겨나는가? 그리고 개념은 어떻게 아동의 지식의 일부가 되는가?

개념은 내가 주장했듯이 문화에서 마음으로 부드럽게 넘어가는 것이 아니다. 문화적 형태는 마음에는 외부적인 것이며 그것들은 내재적인 생각이나 개념과 연결되어야만 한다. 결론적으로, 어떤 하나가 아동의 의식에 존재하고—고양이가 없다—, 또 어떤 하나는 문화에 존재한다—영—면, 아동은 그 두 가지를 비교해 볼 수 없다. 그 둘은 모두 아동의 마음속에 있어야만 한다. 필요한 것은, 아동이 이용할 수 있는 두 개체, 즉 위에서 언급했듯이 부재에 대한 지식, 그리고 알파벳처럼 암기에 의해 학습한 수열에 대한 지식을 가지고 있어야 한다는 것이다. 이 두 개체에 대한 의식을 이용할 수 있다면, 그 둘을 연결할 수 있는 가설을 형성할 수 있다. 그렇다면, 학습은 이전에 가지고 있던 부재에 대한 지식에 암기된 수열에 대한 지식을 응용하는 것으로 이루어진다. 그렇게 함으로써 아동은 알고 있는 것을 명확히 할 뿐 아니라 다른 모든 무에 대해 적용할 수 있는 개념을 형성한다.

이 제안은 모든 구성주의적 이론들 특히나 지식은 발견된다기보다 만들어진다고 주장하는 그리고 기술적 관점에서의 발달은 문화의 내재화라고 주장하는 브루너와 비고츠키의 이론에 존재하는 틈을 메우고자 하는 시도이다. 비록, 지식이 이미 널리 공유되는 문화의 소유라고 해도 우리는 아동이 스스로의 지식을 만든다고 말하고 싶어 한다. 만약 아동이 지식을 만드는 입장에 있다면 아동이 스스로의 지식을 만들어야 한다는 주장은 아동이 가르침을 받아야만 한다는 관점과 화해할 수 있다. 아동이 '준비되어' 있다고 말하는 것은 사실일지는 몰라도 전혀 도움이 되지 않는다. 지식이 아동의 동화를 위해 적절한 형태로 존재해야 한다고 말하는 것은 우리가 동의한 것—지식은 발견되는 것이 아니라 만들어지는 것이다—에 질문을 던지는 것과 같다. 해법은 그것을 더 쉽게 만들어 주지 않는다! 우리는 어떻게 브루너가 말한 것처럼 '방조'할 수 있는가?

학습자가 한 묶음의 개념들을 받아들이고 다른 사건들에 대해 생각하기 위한 모델로 그 개념들을 쓴다면 지식은 구성되는 것이다. 나의 사례는 글쓰기의 관점에서 말(speech)을 살펴보거나 숫자의 관점에서 '없다'를 살펴보는 것이었다. 기본적인 방식은 가장 적합한 설명을 비유, 삼단논법, 서사적 해석, 추론하는 것이었다. 하나를 다른 관점에서 보고, 사물보다는 표상을 통해 작업하는 것. 이러한 표상들, 즉 기록을 통해 축적된 지도, 책, 그리고 컴퓨터 프로그램은 이러한 중요한 모델들의 많은 부분을 제공한다(Olson, 1994: ch. 10).

이것과 교육의 연관을 살펴보기 위해 우리는 인지과정이라기보다는 교육학의 한 형태에 적용되는 조건인 발견과 교육 사이의 구분을 해체하는 것부터 시작해야 한다. 인지의 관점에서는 모든 지식은 발견되는 것이 아니라 만들어지는 것이다. 따라서 교육의 가능성에 대한 얼버무리기의 역사이다. 그러나 교육학의 관점에서 교육의 형태는 직접성(directness)에 있어서만 다양하다. 어떤 의미에서 교육은 아동의 지식을 구성한다는 관점에서 문제의 공간을 정의한다. 발명은 넓은 문제 공간을 제공한다. 해설적인 교육은 더 한계가 설정된 것이다. 각각은 위험성을 지닌다. 너무 넓은 문제 공간에서 아동은 문제의 해결책을 찾을 수 없다. 너무 작게 설정한다면 아동이 해결책을 암기하는 것에 지나지 않게 된다. 효과적인 교육학이란 제한 요소들을 균형 있게 맞추는 것이다. 그러나 어떠한 경우에서든 지식은 단순히 전달되는 것이 아니다. 직접적 지식 전달의 성공적 시도는 단순한 것이 아니다. 그것은 아동이 지식에 앞서서 해석을 구성할 태세를 미리 갖추고 있는 것이다. 따라서 성공적인 해석이란 말하자면 오래된 술을 새 부대에 담는 것이며, 예전에 알고 있던 것을 새로운 체계의 범주로 봄으로써 새로운 지식을 형성하는 것이다.

따라서 구성주의가 지배한다. 아동은 성인처럼 그가 찾아야 할 것을 만들어낸다. 강조점은 아동의 활동과 몰두에 있는 것이 아니라 그의 생각, 신념, 모델과 표상들을 전반적으로 정교화하고 수정하는 데에 있다. 그러나 교사와 교육의 역할을 최소화하기보다는, 구성주의는 능숙한 교육을 더 중요하게 만든다. '범위'라고 불려 왔던 것을 정의하기보다는 아동이 만든 것이 생산적이고 만족을 주는 것인지를 결정하는 것이 더 어려운 일이기 때문이다. 지식을 구성하는 데 있어 학습자의 역할에 대한 브루너의 주장은 수정된 교육학의 발달에 있어 중요한 한 걸음이었다.

주석

1. 나는 우리가 지식을 만들 뿐 아니라 실재 또한 만든다고 주장하는 포스트모더니스트와 나 스스로를 동일시하고 싶지 않다. 나는 표상(우리가 만드는 것)과 실재(우리가 등장하기 오래전부터 그곳에 있었던 것들)를 날카롭게 구분할 것을 고집한다.

참고문헌

Blake, W. (1989). *Blake. The Complete Poems*, 2nd edn, ed. W. H. Stevenson. London: Longman.

Bloom, H. (1973). *The Anxiety of Influence*. Oxford: Oxford University Press.

Brewer, W. (1976). 'There is no convincing evidence for operant or classical conditioning in adult humans', in W. B. Weiner and D. Palermo (eds.), *Cognition and Symbolic Processes*. Hillsdale, NJ: Erlbaum.

Bruner, J. S. (1960). *The Process of Education*. Cambridge, MA: Harvard University Press.

Bruner, J. S. (1983). *Child's Talk: Learning to Use Language*. Oxford: Oxford University Press.

Bruner, J. S. (1996). *The Culture of Education*. Cambridge MA: Harvard University Press.

Bruner, J. S. (1996b). 'Celebrating divergence: Piaget and Vygotsky', *Human Development*, 40: 63-73.

Carruthers, P. (1997). *Language, Thought and Consciousness: An Essay in Philosophical Psychology*. Cambridge: Cambridge University Press.

Cole, M. (1996). *Cultural Psychology: A Once and Future Discipline*. Cambridge, MA: Harvard University Press.

Danzig, T. (1954). *Number: The Language of Science*. Garden City, NJ: Penguin.

Fodor, J. A. (1975). *The Language of Thought*. New York: Thomas Y. Crowell.

Gelman, R. and Greeno, J. G. (1989). 'On the nature of competence: principles for understanding in a domain', in L. B. Resnick (ed.), *Knowing and Learning: Essays in Honor of Robert Glaser*. Hillsdale, NJ: Erlbaum.

Gombrich, E. H. (1960). *Art and Illusion: A Study in the Psychology of Pictorial Representation*. New York: Bolligen/Pantheon Books.

Goodman, N. (1976). *Ways of Worldmaking*. Indianapolis, IN: Hackett Publishing Company.

Hirschfeld, L. A. and Gelman, S. (eds.) (1994). *Mapping the Mind: Domain Specificity in Cognition and Culture*. New York: Cambridge University Press.

Lave, J. and Wenger, E. (1991). *Situated Learning*. Cambridge: Cambridge University Press.

Lawrence, J. A. and Valsiner, J. (1993). 'Conceptual roots of internalization: from transmissions to transformation', *Human Development*, 36: 150-67.

Mandler, J. (1993). 'Representation', in P. Mussen (ed.), *Handbook of Child Psychology*, Vol. 3. New York: Wiley.

Olson, D. R. (1994). *The World on Paper: The Conceptual and Cognitive Implications of Writing and Reading*. Cambridge: Cambridge University Press.

Olson, D. R. (1996). 'Towards a psychology of literacy: on the relations between speech and writing', *Cognition*, 60: 83-104.

Olson, D. R. (1997). 'The written representation of negation', *Pragmatics & Cognition*, 5 (2): 239-56.

Olson, D. R. and Homer, B. (1996). 'Children's concept of "word"'. Paper presented at the XXVI International Congress of Psychology, Montreal, 16-21 August.

Olson, D. R. and Torrance, N. G. (1996). *Handbook of Education and Human Development*. Cambridge, MA: Blackwell.

Peirce, C. S. (1955). *The Philosophical Writings of Peirce*, ed. J. Buchler. New York: Dover.

Piaget, J. (1976). *The Child's Conception of the World*. Totowa, NJ: Littlefield, Adams & Co.

Rorty, R. (1979). *Philosophy and the Mirror of Nature*. Princeton: Princeton University Press.

Rorty, R. (1989). *Contingency, Irony and Solidarity*. New York: Cambridge University Press.

Sperber, D. (1994). 'The modularity of thought and the epidemiology of representations', in L. A. Hirschfeld and S. Gelman (eds.), *Mapping the Mind: Domain Specificity in Cognition and Culture*. New York: Cambridge University Press.

Vygotsky, L. S. (1929). 'The problem of the cultural development of the child', *Journal of Genetic Psychology*, 36: 415-32.

Vygotsky, L. S. (1986). *Thought and Language*. A. Kozulin (trans. and ed.). Cambridge, MA: MIT Press.

Wertsch, J. V. (1993). 'Commentary on J. A. Lawrence and J. Valsiner, "Conceptual roots of internalization: from transmissions to transformation"', *Human Development*, 36: 168-71.

Zinchenko, V. P. (1996). 'Developing activity theory: the zone of proximal development and beyond', in B. A. Nardi (ed.), *Context and Consciousness: Activity Theory and Human-Computer Interaction*. Cambridge, MA: MIT Press.

6장 요약

데이비드 R. 올슨은 브루너의 교육 사상을 구성주의적 맥락에서 재해석하며, 문화가 어떻게 아동의 마음 속 인지 구조로 번역되고 변형되는지를 탐구한다. 그는 글의 서두에서 브루너가 자주 인용한 블레이크의 시를 끌어오면서, '뉴턴적 사실 발견'과 '시인적 세계 창조'라는 두 가지 상반된 이상을 대비한다. 그러나 브루너는 이 둘을 단순히 대립적 범주로 나누지 않는다. 오히려 지식은 주어진 사실을 발견하는 것이 아니라 인간이 표상과 규약, 그리고 담화를 통해 구성하는 것이라는 입장을 분명히 한다(Bruner, 1996). 과학적 지식조차 자연의 직접적 반영이 아니라, 인간이 선택한 기호 체계와 해석 틀을 통해 형성된 산물이라는 것이다. 이런 점에서 브루너는 굿맨, 곰브리치, 로티와 같은 구성주의적 사상가들과 연결되지만, 관심의 초점을 문화 일반에서 아동 학습으로 이동시킨다는 특징을 지닌다. 『교육의 과정』에서 제시된 '발견학습'은 단순한 암기와 전이를 넘어, 기존 이해를 외연화하고 정교화하며 재구성하는 과정으로서, 결국 알게 되는 법을 배우는 방식으로 해석된다.

올슨은 이러한 문제의식을 바탕으로 피아제와 비고츠키의 인지발달 이론을 점검한다. 두 전통은 인지는 발달적 과정을 거치며 변화한다는 점, 마음은 수동적 수용이 아니라 주체의 활동으로 구성된다는 점, 그 구조는 의식 속에 드러난다는 점에서 공통된 가정을 공유한다. 그러나 '지식은 어떻게 만들어지는가?'라는 근본 문제를 설명하는 데에서는 곤란을 겪는다. 피아제는 동화와 조절의 은유를 통해 학습을 설명했지만, 스키마가 어떻게 분화되고 정교화되는지에 대한 구체적 메커니즘은 불투명하다. 반면 비고츠키는 내면화, 근접발달영역, 스캐폴딩 개념을 통해 문화적 매개의 중요성을 강조했으나, 이는 종종 문화가 외부에서 내부로 단순히 이식되는 외재주의적 모델로 오해될 수 있다. 레이브와 웽거의 '공동체 참여', 콜과 워치의 문화심리학적 연구도 기여했으나, 구성 이론 자체가 결여되면 여전히 공허해질 수 있다.

이 지점에서 올슨은 내면화 과정을 단순한 흡수가 아니라 공적 담화를 사적 표상으로 변환하는 변형(transformation)으로 이해할 것을 제안한다. 즉, 바뀌는 것은 사회 자체가 아니라 개인의 마음이며, 학습자가 구성하는 지식은 동시에 사회적으로 승인된 지식 구조여야 한다. 이러한 문제의식은 두 가지 난점으로 드러난다. 첫째, 아동은 어떻게 학문과 상식이 얽힌 거대한 공유 신념 체계에 접근하는가? 둘째, 더 근본적으로, 기본 개념은 어떻게 획득되는가?

올슨은 특히 두 번째 난점을 풀 실마리로 메타-표상 체계(문자, 수, 기호)를 제시한다. 학습은 단순히 생각을 표현하는 행위가 아니라, 하나의 표상을 다른 표상의 모델로 전환(model shift)하는 과정이다. 예컨대 알파벳 학습은 처음에는 단순한 '도형 패턴' 외우기로 시작하지만, 점차 음운 단위를 의식적으로 분석하는 모델로 기능한다. /b/라는 음소를 인식하는 순간, 아동은 /bat/, /baby/, /boy/ 등에서 공통된 추상적 구조를 파악하게 된다. 이는 표상 체계 간 사상을 통한 재개념화의 전형적 사례다.

'0'의 학습은 이러한 과정을 극적으로 보여준다. 문자를 배우지 않은 유아에게 '고양이가 없다'를 표기하라 하면 아무것도 쓰지 않거나 손동작으로 '없음'을 표현한다. 그러나 학교 교육을 받은 아동은 '0'을 쓰거나 손가락 제스처를 통해 이를 상징화한다. 0은 역사적으로 기원전 2세기 인도 수학에서 발명된 산물이지만, 오늘날 아동이 이를 이해한다는 것은 단순한 전승이 아니라 부재의 경험과 수 체계라는 문화적 형식을 연결하여 재구성한 결과이다. 이는 문화적 형식이 자연의 범주적 단위(소리, 수량, 공간 등)에 맞물리도록 설계되었다는 진화-문화적 가설을 뒷받침한다. 비고츠키가 말한 '사고는 언어를 통해 존재한다'는 명제는 이러한 표상 변환이 사고 자체를 재조직한다는 의미에서 재해석될 수 있다.

교육적 함의는 분명하다. 지식이 구성되는 것이라면, 교육은 단순한 전달이 아니라 구성의 설계가 되어야 한다. 교사는 발견과 지시를 대립시키기보다, 학습자가 기존 경험과 문화적 형식(문자, 수, 지도, 텍스트, 소프트웨어 등)을 연결하여 재개념화할 수 있도록 문제공간을 설계·조정해야 한다. 문제공간이 지나치게 넓으면 학습자는 길을 잃고, 지나치게 좁으면 단순 암기에 그친다. 따라서 교사의 역할은 단순 전달자가 아니라 표상 간 연결을 설계하는 비계 설계자(scaffolder)다. 이는 교사의 권한 축소가 아니라 전문성의 고도화를 의미한다. 무엇을, 언제, 어떤 표상으로 매개해야 학습자가 자기 설명(self-explanation)과 개념 전이를 성취할 수 있는지를 판별하는 능력이 교육자의 핵심 역량이 된다. 나아가 교육 평가의 초점도 바뀌어야 한다. 단순히 정답을 재현하는 것이 아니라, 학습자가 표상 변환과 모델 이동 능력을 얼마나 발휘했는지를 측정하는 방향으로 나아가야 한다. 예컨대 아동이 새로운 문제를 만났을 때 기존 개념을 어떻게 새로운 범주로 재구성하는지, 자기 설명을 통해 어떤 수준의 개념 전이를 보여주는지를 살피는 것이다.

결론적으로 올슨은 브루너의 문화심리학을 따라 문화 → 표상 → 마음으로 이어지는 다리를 교육이 놓아야 한다고 본다. 아동은 단순히 활동을 반복하는 것이 아니라, 신념·모델·표상을 정교화하고 수정하는 과정에서 배운다. 문화의 도구는 단순한 내면화가 아니라 사고를 재구성하는 렌즈로 작동한다. 숙련된 교사는 발견과 설명 사이의 긴장을 조율하며, 학습자가 공유 신념 체계를 탐색하고 기본 개념을 재구성하도록 돕는다. 구성주의는 교사의 역할을 축소하지 않는다. 오히려 교육적 중개자로서 교사의 전문성을 더욱 중요하게 만든다. 브루너가 남긴 교훈은 명확하다. 배움은 문화의 형식을 빌려 마음을 새로 짓는 일이며, **교육은 그 건축물(마음)을 실현하도록 정교히 도와주고 지원해 주는 문화적 실천이다.**

제7장 수업의 문화생태학을 향하여

Edward S. Reed

- 문화생태학 전환: 학습은 단순한 전달이나 내면화가 아니라 환경-정보-어포던스-상징이 맞물리는 장에서의 참여와 실천으로 이해된다. 이 과정에서 의미는 무엇보다 먼저 탐지되는 것이며, 상징은 그 뒤를 따르는 2차적 요소로 작동한다.
- 삼원 이론의 갱신: 브루너의 행동(enactive)-지각(능동적 지각 학습, E. Gibson)-상징(symbolic)을 통합하되, 상징 중심 '의미 구성'이 행위 · 지각을 잠식하지 않도록 균형을 다시 잡는다.
- 의미는 우선 탐지: 학습의 1차 메커니즘은 어포던스가 명시된 환경 정보의 탐지 · 구별 · 조절이며, 상징 학습은 '언제/어디서/무엇이 적절한가'의 규범 · 금기를 명시한다(공동주의 삼자적 프레임이 토대).
- 수업의 역할 전환: 교사는 전달자가 아니라 주의의 비계 설계자로서 단서 배치 · 대조/유사 구성 · 단서 밀도 조절을 통해 1인 탐색과 공동 주목을 오가게 하고, 의도적 잉여 단서(채워지지 않은 의미)를 남겨 나선형 재방문으로 메우게 한다.
- 공동체와 평가: 학교를 자아(환경 속 조절과 협응 능력) 성장의 공동체로 설계하고, 성취 평가는 행동 · 지각 · 상징의 세 축과 관련한 다양한 공유 상황에서의 실제 참여 · 기여를 맥락적으로 추적한다.

편집자 주: 1997년 1월, 이 책의 작업이 막 시작되었을 때, Ed Reed는 자신이 집필 중이던 장(章)의 개요를 우리에게 보내왔다. 그는 그 해 말 갑작스럽게 세상을 떠났다. 아래에 실린 글은 리드의 초고이며, 몇 가지

사소한 편집상의 수정을 제외하고는 원문 그대로 수록되었으며, Howard Gardner와 Bakhurst의 논평이 함께 덧붙여졌다.

20세기 심리학자들은 교사와 학생의 입장에서 하는 추정에 기반을 둔 보편적 경향 및 역량과 관련된 교육에 대해 설명하는 경우가 가장 많았다. 예를 들어, 과거 100년에 걸쳐 교육 확산이 문화 전달 이론, 다시 말해서 아동에게 사상을 전달함으로 인해 문화 자체가 끊임없이 지속된다는 생각의 확산과 병행해서 이루어졌다. 대개 그러한 생각은 특수한 교육기관을 통해서 전달된다. 이런 이유로 아주 최근까지 대부분의 교육 이론가들은 마치 문화가 사상의 집합, 즉 교사가 학생에게 전달하는 지식체인 것처럼 문화를 취급해 왔다. 그 지식체는 성공적으로 학생이 그러한 지식을 내면화하는 것에 대하여 측정했다.

보편적인 언어로 표현하더라도, 이와 같은 교육 개념은 사실상 특정 문화 관습과 밀접하게 결부되어 있다. 지역주의적 관점은 서구적이면서도 현대적인 우리 문화권 사람들의 관점이라는 이유만으로 교육 전달이론은 다수가 생각하기에 우리 문화권 내에서는 보편적인 지역주의적 관점이다. 이에 대해 중대 대안이 제공된 지는 불과 10여 년에서 20년밖에 되지 않는다. 문화 심리학자의 연구, 특히 Jean Lave(1990)와 Barbara Rogoff(1990)는 전달은 교육 과정의 일면에 불과하며 교육 과정에서 전달이 제한되어 있음을 보여 주었다. Jerome Bruner가 즉시 이와 같은 문화 심리학 연구의 중요성을 높이 평가함으로 인해 그는 영원한 명성을 얻게 되었다. 또한, 그는 교육에 대한 자기의 생각 중 대다수를 변경하여 이 새로운 통찰력을 고려 대상에 넣었다.

Bruner 연구는 '전달과 교육을 동일시'하는 20세기 중반의 견해 중에서 최고에 해당한다. 그리고 그의 최근 연구에서는 교육과 문화를 전달로 보는 관점을 사려 깊은 태도로 외면하기 시작한다. 이 장에서는 전달 개념을 포기함으로써 학습, 교수, 교과과정에 대해 Bruner가 초기에 했던 생각 중 가장 유용한 생각을 다르게 제시하고자 한다. 자신의 최근 저서 『The Culture of Education』(1996)에서 Bruner는 자신의 다양한 문화 심리학에 비추어 초기의 관점을 재수정하기 시작했다. 그러나 본 논문에서는 Bruner 초기의 식견을 재활성화시키기 위해 훨씬 급진적인 문화 개념, 다시 말해서 정말 분명하게 생태학적인 문화개념이 필요하다고 주장하는 바이다.

Bruner의 삼원이론

브루너의 교육론 전반에 걸쳐 흐르는 핵심 통찰은 필자가 '브루너의 삼원이론(Bruner's triad)'이라 부르는 것이다. 이는 인간 학습에는 본질적으로 서로 구별되는 세 가지 형태가 존재한다는 이론으로, 각각 작동적(enactive), 도상적(iconic), 상징적(symbolic) 학습이다. 브루너는 초기 저작들(1960, 1966, 1971)에서 이 세 가지를 서로 다른 종류의 '인지적 과정(cognitive process)'으로 설명했지만, 이후 저서인 『The Culture of Education』(1996)에서는 보다 유보적인 태도를 보이며 "인간이 세계를 표상하는 세 가지 방식, 또는 보다 정확히 말하면, 우리가 '현실'이라 부르는 경험과 행위의 불변성을 포착하는 세 가지 방식"이라고 표현한다(1996: 155). 후자의 표현은 다소 모호하긴 하지만, 교육과정을 지식 전달(transmission)의 은유로부터 벗어나 이해하고자 할 때는 오히려 더 적합한 정의라고 할 수 있다. 교육자는 학생들이 세계를 능동적으로 경험하는 능력을 강화하는 데 집중해야 하며, 종종 적극적 경험의 부산물에 불과한 그 '표상(representation)'에 초점을 맞추는 것은 지양되어야 한다.

작동적 학습(enactive learning)은 행동 발달 구조와 관계가 있다. 이러한 조직은 수단과 목적의 관계 구성에서 기술과 적응성이 점점 발달하는 현상과 밀접한 관련이 있다. 혹은 가장 일반적인 의미에서 위대한 러시아 생리학자 Nicholas Bernstein(1996/1950)이 칭한 '민첩'과도 관련이 있다. 그러므로 직접학습의 특징은 끊임없이 변하는 환경에 탄력적이고 원하는 목표를 성취하기 위한 수많은 수단 중 하나를 효율적으로 사용할 수 있다는 점이다. 그러한 점은 인간의 심리에 기본적으로 중요한 사실이다.

브루너는 전통적인(즉, 지식 전달 중심의) 지각 이론에 충실했기 때문에 영상적 혹은 도상적(iconic) 학습을 '이미지'를 통해 우리의 이해나 행동을 안내하는 방식으로 설명하였다. 그러나 브루너 자신도 『The culture of Education』(1996: 156)에서 이러한 정의가 지나치게 제한적임을 인정한다. 우리는 세상을 단순히 그림이나 이미지들의 집합으로 지각하지 않는다. 오히려 우리는 세계를 앎, 행위, 타인과의 상호작용을 위한 가능성의 장으로 인식한다. 이 가능성들 중 일부는 생태학적으로 중요하고 자주 반복되기 때문에 우리의 사고, 행동, 관계를 안내하는 기준으로 기능하게 된다. 따라서 필자는 브루너의 영상적 학습 개념을 엘리노어 깁슨(Eleanor Gibson)이 제안한 '능동적 지각 학습(active perceptual learning)' 개념으로 대체할 것을 제안한다(Gibson, 1969, 1988, 1991, 1994). 지각은 실제로 우리가 세계에 대해 학습하는 데 도움이 될 만큼 풍부한 정보를 제공할 수 있다. 그러나 지각은 결코 정적인 과정이 아니며 언제나 추가 정보를 탐색하는 능동적 과정이다. 성인과 아동 모두에서 지각 과정이 자기 조직화 개선(self-organizing improvement)을 통해 스스로 발달할 수 있다는 사실은 인간 심리학의 또 하나의 기본적인 사실이다.

Bruner의 세 번째 학습 양식인 상징적 학습은 이전에 획득한 기술과 정보를 재구성하기 위한 상징 사용과 관련이 있다. 예를 들어, 계산과 관련된 상징 획득으로 인해 측정에서 비롯하여 음악 연주에 이르기까지 혹은 시간

알려주기에서 줄넘기까지 어떠한 기술이든 기술을 발달시키고 재구성할 수 있다. 기호로 나타내는 그 놀랄만한 발명품 알파벳으로 우리는 지식을 무제한으로 생성시키며 계속 배열할 수 있다(Olson, 1994). 상징적 학습은 인간 언어의 생성성, 인간 심리의 또 다른 사실과 밀접하게 연관되어 있다.

『The Culture of Education』에서는 Bruner가 제시한 세 가지 학습 방식 중 마지막인 상징적 학습(symbolic learning)을 지나치게 강조하는 경향이 드러난다. 책의 서두에서 그는 이 세 가지 학습 유형 전체를 거의 '의미 구성(meaning making)'이라는 개념 아래 통합해 버리며, 이를 본질적으로 상징적, 나아가 해석학적(hermeneutic) 과정으로 다룬다(비교: Charles Taylor, 1989). 하지만 만약 의미 구성이 이와 같이 상징 중심으로 정의된다면, 행위적 학습(enactive learning)은 물론이고, 심지어 지각적 학습(perceptual learning)조차도 존재할 수 없게 된다.

더 나아가 문제는 Bruner가 모든 의미 구성을 문화적으로 통제된 활동과 상호작용에 의존하는 경향이 있다는 점이다. 이는 문화심리학에서 점점 흔해지는 수사법이지만 이 논문의 저자가 믿는 바로는 이런 표현법 사용을 자제해야 한다. "심리학이 인간 본성과 인간의 생활을 이해하는 데서 앞서려고 한다면, 심리학은 생물학과 문화의 미묘한 상호작용을 이해하는 법을 배워야 한다"고 Bruner가 말할 때 Bruner의 의견과 본 논문 저자의 우려가 일치하는 것으로 보인다(1996: 184). 그러나 의미 구성을 문화현상으로 생각하는 그의 집착은 이 좋은 의도를 약화시키는 경향이 있다. 본 논문 저자의 개인적인 견해로는 개인적인 경험과 문화적으로 통제된 상호작용과 개인적인 개인 경험 내에서 의미 구성을 위한 공간을 찾아야 한다. 이렇게 하기 위해서는 인식과 행동에 대한 생태학적 설명으로 시작해야만 할 것이다. 이제 그 이유를 설명하고자 한다.

학습의 생태학

이 논문의 저자가 개발해온 생태학적 심리학(ecological psychology)에 따르면, 지각은 각자의 환경에서 자원의 사용 하게끔 개인을 동기화시키는 것이다. 지각은 수동적이 아니라 능동적이며 힘들여 의미와 가치를 찾는 일이다(Reed, 1996a). 이러한 의미와 가치의 생물학적 근거는 인간의 중추신경계도 아니고 유전자도 아니다. 그것은 바로 환경에 존재하는 에너지의 장에서 얻을 수 있는 구조화한 정보이다. 그러한 장은 탐구하는 관찰자에게 특별한 어포던스(affordance, 행동 유도성이라고도 함. 어떤 행동을 유도한다는 뜻. 서로 다른 개념을 연결하는 것)를 명시한다. 생태학적 정보는 의미 구성에 대한 기초적이고 생물학적인 제약을 제공한다. 그리고 이른바 '어포던스'라는 행동을 위한 자원은(물론, James Gibson에 따름, 예: 1979[1]) 의미와 가치에 대한 기초적이고 생물학적인 제약을 제공한다(Reed, 1991). 관찰자는 자기의 세계를 인식할 때 의미를 만드는(구성하는) 것이 아니라 자기

1) 제임스 깁슨(James J. Gibson)이 1977년에 이 용어를 처음 사용하였으며 그의 1979년 저서 ≪시지각에 대한 생태학적 접근(The Ecological Approach to Visual Perception)≫을 통해 알려지게 된 어포던스라는 개념은 세상과 행위자(사람이나 동물 등의 유기체) 사이에서 실행할 수 있는 행위적 속성을 가리킨다. 깁슨에 따르면 어포던스는 행위자와 환경 간의 관계, 혹은 이 둘 사이의 관계 속에서 존재하는 행위의 가능성들을 뜻하기도 한다. 마주하고 있는 행위자에 의해 동일한 환경(공)은 다른 (행위의) 어포던스를 제공한다. 예를 들어, 둥근 공을 들어올리는 목적을 달성하기 위해, 인간은 주로 다섯 손가락이 달린 손으로 잡는 행위를 하거나 드물게는 양발을 맞대는 행위를 취하기도 한다. 이와 달리 개는 동일한 목적을 위해 공을 입으로 무는 행위를 취한다. 이와 같이 다른 행위가 발생하는 것은 사람과 개(행위자)가 공(환경)과 맺고 있는 관계의 차이로 인한 것이며, 이 관계는 행위자의 행위적 능력(혹은 신체적 구조)과 환경의 물리적 속성(혹은 구조) 사이에서 결정된다. 그러므로 환경은 행위자의 능력이 허락하는 한 무한한 가짓수의 어포던스를 포함하거나 제공할 수 있다(공을 몸에 문지르기, 손 위에 올려두기, 발로 차기, 밟기, 겨드랑이에 끼우기, 머리 위에 올려놓고 중심잡기 등). 세상 속 자연의 일부이며 숨겨져 있거나 알려져 있거나, 아니면 요망될 필요는 없다.[모호한 표현] 그러나 어떠한 어포던스는 아직 발견되지 않았을 수도 있다.

가 세계와 타인과 대면하면서부터 등장하는 의미를 탐지한다. 행위 주체(agent)는 스스로 자기가 얻으려고 노력하고 방어하는 가치를 만들지 않는다. 그러나 의미와 마찬가지로 인간은 자기 환경에 부닥침에 따라 가치를 발견하고 사용한다(Bond, 1983). 정보 탐지나 어포던스 사용 모두 생태학적으로 고정되지 않는다. 지금까지 강조해 온 바와 같이, 작동적 학습과 지각적 학습의 특징적인 발달상의 변화는 기본적인 심리적 과정과 작용이다.

의미와 가치가 생물학적으로 아니 생태학적으로 제약을 받는다고 말하는 것은 인간의 경험에서 문화가 수행하는 역할의 가치를 떨어뜨리는 일이 아니다. 이에 반해, 상징 문화가 가능해지게 하는 것은 생태학적 현실에서 이루어지는 이러한 기초교육이다. 직접학습(혹은 실행학습)이나 인식학습이 없으면 어떠한 개인도 살아 있는 동안 한 문화의 생성적 상징 의미와 가치를 즐길 수 없을 것이다. 인식학습은 직접학습(혹은 실행학습) 및 상징학습의 기초이다. 그러나 최소한 순수한 학습 사례에서 인식학습은 독립독행이며 상징적인 지식의 조언이 제공되지 않는다. 관찰자를 둘러싼 의미에 관찰자가 더 쉽게 접근할 수 있게 하는 탐구 활동은 대개 1인 단위 학습에서 발견된다. 그리고 대개 새로운 의미를 발견함으로 인해 비교적 최근의 직접학습(혹은 실행학습)을 위한 방법을 알게 된다(Reed, 1984, 1995).

물론, '상대방이 어떤 뜻으로 말하는지 인간이 알아내기 위한 노력'은 집합적 과정인 경우가 많다. 예를 들어, 생후 12개월까지 아기는 대부분 이른바 '사회적 참조'에 참여한다. 이때 아기는 새로운 사건의 의미와 관련된 정보를 얻기 위해 돌봄 제공자의 얼굴을 쳐다본다(Fogel, 1993). 돌봄 제공자는 적극적으로 영아와 유아의 탐색 활동을 인도하며 몸짓, 말, 행동으로 아기의 관심을 끌기 위한 행동을 체계화한다(Zukow-Golding end Ferko, 1994). 의미와 가치를 확보하려는 인간의 협력 활동(때때로 경쟁활동)과 관련하여 가장 중요한 점은 한 개인이 타인의 학습 촉진자일 경우,

이때의 활동 특징이 별로 적절하지 않은 생각 전달라는 것이다. 본 논문의 저자가 교육자로서 별도로 알려 주지 않았다면 놓쳤을지도 모르는 사건에 대해 본 논문의 저자는 주위를 환기시킨다. 이때 본 저자는 학습자인 독자에게 정보를 전달하지 않고 독자의 인식교육이 더 쉽게 이루어지게 한다. 독자 스스로 정보를 얻을 수 있게끔 독자를 돕는 것이다. 본 저자가 독자에게 어떤 점을 지적하거나 '저것을 보라'고 할 때는 그야말로 독자로 하여금 무엇인가 알도록 하려는 것이 아니고 뭔가를 알기 위해 이미 제 역할을 하고 있는 학습자의 집중력과 식별력을 사용하도록 학습자(독자)를 도우려는 것이다. 세계를 인식하기 위해 인간이 사용하는 정보를 우리 인간 각자가 개별적으로 확보해야 한다는 것은 인간 심리의 기본적인 점이다. 또 어떤 사람은 우리 모두의 주의집중력 강화를 위해 우리를 도울 것이다. 그러나 인식 과정은 개인적인 기술이다. 우리가 인식하는 것과 우리의 주의집중 행위를 체계화하는 법은 모두 확실히 사회화된다. 그러나 궁극적으로 각 개인은 자기가 확보하거나 확보하지 못한 정보에 대해 책임이 있다.

그러므로 생태 심리학은 문화 적응 과정을 사상이나 상징 전달로 보지 않을뿐더러 의미 구성의 특정 방법을 가르쳐 주는 행위로 간주하지도 않는다. 문화 적응은 공유된 환경으로 개인(유아 또는 이방인)을 데려가는 것이다. 동시에 그 유아나 이방인이 특별한 집단의 가치와 의미를 이해하기 위해 하는 집단적 활동에 참여하도록 권장한다. 그 개인(유아 또는 이방인)이 이 공유된 활동과 집단 활동에 일단 들어가기 시작하면, 그 개인은 문화의 상징 도구를 더 쉽게 확보할 수 있다. 그러한 상징학습이 필요한 이유는 인간의 문화에서 온갖 차원의 적절성(혹은 예의범절)과 금기를 명시하는 수단은 주로 이러한 상징(기호)이기 때문이다. 직접학습(혹은 실행학습)과 인식학습을 통해 아동은 여러 가지 일을 할 수 있는 능력과 자기의 행동을 제지하는 능력을 획득한다. 그러나 언제 어디서 어떤 행동을 하는 것이 적절하고 어떤 행동은 금지되는지 이해할 수 있는 방법은 상징 학습밖에 없다.

이와 같은 생태학적 관점에서 볼 때, 의미 획득 과정은 본래부터 개인적이지만 본래부터 개인 혼자만 소유하고 타인에게 알리지 않는 사적인 것이 아니라는 점을 주목하는 것은 중요하다. 궁극적으로 모든 의미 인식은 생태학적 정보를 사용하는 개인의 능력에 따라 달라진다. 다시 말해서 정보를 발견하여 이용하는 방법을 배우려고 할 경우, 누구나 얻을 수 있는 정보를 사용하는 개인의 능력에 따라 달라진다. 심지어 한 문화권에서 사용되는 모든 기호 및 상징이 생태학적 정보 속에 구체화한다. 그리고 사람들이 언어 자체를 말로 하거나 몸짓 또는 손짓으로 표현하며 사용해야 한다. 결국 언어로 하는 모든 커뮤니케이션은 극도로 정확하고 복잡한 인식이 결부된 식별에 따라 달라진다. 개인의 사고를 숨기고 사적인 인지에 몰두하는 것도 가능하며 그렇게 하는 것이 바람직한 경우가 많다. 그러나 사실은 그렇게 하려면 배워야 하고 아동 대부분이 최소한 세 살이 되기 전까지 타인에게서 자기의 인지 과정을 숨길 수 없다는 것이 문제다(본 논문의 저자는 프라이버시 발견 때문에 대충 3-4세 사이를 '인지 이동기'로 이해한다. 그러나 그것은 별개의 이야기다(Reed, 1996a: 157).). 의미 인식이 원래대로 사적이라면, 내면화로서의 사회화 이론 전체가 잘못 인식된다. Vygotsky(1986/1934)가 인식한 바와 같이, 발화는 내면화한 사고의 '외면화'가 아니고 특별한 방식의 생각이 등장한 것, 즉 본래부터 사회화한 것이다. 말하는 법을 배우는 일은 타고난 언어 습득 방법을 통하거나 어떤 학습 형태를 통해 문법을 체득하는 것이 아니다. 말하는 법을 배우는 것을 바꿔 말하면, 언어 공동체에 들어가는 법을 배우는 것이고, 그 언어 공동체 안에서 개인이 발달한다. 아동이 자기의 사고를 내면화(사적으로 만들기)할 수 있음은 생성적 언어를 아동이 습득하기 시작한 후에만 입증된다(Reed, 1995).

무언가가 존재하거나 작동하는 맥락의 환경 속의 자아

본 논문에서 선택한 생태학적 접근법은 Bruner의 자아 개념을 근본적으로 개정해야 함을 시사한다. Descartes 이후 수많은 철학자와 심리학자와 마찬가지로 Bruner도 이렇게 언급했다. "인간은 자기 내면의 경험을 통해 '자아'를 안다"(1996: 35). 그러나 정말로 인간이 이것을 알까? 인간에게 연속된 의식이 존재한다는 사실은 쉽게 입증된다. 그러나 우리 인간은 '자기의 경험을 알까?' 이것이 오히려 의미심장한 질문일까? 아니면 경험을 통해 우리가 배운 바에 대한 질문을 꼬아 놓은 것에 지나지 않을까? 1904년 William James의 에세이 "Does 'consciousness' exist(의식은 존재하는가)?"에서 근본적으로 인간의 행동 연속과 별도로 연속된 의식이 존재한다는 개념이 발달했다. 그러나 그것은 예상보다 오래 지속되는 개념이다.

그런데 Bruner가 정말로 이러한 Decartes 개념으로 복귀하려고 했다는 것은 믿기 어렵다. 예를 들어, Bruner는 교육의 한 가지 광범위한 목표가 독립독행임을 강조한다(1996: 21). 분명히 그는 인간 내면의 자아 내 의존을 의미하지 않는다. 아마도 인간은 내적 경험을 통해 내면의 자아를 알게 될 것이다. 그는 틀림없이 다양한 환경에서 유능하고 탄력 있게 행동하는 개인의 능력 같은 것을 의미한다. 학교에서 독립독행하면서 공부하는 아동은 다른 아동에 보다 강한 Decartes 에고를 소유하고 있지 않다(혹은 그것이 사실이라고 주장하고자 한다). 그러나 그 아동들은 자기의 행동을 자기의 지역 거주지와 사회적 네트워크에 맞추는 법을 더 잘 안다. 혹은 자아에 대한 Bruner의 두 가지 핵심 특성, 즉 작인(作因, 혹은 결과를 가져오는 힘)과 평가를 고려해 보자. 이러한 것들이 어떻게 의미가 있을 수 있으며 계속 변함없이 단독으로 내면 경험 기능을 하는가? 작인은 엄밀히 말해서 공유되는 경우가 많은 외면적 의미와 가치에 의한 행동 유도이다. 최소한

Bruner가 평가라는 말을 사용할 때, 평가(evaluation)는 대개 한 개인의 작인이 순수한 유용성 측면과 문화적으로 규정된 특성 측면에서 타인의 행동과 얼마나 잘 맞물리는지 평가하는 것이다.

사적인 자아가 존재함을 부정하고 싶지는 않다. 사적인 자아는 우리가 상호작용하는 모든 사람 혹은 대부분에게 알려 주지 않는 법을 배우는 경험의 측면이다. 이 사적인 자아는 심리적으로 주된 알맹이가 아니라 상당히 파생적인 것이다. 사적 자아에 대한 이해는 사회 심리학에서 중요하고 특히 청소년 심리학에서 중요하다. 대부분의 개인들이 자기의 행동과 경험의 공적인 면과 사적인 면 사이에 성격의 평형상태를 만들려고 노력하는 현상은 청소년기에 나타난다. 청소년기에 청소년이 갖는 이러한 의식 속에 있는 사적인 자아를 적절히 이해하는 일은 이제 '의식(consciousness)'을 연구한다고 주장하는 심리학자와 인지과학자 사이에 점점 흔해지는 단세포적인 Decartes 사상에서 오는 것이 아니라고 생각된다.

후에 Bruner가 자아 의식은 개인 '자신의 힘에 대한 개념'과 거의 동일하다고 한 주장은 현재의 관점과 훨씬 더 잘 맞는다(1996: 39). 개인의 자아를 아는 것은 개인의 연속된 사고와 행동이 주위 현실과 맞을 때 그러한 사고와 행동을 평가하기 위해 다른 환경에서 개인의 능력을 인식하는 것과 같다. 이러한 개인적 힘에 능력이 부족하더라도 사회적 환경의 다양한 강청(强請)에도 불구하고 사적인 영역을 유지할 수 있는 능력이 포함된다.

그러므로 교육은 사적인 자아 내에서 발생하는 변화가 아니라 다양한 환경 내에서 다양한 환경에 자아를 적응시키는 일이다. 이것이 바로 Bruner가 즐겨 부르던 '자아의 성장'이다. Bruner(1983)와 Fogel(1993)을 따라 본 논문의 저자는 이 성장이 대개 특별하게 인간적이고 다른 문화에 의해 특정한 방법으로 구성되는 상호작용프레임(interaction frame) 내에서 발생한다고 주장했다(Reed, 1996a: ch. 9). 교육에서 가장 근본적인 상호작용의 틀은 삼자적(triadic) 구조를 가진다. 즉, 두 관찰자가 환경 속의 하나의 대상이나 사건을 함께 주목하는 것이다. 생후 6개월 정도의 영아도 이러한 삼자적 틀에 들어가고 나올 수 있지만, 그 안에는 훗날 이루어질 모든 학습의 씨앗이 담겨 있다.

유아가 발달함에 따라 그 유아들은 공유를 위한 화제를 표시하고 돌봄 제공자의 화제 표시에 적절히 반응할 능력을 습득한다. 이와 같은 3자적 상호작용 범위 내에서 상당히 이른 언어발달과 인지 발달이 이루어진다. 표시된 화제를 확실하게 이해할 수 있는 유아는 의미(정보)와 가치(어포던스)를 확보하려는 공유된 활동에 참여할 수 있고 이로 인해 자기를 둘러싼 문화 세계에 참여하기 시작함을 주목하는 것은 중요하다. 그러므로 의미와 가치를 공유하는 인간의 능력은 상징 학습이나 최소한 상징 학습과 연관된 생성적 언어기술에 따라서 달라지지 않는다. 아동이 표시를 처리할 수 있지만 생성적 언어에 대처할 수 없는 중요한 단계를 경험하기 때문이다(Reed, 1996a: 161-4). 사실상 본 논문의 저자는 생성성은 표시학습(indicative learning)에 대한 제한, 복잡한 궁지를 이해하거나 미묘한 발화 행위 변화를 따르는 능력 부족, 의도 분쟁 협상 시 그 결과로 인한 설비 부족을 따를 능력 부족으로 인해 나타난다고 추측했다.

발달하는 자아에 대한 이 생태학적 상호작용 개념을 이용하여 나선형 교육과정이라는 Bruner 초기의 중요한 개념을 개조할 수 있다. 이것은 학생들이 각 화제(topic)에 두 번째 및 세 번째 노출됨에 따라 위를 향해 깊이가 깊어지고 벌어지며 가장 초기의 등급에서부터 모든 과목 사이를 나선형으로 통과하는 커리큘럼이다. 발달과 관심에 대해 주어진 등급별로 교사와 학생 간에 각 화제를 공유한다. 아동이 발달함에 따라 화제를 가지고 점점 수준 높은 형태의 작업이 가능해진다. 새 자료에 적절히 노출된 아동(과 성인!)은 자기들이 의미를 전부 다 이해하지 못해도 그 자료의 의미와 가능성이 풍부하다는 점을 이해하게 된다. 예를 들어, 알파벳을 완전히 떼지도 않은 상태에서 pre-reader(초급 독자)는 인쇄된 텍스트의 특성에 대한 지식을 갖고 있음을 상당히 보여준다(Pick, Unze, Brownell, Drozdal end Hopmann, 1978). 이것이 이른바 채워지지 않은 의미(unfilled meanings)이며 채워지지 않은 의미는 교육에서 매우 중요하다. 적절히 구성된 나선형 커리큘럼은 공감하는 교사에 의해 마음이 끌리게 된 채워지지 않은 의미로 가득하다.

여기서 핵심 개념은 아무리 어린 아이라도 각 아동이 탁월하게 잘 하는 분야 한 개 이상이나 배우려는 의욕이 생기는 분야 한 개 이상을 발견하기를 바라면서 광범위하고 의욕적인 교과과정에 노출되어야 한다는 것이다. 이 분야에 아동을 계속 노출시키면서, 교육자의 목표는 모든 과목과 관련하여 학생 자신의 힘에 대한 학생의 개념을 증대시키며 특히 특별한 학생의 관심을 규정하는 과목을 점점 많이 발견하는 것이어야 한다. 이러한 시각에서 문화 생태학적 틀구조 내에서 갱신된 Bruner의 기존 개념을 토대로 구축되었으므로, 나선형 교육과정은 인간을 발달시키는 방법으로 인식되며 자아에 대해 더 나은 개념을 갖도록 개인을 돕는 방법으로 간주된다.

가능하게 하는 문화를 지향하여

이러한 나선형 성장 과정을 가장 잘 이끌어갈 수 있는 방법은 교육을 전수하는 제도(institution)와는 달리 자아의 성장을 촉진하는 공동체(community)를 형성하는 것이다. 여기서 교육은 공통된 주제들을 확장하고, 분화시키며, 풍요롭게 만들어가는 과정으로 이해된다. 그리고 이러한 과정은 전 공동체가 (대부분의) 주제에 대해 합의하고, 교사와 학생 간의 밀도 높은 상호작용에 헌신할 때에만 가능하다. 이에는 헌신, 인내, 그리고 그 외의 다양한 사회적 자원들이 필요하다.

이 점과 관련하여 이론을 실행이 능가하는 것 같다. Bruner가 유념한 바와 같이, Oakland의 AnnBrown과 Manhattan의 Deborah Meier의 연구에서 현대 도시 학교도 자아성장을 촉진하는 공동체가 될 수 있는 것으로 나타났다(John Dewey의 놀랄 만큼 선견지명이 있는 『Democracy and Education』(1916)에서 이 연구의 대부분의 조짐을 나타냈다는 것을 주목할 수 있지만). 아동들의 힘과 통제력이 범위와 깊이 면에서 증가하기를 원하지만, 아이디어와 작업을 공유하고 협력하는 능력을 잃어서는 안 된다. 서로 얼굴을 맞대고 상호작용하며 관심사를 자유롭게 공유하는 것이 허용될 정도로 작은 학교 환경에서 대부분 아동의 자아 성장 경로를 각 교사가 관찰할 수 있다(검사 도구를 통한 감시뿐만 아니라). 이와 연관되게 Bruner는 창조와 관련된 자기의 목표를 이렇게 묘사한다.

> 학습자의 상호 공동체 역할을 하는 학교 문화는 서로를 교육하는 과정에 모두가 공헌함으로써 문제를 공동으로 해결하는 것과 관련되어 있다. 그러한 집단은 교수를 위한 초점뿐만 아니라 개인과 공동 작용을 위한 초점도 제공한다(1996: 81-2).

이것은 높은 목표이지만, 공동체가 Decartes 에고 집단이라는 개념과 일치하지 않고 관련된 자아의 생태학적 개념과만 일치한다.

교육에 대한 Bruner의 연구는 냉전의 절정기, 즉 미국 공교육이 Levittown과 Goddard Space Center 사이를 잇는 십자가로 보일 때 시작되었다. 아동의 경험, 아동의 자아, 아동 간 차이의 성질에 대해서는 관심이 없었다. 가능한 한 빨리 머릿속이 많은 지식으로 가득 찬 청년으로 가득 채우는 데 대해 관심이 높았다. 그러한 관심은 곧 진정한 불안이기도 했다. 미국 국민은 여전히 과거 30년-40년간 저질러온 실수에 대한 대가를 치르고 있다. 거의 모든 사람과 더불어 Bruner는 실수에 대해 자기가 감당할 몫을 만들었다. Douglas Noble은 자기의 중요한 저서 『The Classroom Arsenal』(1991)에서 이른바 학교라는 기관의 이와 같은 냉전 변화 역사를 요약했다. Noble은 관료적인 압박과 주도가 미국 전 차원에서 교육기관과 이상에 얼마나 크게 영향을 미쳤는지 보여준다. 이런 경향은 학교에 대한 기업의 참여와 기술적 구조조정을 점점 강조하며 계속된다. 이 모든 강조는 참교육에 아주 중요한 비관료적이며 직접 대면하는 환경을 구성하는 기반을 약화시키는 것으로 밝혀졌다. 교육을 생태학적으로나 문화적으로 이해하는 것을 강조함으로써 이와 같이 문제가 있는 동향에 맞설 수 있다고 생각한다.

RAND 연구소와 공군을 상대로 하는 교육에 대해 글을 쓸 때조차 Bruner는 경고와 우려의 목소리를 높였다(예: Bruner, 1960). 현재 그의 뇌리를 사로잡고 있는 생각인 동시에 우리 모두가 유의할 점은 우리 학교와 공동체에서 '가능하게 하는 문화'를 어떻게 사람들에게 주입하는가이다. (대체적으로 공동체는 특별히 문화 생태학적 관점을 채택할 경우 공교육에 대한 우려에서 완전히 벗어날 수는 없다.) 본 논문의 입장에서 볼 때, Bruner는 최근의 문화심리학의 특징인 자아와 문화에 대한 획일적 관점에서 멀리 떨어져 있어야 한다(예: Shweder, 1991). 여러 다른 종류로 이루어지지 않으면 미국 문화는 아무 것도 아니다. 그리고 본 논문의 저자도 동의하는 바이지만 다문화로 이루어진 미국 문화의 성격은 무수한 단일 민족의 하위문화에 기반을 두고 있지 않다. 미국인들, 특히 청년들 가운데 놀랄만한 상호 침투가 존재한다(Reed, 1996b). 소수민족 집단의 광범위한 분리, 특히 온갖 다른 하위 문화권에서 온 아프리카계 미국 흑인의 지나친 분리를 보여주는 데이터에 비추어 그러한 상호침투를 고찰할 경우, 이는 더 놀랄만하다(Massey, 1993).

이 다면적이고 복합적인 사회 세계는 수많은 실천들이 얽혀 있는 동시에 적절하거나 부적절한 사회적 행동에 대한 개념들로 가득 차 있으며, 이는 일종의 분열된 자아로 이어진다. 한 사람만 예를 들어보자. 분명히 미국에서 가장 중요한 인물이며 William James의 선견지명 있는 제자 W. E. B. DuBois는 오래전에 아프리카계 미국 흑인의 자아는 필연적으로 2중이라고 주장했다(DuBois, 1986/1903). 자아성장과 힘을 동반한 자부심과 자신감은 미국 백인이 꿈에도 생각지 않은 방식으로 아프리카계 미국 흑인에게 늘 위험했다. 역으로 아프리카계 미국 흑인 공동체가 '백인'으로 인식되는 세상의 테두리 안에서 발생하는 아프리카계 미국 흑인의 성공은 진정한 성공으로 좋게 받아들여질 수 없고, 항상 그 세상에서는 추한 연루가 넌지시 비치고 있다(Gains and Reed, 1994, 1995).

현대 세계에서 사람들과 문화가 난잡한 접촉 속에서 뿌리째 뽑히기 때문에 '가능하게 하는 문화'의 한 가지 형태도 존재할 수 없고 '자아성장'의 형태도 전혀 존재할 수 없다. 교육자에 대한 문제는 다양한 방식으로 실제 성장을 측정할 수 있는 척도를 만드는 것이다. Bruner의 '의미 구성' 개념이 아니라 Bruner의 3형태(triad) 같은 생태학적 버전을 사용해야만 그러한 측정 도구를 만들 수 있을 것이다. '의미 구성'은 본래부터 문화적으로 편향된(culturally loaded) 개념이다. 교육자는 모든 세 영역, 즉 직접학습(혹은 실행학습), 인식학습, 상징학습에서 각 학습자의 능력을 추적하는 법을 배워야 한다. 또한, 우리는 본 논문에 제시된 바와 같이 수많은 다양한 상황에서 배우고 실행하는 능력이 향상됨에 따라 이해된 자아의 성장을 추적해야 한다. 궁극적으로 학습이 개별적으로 이루어지지만, 학교와 공동체의 다양한 공유 환경으로 들어갈 수 없는 사람을 성공적인 학습자로 간주할 수는 없다.

Bruner의 유산

교육과정과 관련하여 학생들에게 남긴 Bruner의 유산은 풍부하고 다양하다. 본 저자가 Bruner를 비판한 경우조차 Bruner에게서 얻은 생각을 활용함으로써 그를 비판한 경우가 많았다. 그는 교육이 자아성장과 밀접하게 관련되고 이러한 성장은 한 문화권 내에서 혹은 한 환경 내에서만 일어날 수 있다는 것을 가르쳐 주었다. 또한 작동적(enactive), 지각적(perceptual), 상징적(symbolic) 방식의 학습을 포함하는 다양한 형태로 이루어진다는 것을 보여주었다. 마지막으로, 브루너는 우리의 교육을 통한 성장이 항상 나선형(spiral)이라는 점도 일깨워 주었다. 즉, 옛 주제들을 더욱 깊이 있게 이해하고 새롭게 재구성하는 반복의 과정을 통해 이루어지며, 이는 브루너 자신의 놀랍도록 풍요로운 학문 여정이 이를 가장 아름답게 보여준다.

참고문헌

Bernstein, N. (1996 [1950]). *On Dexterity*, ed. M. Latash and M. Turvey. Russian text. Mahwah, NJ: Erlbaum.

Bond, E. J. (1983). *Reason and Value*. Cambridge: Cambridge University Press.

Bruner, J. (1960). *The Process of Education*. Cambridge, MA: Harvard University Press.

Bruner, J. (1966). *Toward a Theory of Instruction*. Cambridge, MA: Harvard University Press.

Bruner, J. (1971). *The Relevance of Education*. New York: Norton.

Bruner, J. (1983). *Child's Talk: Learning to Use Language*. Oxford: Oxford University Press.

Bruner, J. (1996). *The Culture of Education*. Cambridge, MA: Harvard University Press.

Dewey, J. (1916). *Democracy and Education*. New York: Macmillan.

DuBois, W. E. B. (1986 [1903]). *The Souls of Black Folk*. New York: Library of America.

Fogel, A. (1993). *Developing Through Relationships*. Chicago, IL: University of Chicago Press.

Gaines, S. O. and Reed, E. S. (1994). 'Two social psychologies of prejudice: Gordon W. Allport, W. E. B. DuBois, and the legacy of Booker T. Washington', *Journal of Black Psychology*, 20: 8-28.

Gaines, S. O. and Reed, E. S. (1995). 'Prejudice: from Allport to DuBois', *American Psychologist*, 50: 96-103.

Gibbson, E. J. (1969). *Principles of Perceptual Learning and development*. New York: Appleton-Century-Crofts.

Gibson, E. J. (1988). 'Exploratory behavior in the development of perceiving, acting, and the acquiring of knowledge', *Annual Review of Psychology*, 39: 1-41.

Gibson, E. J. (1991). *An Odyssey in Learning and Perception*. Cambridge, MA: MIT Press.

Gibson, E. J. (1994). 'Has psychology a future?', *Psychological Science*, 5: 69-74.

Gibson, J. (1979). *The Ecological Approach to Visual Perception*. Boston: Houghton Mifflin.

James, W. (1976/1912). *Essays in Radical Empiricism*. Cambridge, MA: Harvard University Press.

Lave, J. (1990). 'The culture of acquisition and the practice of understanding', in J. W. Stigler, R. Shweder and G. Herdt (eds.), *Cultural Psychology: Essays on*

Comparative Human Development. New York: Cambridge University Press.

Massey, D. (1993). *American Apartheid: Segregation and the Making of an Underclass*. Cambridge, MA: Harvard University Press.

Noble, D. (1991). *The Classroom Arsenal: Military Research, Information Technology, and Public Education*. New York: Falmer.

Olson, D. (1994). *The World on Paper*. Cambridge: Cambridge University Press.

Pick, A., Unze, M., Brownell, C., Drozdal, J. and Hopmann, M. (1978). 'Young children's knowledge of word structure', *Child Development*, 49: 669-80.

Reed, E. S. (1984). 'What develops when action develops?' Symposium on Motor Learning. American Association for the Advancement of Science, New York, April.

Reed, E. S. (1991). 'Cognition as the cooperative appropriation of affordances', *Ecological Psychology*, 3: 135-58.

Reed, E. S. (1995). 'The ecological approach to language development: a radical solution to Chomsky's and Quine's problems', Language and Communication, 15: 1-29.

Reed, E. S. (1996a). Encountering the World: Toward an Ecological Psychology. New York: Oxford University Press.

Reed, E. S. (1996b). 'Cultures, values, selves', in E. Reed, E. Turiel and T. Brown (eds.), Knowledge and Values: Their Development and Interrelation. Hillsdale, NJ: Erlbaum.

Rogoff, B. (1990). Apprenticeship in Thinking. New York: Oxford University Press.

Shweder, R. A. (1991). Thinking Through Cultures. Cambridge, MA: Harvard University Press.

Taylor, C. (1989). Sources of the Self. Cambridge, MA: Harvard University Press.

Vygotsky, L. S. (1986 [1934]). Thought and Language. A. Kozulin (trans. rev. and ed.) Cambridge, MA: MIT Press.

Zukow-Goldring, P. and Ferko, K. (1994). 'An ecological approach to the emergence of the lexicon: socializing attention', in V. John-Steiner, C. Panofsky and L. Smith (eds.), Socio-cultural Approaches to Language and Literacy. New York: Cambridge University Press.

7장 요약

20세기 교육심리학은 오랫동안 문화를 단순한 '사상의 집합'으로 보아, 교사가 지식을 전달하고 학생이 이를 내면화한다고 가정해 왔다. 그러나 Lave(1990)와 Rogoff(1990)의 연구가 보여주었듯 실제 학습은 전달이 아니라 참여 · 실천 · 상황 속에서 일어나는 경우가 많다. Bruner 역시 말년에 이 관점을 수용하며, 자신의 초기 전달 중심의 견해를 수정하였다. Reed는 이를 한 걸음 더 밀어, 수업을 지식 전달이 아닌 문화생태학적 과정으로 재구성할 것을 제안한다. 즉, 학습은 행위 · 지각 · 상징이 얽혀 있는 다층적 과정이며, 의미와 가치는 뇌 내부가 아니라 환경의 정보 구조와 어포던스와의 상호작용 속에서 탐지된다. 따라서 좋은 교수란 '주입'이 아니라 학습자가 스스로 정보를 탐지 · 구별 · 조절하도록 시야와 관심을 안내하는 일이다.

이 과정의 출발점은 Bruner가 제시한 삼원 이론-행동적(enactive), 영상적(iconic), 상징적(symbolic) 학습-이다. Reed는 특히 '영상적'을 엘리노어 깁슨(E. Gibson)의 능동적 지각 학습(active perceptual learning)으로 재정의한다. 인간은 세계를 그림처럼 소비하지 않고, 행위가능성(affordances)의 장으로 지각한다. 지각은 수동적 기록이 아니라 환경의 구조화된 정보를 탐지 · 구별 · 세분화하는 능동적 과정이며, 이렇게 축적된 지각 · 행위의 숙련이 상징학습의 토대가 된다. Reed는 Bruner 후기의 '의미 구성(meaning making)' 개념이 지나치게 상징 중심으로 기울면 행위와 지각의 위상이 희석될 수 있다고 경계한다. 의미 구성이 해석학적, 상징적 절차라면 의미 탐지는 환경 속 정보와 어포던스를 직접 분별하는 생태학적 과정이다.

이 관점에서 교수의 역할도 새롭게 정의된다. 교사는 지식 꾸러미를 전달하는 사람이 아니라, 학습자의 주의를 정보가 풍부한 단서에 모으도록 돕는 안내자다. Reed는 이를 주의의 비계(scaffolding of attention)라 부른다. 교사는 단서를 배치하고, 초점을 지시하며, 유사와 대조를 구성하여 학습자의 탐지를 이끈다. 예컨대 과학 수업에서 파동 실험 시 소리의 간섭무늬를 특정 지점에 집중하게 하거나 문해 교육에서 유사·대조되는 단어를 배열해 주어 음운-철자 규칙을 학습자가 발견하도록 하는 것이 그 예다. 이처럼 수업은 1인 탐색(관찰·시도·조절)과 공동 활동(지시·응시·표시)을 오가며 전개된다.

자아 개념 또한 데카르트적 내면의 자아가 아니라, 환경 속에서 조절·협응하는 능력으로서의 자아로 재정의된다. Bruner가 말한 자아의 두 축—작인(결과를 내는 힘)과 평가(그 힘의 적절성 판단)—은 외부 환경, 타자, 규범과의 관계 속에서만 의미를 가진다. 이를 보여주는 기초적 장치가 삼자적 상호작용 프레임(성인-아동-대상/사건)이다. 아동은 생성적 언어 이전에도 지시·표시에 반응하며 의미를 공유하고, 이후 언어와 기호를 통해 '언제·어디서·어떤 행동이 적절한가'를 학습한다. 지각·행위학습은 이러한 규칙을 수행할 감각-운동 기반을 제공하고, 상징학습은 사회적 규범과 금기를 명시하는 역할을 담당한다.

이 틀 위에서 Bruner의 나선형 교육과정은 새롭게 갱신된다. 동일 주제를 발달 수준에 맞춰 반복·심화하면서 초기 노출에서 '채워지지 않은 의미(unfilled meanings)'를 의도적으로 남긴다. 의도적 잉여 단서를 남기고 재방문을 통해 학습자가 그 의미를 메우는 경험을 설계하는 것이 핵심이다. 재방문할 때 학습자는 새로운 단서와 도구를 활용해 그 의미를 메우며, 자기 이해를 확장한다. 이 과정은 학습자의 자기 효능감(자신의 힘에 대한 개념)을 넓히고, 특정 관심 분야에서는 더 깊은 전문성을 기른다. 효과적인 수업 설계의 요점은 정보가 풍부한 환경을 조직하고, 주의를 단서에 모으게 하며, 구별·조절·표현을 반복 연습하게 하고, 사회적 규범을 상징체계로 연결하는 것이다.

학교 또한 단순한 전수 기관이 아니라 자아 성장을 촉진하는 공동체여야 한다. 작은 규모의 상호작용적 문화에서 교사와 학생은 주제를 공동 소유하고, 상호 가르치기와 공동 문제해결을 일상화한다. 이는 냉전기의 지식주입 모델이나 오늘날의 관료 · 기술주의적 흐름을 넘어서는 대안이다. 현대 다문화 맥락에서 단일한 '가능하게 하는 문화'는 존재하지 않으며, Du Bois의 '이중의식'이 보여주듯 사람들은 다층의 문화적 요구 속에서 살아간다. 따라서 평가는 하나의 축(의미 구성 능력)만으로는 부족하다. 행동(실행 · 협응 · 조절), 지각(정보 탐지 · 구별 · 어포던스 활용), 상징(언어 · 기호 · 규범 운용)의 세 축에서 학습자의 수행을 맥락 특수적으로 추적해야 한다. 학습자가 다양한 공유 환경에 참여하고 기여하는 능력 자체가 교육의 핵심 성과라는 것이다.

정리하면, Reed가 제안하는 수업의 문화생태학은 다음 네 가지 요청으로 귀결된다. 첫째, 수업을 전달 은유에서 꺼내 환경-정보-행위가능성-상징이 맞물리는 장의 설계로 전환할 것. 둘째, 교사를 답의 전달자가 아니라 탐지 · 구별 · 조절 · 표현을 이끄는 안내자로 재정의할 것. 셋째, 나선형 교육과정에서 채워지지 않은 의미를 남기고 재방문을 통해 메우는 경험을 설계할 것. 넷째, 평가는 행동 · 지각 · 상징의 세 영역과 공동체적 참여를 함께 고려할 것. Bruner의 유산—다층 학습과 나선형 성장—은 여전히 유효하며, Reed의 생태학적 재구성은 이를 오늘의 교실에서 작동하게 하는 구체적 설계 원리로 제시된다. 좋은 수업은 지식을 옮기는 행위가 아니라, 학습자가 환경 속에서 의미와 가치를 스스로 탐지하고, 공동체 안에서 도구를 익혀 자아를 확장하도록 돕는 일이다.

Gardner가 성찰하는 단상: 교육자로서 제롬 브루너1)

Howard Gardner

최근 서면 조사의 일부로서 나는 내 교육 철학에 대해 수많은 질문을 시작하게 되었다. 그 질문 항목 중에 '중요한 교육 경험', '교육에 대한 나의 생각에 영향을 미친 출판물', '교육에 대한 나의 생각에 영향을 미친 사람들'이 포함되었다. 이러한 서면 양식의 질문 항목에 답변을 기입하면서 개인 답변자는 여러 가지 노력을 한다. 그러나 나는 딜레마에 빠졌다. 내가 진짜 의도를 숨길 경우에만 나는 다양한 질문이 포함된 질문지에 적당하게 답변을 기입할 수 있다. 정직하게 답변을 하면, 계속 반복해서 Jerome Bruner의 이름이 떠오르게 하는 답변을 제출할 수밖에 없다.

1960년대에 유치원, 초, 중, 고 교육 개선에 관심을 갖게 된 학자와 교육 현장의 전문 교사들에게 Jerome Bruner는 핵심 인물이었다. 내게 Bruner는 어느 누구와도 비교되지 않을 정도로 존재감이 큰 인물이었다. 처음 Bruner의 이름을 들었을 때, 나는 하버드 대학교의 학부생이었다. 그 당시 국내의 한 잡지에 실린 기사에서 그 저명한 교수에 대해 읽었다. 대학을 졸업하자마자 'Man: A Course of Study(인간을 주제로 한 교수요목)'이라는 잊히지 않는 사회과 교육과정에서 Bruner 교수와 함께 연구하는 행운을 얻었다. 그의 교육 개혁가 팀에 합류한 후에, 대학원 과정에서 학생으로 등록하여

1) 다음은 가드너가 하는 논평(commentaries)이다. 논평 제목은 "교육자로서 Jerome Bruner: 개인적 성찰"이다.

전설적인 하버드 인지연구 센터에서 동지적 동반자로 활동하면서 나는 Bruner의 교육 개념에 광범위하게 노출되었다. 그리고 나는 스승, 조언자, 인지센터장, 유명인사로서 그의 강한 영향력의 지배를 받았다. 기쁘게도 이 영향력은 지금도 계속되고 있다.

그런데 고백할 것이 있다. Bruner는 내가 심리학자와 교육자로 '형성'되게끔 그렇게 강력한 영향을 주었는데, 나는 여러 해 동안 그의 영향력을 깨닫지 못했다, 아마 그럴 여유가 없었을 것이다. 중년에 접어든 후에야 나 자신이 많이 발전하고 타인의 눈에 비치는 내 모습도 달라졌다. 그때 나는 내 활동과 교육철학에 미친 Bruner의 지대한 영향을 인식할 수 있었다.

Bruner 교수와 나의 직업과 인간적인 면에서 친한 관계에 비추어, 나는 Edward Reed의 에세이를 읽는 것이 이상한 경험임을 발견한다. Reed는 분명히 Bruner를 존경하고 Bruner에게서 배웠지만 그의 문장에는 Bruner의 정신이 살아 숨 쉬지 않았다. 그와 비교해 볼 때, Bruner는 계속 논문을 발표했고 많은 직책을 담당하고 있었다. 그의 견해는 Reed의 생태학적 관점과 반대였으며 비판을 받았다. 현재 내가 여기서 간단하게 언급하는 데에 다른 목적이 있다.

교육자로서 Jerome Bruner에 대한 몇몇 인상을 기록하고 그러한 점에 비추어 교육에 대한 그의 공헌을 고려하는 것이다.

우리 시대의 학자 중에는 영원한 제자와 영원한 스승의 전형적인 예가 되는 사례가 거의 없다. 60여 년간 Bruner는 수많은 측면에서 심리학 연구를 추구했다. 차례차례 심리학의 한 영역에 침입(접근)하고(근접한 학문에도 침입) 많은 것을 형성하면서 그의 관심을 사로잡은 점에 대해 의문을 제기한 후에는 곧바로 여러 관련 지식체에 통달하고 다양한 학문에 대한 지식이 향상되었다.

Bruner는 항상 자기가 하고 있는 것에 대해 생각하고 타인과 자신의 생각을 공유했기 때문에 학생과 교사 사이에 있는 선이 임의적인 것 같았다. 아니, 정말로 틀려도 고치려고 하지 않았다. Bruner는 교사이지만, 그가 교사인 이유는 자기가 학생이기 때문이고, 자기가 학생인 이유는 교사이기 때문이다. 그는 배우면서 자신뿐만 아니라 타인도 가르친다. 그리고 그가 가르칠 때의 가장 중요한 교훈은 질문을 하는 방법과 생산적인 답에 도달하는 방법이다. 그는 「The Culture of Education」에서 이렇게 언급했다. "모른다는 그 사실(모른다고 인식하는 점)이 바로 당신을 진정한 교사로 만든다"(Bruner, 1996: 115).

가르침(교수)에 대한 Bruner의 접근법은 기억 속에 생생하게 남아 잊히지 않는다. 전염력이 있는 그의 호기심은 지적 입구점을 제공하며 완전히 싫증나지 않은 모든 이에게 영향을 미친다. 그가 하는 말로, "지적 활동은 지식의 최첨단에서나 3등급 교실에서나 상관없이 어디에서나 동일하다"(Bruner, 1960: 14). 따라서 연령에 상관없이 모든 사람이 질문에 초대되며 심지어 가끔 질문에 참여하라는 유혹을 받아서 참여하기도 한다. 논리적 분석, 기술적 특징, 풍부하고 광범위한 주제는 훨씬 더 광범위한 정보 궤도, 직관적 도약, 설득력 있는 질문에 포함된 명언 말하기에 자리를 내준다. Bruner는 Massachusett의 Newton, 이외 수많은 다른 도시와 국가에 사는 10세 아동에게 질문했다. 또한 Bruner 자신의 연구에서 하고 있던 질문을 하기도 했다. 인간에 대해서 무엇이 인간다운가? 인간은 그 방법을 어떻게 알게 되었나? 어떻게 인간을 훨씬 더 발달시킬 수 있을까? 그리고 영감을 받은 교사의 태도로 그는 어린 학생의 말을 주의를 기울여 경청하고 그들에게서 배웠다.

광범위하게 말하면 Bruner는 위대한 미국 실용주의자의 전통과 진보적인 사상가, William James, Charles Sanders Peirce, James Mark Baldwin 이외에 John Dewey가 있는 환경을 설정한다. 그의 정서는 기본적인 수준에서 John Dewey에 가깝다. 그가 창조하는 데 도움이 된 교육과정과 가르치고 감정이 일어나게 한 수업은 진보적인 교육의 지시문하에 완벽하게 어울렸다. 이는 더 광범위한 교육계에 주는 미국의 선물이다. Bruner의 입장에서 지식이나 앎(knowing)은 기계적이고 자동적인 것이 아니다. 세계에 대한 참된 관심에서 지식이 나오고 그 세계로 다시 들어가며 과정 속에서 그 세계를 풍성하게 한다.

그러나 Bruner는 탁상공론하는 철학자로서 교육에 접근하지도 않고 교실에 오랫동안 거주하는 자로서 교육에 접근하지도 않는다. 그는 능동적인 심리학 연구자이며 사색적인 사회과학자이자 인본주의자였다. Bruner의 끝나지 않은 연구와 학습의 열매는 계속 그의 교육철학을 알려 주었다. Bruner는 John Dewey 지지자 및 Piaget 학설 지지자로서 교육에 대한 연구를 시작했을 것이다. 그러나 새로운 연구 선상에 몰입하게 되어 Reed가 언급하는 다양한 표현 양식, 영장류의 도구사용 진화, 인지 형성 시 학교 수업의 역할, 다양한 매체의 영향, 기술과 상징체계, 사회적 지원의 특징, 대화와 이야기(narrative)의 힘, 문화의 구성적 역할을 탐구한다. 결국 이들 각각은 계속 진화하는 교육철학으로 가는 길을 발견했다.

Bruner를 30년 이상 알고 지낸 자로서 눈에 띄는 점은 여러 면에서 그의 교육 실천이 그의 이론적 개념의 전조가 되었다는 것이다. Bruner가 철저히 Vygotskian(Vygotsky(비고츠키) 학설을 지지하는) 지지 시스템, 인본주의적 이야기(narrative) 양식, 의미 구성에 대한 Geertzian(Geertz(기어츠)학파의) 강조를 인식한 후에 이러한 개념이 교육에 대한 공식적 눈문에 모습을 드러냈다. 나는 이것이 장점이라고 생각한다. 대장간을 거친 듯한 경험으로 형성된 교육 개념은 보통 이론적 논의에서 단순하게 나온 교육 개념이나 그리고 훨씬 더 좋지 않은 교육 출판물에 배어있는 전문용어가 잔뜩 실린 페이지에서 나온 개념보다 훨씬 탄탄하고 강력했다.

Jerry Bruner를 아는 특권을 누린 자와 그를 벗으로 생각하는 자에게는 Bruner가 모든 면에 숙달하였으며 살아있는 완전한 교육자(Compleat Educator)였고 영원히 그렇게 남아 살아 숨 쉬고 있다. Bruner의 말에 따르면 그는 '소통하는 사람, 모델, 동일시 인물'이다(Bruner, 1960: 91). 그가 90대로 진입하면서, 한 달간 New York University Law School(뉴욕대 로스쿨)의 강의실에서 수업하였으며, 다음 한 달은 Reggio Emilia의 유치원에서 수업하였다. 동시에 그는 여전히 그 수업에서 가장 열의에 찬 학생으로 남아 있을 것이다.

참고문헌

Bruner, J. S. (1960). *The Process of Education*. Cambridge, MA: Harvard University Press.

Bruner, J. S. (1996). *The Culture of Education*. Cambridge, MA: Harvard University Press.

Reed의 Bruner 교육론 비판

David Bakhurst

본 논문에서 Eduard Reed의 주목표는 이른바 '문화 전달이론'이다. 이 관점은 아주 최근까지 우리의 교육 개념을 지배해 왔다고 그는 주장한다. 문화 전달이론은 주로 문화를 교사가 전달하고 학습자가 '내면화'하는 개념의 집합이나 지식체로 나타낸다. 전달은 학습의 여러 면 중 일면일 뿐이라는 이유로 Reed는 이 모델을 반대한다. 게다가 이 모델은 우리가 학습을 경험이나 행동의 형태 구축이 아니라 '표현된 것을 습득하는 일'로 보도록 권장한다고 Reed는 주장한다. 따라서 그는 학습의 상징 형태를 지나치게 강조한다. 결국 지나치게 한 덩어리로 뭉친 문화 관점을 채택하기 쉽다.

Reed는 교육에 대한 Bruner의 영향력 있는 초기의 생각이 전달모델과 관련하여 채택되었다고 주장한다. 전달모델은 냉전 환경으로 인해 특별히 타당하다고 받아들여진 것이다. 1950년대 말과 1960년대 초 러시아인의 우주 로켓 발사 성공 후, 미국인 다수가 미국과 소련이 계속 적대시할 경우 효과적인 교육 시스템이 반드시 필요하다고 생각했다. Bruner에 따르면, "교육에 대한 미국인의 관심은 국가 안보가 장기간 위기에 처해 있는 것이 확실한 상황에서 위기 해결이 교육을 잘 받은 국민에 달려 있을 경우에 두드러지게 나타난다"(1960: 1). 과학적 전문 기술이 미국의 미래에 극도로 중요하다고 간주되므로, 교육은 당연히 최대한의 지식을 아동의 머릿속에 효과적으로 이식시키는 수단으로 보였다. Reed는 Bruner가 전달 모델을 기피하려고 했지만, 그는 여전히 전달모델의 상당 부분을 좋아한다고 주장했다. 예를 들어 Bruner의 의미 구성 개념은 그 개념(의미 구성 개념)이 아동을 교육과정에 참여하는 자로 나타내도록 돕지만, 이 의미 구성 개념으로 인해 학습자는 표현 형태나 상징 형태에 영구적으로 사로잡히게 된다. 교육에 대한 Bruner의 대다수 귀중한 식견(지식)은 틀림없이 전달 이론에서 해방되었으며 더 만족할만한 이론적 틀구조(프레임워크) 안에 있다고 Bruner는 주장한다.

Reed가 권장하는 프레임워크는 Reed가 『Encounting the World』에서 설명하는 생태 심리학의 형태를 갖추고 있다. 이 책은 그가 출판한 3부작 중 1부이며 그가 사망하자 곧 발행되었다(Reed, 1996a, 1996b, 1997). Reed가 이해하는 바에 따르면 생태 심리학은 심리학과 인지과학에 너무나 흔하게 전개된 기계학적이고 설명적인 원칙을 거부한다. 대신에 '통제(조절, regulation)'의 유기적 메타포를 다룬다. 생태 심리학의 환경에서는 유기체의 활동에 집중하며 특히 그 활동이 조절(통제)되는 방법에 집중한다. Eleanor와 James Gibson을 따라 Reed는 환경을 행동을 위한 중립적 환경이 아니라 객관적인 가치와 의미가 실린 맥락(context)으로 취급한다. 생물의 환경은 어포던스, 즉 그러한 부류의 생물에게 환경이 제공하는 자원에 의해, 이 어포던스에 대한 생태학적 정보에 의해 구성된다. 의식(awareness)과 행동은 생물의 어포던스 의식에 비추어 생물의 환경과의 관계를 바꾸고 앞서 언급한 정보를 확보하는 생물의 능력으로 이해된다.

당연히 생태 심리학에 진화 관점이 포함된다. 어포던스는 종의 기본적이고 생태적인 지위와 도태압력의 집중점을 구성하는 요소로 취급된다. Reed는 가치와 의미를 추구하는 인간의 노력이 어떻게 그렇게 자주 집단적이고 문화와 언어가 어떻게 인간의 환경을 형성하는지 우리가 이해하는 한 이 접근법은 인간 심리학을 제대로 포함시킬 수 있다고 주장한다. 최소한 이는 문화 심리학자에게 맞는 입장인 것 같다.

그러나 Reed는 Bruner의 관점에서 발견되는 구조주의를 기피한다. 인간의 환경은 우리 인간이 단순하게 발견하는 것이 아니며 우리가 만드는 것도 아니다. '선택되고 변형되는' 것이다(1996a: 125). 또한, '의미 구성'이라고 말하는 것은 오해의 소지가 있다. 의미는 만들어지는 것이 아니라 탐지된다. 그리고 의미 검색은 대개 공동으로 이루어지지만, 의미 탐지는 항상 개인 혼자서 한다. 본 논문의 저자는 독자의 관심을 끌 수 있지만, 독자가 참여하게 할 수는 없다. 이를테면, 독자에게 어떤 것의 의미를 제공할 수 없다. 그러므로 학습은 개념 전달이나 가르쳐 준 것을 의미구성 패턴으로 바꾸는 것을 최고로 간주하지 않고 가르쳐 준 것을 공유 환경으로 변화시키는 것을 최고로 여긴다. 이러한 환경에서 Reed는 표현 체계 습득이 아니라 일차 경험을 위한 아동의 능력 발달, 즉 세상에 직접 참여하는 것을 중요한 교육 목표로 여긴다. 표현 체계 습득은 직접 경험 대신에 전달을 위해 구성된 간접적 형태의 지식을 구체화하는 경우가 아주 많기 때문이다(이것이 바로 Reed의 입장에서 중요한 주제이다. 1996b). 일차 경험을 위한 능력 발달은 개인 성장의 핵심이므로, Reed는 우리가 전달 메타포를 다른 메타포, 즉 Bruner의 연구에서도 발견되는 개념인 자아성장 개념으로 교체한다고 주장한다(예: Bruner, 1966: 1). 교육의 진정한 목표는 지식체 전달이 아니라 성장이라고 Reed는 주장한다.

여기서 솔직히 털어놓을 수밖에 없는 점은 Reed의 생태학적 접근법은 평가가 어렵다는 것이다. 그의 저서는 의욕을 돋우는 식견(지식)과 고무적인 추측으로 가득하지만 그의 프로젝트는 범위 면에서 너무 야심적이고 관점 면에서 너무 급진적이다. Reed가 인정하곤 했지만, 그가 우리에게 주는 것은 완성된 이론이 아니라 포지션(우리가 취해야 할 자세의 형태)이다. 또 다른 연구자들이 Reed가 시작한 연구를 계속하기를 바란다. 그러나 그가 Bruner

에 대해 한 비판을 평가할 수 있다. 회고록에서 Howard Gardner는 Reed의 비판에 불신을 갖고 반응하며 Bruner가 우리로 하여금 교육을 이해할 수 있도록 공헌한 바의 중요성을 Reed가 인식하지 못했다고 주장한다. Bruner의 공헌은 Bruner가 교육에 대해 쓴 글이 중요하지만, Bruner가 교육에 대해 무엇을 썼느냐에 있다기보다 Bruner가 남긴 유산 전체가 전염성 있는 자신의 교수에 대한 열의와 학습을 열렬히 탐하는 태도를 표현하는 방식에 있다. Bruner는 예를 사용하여 교육에 대해 우리에게 가르쳐 준다. 그리고 그가 쓴 논문의 관점을 피력하고 그 관점을 학리적인 비판을 받게 만들기보다 교육자로서 그의 천재성을 인정하는 것이 나을 것이다.

Gardner는 Bruner의 오랜 친구이자 동료로서 글을 썼다. 그러나 그의 관점을 평가하기 위해 Bruner를 개인적으로 알고 지낼 필요가 없다. Bruner의 연구에 Bruner가 글을 쓰는 방식으로 혹은 본문의 자구에서 Gardner의 반응을 지지하는 부분이 상당히 많다. 교육자로서의 그의 자질은 그가 독자들에게 전달하는 방식에서 발견된다. 예를 들어, 「Toward a Theory of Instruction」에서 발췌한 다음 본문을 고려해 보자.

> 지식 체계는 대학 교수진에 간직되고 권위 있는 책 시리즈에 구체화되는 것으로 훨씬 이전에 한 지식 활동의 산물이다. 이러한 학문 분야에서 누군가를 가르치는 일은 그로 하여금 결과를 정신에 쏟아 붓도록 하는 문제가 아니다. 그가 지식 생성이 가능하게 하는 과정에 참여하도록 그를 가르치는 것이다. 교사가 주제를 지도하는 목적은 그 주제에 대한 살아있는 소규모 도서관을 만들기 위한 것이 아니라 학생으로 하여금 수학과 관련된 방식으로 혼자 힘으로 사고하고 역사가가 하는 것처럼 문제를 고려하고 지식 습득 과정에 참여하도록 하는 것이다. 아는 것은 제품이 아니라 하나의 과정이다(Bruner, 1966: 72).

여기서는 전달에 따른 학습에 지나치게 사로잡히는 것을 제안하는 부분이 별로 많지 않다. 반대로 질문의 살아있는 전통 안에서 학생이 자율적으로 사고하도록 허용하기 위해 Bruner의 열의로 학생을 대한다.

그러나 Reed의 비판을 즉각 무시해 버리는 것은 실수라고 생각된다. 그 비판에 뭔가 깊은 점이 포함되어 있다. 예를 들어, Bruner의 출발점에 기본적으로 Decartes의 주장을 지지하는 면이 포함되어 있음을 암시하는 것은 Reed가 옳다고 생각한다. Bruner는 자아와 현실의 관계를 두 세계 사이의 관계라고 표현하는 경향이 분명히 있기 때문이다. 두 세계란 주체의 '내적' 세계와 주체가 표현하려고 노력하는 정신의 범위를 넘어서는 '외부' 세계를 말한다. 물론 Bruner는 항상 자아가 능동적으로 세계 구성에 포함되는 정도(이러한 수준에서 Bruner는 Decartes 지지자가 아니라 Kant 지지자이다)에 관심을 가지고 있었고 두 '세계'의 관계에 관계에서 문화를 중재하는 필수적인 역할을 점점 강조해 왔다. 그러나 Bruner가 쓴 글 중 상당 부분이 자아에 대한 다소 전통적인 심상(picture)을 보유하고 그 글 자체의 '내면세계'에서 사적인 경험을 구성한다. 예를 들어, 그가 쓴 다음 글에 이것이 명백하게 나타난다. "교육과정의 심장부는 경험을 표기법과 정리법의 더 효과적인 시스템으로 바꾸기 위한 도움과 대화 제공으로 구성된다"(1966: 21). 또한, Reed는 문화의 공헌에 대한 Bruner의 관점에 상징 형태와 표현 형태에 대한 깊은 강조(물론, 인지 혁명의 초기에 Bruner 관점의 기원에 대한 강조)가 포함되어 있다는 Reed의 생각이 옳다. 문화는 우리가 우리의 경험을 구성하여 현실을 표현하는 방법을 더 쉽게 하는 자원의 '도구들'이 아니라 집단적으로 창조되고 유지된 공유 의미의 저장소로 표현되기 때문이다.

사실상 의미 구성에 대한 Bruner의 최근 취급이 Bruner의 이원적인 출발점을 약화시키는 경향이 있다. 그러한 취급을 통해 '외부 세계'는 문화구성이라는 개념에 대한 강조가 증가하는 것을 알 수 있기 때문이다. 그러나 학습에 대한 Bruner의 관점을 그렇게 강조함에 따라, 우리는 결과적으로 문화로 가는 문을 열기 시작함으로 인해 아동에게 문화 자체로 접근하는 통로를 주는 것이 문화 그 자체라고 주장하게 된다. 일종의 사회현상을 받아들임으로써 아동이 현실에 참여하게끔 아동에게 힘을 부여하는 문화 특유의 감각을 잃게 된다. 현실은 우리의 집단적 개념 위에 있는 것이다. 문화는 만물의 시작이며 마침이다. 대다수가 이 관점이 매력적임을 알 수 있다. 그러나 이 관점은 Reed의 생태학적 관점(perspective)에 대한 현실주의자의 추정과 극적으로 대조를 이룬다. 실제로 Reed는 자아와 세계의 이원성에 대한 부적절한 헌신을 통해 우리는 당연히 구조주의로 이끌린다고 틀림없이 주장할 것이다(이 책, 본 논문 저자의 주장과 동일). Reed는 Decartes파의 전체 시작점을 기피하는 환경과 상호작용하면서 구체화된 유기체의 생태학적(생태주의적) 비전을 통해 우리가 어디에서든지 시작하도록 할 것이다.

따라서 Reed의 비판은 Bruner의 문화 심리학과 Reed의 생태 심리학의 성질과 타당성에 대한 핵심의 실제 문제를 제기한다. 그러나 고급 이론(high theory) 수준에서 문화 심리학과 생태 심리학 간에 충돌이 일어난다. 그러한 충돌은 정신과 세계 간 기본적 관계를 보여주는 각 심리학의 심상과 관계가 있다. 그러므로 그 충돌은 교육학 문제와 약간 거리가 멀 수 있다고 생각된다. 그러나 간접인 경우가 많지만 어떤 의미에서는 그러한 이론적 개념이 우리의 교육 개념에 결정적인 영향을 미친다는 것을 뜻한다. 우선 그 개념은 가르치는 메타포, 학습과 교수에 대한 우리의 관점을 형성하는 메타포, 더 일반적으로 교육의 목적에 대한 관점을 형성하는 메타포를 규정하는 데 도움이 된다. 둘째, 정신과 세계에 대한 문화의 우세한 개념이 지식의 개념과 객관성의 개념을 포함한다. 그러한 지식의 개념과 객관성 개념은 우리가 무엇을 가르쳐야 하는지, 학생이 어떻게 배워야 하는지에 대한 매우 큰 영향을 미칠 수 있다. 의문의 여지 없이 포스트모던 개념을 통해 Bruner의 입장에 대한 구성주의자의 관점을 더 많이 알게 된다. 그리고 결국 포스트모던 개념은 역사의 성질(교사가 아동들에게 역사를 가르칠 때 누구의 해석으로 과거를 정의하는가?), 과학의 객관적 타당성(과학은 특별한 권위가 있는가? 아니면 다른 담론들 가운데 있는 담론에 한 담론에 지나지 않는가?), 지식 전달을 위한 기관의 체제에 포함된 강압적인 요소에 대한 도전적 질문을 제기한다. 이제는 확실히 대부분의 교육 환경의 실제 교육에서 그러한 질문이 제기된다. 그리고 이론상으로 그러한 질문의 기원을 아는 것이 중요하다.

실제로 Bruner가 포스트모던 테마에 점점 관심을 갖게 됨으로써 그의 초기 논문에 대해 영향을 미치는 외골수 진보주의와 어떻게 화해할 수 있는지 궁금해하는 이도 있을 것이다. 1966년에 Bruner는 '교육이라는 도구를 사용함으로써 인간은 어떻게 자유로이 진화할 진화하게 되는가?'하는 질문은 교육 시스템의 최적설계에 대한 질문이라고 썼다. 또한, 그는 글에서 교육 심리학의 '사명'은 이 질문에 역점을 두어 접근하고, 그렇게 함으로써 '인간이 완전해질 수 있다는 것의 한계'를 탐구하는 것이라고 했다(1966: 37-8). 그러한 완전론은 포스트모더니즘의 역설적인 입장에서는 나쁘게 작용한다. 그러나 여전히 완전론은 Bruner의 생각 속에 존재하고 있다(분명히 그는 현재 심리학의 사명에 대해 훨씬 덜 낙관적이지만). 실제로 논쟁의 소지가 있지만 그러한 긴장은 Bruner 사상 안에서뿐만 아니라 전체적으로 문화, 특히 미국에서도 발견된다.

고급 이론(high theory)에서 이 문제들의 기원을 인식함으로써 그 문제들을 생각하는 것은 반드시 필요하다. 그리고 그것을 인식하지 않고는 그 문제들을 생각할 수 없다.

이러한 이유로, 세계와 정신의 관계에 대한 우리의 이론적 개념이 추상적이고 무딜지라도 그 개념이 교육에 대한 생각에 어떻게 영향을 주는지에 대해 생각해 봄으로써 얻는 것이 많을 거라고 생각하고 싶다. 실제로 철학자와 심리학자가 현실의 교육 환경에서 학습 과정의 메커니즘에 대한 자기들의 지론 적용을 보증하기보다 그러한 숙고를 시작하는 것이 훨씬 더 중요하다고 생각한다. 이 영역에서는 수많은 목소리 가운데 한 목소리만 있어야 하지만, 확실히 교육 심리학은 어떤 면에서 교과과정 설계라는 곤혹스러운 문제와 학생의 학습 수행 평가에 도움이 된다. 그러나 사실은 발달/교육 심리학에서 현재 사용되는 일반이론보다 학습을 매일 깊게 실용적으로 이해하는 것에 훨씬 더 확신을 갖게 된다. 따라서 우리는 교육 심리학의 이론적 용어로 학교에서 만든 해결책을 도입하기보다 교사와 학생과 학부모를 평가하는 용어를 사용하며 그들의 상황을 이해하는 방법을 찾는 데 집중하는 교육 개혁에 참여하는 것이 더 낫다. 이미 우리는 교육 시스템 개선에 필요하며 가장 중요한 점이 무엇인지 알고 있다. 현재 필요한 점은 아동이 학습에 대한 열정, 지식에 대한 사랑, 창의적이고 비판적으로 자기의 식견을 사용하려는 열의를 갖도록 권장하는 환경을 만드는 것이다. 그리고 우리는 아동이 타인을 존중하고 타인의 행복에 관심을 가지며 책임감 있고 자신감 있는 사람으로 발전하길 바란다. 그러한 환경이 어떤 모습을 갖추고 있는지에 의심의 여지가 없다. 사실, 그런 환경을 만드는 데 방해가 되는 요인은 대개 문화에 있다. 적절한 자원이 없고 교사와 학생이 일상생활에서 상습적으로 중대한 사회적 문제에 직면한다면 학교는 번창할 수 없다.

Bruner가 이와 같은 비교적 광범위한 환경을 매우 잘 인식한 것은 Bruner 연구의 커다란 장점이다. 그의 관심사는 순수하게 모든 차원의 교육 문화이다. 따라서 교육에 대한 Bruner의 글이 교육자들을 고무하기 위한 식견으로 가득 차 있고 Bruner가 초기에 교육 심리학의 '사명'에 대해 언급했음에도 불구하고 실제로 교육에 대해 Bruner가 쓴 논문에서는 체계적인 이론의 형태를 갖추고 조언하는 일이 별로 없다. 교육 정치학은 훨씬 더 큰 존재이다. Bruner의 논문이 그렇게 강력하게 전달하는 편견 없는 인본주의는 깊은 도덕적, 정치적 규모를 갖고 있다. 이러한 점은 틀림없이 Reed의 마음에 들었을 것이다. Reed는 정치적, 역사적 견지에서 생태 심리학의 식견(지식)을 접근시키려고 노력했고(Reed, 1996b, 1997 각각 참조) 교육 현장의 정치적 배경에 상당히 잘 맞았다. Reed가 생존해 있다면, 교육의 고급 이론과 우리의 정책 이해에 생태 심리학과 문화심리학이 각각 공헌한 바에 대한 효과적인 토론을 기대할 수 있다. 여기서 접할 수 있는 것은 그런 토론에서 Reed가 취할 첫 행동에 대한 Reed의 첫 사고에 불과하다. 이것만 해도 중요한 문제를 고찰할 가치가 생기게 하는 점들이 많고 이제는 접할 수 없는 토론이지만 과거에 가능했다는 점을 우리가 아쉬워하게끔 하는 점도 많다는 사실을 독자들이 알아주기 바란다.

주석

1. 다른 논문에서 주장하는 하는 바와 같이(Bakhurst, 1995; 이 책), Bruner가 급진적 구성주의에 전폭적으로 몰두하지는 않지만, 그는 흔히 현실 자체가 아니라 현실에 대한 인간의 개념은 문화 구성이라는 훨씬 약한 관점으로 물러선다.

2. Bruner와 Reed가 미국인 학자로서 아주 많은 글을 썼다는 점을 염두에 두는 것은 중요하다. 현재의 교육 현장(및 이론)의 실패에 대한 그들의 개념과 미래를 위한 처방은 미국의 현실과 미국인이 가진 이상의 영향을 받는다.

3. 이러한 문맥('민족 심리학', '민족 물리학'에서 '민족'이라는 말 대신에 '교육에 대한 민족 심리학'이라고 하는 것이 정확한 글의 분위기를 거의 치지 않는다고 자신있게 단언할 수 없다. 이 말은 과학적이고 우수한 것을 비위에 거슬리는 식으로 대조하며 문맥을 설정함으로써 우리의 관행을 하찮게 만들거나(과소평가하게 하거나) 남의 눈을 신경 쓰지 않고 많은 사람들이 공유하는 지혜(함께 사용하면 투박한)에 해당하는 낭만적인 생각을 전달한다. 확실히 심상은 학생과 교사가 교육과 관련하여 소유한 지식에 적절하지 않다.

4. Gardner의 언급은 동의함을 시사한다.

참고문헌

Bakhurst, D. (1995). 'On the social constitution of mind: Bruner, Ilyenkov and the defence of cultural psychology', *Mind, Culture, and Activity*, 2 (3): 158-71.

Bruner, J. S. (1960). *The Process of Education*. Cambridge, MA: Harvard University Press.

Bruner, J. S. (1966). *Toward a Theory of Instruction*. Cambridge, MA: Harvard University Press.

Reed, E. S. (1996a). *Encountering the World: Toward an Ecological Psychology*. New York: Oxford University Press.

Reed, E. S. (1996b). *The Necessity of Experience*. New Haven, CT: Yale University Press.

Reed, E. S. (1997). *From Soul to Mind. The Emergence of Psychology from Erasmus Darwin to William James*. New Haven, CT: Yale University Press.

제8장

유아기와 역량(능력)의 탄생: 브루너와 비교 발달 조사 연구

Duane Rumbaugh, Michael Beran and Christopher Elder

- 연장된 미성숙의 역할: 긴 의존기는 관찰과 놀이, 실험을 축적하게 하여 새로운 인지 · 행동 패턴이 발현되도록 한다. 이때 미성숙이 주는 제약은 오히려 구조를 탐지하는 데 주의를 집중시키는 이점으로 작용한다.
- 관찰 학습과 일상: 예측 가능한 루틴과 공동주의 · 지시, 일관된 표식이 마련되면 유인원도 상징과 사건의 결합과 절차를 관찰로 익히며, 이는 단순 자극-반응이 아니라 규칙과 관계의 학습으로 이어진다.
- 뇌 크기와 전이: 뇌가 크고 복잡할수록 보상 전환 과제에서 적은 추가 학습으로 큰 전이 효과를 얻지만 그만큼 정돈된 환경에 더 크게 의존하고 환경 결핍에 취약해진다.
- 언어와 도구의 발현: 칸지 같은 사례에서 조기 일상 노출과 미성숙에 따른 주의 집중이 세부 대응보다는 구조와 조합 규칙에 초점을 맞추게 한다. 그 결과 구어 이해와 도구 발명이 자발적이고 맥락을 넘어 나타나며, 이는 주로 이해 능력을 중심으로 이루어진다.
- 발현 행동의 서명: 오랜 잠복 뒤 돌연 표출되고, 훈련으로 강제할 수 없으며, 다양한 경험의 귀납적 통합과 자극 간 관계에 기반해 넓게 일반화된다. 숫자 서열, 자극 등가성, 새로운 문제 해결이 전형적이고, 의미 있게 구조화된 환경이 전제 조건이다.

브루너가 행동과학에 공헌한 자원에서 어떠한 고려도 비교 발달 구조의 창안에 대한 그의 실험적인 영향을 고려하지 않고서는 완전할 수 없다.

1974년으로 돌아가면, 인간은 영장류이며, 정확히 브루너는 우리가 영장류 질서를 구성하는 200종보다 더 넘어서는 발달의 패턴을 비교대조하는 학문들을 통하여 우리는 우리 자신을 더 잘 이해할 수 있다고 하였다.

이 장에서 우리는 선택적으로 1970년대 초기 브루너의 비교 발달 관점을 이해할 수 있는 4반세기의 조사를 고려할 것이다. 그의 관점은 그 조사 과정에 대한 주요한 영향을 주었고 유익하다. 브루너는 영장류의 연장된 발달 동안에 사회, 인지, 행동 기술에 대한 비교 학문에 참여했다. 명료하게 거대한 유인원들(예를 들어, 침팬지, 고릴라)은 아이의 발달을 잘 이해하게 돕는다. 브루너는 그러한 학문들이 그들이 능력의 획득으로 표현되듯이 우리가 유전과 환경의 상호작용들을 평가하도록 돕는다. 더 나아가 그는 다양한 영장류들의 사회 활동의 구조들에서 관찰 학습이 점점 유아기 동안 능력의 발달에 뚜렷하게 되었다. 사람이 상대적으로 작은 영장류로부터 원숭이로 이동하고 그러고서 거대한 영장류로 이동하는 것과 같다. 브루너에 의하면 유아가 어떠한 거대 영장류보다도 사회적으로 더 상호작용적이라고 보았다. 즉, 거대한 영장류들이 원숭이보다 사회적으로 더욱 상호작용적인 것과 같다(브루너, 1983). 그의 의견에 따르면 이것은 그들의 독특하고 의존적인 미숙성이 연장된 기간의 기능이다. 유아는 높게 타자와의 의사소통적 상호작용들에 조화된다. 그리고 관찰 학습이 그들의 발달에 매우 중요하다. 이러한 관점은 확실히 입증되어 왔다.

다음에서 우리는 먼저 비교 관점에서 증명되는 유아 발달에서의 다양한 요소들을 고려한다. 그러고서 우리는 언어 발달과 유인원에 의한 도구 사용에 대한 최근 작품의 교훈들을 본다. 마지막으로 우리는 긴급 행동의 개념의 중요성과 비교 발달 관점에 대한 브루너의 공헌과 일치하는 생각 그리고 전체적으로 그의 심리학에 대해 논의한다.

비교 관점에서 발달의 요소들

관찰 학습

브루너조차도 관찰 학습이 인간을 제외한 영장류의 발달에 널리 미치는 영향에 대해 우리가 얼마나 배웠는지에 고려할 수 없었다. 그의 제안에 따르면서 이제 우리는 더욱 세련된 의사소통의 이해와 언어, 행동 기술의 습득, 그리고 복잡한 뇌와 육아의 방법 사이의 관계에 대한 세련된 이해를 얻기 위해 사회적 맥락 안에서의 관찰 학습의 요인들을 이해하려고 조사할 것이다. 우리는 이러한 조사를 능력의 다양하고 특별한 영역들의 출현을 이해하는 데 필요한 것이라고 본다. 또한 우리는 인간과 영장류 사이에 뇌 구조와 기능에서 비슷한 것을 찾는다. 그것들은 그들이 보는 단어 문자들을 해석하고 그들이 듣는 말을 진행하는 것과 같다. 이러한 모든 것으로부터, 우리는 학습과 강화 이론의 우리의 개념을 재정의할 수 있었다 (Rumbaugh, Savage-Rumbaugh and Wash burn, 1996).

동물에게서 학습이란 더 이상 음식 덩어리와 같이 강화 영향으로 반응이 특정한 자극에 의해 조건 지워진다는 기계적 과정으로서 보지 않는다. 오히려 유인원 뇌의 복잡성과 크기가 유인원이 그들의 환경과 상호작용으로부터 저장하는 정보의 종류를 결정한다. 거대한 유인원과 원숭이들이 감각적이고 안목 있는, 창조적이고 상징을 사용하는 그래서 생각하는 존재가 되는 것을 제안하는 방식으로 행동하게 하는 그것은 이러한 상호작용들이다. 이에 따라, 브루너가 몇 년 동안 계속 제안했듯이, 거대한 유인원은 발달 이론의 가치 있고 특별한 자원을 제공한다.

놀이

브루너는 항상 관찰과 학습을 위해 풍부한 기회를 제공하는 놀이의 중요성을 강조했다. 거대한 유인원의 유아들은 인간의 아이들처럼 그들의 부모들과 사회적 집단들에 의존한다. 장기간의 의존은 일반화된 원칙들에 기초하게 되기 위해 사회적 놀이에 의해 허용된 무수한 교훈들을 위한 기회를 제공한다. 비슷하게 사회적 놀이에서 유아는 그가 속한 집단에서 다른 구성원들과 상호작용하는 그의 엄마를 관찰할 수 있다. 일반적인 교훈들은 개인의 생존과 새로운 상황들에서 재생산의 성공에 필수적이라는 것을 증명하는 이것으로부터 추출된다.

초기 환경과 신경 발달

인간의 뇌가 태생적으로 모든 신경조직을 포함할지라도 그들은 신경조직들이 기능하는 방법을 결정하는 것은 그들의 자극이며, 신경조직은 어른이 되기까지 생존할 것이다(Purves, 1994). 세포 수준에서 시냅시스는 항상 발달하는 동안 받은 화학적, 전기적 자극의 양에 의존하여 죽고 형성되고 있다. 목표 조직(target tissues)에 의한 적절한 자극이 없이는 세포는 많이 죽게 되어 어른이 되었을 때 신경 조직의 수가 자연적인 세포 죽음에 의해 예상되는 것보다 낮다.

뇌신경 조직체계의 적절하고 적합한 자극은 그래서 일상적 발달에 필수적이다. 극단적으로 유인원의 시각 시스템의 발달은 눈이 태어난 이후 빛의 패턴화된 자극을 받는 것에 의존한다. 적절하고 적합한 자극이 거부되면 시각 시스템은 수정 불가능한 손상을 입는다(Risen, 1982). 8-24개월 사이에 빛의 자극을 받지 못하고 보육원에서 양육된 침팬지 아기는 망막의 신경의 수가 뚜렷이 감소하는 것을 보여주었다. 세포 수에서의 이러한 감소는 빈약한 구성과 활동 비전으로 발생한다. 4년 동안 빛을 자극을 일반적인 수준으로 한다고 해도, 이러한 침팬지에게 뚜렷한 시각의 발달이 나타나지 않았다. 인지 발달에서도 그러하다. 태어나서 초기 2년 동안 동료와 어른들로부터 적절한 자극을 받지 못하면, 그 유인원은 인지와 지능, 사회적 의사소통 기술, 양육기술의 발달에서 수정 불가능한 결손으로 고통을 겪는다(Menzel, Davenport and Rogers, 1970; Davenport, Rogers and Rumbaugh, 1973).

초기 환경과 사회적 인지 발달

영장류의 인지와 사회적 발달에서 중요한 기간이 있다는 것은 명확하다. Harlow와 Mears(1979)는 어린 시절에 사회적으로 고립된 붉은털원숭이가 어른으로서 적절한 사회적 관계를 맺는 것을 실패하는 것을 보았다. 사실 그들은 다른 원숭이를 두려워하게 된다. 앞에서 말했듯이, 곤궁한 양육은 침팬지에게 있어 취소할 수 없는 인지와 사회적 부족을 일으킨다. 반대로 곤궁한 환경에서 양육된 붉은털원숭이는 단지 최소한의 인지적 결여를 보였다(Harlow, Harlow, Schlitz and Mohr, 1971). 이러한 차이는 침팬지의 뇌가 붉은털원숭이보다 더 복잡하고 크다는 사실에 있으며, 곤궁한 환경의 영향에 더욱 상처받기 쉽다는 것을 보여준다.

또한 관찰과 사회적 상호작용은 다양한 종류의 약탈자의 출현을 아는 세포를 생산하고 반응하는 영장류 유아의 능력에 영향 미친다(Seyfarth and Cheney, 1986; Cheney and Seyfarth, 1990). 어른 사바나 원숭이들은 더욱 일반적인 약탈자 계층 안에서 다양한 약탈자 종들을 구분할 수 있는 데 반해 아기는 단지 일반적인 약탈자 계층만을 구별한다. Seyfarth, Cheney와 Marler(1980)는 아이가 표범에게 경고하는 콜을 준다. 지상의 포유류보다 오히려... 인간성인이 경고 신호를 생산하는 데 있어 더욱 많이 식별하고 있다. 그래서 이러한 콜과 함께 한 아기의 경험은 성장함에 따라 적합한 약탈자를 더욱 잘 구별하게 한다.

영장류 안에서 아이가 그들의 엄마에게 계속 의존하고 다른 집단 구성원들과 사회적 놀이를 하고 관찰하는 데에 증가하는 부분이 있다. 상대적으로 빠른 성장과 발달은 놀이를 제한한다. 브루너(1974)가 말하듯이 prosimians과 원숭이는 지배적인 집단의 구성원들과 직면하는 것을 피하거나 지켜보는 데 많은 시간을 허비한다.

영장류의 몸과 뇌의 크기 진화

영장류는 더 큰 몸집으로 진화했고, 그와 함께 점점 더 크고 복잡한 뇌로 발달해 왔다. 영장류의 뇌가 커짐에 따라 복잡한 학습에서 비범한 능력을 발휘할 수 있는 잠재력이 체계적으로 증가한다(Rumbaugh, Savage-Rumbaugh & Washburn, 1996). 영장류의 뇌는 체중 대비 높은 무게와 대뇌 피질 및 기타 구조의 복잡성으로 잘 알려져 있다(Deacon, 1997). 뇌의 크기와 복잡성이 증가함에 따라, 보상 가치가 바뀌는(즉, 긍정적인 것이 부정적으로, 부정적인 것이 긍정적으로 바뀌는) 전이 학습 검사에서 훈련 단계 동안의 학습량이 수행 향상에 미치는 방식에도 질적인 변화가 나타난다. 영장류의 뇌가 더 크고 복잡해질수록—여우원숭이류와 원숭이에서 큰 유인원으로 나아갈수록—단서 가치가 바뀌었을 때 추가 학습이 수행에 미치는 영향이 달라진다. 예를 들어, 뇌가 큰 원숭이(예: 마카크원숭이)와 대형 유인원은 차별 단서의 보상 가치가 뒤바뀌는 전이 검사에서, 보상을 얻기 위해 선택을 바꿔야 하는 상황에서, 비교적 적은 양의 추가 학습만으로도 기대 이상(leveraged)의 이점을 얻을 수 있다. 반대로, 상대적으로 작은 뇌를 가진 영장류는 심각한 불리함을 겪으며, 사전 학습량이 많을수록 전이 검사에서 오히려 더 나쁜 성과를 보인다(Rumbaugh, 1997). 이 점에서 큰 뇌만이 큰 성과(big dividends)를 낸다고 할 수 있다. 그러나 동시에, 뇌가 클수록 정상적인 발달은 생태적으로 적합하고 질서 있는 환경에서 양육에 더 크게 의존하게 된다.

능력의 발현

무질서한 자극은 인간 영아의 두뇌 발달에 있어, 유인원의 경우와 마찬가지로, 아무런 도움이 되지 않는다. 실제로, 신뢰할 수 있고(reliable), 흥미로우며(interesting), 관련성이 높고(relevant), 예측 가능한(predictable) 환경적 맥락이, 25년 전 브루너가 예상하지 못했던 방식으로, 인간 영아와 유인원의 두뇌 발달을 질서 있게 촉진한다는 사실이 밝혀지고 있다. 이후에 논의하겠지만, 논리적이고 언어로 구조화된 환경에서 길러질 경우, 영아 유인원조차 구어 영어의 새로운 문장을 이해할 잠재력을 갖게 된다. 요약하자면, 오랜 기간의 미성숙 상태는 새로운 행동과 인지적 역량(cognitive competence)의 형성을 가능하게 한다. 이러한 새롭게 형성된 행동이 적응적(adaptive)이라면, 그 행동과 이를 가능하게 한 미성숙 상태의 신경생물학적 기초는 유전적으로 선택될 수 있다. 최근 수년간의 연구들은 유인원의 복잡한 두뇌가 지속적이고 질서 있게 발달할 수 있는 적절한 환경이 조성된다면 과거에는 인간에게만 고유하다고 여겨졌던 다양한 역량이 유인원에게도 발달할 수 있음을 보여주는 많은 사례를 제공했다. 강력한 실증적 증거들은 다음과 같은 유인원의 역량 발달을 뒷받침한다. 언어(Savage-Rumbaugh, 1986; Savage-Rumbaugh, Sevcik, Brakke, Rumbaugh & Greenfield, 1990; Brakke & Savage-Rumbaugh, 1996), 수적 능력(numerical competence)

(Rumbaugh, Hopkins, Washburn & Savage-Rumbaugh, 1989; Boysen & Capaldi, 1993; Beran, Rumbaugh & Savage-Rumbaugh, 1998), 문화(culture) (McGrew, 1992), 사냥(hunting)(Boesch & Boesch, 1989), 정치적 행동 (politics)(de Waal, 1992), 도구 사용(tool use)(McGrew, 1993), 거울 자기인식(mirror self-recognition)(Povinelli, Rulf, Landau & Bierschwale, 1993), 마음이론(theory of mind)(Premack & Woodruff, 1978).

언어습득과 유인원의 도구 사용

초기의 유인원 언어에 대한 질문들은 사인이나 인공적 상징들을 이용했다. 그러한 시도들은 다양한 지시물을 위한 단어와 같은 각각의 상징 또는 사인의 직접적 훈련에 초점을 맞추었다. 이러한 노력들은 원숭이가 다양한 상징들을 생산하도록 하는 것에 있는 뚜렷한 한계를 드러냈고 큰 논쟁을 불러일으켰다. 이러한 작업에 대한 강조는 상징의 생산에 관한 것이다. 즉 이는 상징적 사용에 대한 간접적 이해에 어떠한 주의도 주지 않고 있다. 이후 조지 주립 대학 언어 조사 센터에서의 뜻밖의 사건들이 언어 이해는 상징적 의미에 대한 직접적 훈련 없이 나타날 수 없다는 것을 인식시켰다.

주요한 예는 남자 보노보 침팬지의 사례이다. 람바흐와 그녀의 동료들은 일반적인 침팬지 세르만과 오스틴에게 익숙한 것과 비슷한 매너로 사전적인 상징들을 사용하도록 마타타, 14살쯤 된 여성 보노노 침팬지를 훈련하는 시도들을 보고했다. 세르만과 오스틴은 이러한 단어 문자들을 많이 배우게 되고 그것들을 하나의 지시하는 방식으로 그것들을 사용하는 것을 배우는 반면에 마타타는 그러지 못하였다. 그녀의 실패는 그녀가 6살 때까지 숲에서 보낸 것에 따른 결과이다. 거기는 인생의 교훈들이 실험실의 테스트와 진행들의 그것들과는 매우 동떨어져 있는 곳이다. 반면에 그녀의 양자 아들 칸지는 그녀가 배우지 못한 것을 배웠다. 그녀의 능력은 그녀의 양자 엄마가 그로부터 분리되어 그녀가 양육될 때 발견된다. 그가 두 살 때쯤이었다. 상징과 그것의 의미들을 어떻게 사용하는지 칸지에게 가르치려는 시도를 하지 않았음에도 불구하고, 그는 항상 그의 엄마의 훈련을 관찰하였었다. 그래서 칸지는 공식적인 훈련에 의해서가 아니라 관찰 학습의 복잡성들로서 단어 문자들의 지식을 획득하였다. 7살에 칸지는 통제된 시험에서 그에게 말해진 요구에 대한 복잡한 문장들을 이해했다.

브루너(1974)는 사람이 지식적인 방식으로 자신의 행동의 레퍼토리를 매칭하는 것은 그것의 특징이 아니라 행동의 효과를 그 형태의 그것에 매칭하는 것에 의존한다. 아주 칸지는 그가 다른 사람들이 그것을 사용하는 방식과 비슷한 원리에서 개인적인 단어들을 사용하고 선택하는 방법을 관찰함으로써 이것을 세밀하게 하였다. 그렇게 함으로써 그는 타자의 행동으로부터 각각의 단어의 의미와 중요성을 배웠을 것이다.

디콘(1997)은 칸지의 언어학습에 중요한 사실은 그가 그 시기에 아주 미성숙했다는 것임을 제안한다. 디콘은 학습에서 중요한 시기의 존재는 미성숙한 신경 시스템의 유리한 한계들의 표현이라고 말하였다. 언어는 미성숙에 의해 제공되는 비옥한 기초를 이용한다. 언어에 대한 초기의 노출이 유인원의 언어의 출현에 중요하다면 칸지의 언어습득에 대한 이러한 설명은 언어와 상관없이 일반적으로 유아에 대한 어떤 것에 기인함에 틀림없다. 미성숙 그 자체는 칸지의 이익에 대한 핵심 열쇠이다.

디콘은 역설적으로 특정 단어 연합의 세부 사항을 기억하지 못하는 능력 부족, 같은 맥락에서 나타나는 사물에 단어를 대응시키는 데 느린 속도, 짧은 발화에서 몇 개 이상의 단어를 단기 기억에 유지하는 데 어려움이 오히려 언어 학습에 장점이 될 수 있다고 주장한다. 이러한 제약은 발화에서 가장 전반적인 구조-기능 관계만을 기억하게 함으로써 세부 사항의 배경 속에서 언어가 '튀어나오도록(pop out)' 만들 수 있다. 세부 사항은 너무 변동이 심해 어린 아동(그리고 유인원)들이 따라가기 어렵기 때문이다. Rumbaugh, Savage-Rumbaugh, Washburn(1996) 역시 이에 동의하며, 언어의 신뢰성, 예측 가능성, 의미성, 일관성, 의사소통적인 패턴을 관찰할 수 있는 풍부한 기회를 가졌기 때문에 자발적인 습득이 가능했다고 말한다. 그를 둘러싼 모든 일이 벌어지고 있었음에도 불구하고

> 칸지는 자신의 환경이 지닌 논리적 구조가 제공한 패턴화된 경험에 지속적으로 접근할 수 있었기 때문에(예: 실험자들의 발화, 어머니의 지도 세션을 구조화한 키보드 상의 단어-레키그램 사용 등), 상징과 사건 간의 관계를 지각적으로 식별하고 학습할 수 있었다. 이러한 관계는 그에게 언어의 기본적인 과정과 능력을 가능하게 해주었다(Rumbaugh, Savage-Rumbaugh & Washburn, 1996: 119).

세비지-럼바우(1991)는 일상이 보노보스의 언어의 출현에 중요하다고 주장한다. 일상이 보노보에게 친숙해짐에 따라 기초적인 말과 제스처, 그리고 문자 마커들은 일상의 다양한 부분들을 알리게 된다. 일상의 이러한 상호작용과 그것들을 지시하는 마커들을 통해, 상징적인 마커들의 지시대상들은 명확해지게 된다. 이후 이러한 마커들에 대한 이해가 완전하게 일상으로부터 분리될 때, 유인원은 단어 인식에 대한 공식적인 테스트를 통과할 수 있고 특별한 훈련 없이 그들의 문자적이고 시각적으로 동등한 것들을 말해진 단어들과 매치할 수 있다.

우리가 위에서 말했듯이 브루너는 인류 문화에서 놀이 행위가 인류의 미성숙에 어떠한 뚜렷한 공헌을 했는지를 강조한다. 게임은 아이가 어른들

과 체계적으로 언어를 사용하도록 기회를 제공하고, 그것들은 대상들을 단어로 수행하는 방법을 증명한다. 게임과 놀이 행위들은 또한 순서가 있는 사건들에 대해 주의를 기울이는 기회를 제공한다. 언어의 법칙들을 배우는 가치 있는 과정(브루너, 1983). 어떠한 다른 유인원들이 인간처럼 많고 다양한 게임을 하고 있지 않다는 것이 사실임에도 불구하고, 유인원은 놀기 좋아하는 것으로 알려져 있다. 언어 조사 센터에서 유인원은 놀이와 특정한 게임들이 유아의 일상의 중요한 부분을 구성하는 환경에서 자라왔다.

디콘은 단순한 상징체계조차도 학습하기는 다양하고 비교적 덜 명확하게 분배된 관계들이 요구될 때까지 학습자가 가장 확실하고 즉각적인 연합들에의 수행을 연기하도록 요구한다. 학습자의 주의가 단어-대상 관계의 세부사항에서부터 상징들 간의 조합의 패턴들로 넘어갈 때, 거기에는 상징적인 것에 대한 색인 전략으로의 이동이 있을 수 있다.

이러한 이동에서 초기의 단계들은 빠른 학습자에게는 거의 확실하게 더욱 직관에 반한다. 그는 세부 사항들을 빠르게 배우는 사람으로서 큰 그림을 파악하는 문제가 있는 학습자들보다 빠르다. 그러나 세부적으로 어려움을 겪는다. 상징적 관계들에 대한 이러한 초기적 전환은 대부분 쉽게 성공한다. 만약 그것이 상대적으로 어린 시절에 일어난다면 그러하다. 다시, 디콘은 미성숙 그 자체는 칸지의 사례에서 증명된 언어 학습을 위해 제한된 시간의 이익에 대한 답을 제공한다. 칸지의 미성숙은 사전적인 것에서부터 상징적인 참조를 하게 하고 말의 표면 구조 아래에 있는 논리를 배우는 것을 쉽게 하도록 한다(예상 가능한 일상과 그러한 일상을 수행하는 표지들에 초점을 맞춤으로써). 이것이 칸지에게 진실이라면, 중요한 시기에 대한 강조는 그 자체로 인간 유아에게 있어 언어 습득을 위한 유효한 설명이 되지 않는다. 오히려 중요한 시기 그 자체는 언어가 포함하는 학습의 종류를 위한 미성숙한 신경시스템의 유익한 한계들로부터 나오는 것이다.

Brakke와 Savage-Rumbaugh(1995, 1996)는 초기의 양육이 유인원에게 언어 활용의 발달에 영향을 준다는 더 나은 증거를 제공한다. 여성 침팬지 Panzee와 여성 보노보 파바니셔를 양육함으로써 칸지가 자란 것과 비슷한 언어 구조 환경에서, 그들은 구조화되고 일상적인 생활에서 언어에의 노출이 말에 대한 이해와 사전적 구문의 생산을 증가시키는 것에 충분하다고 주장한다. 이러한 일상의 예로서, Panzee와 Panbanisha는 저녁 일상 생활에 포함된다. 이러한 일상들은 각각 더 작은 하위 일상이 된다. 냉장고 냉장고로부터 우유를 꺼내거나, 접시에 그것을 담는 것. 전자레인지에 그것을 데우고, 그것을 유인원에게 주는 것. 이러한 모든 일상을 통하여, 양육자와 유인원들은 단어 키보드의 사용을 통하여 소통하고 양육자는 유인원에게 말로 소통한다. 일상이 친숙해짐에 따라, Panzee와 Panbanisha는 더욱 더 그것들을 시작하기를 시작한다.

Panzee와 Panbanisha는 그러한 많은 일상 행위들에서 큰 역할을 하게 되고 자주 그들과 소통한다. 다시, 이러한 유인원들은 인생에서 아주 어린 시기에 언어에 노출되고 그들은 그들의 긴 미성숙 기간 동안에 걸쳐서 그러한 환경에 남아 있다. 그들이 성숙할 때, 일상의 구성요소들은 행동적이고 언어적으로 유인원에 의해 부호화된다. 발화들이 Panze와 Panbanisha를 위해 녹음되는 3년 기간 동안, 보노보 파바니셔는 정확히 그에게 향한 발화의 92%에 정확히 응답한다. 반면에 침팬지와 판지는 정확히 81% 응답한다. 그러한 정확도 비율은 이러한 시기를 넘어서 지속되고, 그들은 말을 구성하는 발화와 동등하게 반응할 수 있다. 이러한 결과들은 침팬지들과 보노보들이 어른들에 의해 사용되는 사전적 표시와 함께 일상에 참여함으로써 배운 것을 나타낸다. 그리고 그들이 성숙함에 따라, 상징적 이해에 대한 탈맥락화를 획득한다.

도구 사용

또한 유인원은 야생이든 실험실에서든 도구 사용의 능력을 증명한다. 브루너는 도구 사용의 출현이 조합의 행위를 위한 기회에 대한 긴 기간을 요구한다고 말한다. 미성숙의 증가된 기간은 유아가 더 많은 시간을 실험하고 기발한 방식으로 사물을 가지고 놀이하고, 기능적인 압력들 아래에서 수행될 수 없는 행위들의 조합을 포함하는 놀이를 허용한다.

새로운 맥락에서 학습된 기술들에 대한 실험은 이러한 과정에서 중요하다. 이것은 목표 자체에서의 흥미의 손실을 포함한다. 칸지는 돌을 깨는 사람을 관찰할 기회가 주어질 때 돌 도구를 만들 수 있는 능력을 증명한다. 그리고 그의 도구들은 적절하게 날카롭고 부셔야 할 대상에 적절하게 크다. 그것은 두꺼운 로프로부터 얇은 끈의 어떤 것일 수 있다. 오히려 조사자들의 전략은 칸지를 로프의 조각을 짜라고 박스를 열어 보상물을 획득하도록 얇은 조각을 생산하기를 원하도록 동기부여를 하는 것이다. 그 조사자들은 간략히 어떠한 기초적인 돌을 부수는 원리를 제시하고 그 보상을 얻도록 도구 생산에 대한 그 자신만의 방법을 활용하도록 하는 것이다. 그는 도구가 음식 보상의 미끼가 되는 것을 발견할 때, 그는 매우 그 일에 흥미를 갖게 된다. 그의 초기의 도구 제조와 사용은 관찰 학습에 기초한다. 그러나 그러고서 그는 시행착오로 조각을 생산하는 방법들에 대한 실험을 하기 시작한다.

결국 칸지는 그 자신이 좋아하는 조각을 만드는 방법을 발달시킨다. 그는 단단한 바닥이나 단단한 돌에 하나의 돌을 던질 것이다. 그는 사물을 던지는 약간을 재미를 알았을 것이다. 그러나 그는 그러한 행동이 조작을 생산하고 음식 보상물을 획득하는 데 유용성을 배우게 된다. 이러한 행위는 비슷하게 어디에서나 나타난다. 그러나 상황에 적합하게 나타난다. 그러한 행위의 출현은 던지는 것이 필요한 도구를 생산하기 위한 효과적인 도구라는 칸지의 지식에서뿐만 아니라 도구 자체가 중요한 산출물이라는, 도구가 획득되는 것을 통한 방식에서가 아니라, 그의 이해에서 증명된다. 칸지는 절대로 바닥이나 다른 돌에 하나의 돌을 던지도록 배우지 않았다. 그는 단지 전통적인 단단한 망치, 손만으로 치는 방법에서 도구를 만드는 방법을 봤을 분이었다. 그러나 던지기는 한 동안 그가 선호하는 방법이 되었다 (Toth et al., 1993).

미성숙과 발현 행동

새로운 과정들과 능력들에서 긴급에 대한 브루너의 관심은 행위에 대한 새로운 범주, '발현(emergents)'의 정의를 생각하도록 했다. 최근, Rubaugh, Washburn과 Hillix(1996)는 발현이 스키너에 의해 정의된 자극과 반응 행위들에 추가적으로 행위의 세 번째의 종류로 보인다고 제안하였다. 이 세 번째 범주는 행동주의자의 전통의 자극과 반응이라는 이분법에 빠지지 않고 특정한 반등들의 조건화라는 용어로 설명될 수 없는 행위의 형태들을 설명할 필요가 숙명적으로 있다. 그러한 개념의 소개는 환경과 상호작용하는 새로운 패턴의 발달을 이끄는 행위의 복잡한 과정들과 결정 요인들에 대한 새로운 초점을 반영한다.

발현 행위들은 그것들을 자극과 반응으로부터 분리하는 여러 가지의 뚜렷한 공헌을 하였다. 발현은 새로운 능력이며 새로운 형태의 반응하기이다. 그것은 의도적으로 강제되지 않는 것이며 교육으로 훈련되고 조건 지워지지 않는다. 발현은 종종 관찰자에게 놀라움으로 나타난다. 조건이 제거되는 과정들에 의해 진행되는 특정한 반응들이라기보다는 발현은 행위의 새로운 패턴을 나타낸다. 그것들은 다양한 경험, 지식 그리고 원리의 조합에 기초하며, 기초적인 반응 연합의 그것들보다 더욱 복잡한 운영을 요구한다. 발현은 종종 초기 양육 기간 동안 organismic과 treatment 사이의 상호작용들의 결과로서 발달한다. 특정 종의 뇌가 더욱 복합적으로 발달할 수록 발현 능력들이 나타날 가능성이 더욱 높아진다. 그리고 그들의 속성들은 양육 환경에서의 논리적인 구조의 논리적인 확장으로서 나타난다.

다음은 발현 행동(emergents)의 선정된 사례들(앞서 논의된 일부 포함)이다. 언어 습득, 자극 등가성(stimulus-equivalence, Sidman, 1994), 상대적 수량 판단(relative numerousness judgements), 셈하기(counting), 학습 전이로 인한 활용 가능한 이점(leveraged advantage), 체계적인 장기 훈련의 결과로 나타나는 학습 과정의 변화, 그리고 새로운 문제 해결 방식의 발명 등이 있다. Rumbaugh, Washburn, Hillix(1996)는 이러한 발현 행동이 다음과 같은 네 가지 속성을 가진다고 말한다.

1. 발현은 정숙한 학습의 형태들이다. 새로운 반응 패턴들의 획득 또는 학습은 몇 달이나 몇 년 후까지 어떠한 명확한 표시 없이도 진행될 수 있다. 긴급은 관찰을 통해 수동적인 주체에 의해 획득된다.
2. 발현 행동들은 특별하게 특정한 자극에 특정한 반응을 조건화하는 훈련에 의해 강제될 수 없다.
3. 발현 행위들은 생물에 의한 귀납에 의해 정착된다.
4. 발현 행위들은 이상한 상황들에서 그들의 적합성에 유의한다. 그들은 특정한 자극 범위의 기초가 아니라 오히려 자극들 또는 규율들 사이에서의 관계들에 기초하여 맥락 사이에서 일반화한다.

발현은 더 나아가 숫자적인 능력의 발달에 의해 증명된다. 그 능력은 상대적으로 많은 다수와 숫자세기의 판단을 포함한다. Washburn과 Rumbaugh (1991)는 마카크원숭이가 0부터 9까지에서 다른 숫자들을 가지고 짝짓기를 통하여 그들의 숫자들에 대한 순서의 가치를 학습한 결과로서 정확하게 한 쌍으로 두 숫자들을 더 크게 선택할 수 있다고 보고한다. 그래서 그렇게 훈련되지 않았음에도 그 원숭이는 모든 9개의 숫자들의 순서의 가치를 학습하였고 그러고서 모든 숫자들 사이의 관계의 배열에 기초하여 더 큰 숫자를 선택할 수 있다. 그들은 두 가지 숫자가 전의 시도들에서 결코 배열되지 않았음에도 불구하고 이것을 할 수 있다. 다른 테스트에서, 이러한 원숭이들은 성공적이고 즉각적으로 순서대로 순자들을 선택하였다. 이는 순위로 나열된 숫자들을 이해하는 것을 나타내는 방식으로 이루어졌다.

Beran, Rumbaugh 그리고 Savage-Rumbaugh(1998)는 침팬지 오스틴이 숫자 세는 것을 보고한다. 컴퓨터 프로그램의 활용을 통하여, 오스틴은 목표 숫자에 도달하도록 올바른 순서로 아라비아 숫자들을 선택하도록 훈련되었다. 이후 세션들(sessions)에서, 오스틴은 아라비아 숫자들의 장소에서 점들을 선택해야 했다. 그 점들은 컴퓨터 모니터의 아래 가장자리에 선으로 놓였고 오스틴은 간단히 각각의 목표 숫자들을 위해 특정한 위치에 점들을 선택해야 했다. 그러나 점들이 랜덤으로 마지막 테스트 세션들에서 정렬될 때, 오스틴은 여전히 목표 숫자를 1에서 4까지 매칭하기 위해 올바른 숫자의 점들을 선택할 수 있었다. 점들의 선형적인 형태의 정렬이 더 이상 유효하지 않음에도 불구하고 말이다. 특별하게 양을 구하고 패턴을 무시하도록 배우지 않았음에도, 오스틴은 점들이 그의 모니터에 배열되는 것들에 의한 패턴들보다 오히려 양이 흥미를 일으키는 변수라는 것을 배웠다.

결론

브루너가 강조하는 연장된 미성숙의 기간은 긴급한 행위들을 형성하는 데 중요하다. 긴급한 능력들과 행위의 패턴들은 대부분 양육 환경의 논리적 구조의 반영으로서 더 큰 뇌를 가진 영장류에서 준비되는 것으로 보인다. 상대적으로 큰 뇌를 가진 영장류들은 학습과 경험들의 더 넓은 배열로 관계짓고 조직하도록 봉사하는 엄청난 유연성을 가지고 있다. 발달을 위해 확장된 기간은 관찰하고 실험하고 환경과 상호작용하도록 시간을 허용함으로써 영장류에게 연합할 수 있는 기회를 제공한다. 이는 단지 환경 안에서 개인적인 아이템들 사이에서만이 아니라 그들이 상호작용하는 방법과 환경의 규율들 사이에서도 또한 그러하다. 그것은 새로운 행위들로 그것을 이후에 나타내는 이러한 규율들에 대한 지식이다. 적합하고 적응적이고 창조적인 문제 해결의 새로운 형태이며, 이들은 전에 실험되지 않고 나타나는 것이다. 긴 미성숙 기간은 동물들이 학습하는 방법을 배우는 시간을 제공한다.

브루너는 영장류, 특히 거대한 유인원들에서 나타나는 다양한 행위의 종류들의 발달에서 장기간의 미성숙이 갖는 중요성을 전제로 한 점에서 매우 타당하였다. Rumbaugh, Hopkins, Washburn 그리고 Savage-Rumbaugh (1991)는 유인원에서 인지 발달의 구조들은 유연하고 초기 환경의 본질을 실제적으로 반영한다고 제안한다. 인지발달은 발달이 나타나는 환경의 복잡하고 구조화된 측면들과 조화로운 패턴들을 반영한다. Rumbaugh와 그의 동료들(1991)은 언어, 숫자 그리고 다른 인지 분야의 능력은 복잡한 환경과의 상호작용에서의 발달의 가능한 형태들을 보여주는 것이라 했다. 그리고 그것은 어른으로의 성숙의 시간을 가로지르면서 생명체에 의해 조우되는 '대상 교훈들'에 의해 한정된다. 이러한 의견은 25년 훨씬 이전에 확실하게 원리와 많은 특정한 범위들에서 그것을 옹호한 브루너에 의해 환영받았다.

영장류에 대한 이러한 역동적인 견해에 대한 브루너의 초기의 구성은 탐구와 발견에 대한 새로운 방법들 긴급 행동에 대한 새로운 이론을 만드는 비교 발달 학문들에 강한 추동력을 주었다. 이러한 연구들은 어린 시절에 소중히 간직해야 할 사회적·인지적 능력의 기초가 어떻게 형성되는지를 이해하는 데 중요한 단서를 제공한다. 우리는 이러한 기반을 밝히는 데 기여한 그의 뛰어난 업적에 감사하게 된다.

주석

이 장의 집필과 그 안에서 요약된 연구의 상당 부분은 미국 국립아동건강 · 인간발달연구소(National Institute of Child Health and Human Development, HD-06016)의 지원금과 조지아주립대학교 인문 · 과학대학(College of Arts and Sciences, Georgia State University)의 추가 지원을 받아 수행되었다.

참고문헌

Beran, M. J., Rumbaugh, D. M. and Savage-Rumbaugh, E. S. (1998). 'Chimpanzee (*Pan troglodytes*) counting in a computerized testing paradigm', *Psychological Record*, 48: 3-19.

Boesch, C. and Boesch, H. (1989). 'Hunting behavior of wild chimpanzees in the Tai National Park', *American Journal of Physical Anthropology*, 78: 547-73.

Boysen, S. T. and Capaldi, E. J. (eds.) (1993). *The Development of Numerical Competence: Animal and Human Models*. Hillsdale, NJ: Erlbaum.

Brakke, K. E. and Savage-Rumbaugh, E. S. (1995). 'The development of language skills in bonobo and chimpanzee-I. Comprehension', *Language and Communication*, 15: 121-48.

Brakke, K. E. and Savage-Rumbaugh, E. S. (1996). 'The development of language skills in Pan - II. Production', *Language and Communication*, 16: 361-80.

Bruner, J. S. (1974). 'Nature and uses of immaturity', in K. Connolly and J. Bruner (eds.), *The Growth of Competence*. London: Academic Press.

Bruner, J. S. (1983). *Child's Talk: Learning to Use Language*. Oxford: Oxford University Press.

Caldero, J., Prevette, D., Mei, X., Oakley, R., Li, L., Milligan, C., Houenou, L., Burek, M. and Oppenheim, R. (1998). 'Peripheral target regulation of the development and survival of spinal sensory and motor neurons in the chick embryo', *Journal of Neuroscience*, 18: 356-70.

Cheney, D. L. and Seyfarth, R. M. (1990). *How Monkeys See the World*. Chicago, IL: University of Chicago Press.

Davenport, R. K., Rogers, C. W. and Rumbaugh, D. M. (1973). 'Long-term cognitive deficits in chimpanzees associated with early impoverished rearing', *Developmental Psychology*, 9: 343-7.

Deacon, T. W. (1997). *The Symbolic Species: The Co-evolution of Language and the Brain*. New York: W. W. Norton.

de Waal, F. B. M. (1992). *Chimpanzee Politics*. London: Jonathan Cape.

Gardner, R. A. and Gardner, B. T. (1969). 'Teaching sign language to a chimpanzee', *Science*, 165: 664-72.

Harlow, H. F. and Mears, C. (1979). *The Human Model: Primate Perspectives*. Washington: Winston & Sons.

Harlow, H. F., Harlow, M. K., Schlitz, K. A. and Mohr, D. J. (1971). 'The effects of early adverse and enriched environments on the learning ability of rhesus monkeys', in L. E. Jarrard (ed.), *Cognitive Processes of Nonhuman Primates*. New York: Academic Press.

McGrew, W. C. (1992). *Chimpanzee Material Culture*. Cambridge: Cambridge University Press.

McGrew, W. C. (1993). 'The intelligent use of tools: twenty propositions', in K. R. Gibson and T. Ingold (eds.), *Tools, Language and Cognition in Human Evolution*. Cambridge: Cambridge University Press.

Menzel, E. W. Jr., Davenport, R. K. and Rogers, C. M. (1970). 'The development of tool using in wild born and restriction reared chimpanzees', *Folia Primatologica*, 12: 273-83.

Miles, H. L. (1983). 'Apes and language: the search for communicative competence', in J. de Luce and H. T. Wilder (eds.), *Language in Primates: Perspectives and Implications*. New York: Springer.

Patterson, F. G. (1978). 'The gestures of a gorilla: language acquisition in another pongid', *Brain and Language*, 5: 72-97.

Povinelli, D. J., Rulf, A. B., Landau, K. and Bierschwale, D. (1993). 'Self-recognition in chimpanzees (*Pan troglodytes*): distribution, ontogeny, and patterns of emergence', *Journal of Comparative Psychology*, 107: 347-72.

Premack, D. (1971). 'Language in a chimpanzee?', *Science*, 172: 808-22.

Premack, D. and Woodruff, G. (1978). 'Does the chimpanzee have a theory of mind?', *Behavioral and Brain Sciences*, 5: 515-26.

Purves, D. (1994). *Neural Activity and the Growth of the Brain*. Cambridge: Cambridge University Press.

Riesen, A. H. (1982). 'Effects of environments on development in sensory systems', in W. D. Neff (ed.), *Contributions to Sensory Physiology*. New York: Academic Press.

Rumbaugh, D. M. (ed.) (1977). *Language Learning by a Chimpanzee*. New York: Academic Press.

Rumbaugh, D. M. (1997). 'Competence, cortex, and primate models: a comparative primate perspective', in N. A. Krasnegor, G. R. Lyon and P. S. Goldman-Rakic (eds.), *Development of the Prefrontal Cortex: Evolution, Neurobiology, and Behavior*. Baltimore, MD: Brookes Publishing.

Rumbaugh, D. M., Hopkins, W. D., Washburn, D. A. and Savage-Rumbaugh, E. S. (1989). 'Lana chimpanzee learns to count by "NUMATH": a summary of a video-taped experimental report', *Psychological Record*, 39: 459-70.

Rumbaugh, D. M., Hopkins, W. D., Washburn, D. A. and Savage-Rumbaugh, E. S. (1991). 'Comparative perspectives of brain, cognition, and language', in N. A. Krasnegor, D. M. Rumbaugh, R. L. Schiefelbusch and M. Studdert-Kennedy (eds.), *Biological and Behavioral Determinants of Language Development*. Hillsdale, NJ: Erlbaum.

Rumbaugh, D. M., Savage-Rumbaugh, E. S. and Washburn, D. A. (1996). 'Toward a new outlook on primate learning and behavior: complex learning and emergent processes in comparative perspective', *Japanese Psychological Research*, 38: 113-25.

Rumbaugh, D. M., Washburn, D. A. and Hillix, W. A. (1996). 'Respondents, operants, and emergents: toward an integrated perspective on behavior', in K. Pribram and J. King (eds.), *Learning as a Self-organizing Process*. Hillsdale, NJ: Erlbaum.

Savage-Rumbaugh, E. S. (1986). *Ape Language: From Conditioned Responses to Symbols*. New York: Columbia University Press.

Savage-Rumbaugh, E. S. (1991). 'Language learning in the bonobo: how and why they learn', in N. A. Krasnegor, D. M. Rumbaugh, R. L. Schiefelbusch and M. Studdert-Kennedy (eds.), *Biological and Behavioral Determinants of Language Development*. Hillsdale, NJ: Erlbaum.

Savage-Rumbaugh, E. S. and Lewin, R. (1994). *Kanzi: The Ape at the Brink of the Human Mind*. New York: John Wiley & Sons.

Savage-Rumbaugh, E. S., McDonald, K., Sevcik, R. A., Hopkins, W. D. and Rubert, E. (1986). 'Spontaneous symbol acquisition and communicative use by pygmy chimpanzees (*Pan paniscus*)', *Journal of Experimental Psychology*, 115: 211-35.

Savage-Rumbaugh, E. S., Sevcik, R. A., Brakke, K. E., Rumbaugh, D. M. and Greenfield, P. M. (1990). 'Symbols: their communicative use, combination, and comprehension by bonobos (*Pan paniscus*)', in C. Rovee-Collier and L. P. Lipsitt (eds.), *Advances in Infancy Research*, Vol. 6. Norwood, NJ: Ablex.

Savage-Rumbaugh, E. S., Murphy, J., Sevcik, R. A., Brakke, K. E., Williams, S. and Rumbaugh, D. M. (1993). *Language comprehension in ape and child*, Monographs of the Society for Research in Child Development, 58 (3-4, serial no. 233).

Seyfarth, R. M. and Cheney, D. L. (1986). 'Vocal development in Vervet monkeys', *Animal Behavior*, 34: 1640-58.

Seyfarth, R. M., Cheney, D. L. and Marler, P. (1980). 'Monkey responses to three different alarm calls: evidence of predator classification and semantic communication', *Science*, 210: 801-3.

Sidman, M. (1994). *Equivalence Relations and Behavior: A Research Story*. Boston: Authors Cooperative.

Skinner, B. F. (1938). *The Behavior of Organisms: An Experimental Analysis*. New York: Appleton-Century-Crofts.

Terrace, H. S., Pettito, L. A., Sanders, R. J. and Bever, T. G. (1979). 'Can an ape create a sentence?', *Science*, 206: 891-900.

Toth, N., Schick, K. D., Savage-Rumbaugh, E. S., Sevcik, R. A. and Rumbaugh, D. M. (1993). 'Pan the tool-maker: investigations into the stone tool-making and tool-using capabilities of a bonobo (*Pan paniscus*)', *Journal of Archaeological Science*, 20: 81-91.

Washburn, D. A. and Rumbaugh, D. M. (1991). 'Ordinal judgments of numerical symbols by macaques (*Macaca mulatta*)', *Psychological Science*, 2: 190-3.

8장 요약

이 장은 브루너가 1970년대 초 제안한 비교 발달(comparative developmental) 관점—인간 유아의 발달을 원숭이·유인원 등 다른 영장류와 비교하여 인지·사회·행동 능력의 기원을 탐색하자는 주장—이 이후 25년간의 연구를 어떻게 이끌었는지를 정리한다. 핵심 메시지는 명확하다. 연장된 미성숙(extended immaturity), 관찰 학습, 구조화된 일상·환경이 결합될 때 새로운 인지·행동 능력이 발현(emergence)된다는 것이다. 이는 언어 이해, 수 개념, 도구 사용, 사회적 추론 같은 고차적 역량이 인간 고유의 특성이라기보다 발달 조건과 상호작용 방식에 따라 달라질 수 있음을 보여준다.

첫째, 브루너가 강조한 대로 관찰 학습은 인간만의 능력이 아니다. 유인원 역시 풍부한 사회적 맥락에서 타인의 행동을 주의 깊게 관찰하며 상징 사용, 절차적 기술, 의사소통 규칙을 습득한다. 이러한 발견은 자극-반응-강화라는 고전적 학습 모델의 수정으로 이어졌다. 특히 뇌가 크고 피질이 복잡한 종일수록 환경 상호작용에서 추출하는 정보의 폭이 넓어져 창의적·상징적 수행으로 이어진다. 또한 놀이는 발달의 중요한 경로다. 단순한 활동을 넘어, 유아기는 역할 교대·사건 순서화·규칙 생성을 놀이로 학습하고, 이는 새로운 맥락에도 적용 가능한 일반화된 규칙으로 전환된다.

둘째, 초기 환경과 신경 발달의 상호작용은 민감기/결정적 시기에 따라 결정적이다. 시각계 연구에서 보듯 생후 초기 적절한 자극이 결여되면 시냅스 수준에서 대규모 손실이 일어나며 회복이 불가능할 수 있다. 사회·인지 발달에서도 초기 2년간 또래·성인 상호작용이 부족하면 침팬지에게 회복 불가능한 지능·의사소통·양육 결손이 남는다. 특히 뇌가 큰 종일수록 이런 결손이 두드러진다. 반대로 풍부하고 예측 가능한 자극은 뇌가 그 구조를 반영 · 확장하는 방향으로 발달을 질서 있게 촉진한다. 예컨대 사바나원숭이는 성장하며 약탈자 경고 신호를 점차 세분화한다.

셋째, 뇌 크기와 복잡성의 진화는 학습의 질을 변화시킨다. 마카크나 대형 유인원은 보상 전환(리버설) 과제에서 리버설 전이의 레버리지 효과—규칙이 바뀌어도 적은 추가학습으로 큰 성과—를 보인다. 반대로 작은 뇌를 가진 종은 사전 학습이 많을수록 전이에 취약하다. 따라서 큰 뇌는 탁월한 성과의 잠재력을 제공하지만 동시에 정상 발달은 환경에 더욱 정교하게 의존한다.

넷째, 언어 · 도구 사용은 발현 행동의 대표적 사례다. 보노보 칸지(Kanzi)는 양모 마타타의 키보드 훈련을 관찰했을 뿐 직접 훈련 없이도 복잡한 구두 지시를 이해했다. 이는 일상 속 상징-사건 결합을 관찰 · 일반화, 미성숙한 뇌의 제약(짧은 작업 기억 · 느린 일치 학습)이 오히려 구조-기능 패턴에 주의를 집중시켜 조합 규칙 학습에 유리했음을 보여준다. 판지(Panzee), 판바니샤(Panbanisha) 역시 루틴 속 언어 노출을 통해 맥락을 넘어선 상징 이해(탈맥락화)를 획득했다. 도구 사용에서도 칸지는 단순 모방이 아닌 관찰을 기반으로 원리 감지, 그리고 '던지기'라는 독창적 전략을 발명해 상황에 맞는 도구 제작에 성공했다.

이러한 사례들은 발현 행동(emergents)으로 정의된다. 발현 행동은 장기간 잠복 후 나타나며, 조건화로 강제할 수 없고, 다양한 경험의 귀납적 통합으로 정착되며, 자극 간 관계 · 규칙에 민감하게 반응해 맥락을 넘어 일반화된다. 언어 이해, 자극 등가성, 수 개념, 새로운 문제 해결 등이 대표적이다. 예컨대 원숭이는 직접 비교하지 않은 숫자쌍에서 서열 구조로 더 큰 수를 선택, 침팬지는 배열이 사라져도 양 자체를 표적으로 삼는다. 다만, 연구가 소표본 · 실험실 맥락 · 종 차이에 기반했으므로 과도한 일반화에는 주의해야 한다.

마지막으로 저자들은 브루너의 공헌을 다음과 같이 재확인해주고 있다. 긴 미성숙은 결핍이 아니라 탐색·관찰·재조합을 가능케 하는 진화적 장치의 역할을 하며, 구조화된 일상은 뇌 발달을 질서 있게 이끌어 인지 구조에 각인 확장시켜주며, 인간과 유인원에서 발견되는 고급 역량은 종 차원보다 발달 환경의 차이에 크게 의존한다는 점이다. 결국 브루너의 비교 발달 관점은 '학습을 어떻게 배우는가'라는 근본적 질문으로 이어지며, 교육적 함의도 분명하다. 좋은 교육 환경은 예측 가능한 루틴과 일관된 표식, 공동 주의와 패턴 탐지를 돕는 교사의 안내, 놀이 속 실험과 조합, 규칙 전환 과제를 통한 전이성을 강화할 수 있도록 설계해야 한다. 능력은 주입되는 것이 아니라, 연장된 미성숙을 토양으로 하여 구조화된 세계 속에서 관찰과 행위를 통해 스스로 발현된다.

제9장

삶에서의 규범: 규칙 표상에 관한 문제

Rom Harré

- 규범성과 의도성: 인간 인지는 규범적이고 의도적이며 문맥 의존적이어서, 순수한 인과 모형만으로는 원리적으로 포착될 수 없다.
- 규칙의 이중성: 규칙을 따르는 행위(명시 · 성찰 · 지도)와 규칙에 일치하는 행위(습관화된 수행)를 구분해야 하며, 무의식적 규칙 따르기라는 개념은 혼동을 낳는다.
- 결정성과 틀: 인지의 의미와 정확성 평가는 담화 · 제도적 틀을 공유할 때 결정성을 갖는다. 모든 인지는 프레이밍에 의존한다.
- 수행과 가능 조건: 뇌와 도구는 수행을 가능하게 하는 조건일 뿐, 기술과 기억의 옳고 그름은 공동체의 규범 속에서 평가된다.
- 기계와 규범: 전통적 인공지능은 규범을 인과적 지시로 치환해 실행할 수는 있어도 '규칙을 따른다'고는 할 수 없다. 튜링 테스트의 통과와 규범적 정당성은 동일하지 않다.

어째서 인간 행동에 대해 풀리지 않은 철학적 문제들이 아직도 존재하는가? 인간 행동을 체계적 학문의 주제로 삼기 위해 숙고했던 그 많던 사람들이 그들의 목적을 달성하기 위해 물리학과 화학과 같은 방법을 쓰는 것을 경계하게 된 이유는 무엇인가? 인간 삶을 이해하기 위한 브루너의 수많은 공헌들의 중요성은 최소한 부분적으로는 이러한 큰 문제들(big problems)에 대한 대답을 촉발한 데 있다.[1]

자연과학은 자연에 대한 탐구를 생각해 내는 주요한 두 가지 형태를 교대로 나타냈다—실증주의와 사실주의—. 실증주의는 관찰할 수 있는 현상들만을 사실로 간주하며, 예측을 위한 논리적 도구로서의 이론의 역할을 축소시킨다. 인과 관계는 관찰할 수 있는 사건들의 패턴에 대한 단순한 규칙성에 불과하다. 사실주의는 논리적 역할을 할 뿐 아니라 이론과 부합한다. 이론은 또한 관찰된 규칙성 아래에 놓여 있는 관찰할 수 없는 과정들도 묘사할 수 있다. 인과 관계는 강력한 개체들의 힘을 포함한다. 따라서 이론에 의해 상정된 개체와 과정을 향한 이러한 전통들 각각의 관점은 꽤나 다르다. 실증주의자들은 이론가들이 가정하는 '숨겨진' 개체들에 대한 존재를 주장할 수 있는 권리를 부인한다. 그러나 사실주의자들은 단순히 사고를 돕는 심리학적 도구로서의 이론적 개체들과 정말로 존재하는 것들 사이에 잘 확립된 구별이 존재한다고 주장한다.

행동주의와 그것의 후계자인 미국의 실험적 경험주의는 인간 행동에 응용할 수 있는 실증주의의 교과서적인 예였다. 반대로 첫 번째 인지 혁명과 그것의 동시대의 후손인 '인지과학'은 마음속으로는 사실주의였다. 행동주의에 따르면 정신적 상태가 존재하더라도 이는 행동과학과는 관련이 없다. 인지과학에 따르면 정신적 상태는 존재하지만 물리학에서 말하는 쿼크 입자나 중간의 벡터 보손처럼 보이지 않는 상태로 존재한다. 따라서 행동주의와 인지과학은 자연과학의 서로 다른 설명의 전형적인 예시가 된다. 과학철학이 두 가지 접근법을 구축한 사람들에게 직접적으로 영향을 주었는지에 대해서는 알 수 없다. 그러나 이 두 개의 유사한 것들은 생각에 대해 연구하는 역사학자들에게 흥미로운 문제를 제기한다.

브루너는 첫 번째 인지혁명을 주동한 사람 중 하나였다. 단어 재인에 관한 그의 연구는 그의 자서전에 간결하게 언급되어 있다(Bruner, 1983). 그 자서전에서 그는 자극들이 야기하리라 생각되는 경험들에 그것들이 절대로 충분하지 않다는 것을 논증했다. 다량의 지식은 다양한 심리학적 과정들에 명확히 내재되어 있다(Bruner, 1979). 브루너는 우리가 지각하는 것은 시각적 자극뿐만이 아니라, 지각되는 사물의 본질에 관한 우리의 신념도 포함한다는 것을 보여줄 수 있었다. 따라서 동그랗게 보이는 동전이 다른 관점에서 보면 망막에 투사되는 기하학적 형태보다 더 넓은 기울어진 모양으로 지각된다(Bruner, 1974). 다른 사례들 중에서 브루너는 단어 재인이 단어의 청각적 혹은 그래픽을 통한 재현보다 물질에 대한 지식을 더 수반한다는 것에 주목했다. 그러나 문제의 그 지식이 어떻게 저장 처리되고 남아있게 되는지는 수수께끼로 남아 있다. 첫 번째 인지 혁명은 컴퓨터가 정보를 저장하고 처리하는 것과 같은 방식으로 그것이 작동한다는 것을 시사한다.

브루너는 최근에 가정된 이 '해결책'에 대해 매우 비판적이었다(Bruner, 1990: ch. 1). 그리고 그의 비판은 두 번째 인지혁명을 촉발하는 데 중요한 역할을 했는데, 그중 하나는 자연적-과학적 모델로부터의 급진적 탈피를 포함하며, 또한 다른 형태의 설명 패러다임과 탐구 모델로 전환하는 것이었다(Bruner, 1990, 1992). 이 장에서 나는 마음에 관한 모든 컴퓨터 모델들의 단점들을 폭로하고자 계획한 주장을 발전시켰다. 그 주장에 대해서는 내가 바라건대 브루너가 공감해야 한다. 만약 그 주장이 정확하다면 두 번째 인지 혁명의 정당성이 성립된다.

제1차 인지 혁명: 이론, 모델, 그리고 유형 위계 (type-hierarchy)

두 번째 인지 혁명의 완전한 힘을 보기 위해 현재까지 지속되고 있는 첫 번째 혁명의 구조를 자세히 살펴보는 것이 도움이 될 것이다.

인지과학에서 주요한 형이상학적 개념은 '정신적 상태'에 관한 것이며 주요한 가설은 의식적인 정신적 상태와 무의식적인 정신적 상태 둘 다 존재한다는 것이다. 무의식적 정신 상태에 관한 가설들은 소외된 인간들의 사적인 혹은 공적인 정신 활동들에 대해 설명하기 위해 제시되었다(통찰력 있는 분석을 위해서는 Shannon(1991)을 보라). 이러한 추론 패턴은 비슷한 고리를 가지고 있다. 이것은 우리가 자연과학에서 마주치는 것이다. 관찰될 수 있는 것과 같은 종류인 관찰될 수 없는 상태들이 관찰된 상태와 과정을 설명하기 위해 제시되었다.

물리학과 화학의 이론 구축은 우리의 인지적 힘의 두 가지 다른 면들을 이용한다. 한 이론은 연역적 논리의 흔한 형태 가운데 하나를 예로 든다. 그 가설들은 전제들 가운데 있으며 우리가 설명하고자 하는 현상은 그러한 전제들로부터의 연역적 추론의 결과와 연관된다. 이러한 형태는 자연과학의 합리성을 설명할 수 없다고 오래전부터 인식되어 왔는데, 동일한 현상에 대한 연역은 무한히 많으면서도 논리적으로는 똑같이 강력한 힘을 갖는 이론들로부터 도출될 수 있기 때문이다. 이 점은 르네상스 천문학자인 크리스토퍼 클라비우스(1602)에 의해 처음 주목을 받았고, 최근에는 '데이터에 의한 이론의 불충분한 결정'으로 종종 다시 제기되고 있다.

논리적으로 충분한 선택지들 가운데의 결정은 실질적으로 이론의 존재론적 내용들을 조정함으로 이뤄질 수 있다. 이것은 우리의 인지적 힘의 두 번째 측면을 포함한다(모델을 구축하고 비유를 사용할 수 있는 우리의 능력). 모델은 이론적 담론의 진지한 논리적 구조를 '만약'이라는 실제로 해석할 수 있게 하는 일련의 사물들과 관계이다. 모델은 이론의 해석인 동시에 그 이론이 묘사하고자 하는 실재의 모델이다. 그러나 어떻게 이 '만약'이라는 것들이 제한될 수 있는가? 이론적으로 '불충분한 결정'의 두 번째 종류가 존재할 수 있다. 왜냐하면 모델의 무한정한 확산의 가능성이 존재하기 때문이다. 실제 과학에서는 가능한 모델들의 범위 제한이 관찰되지 않는 개체, 상태, 그리고 과정들의 존재에 의해 제공된다. 존재할 수 있는 것들의 목록은 존재론의 유형-위계로부터 유래한다. 이것은 우리가 물질세계의 본질에 대해 가지고 있는 가장 대표적인 신념들을 표현한다. 예를 들어, 만약 '뉴턴의 개체'가 작동 중인 유형-위계의 초유형(supertype)으로 정의된다면 그것의 아류 유형(subtype)에는 행성이나 포탄, 그리고 가스 분자들이 포함될 수 있다. 앞의 두 개는 관찰 가능한 것들이며, 후자는 관찰할 수 없는 것인데, 실제 가스 분자들은 지각할 수 없기 때문이다. 우리는 유형-위계를 관찰할 수 없는 분자들의 성질을 고정하기 위해 사용할 수 있는데, 이 위계의 아류 유형으로서 그것들은 초유형에 포함된 성질들, 예를 들어 위치 움직임 혹은 질량과 같은 것들을 상속받기 때문이다.

존재론적인 유형-위계들은 경험적 증거들에 의해 지지될 수 있다. 그들의 많은 아류 유형의 예시를 통해서나 혹은 관찰될 수 없는 발생적 과정들의 유의미한 모델들을 동의하는 데 오랫동안 성공해 옴으로써 그렇게 될 수 있다. 행성들과 포탄은 뉴턴의 초유형 아래에 위치한다는 그들의 관찰할 수 있는 성질들의 기초 위에 있다. 유형-위계의 아류 유형들을 '가스 분자'라는 개념을 구성하는 데 사용될 수 있도록 지지해 주는 것은 그들의 예시화의 편재성이다(관찰된 가스 샘플들의 관찰될 수 없는 구성 요소).

만약 우리가 우리의 논리적 기술과 모델을 만드는 기술들을 둘 다 고려한다면, 국소적인 불충분한 결정의 위협은 없을 것이다. 그곳에 있는 환각은 우리의 인지적 능력에 대해 너무나 좁은 시야를 가지는 데서 생겨난다. 물론 존재론적 유형-위계들은 바뀌어 왔지만, 비트겐슈타인의 강바닥의 단단한 부분처럼 그것들은 잘 바뀌지 않고 바뀐다 하더라도 느리게 바뀐다.

주요한 점은 진보한 과학이 가능하다는 것인데 우리가 우리의 작동 중인 유형-위계들을 시험해 볼 수 있기 때문이다. 이것은 우리가 '뉴턴의 개체'라는 초유형에 대해 날카롭게 정의된 일련의 속성들을 부여함으로 많은 아류 유형들을 제한한 포탄과 행성들의 움직임을 관찰할 수 있기 때문이다. 이론을 구축하는 마지막 단계는 우리의 모델이 예증하는 우리의 이론이 할당한 물질적 환경 속에 존재하는 아류 유형의 한 예를 보여주는 것이다. 우리의 모델은 연관된 유형-위계의 위치 속에 단단히 제한되어 있으며, 우리가 관찰하는 현상들에 책임이 있는 대표로서 우리에게 오직 하나의 이론만을 남겨 준다. 따라서 우리는 이론적 담론의 일관성과 최고의 모델이 갖는 존재론적 그럴듯함의 합류에 의한 불충분한 결정을 피할 수 있다. 존재론적 제한 요소가 빈약할 때, 즉 16세기 우주론의 사례에서 보듯이 그럴 때에 우리는 클라비우스와 그 시대의 다른 천문학자들이 기록한 것처럼 불충분한 결정의 진정한 사례들을 가지게 되는 것이다.

인지과학은 그 자체에서 두 개의 가지를 뻗은 존재론적 유형-위계를 야기하는데, 각각의 아류 유형은 '정신적 상태'와 '정신적 과정'이다. 우리는 '정신적 상태'라는 아류 유형에 어떤 속성이 할당되는지를 알고 있다. 우리가 우리 스스로에 대한 몇몇 개는 알고 있기 때문이다. 중요한 속성은 의도성이다. 의도적인 상태란 다른 것이 아닌 어떤 특정한 것으로 인도될 때 경험할 수 있는 것이다. 유형-위계 속에 있는 모든 아류 유형들은 그것의 초유형에 있는 속성들을 상속받아야 하기 때문에 인지과학은 무의식적인 의도적 상태의 존재에 전념한다. 또한 우리는 '정신적 과정'이라는 아류 유형에 어떤 속성이 할당되는지도 알고 있는데, 이는 우리가 그것들과 친숙하기 때문이다. 중요한 속성은 규범성이다. 어떠한 상태나 과정이 정확성의 기준에 따른 평가의 가능성에 규칙적으로 종속될 때 그것을 규범적이라고 한다. 모든 아류 유형들이 초유형의 속성들을 상속받기 때문에, 무의식적인 정신적 과정들은 규범적으로 구조화되어야만 한다.

우리가 인지과학의 일반적인 유형-위계의 하나 혹은 또 다른 가지 아래에서 상기시키는 개념들을 포함함으로써 인지(예를 들자면 단어 재인이나 기억)에 관한 우리의 설명이론들을 위한 모델들을 만드는 것이 생각이다. 그러나 이것을 하기 위해 우리는 스스로를 그것의 규율에 종속시켜야 한다. 우리가 불러일으키는 모든 현상들은 발견적인(heuristic) 방법으로서가 아니라 가능한 존재로서 이해되어야 하는 것인데, 우리가 알아차리지 못할 수도 있는 가능한 존재여야만 한다.

자연과학에서는 테크토닉 플레이트, 가스 분자, 바이러스, 암흑물질 기타 등등이 토대가 잘 닦여 있는 관찰의 유형-위계 속에 그들의 위치가 있는 덕분에 실존적으로 증명된다. 인지과학이 지속될 수 있을지의 여부는 유사한 설명적 역할을 위해 관찰되지 않는 정신적 현상을 야기할 수 있을지에 달려 있다. 유사한 것은 과학자로서의 심리학자들만이 상태가 눈에 보이지 않을 것을 엄격하게 요구한다. 그러나 정신적 상태와 과정이 시작될 때부터 그것의 주체가 인지심리학의 발생에 주요한 역할을 했다는 것을 그 주체는 인지하지 못한다. 예를 들어 '암묵 기억'은 그것을 사용하는 사람이 의식적으로 사용할 수 없는 일련의 기억들로 소개되었다. 그러나 '가지고 있는' 사람이 알지 못하는 '관찰되지 않은 정신적 상태'라는 것이 존재할 수 있는가? 그리고 사람이 무언가를 기억할 때 진행되는 '관찰되지 않은 정신적 과정'이라는 것이 존재할 수 있는가? 인지과학의 전체는 이러한 질문들에 대한 확정적인 답에 달려 있다. 그러나 정신적 상태는 의도적인 상태이다. 유형-위계는 그것을 '가지고 있는' 사람에게 의미가 있든지 없든지, 즉 그것이 의도적인지에 따라 상태를 수용하고 상태에 명령한다. 그러나 그러한 상태들이 어떻게 그 '주인'에게는 관찰되지 않을 수 있는가? 정서라는 것이 판단을 표현하는 감정이며, 어떠한 의도적 목적을 향해 명령되는 것이라면 정서를 가진 사람이 알아차리지 못하면서 어떻게 정서라는 것이 존재할 수 있는가? 우리가 우리의 느낌에 대한 해석에 있어서는 틀릴지도 모르지만 우리가 알고 있지 못한 감정들을 가지고 있다고 말하기는 힘들다. 개인이 의식하지 못하는 기억을 가지고 있는지 어떻게 알겠는가? 무언가를 기억한다는 것은 그것을 자각의 상태로 이끌어 오는 것을 말한다. 관찰되지 않은 정신적 상태는, 가스 분자들이 물질적 개체들의 존재론적인 유형-위계에 한 자리를 차지하고 있는 것과 같은 방식으로는 정신적 상태의 존재론적 유형-위계에서 자리를 찾을 수 없다. '무의식적인 상태'는 제대로 형성되지 않은 개념이다.

이것은 설(1983)에 의해 개발된, 인지과학이 그럴듯한 심리학이라는 주장에 반박하기 위한 논증 형식이다. 만약 설이 옳다면 인지과학이 의존하고 있는 유형-위계의 한 가지는 수용 가능한 모델을 생성하는 데 실패할 것이다. 나는 정신적 과정을 다루는 인지과학의 유형-위계의 또 다른 가지로 탐구의 방향을 돌려보고자 한다. 나는 규칙이라는 개념을 인지의 규범적 제약에 관한 설명에 있어 중심적인 것으로 받아들일 것이다. 나는 또한 마음의 컴퓨터 모델들이 정신적 과정의 규범성을 포착하지 못한다는 주장을 펼칠 것이다. 규범성은 기계처럼 과정으로 모델을 만들어 보일 수 있는 것이 아니다. 따라서 만약 뇌가 컴퓨터와 같은 기계라면 그것은 뇌 속에서 설계될 수 없다.

두 번째 인지 혁명을 향하여: 예비적 고려

규칙의 이중성

브루너는 최근의 작품들—두 번째 인지 혁명을 시작하도록 도운 그 작품들—에서 인지를 문맥에 따라 정확성과 적합성에 대한 수많은 서로 다른 기준들을 형성하는 추론 과정으로 묘사했다(Bruner, 1986, 1990). 공식적인 의미에서 논리란 우리가 대화에 질서를 부여하기 위해 사용하는 많은 '문법들' 가운데 하나에 불과하다. 서사적 관습에 대한 그의 연구(Bruner, 1991)에서 브루너는 사람들의 행동과 태도를 형성하는 데 있어 이야기(storytelling)의 역할을 강조했다. 규칙의 개념은 그러한 글들에는 함축적으로 나타나 있으나 분명 중요하다. 서사적 관습은 정확성과 합리성에 관한 우리의 규칙들이 나타날 수 있는 것처럼, 규칙으로 표현될 수 있다.

명백하게 밝혀질 필요가 있는 규칙의 개념에는 이중성이라는 것이 있다. 우리는 규칙을 따르는 사례들, 즉 규칙이 명백하게 표현되고 활동의 관리를 위해 사용되는 사례들과 규칙에 일치하여 행동하는 것, 다시 말해 사람들이 정돈된 방식으로 행동하는 것은 단순히 그렇게 행동하도록 하는 습관을 학습했기 때문이라는 것 사이를 구분해야 한다. 후자의 경우에서, 행동은 규칙에 순응하는 것으로서 아마 심리학자들에 의해 대표될 수 있을 것이다. 그러나 무의식적인 규칙-따르기와 규칙에 일치하여 행동하는 것을 구분하는 것이 중요하다.

행해지고 있는 규범적 성향이 단순히 연습을 통한 것이라면 규칙이 실재에 내재한다고 말할 수 있을 것이다. 그러나 규칙은 실재의 규범적 성향을 표현하기 위해 규정되기도 한다. 대조적으로, 규칙이 만약 동일한 상징적 체계에 실재적으로 존재한다면 그것은 실재에 초월적이라 말할 수 있다. 배우가 특정 활동을 수행하기 위한 지시의 하나로 규칙을 사용할 때나 혹은 교사가 학생들의 활동을 지도하기 위해 규칙을 사용할 때가 이에 해당한다. 규칙은 가르치는 사람에게 있어서는 초월적이지만 학습자에게 있어서는 내재적이다. 만약 후자가 규칙을 지시 사항으로 받는 것에 의해 연습을 배우지 못했다면 말이다.

인지 과정의 결정성

과학적 탐구의 적합한 주제가 되기 위해서, 현상은 작동 중인 유형-위계 안의 범주에 잠정적으로 할당될 정도로 충분히 결정적이어야 한다(물론 새로운 잠정적 범주는 그것을 수용할 수 있어야 한다). 두 번째 인지 혁명의 함축적인 원리에 따르자면, 심리학적 상태와 과정에 있어 과학적 탐구라는 목적을 향한 명확성은 심리학적 기능이 연구되고 있는 배우의 명확성과 동시에 발생한다. 만약 어떤 과정이나 상태가 배우에게 있어 성공적으로 합동 활동을 성취할 수 있게 하는 특정 상황에 충분한 명확한 의미를 가지고 있다면, 그것을 '결정적인'이라고 볼 수 있다. 사람들이 사회적 활동을 야기하고자 할 때 다른 모든 조건이 동일하다면 그들의 행동은 활동의 참여자 혹은 관중인 그 사회적 기반에 존재하는 모든 사람들에게 동일한 의미를 지녀야 한다. 의도된 결과는 해결되기를 기다리는 연관 환경들 최소한 그 원리들에 있어 정확성과 적합성에 대한 의문들을 위해 충분히 명세화되어야 한다. 만약 누군가의 의도를 그의 활동을 통해 알 수 없다면 맥락적으로 요구되는 활동인 수행으로서의 그들의 정확성에 관한 문제는 발생할 수 없다. 이것은 인간 활동의 의도성과 규범성에 대한 일반적인 제한 요소이다. 사회적 삶은 이 요구 조건을 보장하려는 장치들로 가득 차 있는데, 심지어 그렇게 하는 것이 상고 법원에 재심을 요구하는 것만큼이나 격하다. 그러나 실제의 삶에서는 행동이나 활동의 결정성에 대한 문제가 그렇게까지 극단적인 경우는 드물다. 하지만 활동을 만들어내는 일련의 행동들이 도전받지 않는 모든 단계의 결정성에는 맥락과 의미의 밀접한 관계가 존재한다.

첫 번째 인지 혁명을 정의하는 패러다임 속에 인지가 관련성 있게 결정적이어야 한다는 요구 조건은 잘 알려진 '틀 문제'를 불러일으킨다. 인지적 과정은 인지적 행동의 가능한 의미에 대한 끈과 모호함을 줄이는 일련의 틀 가정(frame assumption)과 연관될 때만 결정적이다. 모든 인지적 행동의 결정성은 인지적 행동 그 자체에 의한 기술에는 서술되어 있지 않은 특정한 배경적 가정들을 추정한다. 이것이 바로 비트겐슈타인이 틀과 그림에 관해 그은 구별이다. 혹은 더 잘 알려진 것으로는 문법 명제와 기술 명제와의 구별이다. 조건을 구성하는 배경은 무한정하게 많기 때문에 그것들 사이에서 몇 개를 골라내는 것은 모든 인지적 과정에 암시되어 있다. 이것은 두 가지 중요한 요구 조건인 의도성과 규범성을 결정적 방식으로 맞추기 위한 것이다. 골라진 가정들은 인지적 과정이 의도적으로 그리고 규범적으로 결정적일 수 있는 손에 쥐어진 과제와 연관된 '틀' 혹은 문법을 구성한다.

기억이나 문제해결과 같은 실제 인간의 인지에서 무한히 복잡한 배경으로부터의 이러한 추상적 개념은 그 자체로만, 그리고 부분적으로만 타당하다. 조건들로부터 선택한 이것들이 이 장소 그리고 이 시간대에서만 부분적으로 타당한 인지행동의 패턴과 연관이 있게 되는 것이다. 특정 재판에서 어떤 특정한 재판권에 의해 관리되는 것처럼, 증거의 허용가능성에 대한 규칙들은 적절한 사례이다. 각 재판은 독특한 '틀'에 의해 관리된다. 그러한 추상적 개념이 없다면, 배경은 거대하고 결정적이지 않을 것이다. 그 안의 각 가정은 아직 명료화되지 못한 가정들에 그것의 의미를 의존할 것이다. 인지는 조건의 확산이 제한될 때에만 가능하다. 그것이 O. J. 심슨의 재판에서처럼 의도적인 것이든 아니면 매일의 상황처럼 암시적인 것이든 간에 말이다. 그러나 특정한 틀의 제약 요소에 의해 참신한 결정이나 추론이 만들어졌을 때에만 드러나는, 아직 인정되지 못한 가정들이 작동 중인지 혹은 어떠한 잘 확립된 추론적 관습이 무너진 것인지 우리는 분간할 수 없다.

수행과 수행을 가능하게 하는 조건들

라켓, 공, 코트, 혹은 동의한 일련의 규칙 등등 없이는 테니스를 할 수 없다. 그러나 테니스를 하는 것은 이러한 것들의 기능으로 축소될 수는 없다. 테니스는 사람들이 참여할 때 필수적인 기술들이 요구되는 한 사람들에 의한 활동이자 수행이다. 테니스 선수들의 행동은 의미를 가지고 있으며, 사회적으로 유지되는 관습과 규칙의 체계를 참조함으로써 정확성을 평가할 수 있다. 테니스를 치기 위해 사람들은 일련의 도구들을 사용한다. 신체와 뇌도 거기에 포함시켜야 하는가? 라켓은 물리학의 법칙에 따라 행동하며 뇌는 뇌화학과 신경생리학의 법칙에 따라 활동한다. 이 도구들이 테니스를 할 수 있게 만들어 주는 것이다. 그러나 테니스의 규칙들은 물리학과 신경학이 합쳐진 무언가가 아니다.

활동을 가능하게 하는 조건들과 수행되는 활동 사이의 구분은 심리학에서 빈번히 간과되는 것인데, 과학적 심리학이 인간 수행의 생리적 혹은 물질적 면을 축소시키는 것을 수반하는 것으로 간주하는 사람들에 의해서 특히나 그렇다. 물리학은 테니스를 가능하게 하지만 테니스의 규칙들은 물리학 법칙이 아니다. 마찬가지로 기억은 사람들이 하는 것이지만—상징적이고/추론적인 수행이다—, 그것은 신경생리학적으로 가능케 하는 조건들을 가지고 있다. 사람은 그가 참가했던 과거 사건을 떠올리기 위해 그의 뇌 구조를 사용한다. 이를 위해 사람들은 분자적 구조를 가진 장기 혹은 단기 '기억'을 필요로 한다. 그리고 만약 이것이 실패한다면 그들은 쓰인 기록이나 일기, CCTV에 담긴 비디오 테이프나 오래된 사진 등등에 의지한다. 심리학적 관점에서 기억의 분자적 기초와 일기의 역할을 그렇게 다르지 않다. 내 일기는 인공적 기억의 일부이며 만약 내가 일기를 찾지 못한다면 그 대신 뇌에 기초한 기억을 써야만 한다. 기억은 의도적이고 규범적인 활동이다. 만약 설이 옳다면, 뇌 속에서 일어나는 분자적 활동이나 혹은 다른 계산 기계는 의도적일 수 없다.

그러나 기계 속에 프로그램으로써 입력될 수 있는 일련의 규칙들을 기억하는 사회적이고 규범적인 요소들을 우리가 표상하지 못할 수도 있을까? 혹은 그러한 규칙들을 인간의 생각하지 않아도 되는 습관처럼 학습한다면 그러한 점에서 인간이 기계처럼 되는 것일까? '기술'의 중요한 개념에 집중해 보자. 여기에서 조건들과 수행은 매우 날카롭게 구분되어야 한다. 기술, 예를 들어 음악 기구를 연주할 수 있는 능력은 행위 주체자(agent)의 '바깥'에 있는 공동체의 관습 속에 존재하는 의도와 규범을 참조하여 특징지어지고 개인화된다. 그러나 기술의 사용은 그 기술을 획득하는 데 필수적인 훈련을 통해 만들어진 뇌구조를 통해 존재할 수 있다. 기술이 사용되지 않을 때에도 상대적으로 영구적으로 존재하는 물질적 상태의 관점에서 우리는 그 기술이 '존재한다'고 말할 수 있다.

기술이 그것을 가능하게 하는 조건들로 축소되지 말아야 한다는 것은 명백하다. 그러나 반대의 가정은 놀랍게도 매우 빈번히 이뤄진다. 예를 들어 프란시스 크릭은 의식이란 그저 뇌의 한 상태에 불과하다고 주장했다. 그러나 이것은 기술과 조건을 혼합시키는 말이다. 기술을 받쳐주는 신경생리학적 상태를 알아내는 정체성의 기준은 그것들이 가능하게 하는 기술을 알아내는 것과는 매우 다르다. 전자는 수상돌기 부분이나 뇌의 영역 등등과 관련되지만 그것들 중 특정 기술을 확인하는 것과 연관된 것은 하나도 없다. 우리는 누군가의 뇌의 실제 상태 그리고 그 사람의 신경계에 대해서는 아무것도 알지 못한다 해도 그가 자전거를 타고 있을 때나 혹은 의식이 있을 때를 구분할 수 있다. 관찰되지 않은 정신적 상태와 과정은 심리학자뿐만이 아니라 그 배우 스스로에게도 보이지 않는 것인가?

담화심리학의 근본 통찰

심리학적 현상들이 의도성과 규범성에 의해 특징지어진다는 원리를 만약 우리가 받아들인다면, 그것에 의해 우리는 인간 행동의 분석에 의해 가장 빛나는 모델의 유형을 미리 고르는 셈이 된다. 담화심리학이 대중적이고 집합적인 인지과정을 위해서 선택할 가장 명백한(그러나 단 하나이지는 않은) 모델은 브루너와 다른 이들이 주장했던 것처럼, 대화가 될 것이다. 대화는 각 참여자들의 수행이 의미 있는 적합하다거나 정확하다 등으로 측정될 수 있는, 그리고 특정 담화적 맥락의 관습과 연관된 교섭이다. 인지의 대부분(비록 모두는 아닐지라도)은 글자 그대로 대화이다. 그리고 우리가 사회적 상호작용의 복잡한 형태를 공부하기 위한 모델로써 대화를 유용하게 쓸 수 있는 것은 담화심리학의 주요한 통찰이다. 예를 들어, 우정의 성장이나 확인 혹은 한 판의 테니스 게임은 대화가 아니지만 대화 비슷한 것으로 간주됨으로써 설명할 수 있다. 과학철학의 관점에서 대화는 매우 다양한 활동들의 존재론적 유형-위계를 형성하는 하나의 초유형으로 기능할 수 있다. 그것들의 의도적 혹은 규범적 성향에 대하여 말이다. 이 모델을 사적이고 개인적이며 공적이고 집합적인 것 둘 다를 포함하는 모든 인지활동에 일반화하는 것은 비고츠키(1962)의 발달 심리학에 의해 토대가 마련되었으며, 브루너의 의해 독립적으로 발전되면서 두 번째 인지 혁명의 가장 야심찬 분야에 도달하게 되었다.

'담화적'이라는 단어를 심리학에 사용하는 것은 인간 행동을 설명하는 데 있어 대화의 지배적인 역할을 강조하는 의도성과 규범성에 근거한다.

행동(action)의 유형

첫 번째 접근으로 우리는 인간의 행동과 사회적 작용의 패턴을 세 개의 주요한 범주로 분류할 수 있다.

1. 인과적인 행동: 다른 이의 미소(자극)에 대한 반응으로 일어나는 신경근육적 경련인 미소를 예로 들 수 있는 고정된 행동 패턴이다. 이것은 심리학적 관점에서 철저하게 기술될 수 있다. 그 자극은 효과를 발휘하는 유전된, 유전적으로 유지되는 신경학적 기제를 일으킨다. 그러한 인과적 과정은 마치 그 사람이 관중인 것처럼 그 과정이 일어나는 몸을 가진 사람이 경험할 수 있다(만약 그 사람이 그것에 집중한다면).
2. 습관적인 행동: 이미 충분히 연습된 개인의 습관들은, 예를 들자면 중간음 C를 내기 위한 클라리넷의 특정한 일련의 키들을 누르는 것처럼, 인과 패턴과 비슷하다. 추론적 관점에 대한 초기 발표들에서 이것들은 '수수께끼 같은'이라고 불렸는데, 어떤 현상이 인과적인지, 습관적인지, 타고난 것인지, 혹은 내재된 것인지를 그 현상에 대한 단순한 기술로부터는 명확하게 알 수 없었기 때문이다. 습관은 '규칙을 따른다'기보다는 '규칙에 일치하여 행동하는 것'의 사례이다. 습관의 배경에는 규칙들이 있는데, 습관들은 훈련에 의해 습득되기 때문이다. 그러나 한번 훈련되면, 습관적 행동은 인과적 행동과 같다. 훈련을 하면서 우리는 뇌와 신경계에 작은 기제를 구축한다. 숙달된 음악가는 마치 관중인 것처럼 그의 손가락이 새로운 키 패턴을 향해 움직이는 것을 느낄 수 있다.
3. 관찰, 조정되는 행동: 어떠한 행동 패턴들은, 면접에서의 수행과 같이, 그리고 특히나 한 기술을 획득하거나 개선하는 도중의 것들은 배우에 의해 자기-의식적으로 조절된다. 이는 의미와 규칙이 '온라인'되어 있

> 다고 간주되는 초-대화(meta-conversation)에 관하여 그러하다. 여기에서 우리는 규칙을 따르는 패러다임을 가지게 된다.

나는 심리학의 모든 것은 하나의 학문으로서 우리가 습관들을 원인에 동화해야 하는지 혹은 관찰되는 행동들에 동화해야 하는지에 달려 있다고 생각한다. 원인의 개념을 더 많은 조건 없이 모든 종류의 선행 사건과 결과의 규칙적인 일시적 패턴을 다루는 것으로 확장한다면, 혼란만이 생길 것이다. 만약 그것이 그렇게 확장된다면, 우리는 인과관계의 서로 다른 입장들을 구분해야 할 것이다. (1)에서 우리는 무의식적인 기제를 적용하고, 선택의 개념을 피해가며, 어떤 형태의 결정론을 기대해야 한다. 이것을 '기계론적인 인과관계'라고 부를 수 있을 것이다. (3)에서 우리는 행동에 대한 적합한 안내자로서의 규칙들에 대한 고수를 포함하여, 선택들의 복잡한 위계를 적용해야 한다. 그리고 우리는 결정론을 회피해야 하는데, 그 규칙들을 질문에 잘못 적용할 가능성이 남아있기 때문이다.

관찰된 행동들은 '의미'와 '규칙'이라는 개념을 설명적 기제로서 절대적으로 필요로 한다. 습관적인 행동들의 경우는 어떤가? 습관적 행동들을 이해하거나 혹은 습관적인 것들을 인과적인 것으로 완전히 동화시키기 위해 후자의 개념들을 사용해야 하는가? 심리학이 모두가 동의한 존재론이나 방법론에 기초했다고 증명하기 어려운 이유 중에 하나는 내가 생각하기에 이 질문에 대한 단순한 대답이 없다는 데 있다. 습관은 각기 다른 상황에서 각기 다른 방식으로 인과의 일부를 포함하며, 또 그들은 관찰된 행동들의 일부도 포함한다. 특정 개인들의 삶의 기원에서 그들은 규칙에 꽉 매여 있는 반면, 그들이 즉각적인 행동을 할 때에는 뇌와 중추신경계에 있는 그들의 기초가 유전으로부터 온 고정된 행동 패턴, 즉 원인이 있는 행동의 패러다임에 대한 자극과 매우 비슷하다.

심리학에 관한 비트겐슈타인의 관찰(1953, 1980)은 습관적인 것을 관찰되는 것으로 동화하는 쪽으로 우리를 밀어붙이는 것처럼 보인다. 그리고 그렇게 함으로 가장 강력하고 기본적인 분석적, 설명적 개념으로서의 '규칙'의 채택으로 우리를 밀어붙이는 것처럼 보인다. 이 개념이 어떻게 행동의 습관적 패턴과 관찰되는 패턴에 있어 역할을 하게 되는지 알아보기 위해 우리는 두 가지에 대한 구분, 즉 (1) 규칙이 명백하며, 사적인 그리고 공적인 초-대화에 의해 행동이 조절되는 상황에서 규칙을 따르는 것, 그리고 (2) 규칙이 암시적이고 행동이 습관적일 때 규칙에 일치하여 행동하는 것, 이 둘 사이의 구분으로 되돌아가야 한다.

담화심리학이 '주류'와 다른 것 중 하나는 습관이 기계론적 원인의 영역에 동화되어야 한다는 매우 검증되지 않은 가정을 토대로 후자가 구축되었다는 점이다. 이것은 습관의 문화적 상대성을 모호하게 하는 경향이 있으며, 이는 국소적으로 관찰되는 인간 사고와 행동 패턴의 규칙성에 기초하여 보편적 심리학 법칙의 존재를 주장하는 정당화되지 않은 주장으로 이어진다. 주류 심리학에 존재하는 기계론적 인과적 해석으로부터 멀어지려는 움직임이 있다. 예를 들어, 최근의 발표에서, 버코위츠(1996)는 폭력을 텔레비전으로 시청하는 것의 효과를 '의미에 의해 연관되는 사고의 패턴들'에 일조를 하는 것으로 묘사했다. 기계론적 인과 패턴과 의미론적으로 정렬된 사고와 감정의 배열 간 구분은 인간 행동에 있어 명백한 것을 암시적 규칙으로 만드는 것과 그것들이 지탱하고 그것들을 지탱하는 의미 구조가 과학적 심리학의 과제임을 제안할 수 있을 정도로 명백했다.

이제 마음의 컴퓨터 이론으로 우리의 관심을 돌려보자.

GOFAI의 문제

규칙과 기계

AI의 가장 성공적인 분야는 지식 공학 분야로 대부분 '전문가 체계'를 만들기 위해 응용되었다. 이제 기계를 조종하거나 차를 칠하고, 병을 진단하고, 그리고 다른 여러 가지 많은 일들을 한꺼번에 수행할 수 있는 프로그램들이 존재한다. 이 일들은 예전에는 잘 훈련되고 능력 있는 인간들의 것이었다. 이 장의 이슈는 GOFAI(Good Old-Fashioned Artificial Intelligence)가 우리에게 인간 인지(human cognition)에 대해 가르칠 수 있는 것이 무엇이냐에 관한 것이다.[2] 여기에서 중요한 것은 인과적, 습관적, 그리고 관찰된 행동 패턴에 있어 규칙의 역할이다. 내 생각에는, 규칙은 처음에는 역할이 없었고, 두 번째에는 복잡하고 모호한 일을 했으며, 세 번째에는 문제가 없는 역할을 했다. 기계(혹은 이 문제에 관해서는 두뇌)에 무슨 일이 생기든지 간에 그것은 인과적이다. 사람의 '안'에서 일어나는 많은 것들은 의도적이고 규범적이며 또 다른 설명 패러다임을 사용할 것을 요구한다.

의도성과 규범성이 기계 시뮬레이션에서 어떻게 표상될 수 있는가라는 질문에 대한 대답으로, 우리는 그것들이 절대로 표상될 수 없다고 대담하게 말해야 한다. 이것은 사실적인 관찰은 아니지만 인간 행동의 패턴이나 질서의 자원으로써 규칙과 원인들 사이의 관계를 개념적으로 분석한 결과이다. 규칙이 프로그램의 지시에 따라 컴퓨터에 표상된다는 주장에 대해 표상된 것은 사실 규칙이 아니라는 것을 보여줄 것이다. 그것에 대응하는 것은 기계적 의미에서는 규범적인 것이 아니라 인과적인 것이기 때문이다.

만약 이러한 주장들이 설득력 있다면, 튜링 테스트는 AI(인지적 과제를 해결하기 위한 인공적 도구를 사용하는 공학의 한 분야)와 인지 심리학(어떻게 인간들이 자연적 도구와 인공적 도구를 사용하여 인지적 과제를 수행하는지 연구하는 인문과학의 한 분야)을 연결하도록 적용될 수 없었을 것이다. 기계 안에서 일어나는 물리적 과정에 대한 토론은 정확성에 대한 규범적 질문을 유도할 수 없다. 반면 인지심리학에서 제기하는 인간 사고와 행동에 관한 토론은 그러한 질문을 환기시킨다. '그는 톱을 사용하고 있지만 그걸 제대로 사용하고 있는가?'와 같은 질문은 기계적 기제에 대한 묘사로는 절대로 설명할 수 없는 종류의 질문이다. 그것이 유전적으로 원래 존재하던 것이든, 혹은 훈련에 의해 각인된 것이든 말이다. 비슷하게 '그녀는 양을 세고 있지만 총합을 제대로 세고 있는가?'는 우리를 그녀의 뇌 속에서 꺼내어 대개 문화 속으로 가져다 넣는다. 호주 원주민들은 다섯보다 많은 숫자의 총합은 그저 '많은'으로 뭉뚱그리는 숫자체계를 사용한다. 호주에 있는 양떼 목장의 원주민 목동과 목축업자는 특정한 몸에 밴 신경학적 기제를 사용하여 양을 셀 것이다. 그러나 비록 스스로의 문화에 있는 기준들에 따라 올바르게 그들의 뇌를 사용할지라도 그들의 결과는 다르다.

비트겐슈타인의 구분의 중요성

비트겐슈타인의 '규칙'에 관한 이분법적 이해에 대해 다시 생각해 보자. 우리가 봤듯이 그는 '규칙을 따르는 것'과 '규칙에 일치하여 행동하는 것'을 구분했다. 전자는 질서에 복종하는 것처럼 의도적인 행동이다. 이러한 점에서 규칙은 겉으로 드러나는 명백한 것이다. 그것은 그것을 만족시킬 만한 종류의 것들을 명시한다. 그리고 이러한 점에서 그것은 머릿속에 있는 미래를 기대하는 것과 여러 점에서 닮았다고 할 수 있다. 예를 들어, 식당에서 주문을 할 때 우리는 독특한 것이 아니라 우리가 원하는 유형의 음식을 명시한다. 무엇을 할지 결정하기 위해 인간은 상담을 받거나 자세히 이야기하거나 혹은 그렇지 않다면 명령을 따르듯이 규칙을 따른다. 반대로 '규칙에 일치하여' 행동하는 것은 규칙을 따르는 행동이나 유전적으로 프로그램된 자극에 대한 반응으로서의 자동적인 사례와는 다른 인간 행동의 패턴이다. 규칙에 일치하여 행동하는 것은 규범적 제한요소에 종속된 훈련된 과정에 참여하는 것이다. 특정한 사람이 어떤 습관적 행동을 잘못하고 있다고 말하는 것은 이해할 수 있다. '옳음/그름'의 이분법은 이러한 유형의 수행에 적용된다. 그러나 뉴런 기제의 자동적 작동에 의해 야기되는 그러한 행동들, 예를 들자면 발작적 기침과 대조해 보라. '옳음'과 '그름'은 그것들에 적용될 수 없다. 여기에서 복잡함이 생겨나는데 우리 인간들이 '건강'이라는 개념으로 요약되는 특정한 기준을 우리의 몸이 움직이는 방식에 부여하기 때문이다. 눈을 깜빡이는 것은 그저 특정 기제의 결과이지만 우리는 눈을 깜빡이는 그 반사를, 체계가 어떻게 움직여야 하는지에 대한 지각의 상대적 결함으로 판단할 수 있다. 그것은 틱과 같이 '적절한 신체적 모습'의 문화적 모체 내에서 규범적으로 해석이 가능하다.

규칙에 일치하여 하는 습관적 행동들이 관찰할 수 없는 의식적인 규칙을 따르는 행동에 의해 야기된다고 생각하는 것은 실수이다. 이것이 바로 비트겐슈타인의 위대한 통찰이다. 그의 반-유심론(anti-mentalism)은 쉽게 오해를 받곤 한다. 어떤 사람들은 그가 주관적 경험의 존재를 전부 부정한다고 생각하는데, 이는 특히나 그의 '주관적 언어 주장'을 주의 깊게 읽지 않은 사람들이 그러하다(Wittgenstein, 1953: §243-315). 그가 부인한 유심론은 라일(1947)에 의해 강력하게 비판받았다. 그것은 경험과 행동의 세계를 넘어 그림자 속의 정신적 세계가 있다는 생각이었다. 규칙에 일치하여 행동하는 것은 무의식적으로 규칙을 따르는 것을 통해서는 가능해질 수 없다. 그것은 규칙을 따르는 것과는 매우 다른 방식의 행동이지만, 그것과 연관되어 있다. 규칙을 따라 행동하는 사람들은 어떤 때에는 이러한 규칙들을 따른다(하지만 항상 그러는 것은 아니다). 습관은 훈련을 받을 때나 혹은 습관적 수행에 대해 나중에 비판받을 때 둘 다에 있어서 규칙을 수반한다. 그러나 그들은 순간순간의 시행에 있어서는 규칙을 수반하지 않는다. 사람들을 훈련시킬 때 우리는 그들에게 인공적인 신경학적 기제를 만들도록 한다. 이러한 방식으로 습관은 인과에 있어서 한 부분을 차지한다. 그러나 그들의 근원은 문화적이고 그들의 평가는 겉으로 드러나며, 그것들은 또한 관찰되는 것의 한 부분을 차지한다. 바로 이러한 양면성이 AI를 오해하게 하는 가장 큰 위험을 지니게 하며, 또한 관찰되지 않은 과정들의 적용에 너무 깊게 근거한 인지과학의 한 형태로 쓸려 들어가는 위험 또한 가지고 있다(e.g., Fodor, 1975).

어떤 사람이 규칙에 일치하여 행동한다고 할 때, 규칙의 적용은 우리로 하여금 그 사람의 습관이 형성된 방식에 대해 상기시킨다. 그것은 또한 심리학적 담론 속에서, 누군가가 습관적으로 행동한다는 것의 의미와 그렇게 행동하는 것을 능숙하게 안다는 것이 무엇인지 묘사하게 하는 적절한 수단을 향한 길을 제공한다.

전문가 시스템의 프로그래밍

전문가의 기술을 표현하기 위해 우리는 일련의 규칙을 쓰고, 그것들이 적용될 수 있는 조건들을 쓸 것이다. 이러한 규칙들은 '정확성의 규범'을 대표한다. '기술'과 '전문가'라는 개념들은 규범적 개념들이다. 그러나 여기에서 우리는 우리가 한 분석의 요지, 전문가들이 비록 규칙들을 잘 알고 있고 기술들에 관한 대가임에도 불구하고 실수할 수 있다는 점에 접근한다. 예를 들어 와인의 맛을 보는 사람들은 다른 사람들보다 낫다. 그러한 구분은 실제 수행과 인정되는 규범 사이에 차이가 있을 때에만 가능하다. 따라서 전문지식을 나타내는 규칙들을 서술하는 것은 사람들이 어떻게 일을 하는지에 대한 연역적 조사를 행하는 것이 아니라, 질문하는 과정을 위한 규범들을 요약하는 것이다. 이것은 비트겐슈타인이 위에서 구분한 것과 정확하게 맞아 떨어진다. 암시적인 규칙은 행동의 원인이 아니지만 그 유형의 행동들에 대한 규범이다. '규칙에 일치하여 행동하는 것'은 인과의 한 부분을 차지한다. 그러나 행동을 야기하는 것은 규칙이 아니라 그러한 습관의 조건들을 가능하게 하는 물체, 훈련에 의해 몸속에 새겨진 인공적인 기제이다.

기술들의 규범을 '규칙'으로 묘사하는 것('만약 이러저러한 것이 일어난다면, 이것저것을 한다면'과 같은 조건절들)은 AI전문가가 컴퓨터를 작동시킬 때와 같이 프로그램을 쓰게 하며, 와인을 테스트하는 것처럼 그 전문가의 수행을 자극한다. 그러나 그 기계를 프로그래밍하면서 '규칙'은 인과적 기제가 되고, 그러한 것은 더 이상 규칙이 아니다(Harre, 1996).

와인 테스트(혹은 자동차를 조립하는 것)를 위해 기계를 자극하는 것은 인간 심리학의 규범성으로부터 두 걸음 멀리 떨어져 있다. 첫 번째는 그 기술을 명백한 일련의 규칙들로 나타내는 것이다. 두 번째는 규칙들이 인공적 인과 기제에 의해 대치되는 때에 그 기계를 프로그램하는 것이다.

습관에 대하여 더 많이 알아보기

위에서 우리는 인간사에서 뚜렷한 행동들(behaviours)을 세 가지 범주—인과적, 습관적, 그리고 관찰되는—로 나누었다. 그리고 우리는 습관적 혹은 훈련된 행동이 원인 혹은 규범과 동화될 수 있는지에 대한 질문을 제기했다. 그러나 우리가 이러한 이분법적 질문에 저항해야 한다는 것이 명백해졌다. 우리는 이 통찰을 좀 더 자세하게 살펴볼 것이다.

첫 번째로 습관이나 훈련된 수행은 인과에 있어서 일부분을 차지하는데, 왜냐하면 사람이 그 스스로의 수행을 의식적으로 관찰하지 않고 쓸 수 있는 신경학적 기제를 훈련이 가져다주기 때문이다. 탑클래스 테니스 선수는 '생각하지 않고' 똑바른 방향으로, 적당량의 힘을 넣어 탑스핀을 칠 수 있다. 그러나 그 다음 서브는 매우 잘 계획되고, 실행 중에는 정확히 계산되며 관찰된다. 따라서 습관적 수행과 관찰되는 수행 둘 사이의 구분은 숙련된 수행 단계와 초보적 수행 단계 간의 구분과는 함께 일어나지 않는다. 두 번째로 습관들은 규범적 혹은 관찰되는 것들의 일부를 차지한다. 왜냐하면 수행은 정확성의 기준들에 종속되기 때문이다. 그것들은 일반적으로 훈련받은 수행자들에게는 외부적인 것들이다. 이러한 규범들은 교사, 훈련가, 비평가들의 판단에 의해 구체화되거나 혹은 크게 잡아 공동체 안에 존재한다. 비록, 선수가 그 순간에는 자신의 수행을 관찰하지 않을지도 모르지만 다른 누군가는 할 것이다. 와인 테스트 대회에는 심사위원들이 있다. 그리고 기억에 관해서—즉, 과거를 정확히 떠올리는 것—라면, 서류나 법의학, 혹은 다른 증거나 기억에 있어 우리의 노력들을 비판해 줄 수 있는 누군가가 있다.

물론 교사와 심사위원의 평가는 그 자체로 습관적이다. 그들은 너무나 훈련되어 있다. 그들이 좋은 교사인지 혹은 능력 있는 심사위원인지 하는 문제가 생겨날 수 있으며, 그리고 그 교사나 심사위원의 외부적이 면으로 우리의 관심을 돌릴 수 있다. 심사위원들은 그들 스스로에 의해 심사받는 것일지도 모른다.

좋거나 나쁜 설명적 담론(담화)들

과학의 포스트모던적 해석의 가장 극단적 지지자는 모든 심리학이 다수의 다른 사람들이 하는 이야기 가운데 단 하나만을 기술한다고 주장한다. 비록 그들의 이야기 모두가 우리의 관심을 끄는데도 불구하고 말이다. 그것은 어떤 의미에서는 내가 수십 년 동안 주장하고 있듯이 사실이다. '과학'의 추론적 전통에 순응하는 것은 특정 목적을 위해서는 최고의 전략이 아닐지도 모른다. 만약 당신이 슬픔과 기쁨에 대한 미묘함에 대해 알고 싶다면, 톨스토이를 읽는 것이 나을 것이다. 그러나 급진적 상대주의는 포스트모던적 통찰을 따르지 않는다. 주어진 과제에 관하여 이야기들은 이성적 기준들에 따라 순위를 결정할 수 있다. 특정 프로젝트의 목적에 따라 평가한다면 그것들은 모두 동일한 가치를 지닐 수 없다. 내가 생각하기에 우리가 사람들을 볼 때에는 그들을 공동 과제나 프로젝트에 참여적이고, 지역적인 도덕 규칙의 위치를 따르고 사적으로나 공적으로 그들이 해야 할 것을 그 과제에 적합한 스토리라인에 의해 지시받는 사람들로 봐야 한다. 자연과학은 물질계를 이해하는 과제에 관해서라면 다른 것들 가운데 있는 하나의 장르에 불과하다. 다리를 짓고, 유용한 화학물질을 합성하고, 원자를 깨부수는 기계가 만들어 내는 것들을 설명하는 것이 문제라면 말이다. 그러나 세계 속에서 인간으로서의 우리의 위치를 찾는 것이 과제라면 과학은 다른 장르 중 하나이지만 다른 것들보다 매력이 떨어진다.

영광스러운 '과학적' 그리고 '심리학'이 어떤 철학적 훌륭함을 가지고 있다면 우선적인 과학적 심리학이 있을 수 있다. 질문지들을 '도구'라고 부르고 그 결과들을 통계적 분석이 응용된 '측정'을 통해 답하는 것은 심리학을 과학으로 만들지 않는다. 아이러니한 것은 사람들이 질문에 대한 답으로 제시하는 것에 대한 연구는 가능한 과학적 방법이다. 그것이 특정 종류의 질문에 대답하기 위한 담화적 전통에 대한 공부라는 점을 고려하면 그렇다. 이것들 중 몇몇을 컴퓨터에 모델링하는 것은 우리가 이 맥락에 있는 특정적 주제에 대해 대화하는 규칙들을 이해했는가를 테스트하기 위한 방법을 제공한다. 그것은 관찰되지 않은 인지적 과정들의 추상적 모델(비록 그것이 우리가 연관된 기술들에 대한 신경생리학적 기초, 예를 들어 과제를 수행하기 위해 숙련된 수행자가 사용하는 신체적 기제와 같은 것을 찾을 수 있도록 도울 수 있을지는 몰라도)에 우리가 접근하도록 하지는 않는다.

다시 고려된 튜링 테스트

컴퓨터의 '사고방식'을 위한 튜링 테스트는 다음과 같이 시행된다. A라고 하는 한 사람이 다른 사람 B와 가끔 의사소통을 한다. 그리고 가끔씩은 소통기구를 이용하여 컴퓨터와도 소통한다. 컴퓨터는 마음을 가지고 있다고 말할 수 있는데, 만약 A가 어떤 반응이 컴퓨터로부터 왔는지 아니면 B로부터 왔는지 구분할 수 없을 때 그러하다. 이 테스트의 자연스러운 확장은 인지적 과정을 모델링한 기계의 적절성을 평가하는 것이다. 만약 구체적인 인지 과제를 수행하는 사람과 '동일한' 과제를 수행하는 프로그램을 운영하는 컴퓨터의 결과가 적절하게 '일치'하는지를 비교해 보는 것이다. 만약, 전문가의 수행에 대한 연구로부터 뽑아낸 명백한 규칙들의 기초하여 프로그램된 컴퓨터가 확장된 튜링 테스트를 통과한다면 기술이 습관적으로 훈련된 수행가의 상태에 대핸 모델로 그것이 기능한다고 말할 수 있다. 이유는 간단하다. 컴퓨터를 프로그래밍하는 것과 인간인 수행가를 훈련시키는 것은 그 과제를 수행하기 위해 활성화되는 인과 기제의 미니어처를 만들어 낸다. 전자에서는 기계에 대한 등록을 통해 후자에서는 인간의 수상돌기 그물을 통해서 그렇게 된다.

이 두 가지 유사물은 놀랍지만 튜링 테스트가 평가하는 것은 전문가의 습관에 내재된 암시적 규칙들을 기술자가 포착하는 정도에 달려 있다. 추가의 법칙을 배운 학생이 나중에 그것을 다르게 적용하는 유명한 사례에 대해 비트겐슈타인이 말하고자 하는 것이 바로 이것이다(Wittgenstein, 1953, 1980). 기계와 관련이 없는 전문가 혹은 잘 훈련된 학생이 정확성을 평가한다. 그 학생은 기계와 같이 행동한다. 우리는 규범에 대한 동의를 평가하기 위한 기준을 찾기 위해 발생하는 과정들을 가진 삶의 형태를 언급해야 한다. 적절성에 대한 문제를 풀기 위해 이것은 아마도 사회적 제도의 복잡한 구조에 관한 논의를 필요로 할 것이다.

정확성에 대한 기준은 명백한 규칙들로 표현되는데, 프로그램으로 다시 기술될 수 있으며 다른 컴퓨터 안에 프로그램될 수도 있다. 또한 그런 과정 가운데 또 다른 인과 기제의 미니어처의 층을 만들 수도 있다. 이러한 기제들은 평가가 습관적이고 훈련된 심사위원의 수행을 흉내 낼 수 있다. 그럴 때에만 심사위원은 적절한 유형의 인과 기제의 미니어처를 구현할 수 있을 것이다. 만약 그들이 습관화되지 않았다면 그들은 규칙에 일치하여 행동하는 배우가 아니라, 그저 규칙의 추종자가 될 것이다. 전자의 심리학은 내가 이전에 주장했듯이 다른 존재론적 유형-위계의 적용을 필요로 한다.

이 논문의 주제인 각 단계의 평가-위계에 있는 기본적 이분법이 다시 나타난다. 배우들은 규칙을 따르는 것인가 아니면 규칙에 일치하여 행동하는 것인가? 후자의 경우에만 같은 일을 하기 위해 적절히 프로그램된 컴퓨터와 유사하다. 규칙을 따르는 자들은 그들이 규칙을 다루고 있다는 것을 안다. 규칙과 일치하여 행동하는 자들은 그저 좋은 습관을 가지고 있을 뿐이다. 평가의 퇴보는 '규칙에 따라 행동하는' 사례들에서 끝나지 않는다. 왜냐하면 이러한 사례들은 기계적인 행동의 인과 패턴과는 구별할 수 있기 때문이다. 만약 그러했다면, 행해진 것이 정확하다는 것을 보장하는 규칙에 일치하여 컴퓨터와 상응하는 수행이 행해진다는 사실을 나타낼 수 없었을 것이다.

규칙에 불복하는 것이 어떠한 대가를 치르는지에 대해 고려해 본다면 이것이 더 명확해질 것이다. 이것은 행동이 규칙을 따르는 것으로 평가되는 단계에서만 일어난다. 그렇지 않으면 규칙으로부터 벗어나는 것은 그저 기계의 사소한 결함에 불과하다. 기계의 결함은 사람의 실수와는 다르다. 후자가 전자의 한 사례로 해석될 때, 그것은 부적절하고, 부도덕한 혹은 무능한 행동이라는 비난을 피해간다.

'틀 문제' 다시보기

평가 위계와 숙련된 수행에 관한 이 특징은 틀 문제의 특별한 사례이다. 이것을 살펴보기 위해 테니스에서 공을 그물 앞뒤로 쳐대는 것이 정확한가에 대한 질문을 고려해 보자. 공을 치는 특정한 방식을 판단하기 위해서 우선 복잡하면서도 쉽게 살펴볼 수 없는 배경으로부터 그 행동을 떼어내야 한다. 예를 들어, 최근까지 테니스 선수들이 공을 치면서 말한 것은 테니스의 적합성 기준에 없었기 때문에 게임의 일부가 아니었다. 선수들의 언급은 규칙 활동의 일이 아니었다. 즉, 존 맥켄로가 말한 것이 관습의 배경에서 분리되어 나와 게임의 규범적 맥락에 명백히 포함되기 전까지는 그러했다. 이 문제는 활동에 관한 질문이 맥락마다 규칙을 따라 항상 답을 가지는 방식으로 활동을 틀 안에 넣는 것이 가능한지에 대한 문제이다. 규범성을 나타내는 문제는 GOFAI 기계를 숙련된 활동 규칙을 통해 프로그래밍하는 것과 그 활동이 접근할 수 있는 배경 사이의 관계에서 찾아볼 수 있다. 그러한 문제는 풀 수 없으며, 후일을 위해 그 상태 그대로 보존되어야 한다.

결론

인간과 대리 기계 사이의 유사점은 기껏해야 부분적인 것이다. 이것은 왜냐하면 공동체 속의 인간 사용자가 알고 있는 무언가를 기계는 알지 못하기 때문이며, 게다가 기계는 그것을 알 수도 없기 때문이다. 이러한 현상학적 관점이 이 장의 핵심이다. 기계들은 규칙과 습관에 일치하여 행동하는 것처럼 인간의 행동을 흉내 낼 수 있으나 그것들은 규칙을 따라 행동할 수는 없다. 그렇게 하는 것이 매우 힘들 뿐 아니라 인간들은 마치 그들의 팔, 라켓, 뇌나 컴퓨터를 다른 일을 위해 사용하는 것처럼 규칙을 마찬가지 방식으로 사용하기 때문이다. 대부분의 경우에서 규칙들은 주로 공동체나 사회 기구가 소유하고 있으며, 주로 부차적으로만 개인이 담당한다. 인간의 수행을 이해하기 위한 규범적 태도는 사람들이 일상에서 다양한 과제를 해결하기 위해 도구를 사용하는 방식을 탐구하는 것과는 다른 '관점'을 이러한 활동들에 대해 보인다. 두 번째 인지 혁명의 지지자들에 따르면, 이것이 바로 모든 심리학이 의존해야만 하는 존재론적 토대이다.

브루너의 첫 번째 인지 혁명은 어떤 행동주의 학자보다도 훨씬 더 우리의 주목을 이끌었다. 그러나 AI 공학자들이 컴퓨터에 관한 비유를 추구하도록 촉구한 그의 초기 연구의 유심론은 그의 후기 서사적 글에서는 제외되었다. 어떤 형태의 삶 속에서 서사적 관습을 찾는 것은 사람들이 살아가는 규칙과 일치하도록 규칙을 명백하게 하는 것이다. 그러한 규칙들이 명백하게 규명된 사회적 그룹의 행동 규칙과 어떻게 연관되는지는 아직 밝혀지지 않았다. 그러나 사람들이 생각하고 행동하느라 바쁠 때, 전자는 후자의 보이지 않는 그림자 형태와 연관된 것이 아니라, 인과 기제의 미니어처에 의해 대체되었다는 것을 우리는 확신할 수 있다. 규칙들이 실리콘으로 된 기계의 레지스터 속 비트스트링으로서의 프로그램과 입력으로 바뀌었을 때, 혹은 원형질로 된 기계의 지시 사항으로 바뀌어 습관으로 훈련되었을 때, 그것들은 인지적 지위를 더 이상 갖지 못한다. 나의 뇌는 나의 라켓이 테니스를 치거나 내 자동차를 조종하는 것처럼, 더 이상 기억이나 결정 혹은 걱정을 할 수 없게 된다.

주석

이 논문의 이전 판은 1996년 8월, Aarhus University에 보관되어 있다.

1. 브루너는 물질적 과학의 신화적 아이디어들에서 온 잘못된 심리학적 개념들에 주로 관심을 가졌다. 모델 과학으로서 생물학의 지위는 또 다른 문제이다. 나는 이 장에서 생물학과 심리학의 관계에 대해서는 다루지 않을 생각이다.

2. 물론 GOFAI를 컴퓨터의 인지모델로 보는 것에 대한 다른 시각도 존재한다. 그러나 나는 의도성과 규범성의 문제에 있어서 그것들은 똑같이 결함이 있다고 믿는다. 예를 들어 설(Searle)은 그의 유명한 중국어 체육관(Chinese Gym)에 대한 중국어 방(Chinese Room) 주장을 업그레이드했다. 중국어 체육관에서 다수의 '죄수들'이 의미 없는 표시에 대한 코딩과 디코딩 과제를 수행하도록 Chinese Room의 원래 거주자들에게 요구되었다. 여기에서 이 모델은 GOFAI를 패러디한 원래의 사고 실험만큼이나 효과적으로 연결 시스템의 구조를 패러디했다. 따라서 단순하게 하기 위해 나는 GOFAI에 집중했지만, 내가 규범성에 관해 말해야 하는 것은 연결 시스템에도 똑같이 적용된다.

참고문헌

Berkowitz, L. (1996). 'The effects of television on the tendency to aggression'. Paper delivered to the 50th Anniversary Conference of the Korean Psychological Association, Seoul.

Bruner, J. S. (1974). *Beyond the Information Given*. London: Allen & Unwin.

Bruner, J. S. (1979). *On Knowing: Essays for the Left Hand*. Cambridge, MA: Harvard University Press.

Bruner, J. S. (1983). *In Search of Mind: Essays in Autobiography*. New York: Harper & Row.

Bruner, J. S. (1986). *Actual Minds, Possible Worlds*. Cambridge, MA: Harvard University Press.

Bruner, J. S. (1990). *Acts of Meaning*. Cambridge, MA: Harvard University Press.

Bruner, J. S. (1991). 'The narrative construction of reality', *Critical Inquiry*, 18: 1-21.

Bruner, J. S. (1992). 'On searching for Bruner', *Language and Communication*, 12: 75-78.

Clavius, C. (1602). *In sphaeram de Ioannis de Sacro Bosco*. Lyon.

Fodor, J. A. (1975). *The Language of Thought*. New York: Crowell.

Harré, R. (1996). 'AI Rules OK?', *Journal for Empirical and Theoretical Artificial Intelligence*, 8: 109-20.

Ryle, G. (1947). *The Concept of Mind*. London: Hutchinson.

Searle, J. (1983). *Intentionality: An Essay in the Philosophy of Mind*. Cambridge: Cambridge University Press.

Shannon, B. (1991). 'Representations: senses and reasons', *Philosophical Psychology*, 4: 355-74.

Vygotsky, L. S. (1962). *Thought and Language*. Cambridge, MA: MIT Press.

Wittgenstein, L. (1953). *Philosophical Investigations*. Oxford: Blackwell.

Wittgenstein, L. (1980). *Remarks on the Philosophy of Psychology*. 2 Vols. Oxford: Blackwell.

9장 요약

인간 인지는 규범적이고 의도적이며 문맥에 의존하는 수행이기 때문에, 기계적 인과 모형만으로는 원리적으로 포착될 수 없다. Harré는 이 점을 밝히기 위해, 인간 행동을 과학적으로 이해하려는 시도가 왜 여전히 난관에 부딪히는지를 실증주의와 사실주의라는 자연과학의 전통, 그리고 행동주의-인지과학의 흐름 속에서 검토한다. 실증주의는 관찰 가능한 규칙성만을 사실로 간주하고 이론을 예측 도구로 축소하지만, 사실주의는 보이지 않는 과정과 개체의 실재를 상정하여 인과를 설명한다. 20세기 심리학에서 행동주의는 실증주의의 전형이었고, 1차 인지혁명과 인지과학은 보이지 않는 정신적 상태와 과정을 가정하는 사실주의적 모형이었다. 브루너는 초기 인지혁명의 주역이었지만 곧 '마음=컴퓨터'라는 모델의 한계를 비판하며, 규범성 · 문맥성 · 담화 중심의 2차 인지혁명을 촉발했다.

1차 인지혁명의 논리는 연역적 추론과 모델 구축 능력에 의존했으며, 이를 뒷받침하는 존재론적 유형-위계(예: 뉴턴적 개체 아래 행성 · 포탄 · 분자)가 전제되었다. 인지과학도 이 틀을 마음으로 옮겨 '정신적 상태(의도성)'와 '정신적 과정(규범성)'이라는 두 가지 축을 세웠다. 그러나 무의식적 상태나 과정이 과연 마음의 존재론적 위계에 자리 잡을 수 있는가? Harré는 Searle의 논변을 따라 '의도적이면서 본인에게 원천적으로 비가시적인 상태'라는 발상은 개념적 모순이라고 비판한다. 즉, 그의 비판은 단순히 무의식을 부정하는 것이 아니라 '의도성과 규범성을 가진 상태가 주체적 자각 없이 존재할 수 있는가'라는 논리적 모순을 지적하는 것이다. 이 지점에서 인지과학의 한 축은 개념적으로 부실하다.

2차 인지혁명을 향한 Harré의 제안은 규칙과 규범성의 재정의에서 출발한다. 브루너가 강조했듯, 인간 인지는 단일한 형식논리의 적용이 아니라, 맥락에 따라 정확성과 적합성의 기준을 세우고 추론하는 과정이다. 여기서 규칙의 이중성이 핵심이다. 첫째, 규칙을 따른다. 규칙이 명시되고, 행위가 그 지시를 준수하며 지도 · 교수 · 성찰과 연결된다. 둘째, 규칙에 일치한다. 규칙이 암묵화되어 습관으로 체화된 실행으로, 신경생리적 메커니즘과 규범적 평가가 교차하는 영역이다. 이 둘을 혼동하면 '무의식적 규칙 따르기'라는 허상에 빠지기 쉽다. 더 중요한 점은 규범은 행위자 내부에서 완결되는 것이 아니라, 공동체의 평가 위계—교육, 심사, 비평 제도—속에서만 성립한다는 사실이다.

인지과정이 과학적 탐구의 대상이 되려면 결정성(determinacy)을 확보해야 한다. 이는 특정 맥락에서 행위자와 관중이 동일한 틀(frame)을 공유하여 의미와 평가 준거가 작동할 정도로 명료해야 한다는 뜻이다. 그러나 실제 인지는 항상 프레이밍에 의존한다. 어떤 기억 · 추론 · 학습도 무한히 확산 가능한 배경 전제들 가운데 일부를 선택적으로 제한하는 틀을 필요로 하며, 이 틀 문제는 인지를 기계적으로 환원하려는 시도를 구조적으로 제약한다. 자연과학이 존재론적 유형-위계로 불충분결정 문제를 줄였듯, 심리학의 결정성도 담화 · 제도 · 관습이라는 사회적 틀에서 확보된다.

이와 연결해 Harré는 수행(performance)과 가능화 조건(enabling conditions)을 구분한다. 테니스 경기는 라켓 · 코트 · 신경계 같은 물질적 조건에 의해 가능하지만, 경기의 의미와 평가는 규칙과 관습을 통해 성립한다. 기억 또한 뇌의 분자적 구조나 외부 기록(일기 · 영상 등)에 의해 가능해지지만, '옳게 기억했는가'라는 판단은 의도적 · 규범적 활동이다. 따라서 기술(skill)은 신경학적 기반으로 환원될 수 없고, 공동체의 규범 속에서 개념화 · 평가되며, 뇌는 수행을 가능하게 하는 조건일 뿐이다.

이 관점에서 담화심리학의 기본 모델은 대화(conversation)다. 대화는 의미 · 적합성 · 정확성의 기준 속에서 교환되는 행위로, 개인 내 · 사회적 인지를 모두 포괄할 수 있다. Harré는 인간 행위를 인과적(반사 · 본능), 습관적(훈련된 패턴), 관찰되는/자기조절적(규칙 준수와 성찰이 온라인인 수행)으로 구분한다. 심리학의 난점은 습관을 인과적 기제에 환원할지, 규범적 수행과 연결할지의 문제인데, 그는 습관이 양면성—신경학적 인과와 사회적 규범—을 동시에 지니므로 완전히 한쪽에 환원될 수 없다고 본다.

이제 GOFAI(전통적 인공지능) 비판으로 넘어가자. 전문가 시스템은 명시 규칙(조건-행동)으로 인간 기술을 모사해 성과를 냈지만, 규칙은 컴퓨터 안에서 인과적 지시로 변환될 뿐 규범적 지위를 갖지 않는다. 이 지점을 Harré는 '규범 → 인과 변환(norms-to-causation transform)'이라고 비판한다. 따라서 GOFAI의 성취는 규칙을 '따르는 것'의 재현이 아니라, 규칙에 일치하는 습관화된 산출 패턴의 공학적 구현에 가깝다. 비트겐슈타인의 구분을 적용하면, 컴퓨터는 규칙의 그림자를 실행할 뿐, 규칙을 참조하며 따르지 않는다. 그리고 이 비판은 단순한 상징주의 AI뿐 아니라 연결주의 · 체화 인지에도 똑같이 적용된다. 어떤 경우든 규범성은 기계 내부 상태로 환원되지 않고, 공동체의 승인과 평가 속에서만 의미를 가진다.

튜링 테스트도 재검토된다. 어떤 프로그램이 인간 전문가의 결과와 구분되지 않더라도, 그것은 규범을 포착한 명시 규칙의 집합과 그 인과적 실행일 뿐이다. 실제 평가와 제재는 공동체의 규범 위계와 제도(심사 · 비평 · 교육)에 의존한다. 기계의 오류는 단순한 '결함'이지만, 인간의 오류는 규칙 위반—부적절 · 무능 · 부도덕—으로 규범적 해석이 뒤따른다. 이 질적 차이가 바로 규범성의 자리다.

결국 Harré의 논지는 브루너가 후기 저술에서 강조한 내러티브 합리성과도 맞닿는다. 인지는 문화적 맥락 속에서 규칙과 의미를 공유하며 담화적으로 전개된다. 따라서 교육 역시 단순 산출의 정답 일치가 아니라, 규칙-따르기(근거 제시 · 자기 성찰)와 규칙-일치(숙련된 수행)의 균형적 발전을 다루어야 한다. 이것이 2차 인지혁명이 제기하는 심리학적 · 교육학적 과제이다.

제10장 심리학의 제3의 혁명을 향하여: 내적 정신 표상에서 대화로 구조화되는 사회적 실제로

John Shotter

- 대화적 전환: 심리학의 초점을 머릿속 표상에서 떼어, 순간적 만남 속 대화를 통하여 조직되는 사회적 실천에서 의미가 생성·변형된다고 본다.
- 의미의 수행성: 의미는 내부 대상이 아니라 상호 반응과 공동 행위에서 수행되며, 문학의 가정성처럼 가능성을 여는 장치로 작동한다.
- 내러티브와 특이성: 브루너의 두 모드 중 내러티브 모드는 평범한 순간의 특수성과 시간성을 드러내며, 타인의 고유성은 이런 스쳐 지나가는 장면에서 포착된다.
- 방법론의 전환: 숨은 메커니즘 설명보다 '생각하지 말고 보라'는 태도로 대화 전사와 현장 기술 같은 미시적 묘사로 실제 상호작용의 조직 방식을 드러낸다.
- 공동 행위의 영역: 개인의 이유로 설명되는 행위와 원인으로 설명되는 행동 사이의 대화적으로 조직된 중간 영역을 핵심 분석 단위로 삼아, 규범과 일탈의 변주가 새 의미를 낳는 과정을 탐구한다.

이쯤에서 독자들은 중요한 질문을 던진다. "그래서 그것들이 다 뭐라고?" 그러나 여기서 '그것'이란 텍스트 그 자체를 의미하는 것이 아니라, 독자들이 '그것'의 영향을 받아서 구성한 텍스트를 가리킨다. 따라서 텍스트는 독자들이 자신만의 세계를 만들어갈 수 있는 '가정법(subjunctivity)'을 가져야 한다.

Bruner, Actual Minds, Possible Worlds

> 현재의 구체성은 하나의 구조이자 우리가 고려해 보아야 할 현상으로서, 알아내기 쉽지 않은 개념이다. 따라서 우리는 '현재'를 기억 속에 잡아 둘 수도 없고, 상상을 통해 재구성할 수도 없다. 우리는 우리가 어떻게 살아왔는지를 알지 못한 채로 죽음을 맞이하게 된다.
>
> Kundera, Testaments betrayed

> 단어는 사고(思考)와 인생 속에서만 의미를 지닌다.
>
> Wittgenstein, Zettel

> 우리가 편지라는 형식을 배우고 난 뒤 그 형식을 다양하게 변용하듯이, 우리는 하나의 규범으로서 안정적인 사물을 배운 뒤, 그것을 변형해 간다.
>
> Wittgenstein, On Certainty

다른 사람을 제대로 이해하기 위해서는 타인이 지니는 고유성을 제대로 평가할 수 있어야 한다. 그러나 이러한 과정은 쉽지가 않다. 스쳐 지나가는 순간 속에서 발생하는 대화적 구조의 사건을 통해서만 타인의 고유성을 파악할 수 있기 때문이다. 타인이 누구인지를 알 수 있는 때는 바로 그 스쳐 지나가는 순간뿐이다. 고유성과 순간성에 초점을 두고 타인의 행동을 이해하는 것이 본 장의 핵심 주제다.

Jerome Bruner는 자신의 에세이에서 스쳐 지나가는 순간을 두고 '사고의 두 가지 모드'라고 칭했다. Bruner가 제시한 첫 번째 모드는 '사고의 패러다임 모드'로서 수학과 논리에서 사용되는 것이다. 두 번째는 '사고의 내러티브 모드'로서, '상상적 적용을 통해 좋은 이야기, 설득력 있는 드라마, 믿음이 가는 역사적 이야기(반드시 진실일 필요는 없는)를 이끌어낼 수 있다. Bruner에 따르면 내러티브는 '경험의 특이성에 불멸성을 더하고, 경험에 시간과 장소를 더한다.' 또한, Bruner에 따르면 Joyce는 '이야기의 특이성을 평범성의 출현'으로 생각했다(Bruner, 1986: 13). 순간적 찰나의 미묘한 디테일과 평범함이 지니는 특별한 속성이 다음 내용에서 중요하게 다뤄질 것이다.

Milan Kundera는 소설을 집필하면서 특이성과 순간성의 중요성을 강조했다. 그는 다음과 같이 글을 썼다.

> 이것은 존재론적인 발견이다. 이것은 현재 순간의 발견이다. 인생의 바탕을 이루는 지극히 평범한 것들과 드라마틱한 것들이 영원히 공존한다는 사실을 발견한 것이다. 대화 두 마디가 오가는 짧은 순간 수많은 일들이 벌어진다. 그러면서 찰나의 순간이 영원을 이루는 것이다(Kundera, 1993: 131).

우리가 주변인들과 상호작용하면서 현재의 순간은 끊임없이 창조되고 또 재창조된다. 이러한 과정 속에서 의미 있는 관계들로 가득 찬 세계가 복잡한 구조로 탄생된다. 본 장이 진행되면서 이러한 기묘하고 포괄적인 주장들은 더 뚜렷하게 드러날 것이다. 그러나 Bruner의 대화에 관한 최근 논의를 확인하기 위해 Bruner의 최신 논문들을 먼저 확인해 보도록 하겠다.

Bruner는 『Acts of Meaning』에서 문화심리학이 '자기(the Self)'에 대한 문제를 어떻게 다뤄야 하는지를 논의했다(1990: 116). 그는 두 가지의 요건이 필요하다고 주장했다. 첫 번째, 개인뿐만 아니라 그가 속한 문화에 의해 규정된 '자기'의 의미에 집중해야 한다. Bruner에 따르면 이것만으로는 부족하다. 주변인들과 '자기' 개념을 협의해 가는 과정을 알아내기 위해서는 끊임없이 변해가는 자기개발에 대한 '기회'와 '제약'을 이해해야 하기 때문이다. 따라서 그가 제기한 두 번째 요건은, '자기의 의미'를 획득하여 활용할 수 있는 관습에 주목해야 한다는 것이다. 더불어 Bruner는 이러한 관습에 초점을 두게 되면 행동과 프로젝트 속에서 그리고 실제 속에서 '자기'를 조망할 수 있게 된다고 주장했다(1990: 116-17).

Bruner는 또한 문학적 텍스트에서 종종 사용되는 '가정화(subjunctivizing)' 전략(가능성의 대화)을 강조하였다(Bruner, 1986: 26). 이러한 전략들은 자기(Self)의 관습에서 특히 중요하다. '불확실성' 속에서 이러한 전략들을 '현실화의 스펙트럼'을 가능케 한다. 따라서 문학적 텍스트들은 의미 자체를 구성한다기보다 의미를 '수행'해 가는 역할을 한다(1986: 25).

불확실한 표현들은 자신의 의미를 확실케 하고 특정한 상황 속에 들어맞게 하는 역할을 한다. 의미를 수행해 가는 과정 속에서 그리고 특정한 반응을 실체적으로 실행하는 과정에서 우리는 고유한 의미를 창조하고 우리 스스로를 위한 '자기'를 함께 만들어 갈 수 있다. George Steiner의 표현에 따르자면 "'다름'이 우리 안으로 들어오는 순간 우리는 타인이 된다"(1989: 188). 우리는 독립적인 개인으로서는 행동에 대한 어떠한 새로운 의미도 만들어 낼 수 없다. 행동에 대한 의미들은 우리와 타인 간의 살아있는 활동들을 통해 만들어지기 때문이다. 우리에게 있어서 '타인'인 사람들만이 우리의 행동에 반응을 보일 수 있는 것이다.

움직이는 의미: 경계 넘나들기

새로운 탐구 실천의 필요성

자기(Self)의 관습에 대한 Bruner의 접근법은 다문화 시대의 중요한 이슈들을 주목하게 한다. 우리는 대부분 한 개 이상의 문화에 속해 있다. 따라서 문화의 경계를 넘어서고, 다른 입장에 서보며 한 개 이상의 관점에서 자신의 환경을 순간순간마다 조망하는 것은 지극히 '평범한(normal)' 일이 되었다. 우리는 자신이 끊임없이 변화해 가는 상황 속에서 우리를 둘러싼 환경을 이해할 수 있어야 한다. 그렇다면 학계와 지성인들은 Bruner가 주장한 '자기의 관습'에 주목하기 위해 우리가 살아가고 있는 대화적이고 속성적인 상황에 대하여 어떻게 반응해야 할 것인가? 이러한 새로운 주제에 대해 오래되고 뻔한 방법론으로 접근하는 것이 과연 옳을까? 아니면 새롭고 독창적인 연구 방법을 고안해야 할 것인가?

현재의 방법론들은 연구자와 연구 대상을 분리하였다. 연구자들은 대상들의 행동을 이미 완성된 성과로 바라보고, 과거에서 규칙을 발견해 미래를 예견하고자 했다. 그러나 이런 방법론이 계속 적용될 수 있을까? 연구자들이 연구의 대상이 되는 현상에 좀 더 직접적으로 참여하여 우리가 연구하는 것을 좀 더 잘 이해할 수 있는 연구 방법이 새롭게 요구되지는 않을까? 끝나지 않은 미완성의 지속되는 속성들에 좀 더 관심을 가져야 하지 않을까?

Bruner와 Kundera에 따르면 현재의 방법론은 독백과 유사하고 개인주의적인 성격을 띤다. 현대인들은 종종 고독한 사색가가 되어 세상을 동떨어져 있을 때만 진정한 자신이 될 수 있다고 믿는다. 그러나 한편으로 현대인들은 자신의 주변에서 일어나는 일들을 신화적으로 추상화하곤 한다. 이것은 마치 차례로 돌아가며 하는 테니스 게임과 비슷하다. 선수들이 서로에 대해 반응하며 게임을 진행한다는 사실을 망각한 채, 자립적인 개인으로서만 행동을 취한다고 착각하는 것이다(Sampson, 1993).

필자가 원하는 것은 사건의 인과관계를 설명하는 기존 방법론의 헤게모니를 뒤엎는 것이다. 우리가 지금 필요한 것은 Rom Harre의 주장처럼 이차적이고 산만한 혁명이 아니다. 필자는 독백적이고 개인주의적이며 이론에만 기반한 현재의 방법론을 버려야 한다고 주장하는 바다. 만일 우리가 대화적인 방법론의 세 번째 변혁을 이뤄낸다면, 그래서 완전하게 새로운 방법론을 제시할 수 있다면 타인의 고유성을 제대로 평가할 수 있는 연구를 시작할 수 있을 것이다. 그러나 과거 경험을 돌이켜봤을 때, 이러한 제도적 변화는 그만의 문제점을 안고 있다(Bruner, 1983).

패러다임의 제도적 지배

필자가 Jerry를 처음 만난 것은 1972년 Nottingham 대학교의 심리학부에 있었을 때였다. Jerry는 곧 Oxford 대학에서 새롭게 마련된 Watts 교수직으로 들어오게 되었다. 그 이전부터 우리는 이미 여러 번 마주한 일이 있었다. 필자는 당시 연구생이었던 David Wood가 그 당시 Harvard에 있었던 Jerry와 함께 박사 후 과정을 밟도록 주선한 적이 있었다. (그들은 1976년에 Wood, Bruner와 Ross로 논문을 발표했다.) 당시 Nottingham 대학교에는 John Newson과 Elizabeth Newson이 설립한 아동발달연구소가 활발하게 연구를 신행하고 있었다. (이들 연구는 Newson & Newson, 1975에서 자세히 확인할 수 있다) 1969년부터 언어 습득에 대한 Chomsky의 분석이 실제와 다소 차이가 있다는 생각이 들어, 우리는 어머니와 자녀 간의 상호작용을 녹화한 비디오테이프를 자세히 분석해 보았다. 어머니들은 10개월-20개월 된 아동들에게 보드 위에 모양을 어떻게 놓는지를 보여주고 있었다. 이러한 작업을 주도한 것은 Susan Treble이었다. (훗날 그녀는 결혼하면서 이름이 Susan Gregory로 바뀌었다. Shotter & Gregory, 1976 참조) 우리는 Vygotsky의 사회적 교수, 중재, 내면화 개념과 함께 Merleau-Ponty의 상호주관성 개념의 영향을 받아, 보호자와 아동 사이에서 발생하는 놀라운 사회적, 합동적, 관계적 현상에 대해 논의하였다. 이러한 현상은 개별적으로 절대 논의될 수 없는 것들이다.

그러나 우리는 아직 이러한 가정들을 두고 실험이나 검증을 하지 않았기 때문에, 측정 혹은 '객관적인 데이터'를 제시할 수 없는 상황이다. 기존의 냉철한 접근법으로는 알아낼 수 없는 중요한 무언가를 우리가 찾아낸 사실은 분명하지만, 우리가 관찰한 것들을 사람들에게 어떻게 제시할지를 잘 알지 못했다. 우리는 리더나 보호자가 필요했다. Jerry가 영국으로 옮겨오면서 우리는 원하던 것을 얻게 되었다. 영국심리학회에 발달심리학과가 개설된 것이다. Nottingham, Cambridge, Edinburgh, Oxford 대학은 전국을 순회하며 합동으로 워크숍과 세미나를 개최했다. 갑자기 사회발달 심리학이 활기를 띠게 된 것이다. 1972년부터 1976년 사이에 해당 분과에 몸담았던 우리로서는 사회발달심리학이 모든 심리학 분야 가운데 가장 흥미로운 분야였다. Bruner가 자신의 자서전에서 밝힌 바와 같이 워크숍과 세미나는 "매우 인상 깊었다!"(Bruner, 1983: 166) 그러나 뭔가가 엇나가기 시작했고, 그 후 20년간 사회발달심리학은 그 빛을 점차 잃어갔다. 그리고 현재에 이르러서야 점차 그 빛을 되찾아가고 있는 중이다. 사회발달심리학은 심리학계뿐만 아니라, 현대 서구사회 전반의 영향을 받았다. 독백이 대화를 억압하고, 이론이 실제를 억누르며, 보편성이 특이성을, 그리고 반복되는 것이 고유한 순간을 대신한 것이다.

Bruner는 대화, 실제, 특이성에 대해 잘 이해하고 있었고, 이들과 주류 이론 사이에 갈등이 존재한다는 사실을 잘 알고 있었다. Bruner는 자신의 저서에서 대화, 실제, 특이성을 두고 '왼손잡이(the left-handed)'라고 표현했다(Bruner, 1962/1979). 그러나 그는 자신의 전문적인 의견을 내세울 때, 자신의 '오른손잡이'와 '왼손잡이'의 입장을 고르게 피력하지는 않았다. Bruner는 '다름(otherness)'에 대해 논의하거나 새로운 가능성을 논하기보다, '문제와 해결'에 더 집중했다. 다시 말해, 그는 사고에 있어서 내러티브 모드보다 패러다임 모드를 택한 것이다. 무질서의 즐거움보다 질서를 중시하였으며, 형식에 따른 의미를 강조하였고, 그로 인한 결과는 제대로 다루지 않았다. Bruner는 늘 심리학에 새로운 출발이 필요하다고 주장했지만, 다름과 특이성에 대한 자신의 생각을 제대로 내세우지 못한 것이다. 그는 다름을 충분히 고민하지 못했다. Bruner는 사고의 패러다임 모드를 논하기 위해, '더 높은 추상화를 시도하여 특이성을 초월하고자' 했으며 기술(記述)보다는 설명을 우위에 두었다(1986: 13). 그 결과 Bruner는 우리가 필요로 하는 대화적이고 관계적인 심리학을 제시하지 못했다. 우리가 원했던 심리학은 '오른손잡이'와 '왼손잡이'가 함께 적용될 수 있는 심리학이었다.

심리학의 기술화와 사기 저하

Bruner의 '왼손잡이' 성향은 1990년대의 그의 저서 『Acts of Meaning』 초반부에서 찾아볼 수 있다. 그는 '인지적 혁명'에 대해 강하게 비판하면서 책을 시작한다. '인지적 혁명'은 심리학 혁명 가운데 가장 강력하고 오랜 영향을 미친 혁명이다. 이는 Bruner 자신이 주도한 혁명이기도 했다(Baars, 1986; Gardner, 1987). Bruner는 혁명의 본래 의도가 객관주의로 점철되었던 인문학에 "마음(mind)"을 돌려주는 것이라고 밝혔다. 그러나 인지심리학은 그가 원했던 본질을 벗어나버렸다(Bruner, 1990: 1). Bruner와 George Miller, 그리고 그 외 연구자들이 1960년대 하버드에 인지연구센터를 설립한 목적은 '의미'를 심리학의 주요개념으로 도입하기 위해서였다. 자극이나 반응, 관찰 가능한 행동, 생물학적 욕구가 아닌 '의미'인 것이다(Bruner, 1990: 2). 심리학을 "마음"으로 돌려놓기 위해 Bruner가 원했던 것은 단순히 '심리주의(mentalism)'를 행동주의에 더하는 것 그 이상이었다. Bruner가 진짜로 행하고자 했던 것은 사람들이 세계를 마주할 때 '어떠한 의미 만들기 과정이 관여하는가'를 알아내고 기술하는 것이었다. 또한 '인문학과 사회과학의 해석적 방식을 심리학에도 적용하기 위한 것'이었다(1990: 2). 그러나 Bruner는 인지심리학의 초기부터 '의미'에 두었던 초점이 '정보'로, '의미의 구성'에 두었던 초점이 '정보의 처리'로 옮겨갔다고 한탄한다. '의미'와 '정보'는 엄연히 다른 개념이다(1990: 4). Bruner는 『Acts of Meaning』과 『The Culture of Education』(1996)에서 본 목적을 되찾을 수 있는 방법에 대해 간략히 설명했다. Bruner가 보기에는 심리학 혁명이 "본래 목적을 훼손하는 방식으로 기술화(technicalized)되었다"(1990: 1).

하지만 본래 목적을 어떻게 되찾을 것인가? 제도화된 연구 관습에 섣부르게 굴하지 말고 Bruner가 지적한 부분들을 세심하게 신경 써야 할 것이다. 다시 말해, 이론을 통해서 의미의 수행을 설명할 것이 아니라 좀 더 직접적인 접근법을 시도해야 한다. 일상의 관습을 이해할 수 있는 관계적인 방식을 택해야 한다.

대화적 만남에서의 의미 이동

변화하는 의미 구성(variational meaning)이 행하는 수행

Bruner는 Italo Calvino의 〈Invisible Cities〉에 등장하는 이야기를 통해 이러한 주제에 대해 설명한다(1972, Bruner가 인용, 1986: 35-7). 마르코 폴로는 쿠빌라이 칸에게 돌다리에 관한 이야기를 들려준다. 그는 돌다리를 구성하는 돌들을 하나하나씩 자세하게 설명했다. 쿠빌라이 칸은 마음이 조급해져 다리를 지지하는 것이 무엇이냐고 물었다. "다리는 돌만으로는 지지되지 못해요." 마르코는 대답했다. "그 대신 돌들이 이루는 아치 모양이 다리를 지지하죠." 쿠빌라이 칸은 되물었다. "나한테 돌에 대한 이야기를 왜 해주는 겁니까?" 그러자 마르코 폴로는 다음과 같이 답했다. "돌이 없으면 다리도 없으니까요." 여기서 아치 모양은 돌들의 관계이다. Bruner가 지적했던 바와 같이, 독자들은 이야기를 읽어나가면서 "돌에서 아치로, 그리고 아치의 중요성에 더 넓은 현실로 나아간다. 독자들은 이야기와 형식, 그리고 의미를 이해하기 위해 이러한 요소들을 앞뒤로 오가며 생각하게 된다"(1986: 36). 우리는 이야기를 읽을 때 이야기의 특이성에서 출발하여 좀 더 일반적인 특성으로, 그리고 특이성과 일반적 특성이 함께 만들어가는 구조로 옮겨가곤 한다. Wittgenstein이 주장한 바와 같이, 우리는 '말해진 것(said)'보다 텍스트에서 '보인 것(shown)'을 통해 더 많은 것을 얻는다. 그렇다면 이러한 이해를 가능케 하는 텍스트 구조는 어떤 것일까? 어떻게 이러한 이해가 가능한 것일까?

우리에게 낯설고 독창적인 '다름'을 이해할 수 있게 하는 것은 바로 내러티브 구조다. 내러티브 구조의 텍스트를 읽음으로써, 우리는 우리만의 '가상적 텍스트'를 구성할 수 있다. Bruner의 글을 인용하자면 다음과 같다.

> 독자는 마치 지도 없이 여행을 떠나는 것과 같다. 과거로부터 얼마나 영향을 받았든지, 새로운 여행은 그 자체로 중요해진다. 가상적 텍스트는 우리 자신의 이야기가 되고, 낯선 이야기는 독자가 생각하는 평범함과 대비된다. 그렇기 때문에 독자가 자신만의 세계를 형성하기 위해서는 실제 텍스트가 '가정성(subjunctivity)'을 가져야 한다(Bruner, 1986: 36-7).

다시 말해, 저자와 독자가 함께 가상 세계를 만들어 나가기 위해서는 텍스트가 고정된 확실성보다 인간의 가능성에 기반을 두고 현실을 가정할 수 있어야 하는 것이다.

Bruner는 그런 규칙의 기계적이고 반복적인 준수를 염두에 두지 않은 것이 확실함에도 불구하고 규약, 격언과 문화 실재를 이루는 구성요소를 이용함으로써 그런 소통이 일어나는 가능성을 말한다. 이와 달리 규약이나 격언이 존재함으로써 우리가 말한 것보다 의미가 덜하거나 혹은 우리가 말한 것과 의미가 다르거나(가령 반어적) 혹은 우리가 말한 것보다 더 많은 것을 의미하기 위한 목적으로 규약이나 격언을 위반할 수 있는 수단을 제공한다(Bruner, 1986: 26). Bruner는 사람들의 '일상 심리학'을 설명하기 위해 자신이 들인 노력에 대해 언급한 'Acts of Meaning'에서 이런 배경의 안정성과 일탈의 가능성을 다음과 같이 다시 한번 강조한다.

> 나는 인간이 서로 상호 작용하는 데 있어 인간이 처한 상황에 대한 '정상적인' 상태에서 벗어나고 위반하려고 내러티브 의미를 부여하고 해석하기 위한 배경으로 표준적이고 일반적인 감각을 형성하는 것을 보여주고 싶었다(Bruner, 1990: 67).

이는 사람들이 대화 활동을 펼침으로써 공동으로 새롭고 특별한 의미를 창조하는 것을 가능하게 해 주는 애매모호하고 불확실한 창작물이다. Bruner는 '그런 의도적으로 위반하는 방법을 사용함으로써' '이런 식으로 의미하는 것'은 "격차"를 만들고 그 격차를 메우기 위한 전제를 구성한다고 말한다(1986: 26). 실제로 우리 자신의 특별한 상황에 대한 우리의 특별한 반응은 우리 주위에서 일어나고 있는 일에 대해 온전히 반응함으로써 반응의 구성 형태를 사용하는 방식으로 감지하기 힘든 변화에 의해 전달된다. 이것이 우리가 의미를 행하는 방식이다. '보인 의미'는 실제로 우리 주위의 다른 사람들과 '계속 해 온' 방식으로 '보인다'.

나는 그런 공동의 첫 의미를—특별한 '나'의 '세계'를 표현하는 의미—변화하고 변형되는 의미 구성(variational meaning)이라고 부른다. 그 의미들은 이미 존재하고, 계속되며, 현재 우리 삶의 형태를 이루는 활동 배경의 흐름 내의 변화로만 이해될 수 있다. Bakhtin은 그런 사건을 '존재의 일회적 발생 사건'이라고 명명한다(1993: 2). 굉장히 애매모호한 내러티브 텍스트는 '독자'가 그들 자신을 확고히 하려고 의미를 특별하게 바꾸거나 그들 자신의 특정 상황과 관련된 의미를 만드는 것을 가능하게 한다.

Bruner가 이해를 '유발하는' 생활을 강조하는 것은 Wittgenstein 철학의 중심이며 Bakhtin(1981)과 Voloshinov(1986)의 스피치 커뮤니케이션(Shotter and Billing, 1998)에 대한 대화체적인 접근법의 중심이기도 하다. 나는 의미와 이해에 대한 이런 실제적인 형태의 비대조적이며 추상적이고 비개념적이며 '움직이는', '시적' 본질에 대해 더 알아보고 싶다. '의도'에 대한 논의의 맥락에서 실제로 우리가 의미를 보여주는 방법을 연구하면서, Wittgenstein은 우리가 의도하는 것에 대단히 충실한 그림만 포함시킴으로써 의도할 수 있다고 말하고 싶어 하는 경향이 있음을 암시한다. 하지만, 다음과 같이 계속해서 말하고 있다.

> 그 역시 충분하지 못한데 그게 뭐가 됐든 그림은 다양하게 해석될 수 있기 때문이다. 이런 이유로 이 그림 역시 결국은 고립된 채로 있다. 누군가 그 자체로 마음에 그림을 갖고 있다면 그것은 갑자기 죽고 마치 뭔가 거기에서 빠져나가 버린 것 같고 전에 생명을 주었는데… 홀로 고립되며 그 자체로 현실 이면까지 지적하지는 않는다. 누군가 "물론 의도하는 것이 그림 그 자체는 아니지만 우리는 뭔가를 의도하기 위해 그것을 사용하는 사람이다"라고 말한다. 하지만 만약 이것이 의도하는 것과 이것이 의미하는 것이 결국 그림과 관련된 뭔가를 의미한다면 거기에 왜 인간이 포함되어야 하는지 모르겠다. 소화 과정은 생명체에서 자체적으로 발생하거나 화학적 과정으로 연구될 수 있다. 우리는 '의미는 무기물이 아닌 의식이 있는 생명의 과정으로 정신에 반드시 필요한 절차이다'라고 말하고 싶다. —여기에서 우리는 절차의 문법에 불만을 갖는 것이지 특정한 종류의 절

차에 불만이 있는 것이 아니다.—이런 점에서 모든 절차는 '케케묵은' 것이라고 할 수 있다(Wittgenstein, 1981: §236).

그러면서 "프로세스는 가만히 있는 데 반해 의미는 움직인다"라고 말한 것일 수 있다고 덧붙이고 있다(1981: 237).

의미는 움직인다

Wittgenstein은 의미를 정지된 상태로 어떤 것을 '묘사하는' 인지적 절차로 보는 것이 아니라 생명력이 있으며 실제적인 방법으로 서로 그리고 서로의 상황에 반응하는 행위자를 포함하는 역동적이며 상호적인 절차의 일부로 본다. 따라서 심지어 누군가 말을 하고 있을 때 그녀 주위에 있는 다른 사람들의 반응은 그녀가 이야기를 하는 순간순간에 영향을 준다. 그런 상황에서 우리는 어떤 것에 대해 이야기하는 것 이상의 것을 할 수밖에 없다. 우리는 계속해서 우리 자신의 창작물과 관련된 방식을 변화시키며 살거나 또는 Wittgenstein이 말한 것처럼 특정한 '삶의 방식'[2]을 만든다.

이와 같이, 우리는 낯설고, 새로 만나게 되는 의미가 애매모호한 텍스트에 있는 특정 단어들에 각자만의 방식으로 빠져들어 있는 지속적이고 말로는 다 할 수 없으며 역동적인 문화 사이를 오가며 실제로 의미를 보여준다. 우리가 읽으면서 반응하는 움직임과 '간극을 메우기 위해', 우리는 Bruner(1986)가 '가상 텍스트'에서 '경관'이라고 명명한 것으로 창조적으로 옮겨간다. 그것은 우리의 과거, 우리의 미래, 우리 주위에 있는 타인, 우리 눈앞에 있는 물리적 환경, 권위, 우리 문화 역사, 미래에 대한 우리의 꿈에 대해 변화무쌍한 관계를 조직하는 방법이며, 자각적이며 인식적으로 행동이나 기억 등의 다른 방향에 우리 자신을 결부시키는 방법이다(Vygotsky, 1978:

1986). 우리는 우리가 텍스트에 통째로 반응하는 초기 방식에 '가져온 것'을 활동의 새로운 측면으로 '계속해서 가져갈' 수 있다.

세상에 있는 어떤 것에 대한 존재로서라기보다 새로운 반응 이동으로 불리는 것으로 보이는 그런 의미가 애매모호한 텍스트는 우리가 사는 방식과 결부될 수밖에 없는 세상의 특별한 일부이다. 그래서 설사 그런 텍스트가 무엇에 관해 취지를 갖고 있는 어떤 것들과 비슷해 보일 수 있지만—세상에 있는 어떤 일의 상태를 '설명하는' 표상적, 지시적인 의미(representational-referential meaning)를 가진 텍스트—텍스트의 의미는 그런 묘사 안에만 머물지 않는다. 우리는 텍스트에 다르게 결부시켜야 한다. 의미는 좀 더 실제적이고 선 이론적이며 선 개념적이기 때문에 어떤 특정한 것에 대한 지식보다는 앎의 방식을 제공한다.

그런 텍스트는 뭔가 일어나는 특정 방식의 본보기이다. 텍스트는 우리 상황과 관련된 새로운 방식의 전형적인 예이다. 텍스트는 이미 있는 것에 대한 표현을 제공하지는 않지만 그것을 이해하는 방식을 통해 새로운 시적 이미지를 제공한다.

Susan Sontag는 예술 작품의 창조적인 효과에 대해 다음과 같이 말하고 있다.

> 예술 작품에 포함되려면 반드시 세계로부터 스스로 분리되는 경험이 수반되어야 한다. 하지만 예술 작품 자체는 또한 활기가 넘치고 마력이 있어야 하며 더 개방적이고 풍부한 방식으로 우리를 세계로 돌려보내는 본보기 대상이다. Raymond Bayer는 "적절한 리듬 안에서 우리에게 부과된 어느 하나 빠짐없는 미적 대상은 우리의 에너지 흐름을 위한 특별하고 단일적인 공식이다"라고 썼다. 모든 예술작품은 계속되다가 멈추고 살펴보는 원칙, 에너지가 있거나 쉼을 주며 [예술가] 단독의 애무하거나 파괴하는

손이 각인된 이미지를 포함한다. 우리는 이를 작품의 인상학 또는 리듬이라고 부를 수 있는데 나는 작품의 유형이라고 말하고 싶다(1962: 28).

의사소통의 그런 '이동' 형태는 우리한테 드러난 특별하고, 이전에는 목격되지 않은 다른 것이나 색다름을 만들 뿐 아니라 우리한테서만 나올 수 있는 새로운 '진행 방식'을 가능하게 한다. 하지만 이것은 모든 복잡하고 세부적인 것 안에서 별개의 본질과 마주치게 만든다. 만일 우리가 너무 빨리 그것의 설명으로 돌아선다면 우리는 본질 자체가 우리에게 가르쳐 줄 수 있는 것을 놓치게 된다. 그러면 돌아서는 것이 무의미한데 이는 말 그대로 우리가 아직 무슨 말을 하는지 모르고 있기 때문이다.

우리가 다른 사람과 관련된 광활하게 펼쳐진 삶 속으로 들어갈 때만 (다른 사람, 또는 반 고흐가 그린 해바라기라는 작품, 또는 텍스트) 그것이 우리에게 무엇을 의미하는지 완전하게 이해할 수 있다. 그리고 그런 관계 속에서 우리가 감지할 수 있는 것은 그런 관계들의 내면에서부터 느끼게 된다. Wittgenstein이 말하는 것처럼 그림이 우리에게 의미가 있을 때 마치 '우리가 그림 속으로 들어가 그림 속의 대상이 실제로 우리 주위에 있는 것처럼 보는 것'과 같다. 이처럼 우리가 의도할 경우 우리는 우리가 의도한 그림에 둘러싸이게 되고 그림 안에 있게 된다(1981: §233). 실제로 그는 그 밖에 다음과 같이 말하고 있다.

마치 어디로 가야 할지 모르는 결단력 없는 사람처럼 아주 기본적인 이동을 하는 사고가 의미하는 것을 이해하기라도 하는 것 같은 느낌을 종종 준다. 예를 들어, 잠정적으로 가능한 응용 분야를 검토한다(1981: §33).

그것들을 만나기 위해 누군가에게 가까이 가거나, 경험에 대해 기술하거나 또는 예술 작품을 집중적으로 연구하면 거기에 최근까지 심리학에서 간과되어 온 진동하고 이동하며 유동적인 내면의 복잡성이 있다.

대화체를 묘사하기(설명하기?) – 여기에서 어려운 것은 멈추는 것

설명하고자 하는 유혹

심리학은 왜 현재의 순간적인 풍성함을 간과해 온 것일까? 왜냐하면 그것을 하는 과정에서 실천의 세부적인 것에 집중하는 것이 굉장히 어렵기 때문이다. 노팅엄(Nottingham)에서 한 우리의 초기 연구의 중요성은 비디오테이프 녹화를 사용했던 점이다.

우리는 더 세부적인 것을 더 정확히 담아내기 위해 동일한 일시적인 순간을 반복해서 봤으며 비디오테이프에서 그런 사건을 보는 것을 배우려고 했을 때 우리는 일상 세계에서 그런 것들을 보는 것을 배웠다. 같은 방법으로 민족 감각적(사회학적) 방법론은 오디오테이프 레코더 없이 그 자체로는 확립될 수 없었다. 재빠르게 지나가는 주변과 서로의 중요한 만남은 그것이 우리에게 미치는 영향이나 또는 우리가 그들에게 미치는 영향에 대한 뚜렷한 느낌이 없을 정도로 우리 사이에 분포되어 있다. 따라서 그들 그대로의 '의미의 사건'을 보려고 사회적 관행으로서의 의미를 보여주는 것에 초점을 맞추기는 어렵다. 따라서 우리는 관찰될 수 없는 미스테리한 어떤 것이 그들 안에 있는 것이 틀림없으며 그들의 본질을 이론화할 수 없다고 가정한다. 이 시점에서 Wittgenstein의 연구가 아주 중요한데 이는 그가 우리의 평범한 사회적 관행 안에서 우리가 우리 자신의 지속적인 관행의 양상에 서로의 관심을 끄는 방법을 지적하고 있기 때문이다. 이전에는 간과된 측면의 관행에 집중하는 것이 그 관행을 더 정교하게 개선하는 주요 방법이다. 실제로 이는 그런 관행을 처음 배울 때 중요하다. 이런 이유로 Wittgenstein은 관행이 특정한 특징을 갖고 있다고 가정하고 싶은 유혹이 들 때 "생각하지 말고 보라!"고 경고하고 있다(1953: §66).

소통에서 일시적으로 잠깐 발생하는 세부적인 것을 찾는 일이 비록 쉽지 않지만 그게 바로 핵심이다. Wittgenstein이 말한 것처럼 우리가 직면한 문제는 다음과 같은 설명을 부연함으로써 풀어야 하는 실증적인 문제가 아니다.

> 문제들은 언어가 하는 일을 자세히 조사함으로써 해결되며 그런 일을 우리가 인식하게 하는 방식으로 해결된다. 문제를 오해하게 만들려고 하는 충동이 있을지라도 말이다. 문제는 새로운 정보를 줌으로써 풀리는 것이 아닌 우리가 이미 알고 있는 것을 정리함으로써 풀린다(1953: §109).

이는 이미 존재하는 대상의 본질을 추구하는 것에 관한 것은 아니지만 우리 스스로 다른 사람과, 우리 주변 상황과의 관계를 이루는 방식이다. 우리는 우리 자신의 삶의 형식을 더 잘 이해하고 싶어 하기 때문에 일상에서 우리가 무심히 지나치게 되는 서로에 대해 다루는 것이다. 따라서 Wittgenstein은 우리가 할 일은 상상하는 것이 아니고 우리 안에 있는 '메커니즘'을 실증적으로 조사하고 의사소통 능력에 책임을 져야 하는 것이라고 생각한다. 대신 우리는 우리가 실제적으로 어떻게 하는지 설명해야 하며 그런 이유로 결국 의미는 인간의 업적인 것이다. 의미의 관행에서 중요한 것은 어느 정도는 항상 우리가 사용할 수 있는 것이어야 했다는 점이다. Wittgenstein은 "문장이 그것을 어떻게 하는가? 몰랐는가? 숨겨진 것은 하나도 없다"고 쓰고 있다(1953: §435).

하지만 설사 숨겨진 것이 하나도 없다고 할지라도 우리가 그 관행들을 외부에서 볼 수 없고 관행 안에는 우리 존재만 있다면 그 관행을 어떻게 설명할 수 있단 말인가? 우리가 할 수 있는 것이라고는 이전부터 내부에서부터 간과된 특징을 지적하는 것뿐이며 우리가 일상에서 일반적으로 사용하는 말의 애매모호하고 '시적'인 형태로만 가능하다. 다시 말해, 1인칭이며 일시적으로 발생했으며 변화적인 대화체의 엄청난 양의 대화로만 할 수 있다는 말이다(Shotter, 1996, 1998). 따라서 우리 관행에 대해 더 잘 이해하기 위해서는 우리의 지속적인 참여를 통해 나오는 관행의 중요한 측면을 단순히 지적하는 것에 만족해야 한다. 그리고 설사 이런 사실을 받아들이기가 굉장히 힘들다고 해도 그런 지적이 실제적인 목적을 달성한 이상 명료함과 뚜렷함을 갖고 말하는 것에 불과하다. 따라서 관행에 있어 반드시 필요한 측면은 설명은 불가능하고 묘사만 가능하다. —즉, 그에 관한 우리의 대화 중에 지적한 것처럼—알기 쉬운 설명은 관련 언어 게임과 더불어 이미 확립된 삶의 형식의 한정된 범위 안에서만 제공될 수 있다. 따라서 Wittgenstein은 다음과 같이 언급하고 있다.

> 말하자면 언어 게임은 뭔가 예측할 수 없는 것이라는 것을 염두에 두어야 한다. 무슨 말이냐 하면 언어 게임은 어떤 이유에 기반한 것이 아니며 합리적(또는 비이성적)이지 않은 것이 마치 우리 인생과 같다(1969: §559).

확립된 언어 게임의 한정된 범위를 벗어나면 우리는 또 다시 의미가 모호한 영역으로 들어가게 되며 관행 안에서 '그것을 유발'함으로써만 결정을 할 수 있다. 언어 게임은 그 자체로 설명될 수 없으며 그렇기 때문에 설명이 가능한 용어를 설정해야 한다.

상호공동 행위 설명하기: '마음 이론'

나는 Bruner가 설명하려는 유혹에 저항하는 것이 얼마나 힘든지 알았다고 생각하는데 Bruner는 과학자 역시 저항하는 것을 어려워한다는 것을 발견했기 때문이다. 따라서 그가 자신의 성향에 사고의 전형적이거나 또는 논리 과학 모드에 대해 말한 것을 적용하기 위해 그는 궁극적으로 "점점 더 높이 추상적인 개념을 잡으려고 함으로써 특정한 것을 초월하려고 하고 결국에는 특정함이 고려되는 곳에서 설명하려는 어떤 가치를 원칙 안에서 포기한다"(Bruner, 1986: 13). 우리는 다양한 Bruner의 연구에서 이것을 볼 수 있지만 집단 행위에 대해 다루고 있는 곳에서 이런 경향을 가장 잘 보여주고 있다(내가 특별히 관심이 있는 주제: Shotter 참조, 1980, 1984, 1993a, 1993b, 1995). Bruner는 그의 저서 『Act of Meaning』에서 다음과 같이 쓰고 있다.

> 경험의 내부와 외부 세계 사이의 구분은 자율적으로 세 개의 영역을 만들면 각 영역은 다른 형태의 해석을 요구한다. 첫 번째 영역에서 우리는 사건 진행에 대한 책임 안에 있는 것이며 세 번째 영역은 그렇지 않다. 사건의 두 번째 영역은 문제가 있으며 첫 번째와 세 번째 영역이 애매모호하게 혼합된 형태이다(Bruner, 1990: 40-1).

사회이론에서 우리는 사람들에게 그들의 행위에 대한 이유를 주어 설명하도록 행동 영역인 첫 번째 영역을 요구해 왔으며 원인을 설명하기 위해 행위 영역인 세 번째 영역을 요구했다. 그 밖에 나는 Bruner의 두 번째 영역인 집단 행위를 요구했으며 대화체로 구조화된 행위에 대한 Bakhtin의 설명과 연결 지었으며 독특한 활동의 개별적인 측면이라고 주장하고 있다

(Shotter, 1984, 1993a, 1993b: Bakhtin 참조, 1981). 하지만 Bruner는 이 두 영역에 대해 다음과 같이 쓰고 있다.

> 두 번째 영역은 개별적 작용 주체와 '본질'에 대해 적절한 몫을 할당하기 위해 해석의 형태를 더 정교하게 할 것을 요구한다. 만약 일상 심리학이 해석의 원리인 첫 번째 영역과 물리 겸 생물인 세 번째 영역을 포함한다면 두 번째 영역은 대개는 어떤 마법의 형태에 의해서나 현대 서구 문화 내의 인공 지능 또는 물리 심리학의 과학만능주의에 좌우된다고 볼 수 있다(Bruner, 1990: 41).

다시 말해, Bruner는 두 번째 영역의 특별하게 대화체로 구조화된 본질을 놓쳤을 뿐 아니라 이론에 실제를, 보편적인 것에 특정함을, 반복적인 것에 특별함을 동화시킨다. Bruner는 사건을 특별히 발생한 것으로 두 번째 영역에서 다루기보다는—완전히 새로운 반응은 새로운 자아가 공동으로 발생할 수 있는 것 안의 새로운 언어 게임에서 기인할 수 있다— '일상(혹은 민간, folk) 심리학'을 우리가 '일상(혹은 민간, folk) 인간 과학'(Bruner, 1990: 67)이라고 명명하는 데까지 확장함으로써 설명할 수 있는 어떤 것으로 다룬다. 여기에는 우리 문화에서 심리학적인 문제에 관해 이야기하기 위해 사용하는 일상의 정신(mental) 용어를 받아들이고 이 용어 안에서 우리가 어떻게 살고 있고 어린이들이 그에 대한 지식을 습득하는 방법을 실증적으로 발견하기 위해 애쓰는 것을 포함한다. 따라서 Bruner가 '믿음'과 '욕구'라는 측면에서 심리학적 삶을 구조화하는 것으로 보는 것을 다음에서 알 수 있다.

> 우리는 세상이 우리가 특정한 사물을 원하고 어떤 것이 다른 것보다 더 중요하다는 등 특정한 방식으로 조직화되었다고 생각한다. 우리는 또한

> 사람들의 믿음과 욕구가 '약속' 또는 '삶의 방식'으로 명명될 가치가 있게 하기 위해 충분히 일관성 있으며 잘 체계화되었다고 생각한다. 그리고 개인적인 특질은 그 자체로 우리 일상 심리학의 개념을 구성하는 요소이다 (Bruner, 1990: 39).

그런 '민속심리학(혹은 민간심리학)'을 어떻게 발달시켜 왔으며 어떻게 '의미로 진입'하는지 설명하기 위해 Bruner는 아주 어린 아이라도 어느 정도는 '사고 이론'을 갖고 있다는 가설을 세운다. 그는 다음과 같이 쓰고 있다.

> 4세 또는 6세 아동이 그들과 아무런 관계가 없는 다른 사람들이 사고하거나 또는 바라는 것을 포함시킬 수 있는 더 성숙한 사고 이론을 갖고 있다는 것에 대해 누구도 의심하지 않는다. 요점은 언어가 소통의 도구를 대체하기 전에는 최초의 언어학적인 '마음 이론'이 없이는 다른 사람들과 인간답게 소통할 수 없다는 것이다(Bruner, 1990: 75).

Bruner는 이런 제안들을 처음 창시한 사람은 아니며 다만 처음으로 인정했을 뿐이다. 결과적으로 그런 제안들이 현재 아동 심리학의 실증적 연구의 주요 전통의 중심에 있다는 사실로 모든 공을 다 Bruner에게 돌릴 수는 없다. 사실, 현재 학계 및 지적 방법과 관행의 제도적인 구조가 왜 그런 개념을 필요로 하는지 알 수 있다. 그런 연구 조사는 반드시 필요한데 그 분야의 주요 자료로 여겨지기 때문이며 다음과 같이 나와 있다.

> 지각, 감정, 심리적 상태 등은 행동과 사고를 이해하고 설명하기 위해 [성인과 아동이] 사용하는 심리학적 구조망의 일부이다. 그들은 행위자의 사고 및 욕구를 고려해 중점적으로 조직화된다. 이 두 종류의 포괄적인 정신 상태는 물론 내부적이며 관찰이 불가능하다. 하지만 관찰이 불가능

> 한 정신 상태는 종종 추론될 수 있다(Bartsch and Wekknab, 1995: 6).

그리고 믿음이나 욕구 같은 정신 상태에 관한 성인의 일상 대화가 '사고의 통상적인 개념'을 아무런 문제가 없는 것처럼 정의하는 것이 더 당연하게 여겨진다(Bartsch and Wellamn, 1995: 5). 이런 가정을 고려해 봤을 때 아동의 일상적인 이야기가 그들 자신과 다른 이의 이론적인 상태의 지식을 드러내 주는지를 점검한다.

> 이 연구의 일반적인 가설에 따르면, 마치 발달 단계인 '적절히'나 '자연스러운'이 '이미 거기에서' 발견을 기다렸었던 것처럼, '아동은 주관적인 연관성을 이해하는 것에서부터 표상적(表象的) 정신상태 이후의 이해를 제시하고 있다(Bartsch and Wellman, 1995: 14).

그것에 대해 설명하기보다는 연합작용(공동화)에 대해 심사숙고하다

Wittgenstein이 맞는다면 이러한 종류의 연구는 아주 잘못된 것이다. 우리의 신념과 희망은 Bartsch와 Wellman의 주장처럼 '물론, 내면적이고 관찰한' 것이 아니라, 우리의 행동에서 실제로 보여주는 것이어야 한다. 그리고 우리의 행동에서 우리가 '보는 것'은 설명할 수 없다. 이는 설명을 가능케 하는 배경의 일부분이다. 또한 우리는 순식간에 '보이는 것'을 볼 수 있도록 우리 자신을 가르치지 못했다. 이는 아마도 행동하는 것보다도 말하는 것이 더 쉬울 것이다. 실제로 설명을 하기 위하여 우리에게 당면한 퍼즐을 풀기 위한 유혹은 피하기가 쉽지 않다. 왜냐하면 우리가 풀어야 하는 퍼즐의 특징에 대해 잘 알지 못하기 때문이다.

의미에 대한 설명에서 숨겨진 정신작용(정신적 심리작용)을 언급하기 위한 유혹을 탐구함에 대해 Wittgenstein은 다음과 같이 말했다.

> 어려움이란 것은 해결책을 찾는 것이 아니라 그에 대해 단지 예비단계였던 것처럼 보이는 무엇인가를 해결하듯이 그에 대해 인지하는 것이다-나는 이것이 우리가 설명을 잘못 기대하면서 연결되어 있다고 믿고 있고, 어려움에 대한 해결은, 우리의 고려사항에서 올바른 위치에 놓인다면 서술(묘사)가 되는 것이다. 우리가 이를 깊이 생각한다면 이를 능가하려고 하지 말아라. 여기에서의 어려움은: 멈추는 것이다(1981: §314).

사건이나 현상에 대한 배후나 그 후의 상황을 보려고 시도하지 말고 숨겨진 무언가에 대한 지표로서 그들을 인지하여야 하며 우리는 새로운 통찰력이 아닌 새로운 응답과 반응으로 우리 자신 안에 끊임없이 창조해 나가기 위하여 그것들을 깊이 생각해 봐야 하며 끊임없이 살펴보고 그들에게 몸 전체로 그리고 대화체로 응답해 주어야 한다. 새로운 언어-놀이, 새로운 생활의 형식 그리고 결과적으로 새로운 생각(사상)의 움직임을 의미한다. 이는 마음(정신)의 최초 언어이론보다는 그와 같은 반응과 그들의 개선에 달려 있으며 이는 우리가 아이들의 참가라는 의미의 시작이자 근원을 발견하게 되는 것이다. Wittgenstein이 썼듯이 "시작을 찾는다는 것은 매우 어려운 일이다. 아니, 처음에 시작하는 것이 어려운 것이다. 더 이상 뒤로 거슬러 올라가지 말라"(1969: §471).

우리가 우리 자신을 표현할 때, 우리의 삶의 형태에 대한 구성 요소인 '일반적인' 배경 활동을 단순히 재현하여 표현하는 것이 아니라 유일한 공동작용에서 그들로부터 일탈하여 표현하여야 하고, 우리의 임무는 개인 기관과 "자연"에 대한 적절한 인과관계의 몫을 할당하기 위하여 좀 더 정교한 형태의 설명을 발전시킬 수 없을 것이다"(Bruner, 1990: 41). 반면, 우리는 이와 같은 시작에 대한 구체적인 특징을 확인해야만 하며, 이론적 용어로 그들을 설명하는 유혹에 빠져서는 안 된다. 이는 Wittgenstein의 대화하는 방법의 중요한 사항이며, 그가 목표로 삼은 그의 말에 대한 포인트이며, 우리의 '사물을 보는 방법'을 변화시키기 위하여(1953: §144), 우리가 간과하기 쉬운 일상의 언어의 형태에 대한 차이의 중요성을 인식하기 위함이라고 말했다(1953: §132). 그는 '새로운 사실을 찾기 위하여'에는 관심이 없었고, 명백한 관점에 있는 것을 이해하는 것'을 중요시 여겼다. 이는 우리가 어떤 의미에서는 이해가 안 되는 것일 수도 있다(1953: §89). 그리고 그의 '시적' 발언을 통하여 "우리의 눈앞에 항상 있기 때문에 언급을 피해왔던 아무도 의심치 않았던 논평에 우리의 관심을 끌기를 원한다"(1953: §415).

교묘하게도 Wittgenstein이 우리의 관심을 끌어낸 것은, 우리 사회에서 요구되는 종류의 사람이 되도록 아이들에게 '가르치고' 어른들이 사용하는 방법과 같이 우리들의 일상생활에서 우리가 사용하는 같은 방법을 사용하기를 요구함으로서 새로운 종류의 *합리적 이해심*을 얻을 수 있다(Vygotsky, 1978, 1986; Shotter, 1984, 1993a, 1993b). 그리하여 그의 방법이 우리가 생활에서 사용하는 것만큼 많고 다양하다 하더라도 그것들은 사실 공통점이 있다. 그들은 일상생활 속에서 이야기의 형태인 '지시하고', '교훈적이고', '조직적이며', '교육적인' 똑같은 방법으로 작용할 것이다. 예를 들면, 우리는 '명령을 하거나'('이렇게 하시오!', '그렇게 하지 마시오!') 사람들에게 '지적을 하거나'('이것을 보시오!') 그들에게 '상기시키거나'(지난번에 무슨 일이 일어났는지 생각해 봐) '그들의 관점을 변화시키거나'('이와 같이 그것을 보아라…') 그들의 행동을 '조직화'한다('우선, 오른쪽으로 돌아라, 그리고 나서…'). 이러한 모든 지시하는 형태의 말은 우리가 하지 않으면 안 될 무언가를 하도록 '움직이게' 한다. 무언가를 향한 제스처나 주장을 하는 데 있어, 그들은 새로운 방법으로 우리의 환경을 우리 자신에게 연관시키고, 새롭고 복잡한 방식으로 우리의 환경이나 혹은 서로에게 우리의 관계를 '조직화'하도록 우리를 움직인다. 이러한 말의 형태에 대한 중요한 특징—그들의 인생에 그것들을 준 것—은 새롭게 부르는 제스처 기능과 우리의 대화체 응답 그리고 우리 주위의 다른 사람과 교류하는 일종의 응답이다. 우리는 우리 주위에 일어난 사건에 대하여 자발적으로 대답한다. 이러한 것들이 반응(리액션)이며, 새로운 시작이며, 좀 더 복잡한 '시작할 수 있는 방법'을 발전시킬 수 있다.

결론

사회이론에서 행동의 두 영역이 우리의 관심을 끈다. 개인의 행위(action)와 행동(behavior). 하지만 이제 이 둘 사이의 영역에서 발생하는 대화적 현상(Bruner가 내러티브라고 지목한 것)이 우리의 주목을 요구하는 활동의 특정 영역을 구성하고 있다. 그러한 현상은 단순히 행위(action)로 설명될 수 없으며(그것이 개인에 의해 행해지는 것이 아니며 이유를 대며 설명할 수 없기 때문), '단순히 발생하는' 원인의 발견에 의해 설명할 수 있는 사건(event)으로 취급할 수도 없다. Bruner 자신이 지적한 바와 같이, 그러한 사건은 다른 두 영역 사이의 불확정의 혼란스러운 상태에서 발생하며, 이 영역에서의 발상은 어떤 명확한 성격으로 표현되기 어렵다. 하지만 Bruner가 마지못해 합동적이고 단발적이며 변형적인 활동이 '다른 두 영역의 불확정적 혼합'이라고 지적은 했지만, 결국 그는 그것을 끊임없이 정주하여 사고해야 할 타자로서의 특정한 사건의 영역으로 취급하지 않는다. 그의 '일상 인간 과학'에서 중간 영역에 대한 구체적이고 주석적인 설명을 추구한다.

Jerome Bruner의 뛰어난 업적을 기리기 위해, 나는 우여곡절 속에서—Bruner가 이론적인 심리학과 나머지 사회과학의 제도적 실천에서 보이는 모순적인 경향에 대하여 취한 우여곡절—그의 모순적이고 해결할 수 없는 경향성을 보여주고자 했다. 하지만 이러한 모순은 Bruner와 같이 심리학에 도덕적으로 몰입한 삶을 산 사람만이 감지할 수 있다. Bruner는 단지 학문의 일환으로서가 아니라 "미래의 부재에 대한 불안... 우리가 처한 말할 수 없는 절망"(Bruner, 1986: 148-9)을 넘어서는 하나의 희망으로서의 심리학에 매우 진지했다. 그러므로 그가 심리학에서 그 자신의 위치를 결정하는 데에 있어, 인간의 삶의 조건에 대한 염려가 그의 이해의 선상에 있다. 그래서 그는 심리학이 너무 기술적이 되는 것에 우려를 표한다. 왜냐하면 그것이 평범한 사람들의 문화 지식을 다음과 같이 취급하도록 하기 때문이다.

> 문화에 대한 믿음과 개인의 위대한 희생을 치르더라도 사람이 더불어 사는 것이 가능하도록 하는 형성적인 가설이라기보다는 자신을 누르는 환상에 불과하다(Bruner, 1990: 32).

이것이 그가 문화적 지식의 훼손 혹은 경시를 재앙으로 보는 이유이다. 문화 활동의 기묘함을 개괄함에 있어서 Bruner는 우리가 최초의, 가변적 사건과 정상의 이탈 영역뿐만 아니라 이러한 '이탈'은 규준적 행위의 구성요소인 배경에 비추어서만이 의미를 가진다는 것에 관심을 가지도록 유도했다. 우리가 이 배경에 대한 이해를 놓친다면 무슨 일이든 허용이 된다! 우리는 지식에 대한 사람들의 주장이 적절하고 관련이 있는지를 판단할 공유된 기반이 부족할 뿐만 아니라 존중과 예의의 가치가 있는 존재로서 우리 자신을 천명할 기반도 상실하게 될 것이다. 우리가 본성에 대한 이해력을 획득하고 보유하는 것, 자아에 대한 실천에 대한 통찰력을 얻는 것은 쉽지 않다. 반복하자면, 이론적이고 주석적인 설명 대신에 우리는 집합적이고 대화적인 성격을 가진 우리 삶의 실천적 이해에 도달할 필요가 있다. 우리가 그러고자 한다면, 또 우리의 일상의 기준을 '위반하는' 방법을 보고자 한다면, 우리는 우리의 전문적인 제도의 기준을 위반해야 한다. 이것이 Bruner가 반복적으로 행해왔던 것이며 동시에 운 좋게도 그 자신이 더 많은 위반을 하는 것을 막는 동안에 항상 수정을 하기를 원하는 것이다.

주석

1. 바흐친은 다음과 같이 썼다.

   우리의 활동 행위, 곧 우리가 실제로 경험하는 사건은 두 얼굴을 가진 야누스(Janus)와 같다. 그것은 서로 반대되는 두 방향을 바라본다. 하나는 문화라는 객관적 영역을, 다른 하나는 실제로 살아 있고 경험된 삶의 한 번뿐인 고유성을 향한다. 그러나 이 두 얼굴이 단일한 통일성을 이루며 서로를 규정하는 하나의 단일하고 고유한 평면은 존재하지 않는다. 오직 현실화(actualization)의 과정 속에서 일어나는 일회적 존재 사건(once-occurrent event of Being)만이 이러한 고유한 통일성을 구성할 수 있다. 모든 이론적 · 심미적 요소는 이 일회적 존재 사건의 구성 요소로서 규정되어야 한다(1993: 2).

2. 우리의 삶의 형식(forms of life) 속에는 서로 다른 '언어 게임(language-games)'들이 얽혀 있다. (이 유명한 용어로서, 비트겐슈타인(Wittgenstein)은 "언어를 말하는 행위가 하나의 활동, 즉 삶의 형식의 일부임을 두드러지게 하려는 것"이라고 설명한다(1953: §23).) 우리 담화 양식의 놀이적이고 게임과 같은 성격은 우리가 새로운 언어 게임을 배우거나 발전시킬 때 가장 두드러지게 나타난다. 그런 시기에는 의미가 아직 모호하기 때문에, 제스처와 다른 신체적 표현 방식이 특히 중요하다. 우리는 주변 사람들의 신체적 활동에 자발적으로 반응할 수밖에 없으며, 따라서 항상 우리 주변 환경과 살아 있는 관계(living relation) 속에 존재한다. 실제로, 이러한 관계가 훗날 우리가 수행하는 보다 의도적이고 정교한 활동의 근원이 된다. 따라서 우리는 비트겐슈타인이 "언어 게임의 기원과 원시적 형태는 하나의 반응(reaction)이다. 오직 그로부터 더 복잡한 형태가 발달할 수 있다. 언어란—내가 말하고자 하는 것은—정교화된 것이며, '태초에 행위가 있었다(in the beginning was the deed)'"(1980: 31)라고 말한 것에 동의할 수 있다.

참고문헌

Baars, B. J. (1986). *The Cognitive Revolution in Psychology*. New York: Guilford Press. Bakhtin, M. M. (1981). *The Dialogical Imagination*, ed. M. Holquist, trans. C. Emerson and M. Holquist. Austin, TX: University of Texas Press.

Bakhtin, M. M. (1993). *Toward a Philosophy of the Act*, M. Holquist (ed.), with trans. and notes by Vadim Lianpov. Austin, TX: University of Texas Press.

Bartsch, K. and Wellman, H. W. (1995). *Children Talk about the Mind*. New York: Oxford University Press.

Bruner, J. S. (1962/1979). *On Knowing: Essays for the Left Hand*. Cambridge, MA: Belknap Press.

Bruneer, J. S. (1983). *In Search of Mind: Essays in Autobiography*. New York: Harper & Row.

Bruner, J. S. (1986). *Actual Minds, Possible Worlds*. Cambridge, MA: Harvard University Press.

Bruner, J. S. (1990). *Acts of Meaning*. Cambridge, MA: Harvard University Press.

Bruner, J. S. (1996). *The Culture of Education*. Cambridge, MA: Harvard University Press.

Calvino, Italo (1972). *Invisible Cities*, trans. William Weaver. New York: Harcourt, Brace Jovanovich.

Chomsky, N. (1957). *Syntactic Structures*. The Hague: Mouton.

Chomsky, N. (1965). *Aspects of the Theory of Syntax*. Cambridge, MA: MIT Press.

Gardner, H. (1987). *The Mind's New Science: A History of the Cognitive Revolution*. New York: HarperCollins.

Iser, W. (1978). *The Act of Reading*. Baltimore, MD: Johns Hopkins Press.

Kundera, M. (1993). *Testaments Betrayed: An Essay in Nine Parts*. New York: Harper Perennial.

Merleau-Ponty, M. (1962). *Phenomenology of Perception*, trans. C. Smith. London: Routledge & Kegan Paul.

Newson, J. and Newson, E. (1975). 'Intersubjectivity and the transmission of culture', *Bulletin of the British Psychological Society*, 28: 437-46.

Sampson, E. E. (1993). *Celebrating the Other: A Dialogic Account of Human Nature*. Boulder, CO: Westview Press.

Shotter, J. (1980). 'Action, joint action, and intentionality', in M. Brenner (ed.), *The Structure of Action*. Oxford: Blackwell.

Shotter, J. (1984). *Social Accountability and Selfhood*. Oxford: Blackwell.

Shotter, J. (1993a). *Cultural Politics of Everyday Life: Social Constructionism, Rhetoric, and Knowing of the Third Kind*. Milton Keynes: Open University Press.

Shotter, J. (1993b). *Conversational Realities: Constructing Life through Language*. London: Sage.

Shotter, J. (1995). 'In conversation: joint action, shared intentionality, and the ethics of conversation', *Theory and Psychology*, 5: 49-73.

Shotter, J. (1996). 'Living in a Wittgensteinian world: beyond theory to a poetics of practices', *Journal for the Theory of Social Behavior*, 26: 293-311.

Shotter, J. (1998). 'Social construction as social poetics: Oliver Sacks and the case of Dr P.', in B. Bayer and J. Shotter (eds.), *Reconstructing the Psychological Subject: Bodies, Practices and Technologies*. London: Sage.

Shotter, J. and Billig, M. (1988). 'A Bakhtinian psychology: from out of the heads of individuals and into the dialogues between them', in M. Mayerfield and M. Gardiner (eds.), *Bakhtin and the Human Sciences: No Last Words*. London: Sage.

Shotter, J. and Gregory, S. (1976). 'On first gaining the idea of oneself as a person', in R. Harré (ed.), *Life Sentences*. Chichester: Wiley.

Sontag, S. (1962). *Against Interpretation and Other Essays*. New York, NY: A Delta Book.

Steiner, G. (1989). *Real Presences*. Chicago, IL: University of Chicago Press.

Voloshinov, V. N. (1986). *Marxism and the Philosophy of Language*, trans. L. Matejka and I. R. Titunik. Cambridge, MA: Harvard University Press.

Vygotsky, L. S. (1962). *Thought and Language*, ed. and trans. E. Hanfmann and G. Vakar. Cambridge, MA: MIT Press.

Vygotsky, L. S. (1978). *Mind in Society: The Development of Higher Psychological Processes*, ed. M. Cole, V. John-Steiner, S. Scribner and E. Souberman. Cambridge, MA: Harvard University Press.

Vygotsky, L. S. (1986). *Thought and Language*. A. Kozulin (trans. and ed.). Cambridge, MA: MIT Press.

Wittgenstein, L. (1953). *Philosophical Investigations*. Oxford: Blackwell.

Wittgenstein, L. (1969). *On Certainty*. Oxford: Blackwell.

Wittgenstein, L. (1980).. *Culture and Value*, introduction G. von Wright, trans. P. Winch. Oxford: Blackwell.

Wittgenstein, L. (1981). *Zettel*, 2nd edn, ed. G. E. M. Anscombe and G. von Wright. Oxford: Blackwell.

Wood, D., Bruner, J. S. and Ross, G. (1976). 'The role of tutoring in problem solving', *Journal of Child Psychology and Psychiatry*, 17: 89-100.

10장 요약

심리학은 오랫동안 개인 내부에서 의미가 산출된다고 보았다. 그러나 오늘날 우리는 의미가 홀로 만들어지는 것이 아니라, 순간적 만남과 대화 속에서 공동으로 형성되는 사회적 실천이라는 관점을 받아들여야 한다. 브루너가 제시한 두 가지 사고 양식—규칙과 보편을 강조하는 패러다임 모드와 특수성·맥락·시간성·가능성을 드러내는 내러티브 모드—은 이러한 전환의 긴장을 잘 보여준다. 일상의 작은 장면은 타인의 고유성과 상황의 특수성을 드러내며, 심리학은 바로 이런 특이성과 순간성을 포착해야 한다. 문화심리학은 '자아'를 고정된 실체가 아니라, 문화적 관습 속에서 타인과 협상하며 상호작용 과정에서 수행적으로 구성되는 존재로 이해한다. 문학 텍스트가 '가정법(subjunctivity)'을 통해 독자에게 가능한 세계를 열어 주듯, 일상의 상호작용 역시 불확실성과 여백을 매개로 의미를 만들어 낸다. 의미는 고정된 표상이 아니라 수행되는 과정이며, 타인의 반응은 우리의 행위를 되돌려 우리 자신을 변형시키는 힘으로 작동한다.

이러한 전환은 기존 심리학 방법론에 근본적 도전을 제기한다. 전통적 심리학은 연구자와 대상을 분리하여 완결된 결과를 측정하고, 보편적 법칙을 통해 특수한 사건을 환원적으로 설명하려 했다. 그러나 다문화적·다중 정체성이 교차하는 오늘날 인간은 끊임없이 경계를 넘나들며 상황을 새롭게 조망한다. 개인주의적이고 이론 중심적인 접근으로는 현재 진행형의 상호작용을 포착하기 어렵다. 실제로 1970년대 사회발달심리학의 흥망은 제도화된 패러다임이 실제 대화와 특수성을 주변화했음을 보여준다. 인지혁명 또한 본래 '의미 구성'을 중심에 두었지만 시간이 흐르며 '정보 처리'와 기술적 모형으로 변질되었다. 따라서 심리학을 다시 '마음과 의미의 탐구'

로 되돌리려면, 해석학적 감수성과 문화적 맥락에 뿌리내린 수행의 직접 기술이 요구된다.

의미의 관계적 성격은 칼비노의 돌다리 이야기로 비유될 수 있다. 다리를 지탱하는 것은 개별 돌이 아니라 돌들이 이루는 아치, 즉 관계적 형상이다. 독자는 텍스트를 오가며 '돌에서 아치로, 그리고 더 넓은 현실로' 이동하고, 그 과정에서 자신만의 가상 텍스트를 구성한다. 규칙과 격언은 단순히 준수를 강제하는 장치가 아니라, 일탈과 변주를 가능하게 하는 배경으로 작동한다. 사람들은 의도적으로 그 배경을 어긋나게 사용해 격차를 만들고, 그 격차를 메우는 과정에서 새로운 의미가 태어난다. 이를 '변화하는 의미 구성(variational meaning)'이라 부를 수 있으며, 의미는 개인 내부의 표상이 아니라 공동 행위의 미묘한 변주 속에서 드러난다. 따라서 의미는 설명적 표상이라기보다 관계적 리듬과 패턴에 가깝고, 대화 장면은 단순한 정보 교환이 아니라 새로운 삶의 방식을 여는 본보기가 된다.

결정적 전환은 설명하려는 유혹을 멈추고, 있는 그대로의 묘사(description)에 머무르는 태도다. 순간적 상호작용은 빠르게 흘러가 포착하기 어렵지만, 반복 기록과 미시적 전사를 통해 보는 법을 배울 수 있다. 민속방법론이 녹음기를 활용해 상호작용을 세밀히 드러냈듯, 심리학도 숨겨진 메커니즘을 상정하기보다 사람들이 실제로 주의를 끌고, 시선을 맞추며, 다음 행위를 조직하는 방식을 기술해야 한다. 이때 기술의 언어는 설명적 일반화가 아니라 '이렇게 보라', '여기를 주목하라'는 지시의 형식을 띠며 실천을 움직인다. 비트겐슈타인의 충고처럼 '생각하지 말고 보라.' 중요한 것은 새로운 사실을 발명하는 것이 아니라 이미 아는 것을 적절한 자리에 놓아 언어게임과 삶의 형식을 새롭게 바라보는 것이다.

'마음 이론(theory of mind)' 접근은 아이들이 타인의 믿음이나 욕구 같은 내적 상태를 추론한다고 전제한다. 그러나 실제로 믿음과 소망은 관찰 불가능한 내적 표상이 아니라 행동 속에서 평가되는 사회적 사건이다. 의미 진입의 출발점은 표상이 아니라 반응과 공동 행위의 훈련이며, 언어는 반응의 정교화다. 다시 말해, '태초에는 행위가 있었다.' 심리학이 주목해야 할 핵심 장면은 개인적 행위(action)와 단순한 행동(behavior) 사이의 중간 영역, 곧 대화적으로 조직된 공동 행위다. 이 영역은 단순한 인과나 이유로 환원되지 않으며, 제도화된 실험 틀 속에서도 온전히 포착되지 않는다. 따라서 연구는 기존의 전문적 규범에만 매달리기보다, 실제 현장에서 나타나는 규범 위반과 변주를 세밀히 관찰해야 한다.

궁극적으로 제안되는 '세 번째 변혁'은 심리학을 내적 표상의 과학에서 대화적 실천의 기술로 재구성하는 일이다. 의미는 개인 내부가 아니라 관계적 사이에서 발생하며, 규칙은 단순 준수가 아니라 창조적 변주의 배경으로 작동한다. 여기서 중요한 것은 뇌나 개인 수준을 부정하는 것이 아니라, 분석의 우선순위를 상호작용 장면으로 옮겨 놓는 우선순위의 재배치다. 문화적 배경이 사라지면 무엇이든 가능하다는 냉소만 남지만 배경과 일탈의 변증법을 포착할 때 우리는 타인의 고유성과 순간의 윤리를 배울 수 있다. 심리학은 멈추어 보고, 지시하고, 응답하며 사람들이 함께 세계를 만들어 가는 방식을 기록해야 한다. 이것이야말로 '의미의 심리학'을 되찾는 길이며, 앞으로 나아가야 할 대화적 전환의 핵심이다.

제11장 기억, 아이덴티티, 그리고 문화심리학의 미래

David Bakhurst

- 기억-정체성의 이중 축: 경험적 기억(노래가 불러오는 막연한 그때의 느낌)과 집단 기억(전기 · 의례 · 기록)은 대립이 아니라 상호의존적이며, 개인의 시간적 연속성과 사회적 서사적 자아를 함께 세운다.
- 해석 만능주의 비판: 경험이 전면적으로 마음이 만든 산물이라는 급진적 구성주의(비실재론)는 자아를 소설화하고 의미를 공허화한다. 의미는 전적으로 내부에서 빚어지지 않는다.
- 맥도웰의 대안: 경험(그리고 기억)은 가공 전 단계의 데이터가 아니라 세계 · 과거에의 개방이다. 그 전달물은 본래 개념적으로 구조화되어 있어 '이유의 공간'(정당화의 장)에서 곧바로 근거가 된다.
- 문화의 역할-구성이 아닌 촉발: Bildung을 통해 언어 · 규범 · 개념적 기술을 익히게 하는 문화의 기능은 '촉발(enabling)'이다. 공동체 관행이 합리성의 기준을 만들어 낸다는 구성적 시각은 세계가 주는 제약을 흐린다.
- 매개의 재해석: 개념 · 모델 · 이론은 우리와 세계 사이의 장벽이 아니라 접속을 정밀화하는 도구다. 문화심리학의 진로는 실재론적 틀에서 기억 · 정체성 · 의미를 다시 세우는 데 있다.

두 가지 예시로 시작해 보자. 첫 번째는 경험적 기억(experiential memory)에 관한 것이다. 나는 비틀즈의 'All my Loving'의 도입부를 들을 때마다 과거에 대한 묘한 감정을 경험한다. 이 노래가 신곡이었던 1960년대의 나의 어린 시절로 돌아가게 된다. 경험적 기억의 패러다임과는 다르게 이 기억은 명확한 이미지나 특정한 사건의 회상을 포함하지는 않는다. 이것은 분명히 과거에 대한 직접적인 감정이다. 감정 그 자체여서 현재의 자아가 그 기억을 이용한다거나 마음대로 할 수 없을 정도. 나는 아주 잠깐 '그 때'로 돌아가 그 당시 어떠했다 하는 느낌은 어느 정도 되살릴 수 있다. 이러한 일은 마치 누군가 오래전에 죽은 친척이 쓴 종이를 발견했을 때와 같은, 약간의 슬픔이 느껴지는 향수를 나에게 불러일으킨다.

이 예시는 기억과 정체성 사이에 밀접한 관련이 있음을 나타낸다. 과거에 대한 감정이 나로 하여금 현재의 나에 대해 직접적으로 생각해 보게 하는 것처럼 위의 예시는 우리의 정체성이 계속 진행되는 자의식적인 경험에 의존하고 있으며, 이러한 자의식적 경험은 결국 현재의 경험을 시간 연속성(temporal continuum)상에 위치시키는 기억의 힘에 의존하게 된다는 것을 보여준다. 우리의 개인적인 역사는 살아온 경험들의 역사이다. 이러한 사실은 우리가 우리 자신을 이해하는 데 핵심적인 역할을 한다.

이제 집단적 기억하기(collective remembering)를 예로 들어보자. 다음의 글에 대해 생각해 보자.

> 1979년 3월, 이상한 일이 시작되었다. 하루는 내가 그의 집을 방문했었는데 그의 평온하고 모든 것을 내려놓은 듯한 모습을 보고 깜짝 놀랐었다. 그는 항상 심적 동요를 겪는 것 같았었다. 마치 세상 모든 근심을 자기 영혼에 날카로운 고통인 양 느끼는. 그런데 갑자기 그가 가벼워진 것이다. 나는 그의 세 살짜리 조카 Van'ka가 그가 아끼는 타자기 앞에 앉아 있는 힘껏 타자를 두드리는 모습을 보고 더욱 놀랐다. 나는 타자기에 대한 걱정을 표했다. 그는 "아, 뭐 괜찮아"라고 했다. 그의 우울증은 더욱 심해졌다. 그는 심리학회의 모임들을 무시하기 시작했다. 하루는 학회를 나

> 서면서 그에게 전화를 걸었다. 그는 나의 질문에 단답으로 대답했다. 내가 그에게 좀 쉬는 게 어떻겠냐고 (사실 누군가가 그에게 일하라고 강요하는 것도 아니었지만) 제안했을 때, 그는 "그래, 그래, 영원히 쉬어야지."라고 대답했다. 그리고 내가 작별인사를 했을 때, 그는 멍하게 "잘 있어."라고 말했다.
>
> 왜 잘 있으라고 했을까? 결국 그는 어디에 간 것도 아니었다. 그러나 아마도 그는 그가 갈 곳을 오래전부터 알고 있었으리라. 단지 방법에 대한 확신이 서지 않았을 뿐. 하지만 그 또한 곧 정해졌다. 그의 시신을 검시하던 병리학자는 이렇게 물었다. "이 사람이 해부학을 아는 사람인가요?" (Mareev, 1994: 17-18)

Sergei Mareev는 러시아의 철학자 Evald Ilyenkov의 마지막을 이렇게 묘사하고 있다. 이 글은 한 개인의 회상으로 보이지만, 그럼에도 불구하고 이것은 Ilyenkov를 기억하고자 하는 공동적인 노력에 기여하는 것으로 집단적 기억의 예시가 될 수 있다. 이러한 전기적 기록은 개인적인 것으로 보일지라도 사회적 매체—특정 서술 방식에 따라 영향을 받는 언어라는—를 통한 사회적 표현으로서 다른 사람들에게 전달되고 검토 받게 된다. 이것은 집단적으로 만들어지는 하나의 그림의 일부를 제공하는 것으로 그 중요도는 전체적 그림에서 결정된다.

전기는 물론 우리가 과거의 심상을 유지하는 수많은 방법 중에 하나일 뿐이다. 문서나 사진, 영화, 오디오나 비디오 녹화, 의식이나 기념물 등을 통해 과거는 끊임없이 현재화된다. 이것은 절대 사소한 사실이 아니라 인간을 지금 현재 모습으로 있게 하는 중요한 특징이다.

집단적 기억은 경험적 기억만큼이나 정체성의 문제와 연관이 있다. "Ilyenkov는 어떤 사람이었나?"라는 물음은 그의 삶과 업적에 관한 이야기를 전하고자 하는 집단적 기억의 실행이 있어야 다뤄질 수 있을 것이다. 어떤 점에서 보면 Ilyenkov는 그저 서사의 초점일 뿐이다. 물론 Ilyenkov의 사후에 그의 일생에 대한 이야기라는 것이 남기는 한다. 그러나 그 이야기라는 것이 그가 살아있을 때는 덜 중요하다는 것은 아니다. 왜냐하면 Ilyenkov 스스로가 계속 진행되는 그의 인생사의 주체로서 존재하기 때문이다. 따라서 우리는 의미 있는 삶을 살고자 할 때, 우리 자신을 살펴보게 된다. Alasdair MacIntyre가 강조해 왔듯이(1981: ch. 15), 한 개인의 삶의 완전성(integrity)은 출생에서 사망에 이르는 내러티브(narrative)에서 보이게 된다.

잠시 언급한 MacIntyre의 경우 한 인간의 죽음은—종결점으로서—그 삶의 전체적 모양을 잡아주는 중요한 역할을 한다는 그리스 철학의 관점에 동의한다. 따라서 우리는 Ilyenkov 스스로가 그의 인생의 서사적 일관성을 위해 자살이 필요하다고 느꼈을 것이라 추측해 보거나, 아니면 그의 죽음을 유발하게 된 어떤 의미 있는 이야기를 구성하기 위해 그의 삶이 끝이 났다라고 생각해 볼 수도 있을 것 같다. 이 문제는 논란의 여지가 있고, 우리가 Ilyenkov의 입장을 들을 수 없기 때문에 계속 그렇게 남아있을 것이다. Ilyenkov의 죽음을 애도하는 사람들이 그들의 슬픔에 대한 근거를 갖고 있는 것처럼 한 개인과 그 삶에서 일어나는 사건들 사이의 특정한 관계가 그 사건에 대한 그의 생각이 믿을만 하다는 것을 보장해 주지는 못한다.

사회적 차원과 개인적 차원: 어느 것이 우선하는가에 관한 논쟁

우리가 언급한 예시들은 정체성의 다양한 측면과 관련지어 볼 때 그 차이가 더 잘 드러나는 것 같다. 한편에는 과거에 대한 '내면적'이고 '일인칭적인'

지식이 존재하며, 이것은 계속되는 경험의 주체로서의 우리의 정체성을 유지시킨다. 다른 한편에는 대중적이고 '삼인칭적인' 집단적 기억이 존재하며 이것은 사회라는 공간에서 살아가는 삶의 주체로서의 우리의 정체성을 가능하게 한다. 결국 자아에 대한 인식이 서로 상충된다는 점에서 보게 된다면 이 두 가지를 분리하기가 쉽다.

그러나 이러한 시도는 기억과 관련하여 개인과 사회적인 차원이 서로 밀접하게 연관되어 있다는 사실을 모호하게 한다. 집단적 기억은 분명히 일인칭적 인식에 의존한다. 예를 들어 Mareev의 글은 사실적 기억이 보충된 경험적 기억들로 이루어져 있다. (그가 실제 병리학자의 말을 들었는지는 의심의 여지가 있지만) 그것은 Ilyekov의 삶에 대해 이야기 형식을 취하고 있지만 어쨌든 간에 그 초점은 경험에 맞춰져 있다. 그리고 Mareev의 글은 경험적 기억의 증거를 바탕으로 하고 있으며, 이 점은 서사에 대한 인식론적 평가에서 중요한 역할을 한다.

그와 동시에 경험적 기억은 인간이 소유하고 있기 때문에, 기억의 이미지들을 맥락에 배치하는 인간의 능력에 의존하게 된다. 기억의 전달이 이루어지게 되는 전체적 틀이 없다면, 단지 분열된 감정들, 연결되지 않은 이미지들, 단순한 명제들만이 남게 될 뿐이다. 의식적인 기억의 행위 자체가 불가능한 것이다. 따라서 집단적 기억을 구성하고 있는 사회적으로 확립된 기술이 경험적 기억을 가능하게 한다. 우리는 자기 자신을 인생사(life-story)의 중심으로 인식하지 못한다면, 우리가 현재 이해하고 있는 형태의 경험적 기억을 가질 수는 없을 것이라 짐작할 수 있다. 따라서 자의식적인 경험의 주체로서의 우리의 정체성은 '내러티브 자아(narrative selves)'로서의 정체성에 의존하게 된다.

그럼에도 불구하고 기억의 사회적 차원을 개인적 차원보다 하위 개념으로 인식하거나, 아니면 반대로 생각하기 쉽다. 전통적으로 심리학에서는 개인적 기억을 주요 개념으로 다루어 왔다. 그와는 정반대로 아주 개인적인 기억이라 할지라도 모든 기억은 사회의 영향을 받게 된다는 주장도 상당히 일리가 있다. 이러한 입장은 Vygotsky의 저술에서 발전된 것으로 그의 영향을 받은 사회 구성주의나 담론 심리학, 그리고 내가 여기서 다루고자 하는 Jerome Bruner의 문화심리학 등에서 보인다.

사회적 차원을 중시하는 입장에서의 한 가지 주장은 경험적 기억들은 해석(interpretation)이 없이는 아무 의미가 없다는 것이다. 우리는 마치 자기 해석된(self-interpreting) 이미지들이 우리의 마음에서 저절로 떠오르는 것처럼 말한다. 하지만 이것은 데카르트 철학의 궤변일 뿐이라고 주장되고 있다. 자기 해석된 이미지라는 것은 존재하지 않으며, 그러한 이미지가 발생하는 마음의 장이라는 것도 존재하지 않는다. 자아는 수동적인 관객이 아닌 능동적인 해석자이다. 또한 해석은 분류하고 서술하는 기술을 요하며, 이러한 기술은 사회라는 배경에서 구축되고 유지되는 것이다. 그러므로 의식의 대상이라는 것은 문화적인 '도구들'에 의해 만들어지는 것으로, 따라서 모든 기억은 사회성의 영향을 받게 되어 있다는 것이다.

이러한 입장은 통찰력이 있긴 하지만 약점이 존재한다. 'All my Loving'의 예를 다시 생각해 보자. 이러한 무의식적인 기억은 내가 분명히 소중하게 생각하지만 명확하지 않은 무언가에 대한 감정을 이끌어낸다. 이것이 명확하지 않기 때문에 나는 당연히 문화적인 영향을 받은 사고(thought)와 해석 기술들을 효율적으로 사용해야 한다. 그러나 나의 기억은 절대 사회적이거나 문화적으로 구성된 것은 아니다. 왜냐하면 그것은 구성 자체가 되지 않은 것이기 때문이다. 그것은 해석 자체가 필요할까 말까 할 정도로 과거에 대한 단순한 감정일 뿐이다. 대다수의 일상적 경험에 대한 기억에 있어서도 같은 것이 적용된다. 단지 과거라는 것이—그야말로 문자적 의미 그대로—우리 개인의 기억에 침범해서, 우리의 생각과 해석들이 그것이 계속

이어지도록 따를 수밖에 없는 것이다.

이러한 주장은 내가 기억의 영역에서 '소여(the given: 주어진 바)' 개념을 강조하고 있다고 보일 수 있다. 앞으로 논의가 되겠지만 그러한 개념은 더 이상 의미가 없다. '원천적인' 기억 이미지라든지 감각소여와 같은 '온전한 발현' 같은 것은 존재하지 않기 때문이다. 우리의 마음에서 의미를 갖고 있다는 것은 이미 개념화되고 해석되고 이해되었다는 것이다. 이것은 지각의 영역에서와 마찬가지로 (아니면 더욱더) 기억과 관련된 영역에서도 똑같이 적용된다.

나는 소여의 신화를 신봉하지는 않는다. 그러나 사회적 기억에 대한 논의—특히 문화 심리학과 구성주의 심리학에 많은 영향을 미친 해석의 편재에 대한 가정(e.g., Bruner, 1991: 8-9)—에 큰 영향을 준, 마음과 세계의 관계에 대한 그림들을 수정할 필요는 있다고 생각한다. 우리는 마음이 직면하는 것은 해석의 산물이라는 개념과 이러한 개념에 동기를 부여하는—마음이 경험을 구조화한다는—핵심 메타포에서 빠져나와야 한다. 그 이유를 파악하기 위해 이렇게 문제가 있는 개념들이 어떻게 Bruner의 연구에서 중요한 부분을 차지하게 되었는지 살펴보자.

비현실주의로 향하는 길 위에 서있는 문화심리학

Bruner는 심리학에서의 두 가지 정설에 대한 대안으로 문화심리학을 제시한다. 그 첫째는 Piaget의 보편적 인지발달 이론으로, Bruner의 주장에 따르면 이 이론은 심리발달에 있어 대부분 문화적으로 규정되어 있는 과업을 수행하는 데 필요한 다양한 영역 특수적인 능력의 습득이 포함된다는 점을 설명해 주지 못한다. 문화는 심리학적 기술(tool kit)의 저장고이며,

정신력(mental powers) 습득을 위한 지원체계이며, 분산된 지식의 장(site)이라는 지식의 장이라는 점을 우리는 인정해야 한다. 모든 지식이 아동을 작은 수학자나 논리학자, 과학자로 만들어 주는 과학적 이론으로 생각한다면 Piaget의 접근 또한 과학적이라고 볼 수 있다. 그러나 이 이론은 사회적 현실에 대한 지식 개발과 규범적 설명방식, 해석의 서사적 구조, 공감과 해석학적 감수성과 관련된 다양한 의식활동의 개발을 설명하기에는 근거가 약하다.

두 번째 정설은 인지혁명(cognitive revolution)과 관련된 연구이다. 이것은 행동주의를 밀어내긴 했으나, 결국 인간을 정보처리자로만 인식하는 부정적 견해를 대체할 뿐이었다(Bruner, 1990: ch. 1). Bruner의 주장에 따르면 이것은 심리학에서의 의미—인간의 마음과 관련된 타당성 있는 그 어떤 이론에서도 핵심 개념으로 다루어지는—에 대한 이해를 어렵게 한다. 의미는 형식체계에서 발생하는 부산물이 아닌, 인간이 문화적 현실에서 살아가면서 만들어내는 것이다. 우리가 지식을 넘어, 의미가 문화적 측면에서 어떻게 창조되고 유지되며 타협되는지 연구하지 않는다면, 우리는 아동의 '의미로의 입문'—즉 다른 '의미 생산자'의 마음에 대한 지식—를 절대 이해하지 못할 것이다.

이 모든 것에서 Bruner는 마음에 대한 메타포를 경험을 조직하는 것으로 보고 있다. 그는 경험을 조직하는 데 필요한 재원들이 문화에 내재해 있고 그것으로부터 전유되어야(appropriated) 한다고 주장한다. Bruner는 때로는 마음의 '내적 세계'와 그 경계 너머의 외적 세계를 구분하는 상대적으로 전통적인 이원론을 인정하고 있는 것처럼 보인다. 예를 들어, 마음의 탐구(In Search of Mind)에서 그는 다음과 같이 언급한다.

> 결코 직접적으로 이해될 수 없는 '외부 세계'와 그것을 표상하기 위해 '구조화하는' 내면세계의 메타포는 나의 연구의 근원이 되어왔다. 플라톤의 동굴의 죄수들처럼(Bruner, 1983: 134).

이런 입장을 취하는 Bruner에게 문화심리학의 주된 통찰은 다음과 같다. 세계에 대한 우리의 이해(개념화)를 구성하게 해주는, 즉 마음의 구조(the structure of mind)를 규정하는 개념적 스키마는 문화를 중요하게 참조하지 않고서는 이해될 수 없다는 것이다.

그러나 점점 더 자주 Bruner는 더욱 급진적인 입장—즉 위의 인용에서 보이듯이 회의적인 주제를 강조하는—을 제기하는 것처럼 보인다. Bruner는 '민속 심리학'이 인간의 자기 이해에 있어 없어서는 안 될 측면이라고 주장한다(1990: ch. 2). 그는 다른 저자들보다도 민속 심리학적 설명(explanation)에 대해 낙관적인 태도를 취하며, 이것은 단순한 명제적 태도로서의 설명이 아닌, 행동에 대한 문화적 맥락의 이해이며 내러티브적 능력이라는 것이다. 그럼에도 불구하고 그는 민속심리학이 행동을 설명하는(explanation of behaviour) 주요 도구이며, 우리의 행동 경험을 구성하는 장치라는 주된 신념을 지지한다. 이것은 Bruner로 하여금 마음 상태(mental state)와 그것을 소유하고 있는 '자아'에 대한 구성주의적 입장으로 기울게 한다. 마음 상태는 귀속의 산물이고 자아는 설명적인 구성물로 묘사된다. 앞서 우리는 어떻게 자아를 능동적인 해석가로서 보게 되었는지에 대해 살펴보았다. 이제 우리는 자아의 본질은 스스로의 해석의 대상으로서, 즉 내러티브적 자아로서 존재한다고 말하고 있다. 그러한 자아는 가상의 대상, 즉 자기 해석 전략에 의한 가공물이다. Dennett의 말을 빌리자면, 자아는 '내러티브 중력의 중심'으로서, 의미를 만들 뿐 아니라 의미에 의해 만들어지는 소설의 인물처럼 존재하는 것이다.

이러한 발상의 진전에는 아이러니한 점이 있다. Bruner의 입장에서의 주된 목적은 심리학의 재인격화(repersonalization)에 있다. 그는 지배적이고 비인격적인 심리 모델을 대체할 수 있는, 인간에 대한 새로운 심리학을 구축하고 마음의 기저에 인간의 의미를 두는 것을 목표로 하고 있다. 그러나 자아를 소설화(fictionalize)하는 그의 의향이 이러한 목표를 약화시키고 있다. 자아는 완전히 실제적인 것이 아닌 단지 가공품에 지나지 않는다고 규정하는 심리학으로 회귀한 것이다.

'실재적'이라 할 수 있는 모든 것은 인간의 해석과 분류 방식에 따른 가공물이라고 보는 살벌한 구성주의를 대표하고 있기 때문에, Bruner의 입장은 훨씬 더 급진적이라고 보는 사람도 있을 것이다. Bruner는 '근원적 실재(aboriginal reality)'는 존재하지 않는다고 주장한다. 우리가 접하게 되는 세계는 마음의 구성력에 의한, 즉 '실재의 내러티브적 구성'의 산물이다. 따라서 우리는 그것이 인공적인 것이라는 것을 인정함으로써 자아를 폄하하는 것은 아니다. 왜냐하면 과학조차도—이러한 급진적인 해석에서는—'실재를 구성하는' 단지 하나의 추론적 관행, 즉 또 하나의 '세상을 만드는 방법'에 지나지 않기 때문이다.

이로써 마음이 경험을 구성한다는 개념은 우리를 보편적 비실재론으로 향하는 잘 다져진 길로 인도해 왔다. 그 결과로서 얻어진 견해가 특히 포스트모더니즘의 번영과 맞물려 유행이 되었다. 또한 문화 심리학자들로 하여금—아직도 연구해야 할 '실재적인' 정신의 영역이 있다는 착각에 빠져있다고 일축될 수 있는—주류 심리학의 비판을 떨쳐버릴 수 있는 편의를 제공하기도 한다.

McDowell: 이유의 공간(space of reasons) 찾아 나서기

나는 이러한 비실재론은 완전히 잘못 이해된 것이라고 생각한다. 나는 우리가 인간이 속해 있고 인지적 접촉이 이루어지는 영속적인 세계—대부분의 경우 우리가 만들어 낸 것이 아닌—의 실재에 동의하는, 마음과 세계에 대한 비전을 지향해야 한다고 믿는다. 마음에 대한 사회 문화적 관점에 비중을 두면서 이러한 실제적인 비전을 수용하는 것이 당면 과제이다.

경험은 마음에 의해 구성되는 것이기 때문에 우리가 경험하는 세계는 단지 해석의 산물이라는 개념에 대한 대안이 있을까? 여기서 나는 John McDowell의 『마음과 세계(*Mind and World*)』(1994)에서 영감을 받았다. McDowell은 인식론이 경험에 대한 석연치 않은 두 가지 의견 사이에 끼어 있다고 주장한다. 첫째는 다소 경멸적으로 '소여의 신화'라고 불리는 입장으로, 이것은 감각이 믿음의 근거를 제공해 주는 것으로 묘사된다. 이러한 입장이 가진 문제는 내가 받은 어떤 종류의 인상(impression)이 어떻게 나의 믿음의 근거가 되는지에 대한 그럴 듯한 설명을 제공한다는 것이다. 만일 인상이라는 것이 일반적인 방식으로—단순한 감각적 '느낌', 완전히 개념화되지 않는—생겨난다면, 이것의 발생이 어떻게 믿음에 대한 근거를 구성할 수 있는지 알아내기가 어렵다. 어떤 특별한 인상을 받는다는 것이 특정한 믿음을 형성하게 할 가능성이 없는 것은 아니지만 그것을 정당화해 주지는 못한다. 왜냐하면 구조적으로 개념화된 것만이 그렇게 할 수 있기 때문이다. 그렇게 생겨나는 것이라면, 경험은 인과적 질서에 속해 있고, 이것은 '이성의 영역'—McDowell과 Sellars가 지칭하는—바깥에 존재하게 된다.

이러한 시각에서 후퇴하여 믿음에 대한 이성적 정당성을 제공하는 것은 다른 믿음뿐이라는 것을 인정하는 정합론으로 빠지게 될 가능성이 있다. 따라서 우리가 경험을 마음속에서 일어나는 인과적 접촉(causal impingement)으로 계속 묘사한다면, 경험의 전달성(deliverances)이 마음속에 나타나기 이전에 무언가가 '이루어져 있어야' 한다고 주장할 수밖에 없다. 우리는 경험이 사고의 영역(economy)에 들어가기 위해서는 개념화되고 해석되고 구성되어야 한다는 주장에 도달하게 되는 것이다. 이것이 바로 Bruner의 입장이다. 그러나 여기서 우리는 이러한 해석 과정의 결과가 몇몇 단계에서 '실재' 자체로부터 완전히 분리되어 있다는 점을 인정해야 한다. 실제로, 이러한 정합론은 어떻게 생각이 실재에 의해 이성적으로 제약되는지에 관해 살펴보기 어렵게 한다. 이러한 문제에 대해 Bruner는, 우리가 살펴본 바로는 신경을 쓰지 않는다.

McDowell의 입장에서 새로운 점은 이 두 가지 입장이 우리가 가진 대안들을 충분히 다루고 있다는 점을 부정하고 있는 것이다. 왜냐하면 우리는 경험을 단순한 감각으로 구성된 것이 아니라 현실 세계로의 개방으로 생각할 수 있기 때문이다. 경험은 상황이 어떻게 돌아가는지에 대한 모습(appearances of how things are)을 이끌어낸다. 이러한 모습에는 어떠한 특별한 형태의 인식적 특권이 존재하지 않는다. 즉, 어떤 것도 그것이 참이라는 것을 보장해 주지 않는다. 이것은 개념과 믿음의 기존 체계에서 철저히 검토되어야 하는 것이다. 그러나 경험이 일이 돌아가는 형국을 정확하게 나타내게 될 때, 사고는 바로 실재에 도달하게 되는 것이다. 마음과 세계 사이에 간극이 존재하지 않는, 즉 세계가 우리의 사고 속에 존재하게 되는 것이다.

McDowell의 입장은 경험의 전달이 사실상 이미 개념을 포함하고 있다는 점에 의존한다. 경험은 가공되지 않은 데이터에 대한 이해가 아닌, 일이 어떻게 진행되는지에 대한 인식이다. 즉 경험의 전달은 이미 이성의 영역 안에 존재하는 것이다(칸트의 용어로 표현하자면, 경험의 수용성과 이성의 자발성이 서로 떼어놓을 수 없는 통합을 이루고 있다). 경험이 산출해 내는 것은 이미 우리의 개념에 부합하는 것으로, 이러한 경험이 마음속에 실재를 전달해 주기 이전에 어떤 다른 조치가 필요하지 않다. 따라서 우리가 경험하는 세계는 McDowell의 견지에서는, 실재적 세계와 떨어져 있는 것이 아니다.

우리가 경험을 단순히 우리 마음에 세계를 전달해 주는 것으로서만 생각할 수 없다고 많은 이들이 주장할 것이다. 의미는 정신세계에서 통용되는 것이고, 마음 너머에 있는 세계는 의미가 존재하지 않는다—즉, Weber의 유명한 구절에서처럼, "각성되어 있다(disenchanted)". '외부의 세계'는 사물이 자연법칙과 인과율에 따라 상호작용하는 영역이고, 이 영역 내에서는 어떤 것도 의미에 의해 설명될 필요가 없다. 즉, 먼저 의미가 부여되지 않으면 어떤 것도 '자연 법칙의 영역'에서 '이성의 영역'으로 전달될 수가 없다는 결론이 나온다. 이것이 바로 우리가 개념화와 해석을 정신적 영역으로 들어가는 세계의 통행권으로 생각해야 하는 이유이다.

McDowell은 실재는 각성된 것이라는 주장을 또 하나의 과학적 추정이라고 보는 견해를 내려놓도록 권고하고 있다. 우리는 개념적이고 유의미하고 이성적인 것을 '마음'이라 칭하는 한정된 영역에 국한시키지 말고, 인과적이고, 자연적이며, 법칙론적인 무의미한 '외부의' 영역과 대비시켜야 한다. 마치 자연의 영역이 끝나는 지점에서 이성의 영역이 시작되는 것처럼. 우리는 오히려 개념화된 것이 어떻게 자연적인 것에 침투하게 되는지, 아니면 그 반대의 경우가 어떻게 일어나게 되는지 살펴봐야 한다. 이러한 점에서 나는 McDowell의 입장과 Ilyenkov의 '이상의 문제(the problem of the ideal)'에 대한 연구 사이에 놀랄만한 유사점이 있다는 것을 보게 된다. 철학이 마음과 세계 사이의 간격을 이어주는 역할을 하든지, 아니면 세계가 마음의 구성품이라는 것을 분명히 밝히든지 해야 한다는 딜레마를 피하기 위해 두 입장 모두 실재에 대한 '정신적인 연결(re-enchant)'을 지향한다.

경험에 대한 McDowell의 주장은 대부분 지각(perception)의 문제에 맞춰져 있다. 그러나 그가 우리로 하여금 지각을 실재로의 개방으로 보게 하는 것처럼, 우리는 기억을 과거에 대한 개방으로 묘사할 수 있다. 물론 기억과 관련해서 마음은 그 경계 너머에 있는 것을 (직접적으로) 수용하지는 않는다. 그러나 기억은 그럼에도 불구하고 감각적 경험과 유사한 점이 있다. —실제로 순전히 '수용적'이라는 점이다. All my Loving의 예시가 보여주듯이, 기억은 종종 이성적 통제에 의해서라기보다는 감각적 경험에 의한 인과 과정을 통해 마음에 떠오르기도 한다. 실제로 기억은 어떻게 마음과 세계의 대비가 이성과 자연의 대비와 일치하지 않는가를 잘 보여준다. '법의 영역' 내에서의 현상과 '이성의 영역' 내에서의 현상 간의 대비가 마음속에서 일어나게 되기 때문이다. McDowell의 입장은 어떠한 믿음의 형성을 정당화해주는 과정을 살펴보게 함으로써 우리로 하여금 기억 경험들을 어떻게 유의미한 것들이 경험과 관련하여 우리에게 영향을 미치는지에 대한 예로 인식하도록 해준다.

그러나 전체적인 경험의 사회문화적 차원, 특히 기억의 사회문화적 차원은 어떻게 되는 것인가? 중요한 점은 McDowell은 계속적으로 문화의 개념을 핵심적 역할로 본다는 것이다. 그와 Ilyenkov 모두 인간이 이성의 영역에 거하기 위해서는 아동의 문화에의 동화 과정을 통해 얻어지는 복잡한 개념적 기술을 소유하는 것이 필수적이라고 보고 있다. 이러한 기술들은 우리의 '제2의 천성'의 측면이며 이러한 기술의 습득은 아동으로 하여금 단지 주변 환경이 아닌 세계와 계속적으로 경계를 약화시키면서 접촉하게 한다. 이것은 단순한 동물적 존재가 아닌, *인간*으로서의 특성이다.

나의 견해로는, 전반적인 문화적 구성주의보다는, 오히려 이러한 견해에 대한 연구에, 바로 문화 심리학의 미래가 놓여 있다고 본다.

문화에 대한 가능성(Enabling) 시각 대 구성적 시각

McDowell과 Ilyenkov 모두 문화가 마음의 발현과 실천(사용, exercise)을 가능하게 해야(enabling) 한다고 묘사한다. 그들에게 아동의 문화로의 입문은 세계에 대한 경험을 가능하게 하는 개념화 능력의 습득, 즉 현실화를 의미한다. 이러한 능력을 가지게 된 존재는 이성의 영역 내에 거할 자격을 완전히 갖춘 것이다. 즉 믿음과 행동에 대한 합리적 요구 조건에 부응하도록 자신의 활동을 구성할 수 있는 것이다. 이러한 존재는 믿음에 대한 타당한 근거를 바탕으로 생각을 이끌어내고, 행동에 대한 타당한 근거를 바탕으로 행동하며, 이러한 존재만이 세계에 대한 개념을 가지고 있고 이 세계에서 발생되는 삶이라는 이야기에서의 주체가 된다고 볼 수 있다.

McDowell은 아동이 문화를 이해하는 과정에서 결정적인 요소—그가 Bildung이라 칭하는—는 언어의 습득이라고 주장하며, 이것을 '전통의 보고이며 역사적으로 축적된 지혜'(McDowell, 1994: 126)로 여긴다. 언어에 입문하는 것은 이미 개념적 관계를 포함하며 이성의 영역에 대한 탐구를 가능하게 해주는 매체에 입문하는 것이다. Ilyenkov는 더욱 포괄적인 입장을 취하고 있다. 그는 문화에 동화되는 것이 비언어적인 형태이지만 차후에 발생하는 언어 발달에 대한 기초를 형성하는 사회적으로 중요한 많은 활동들을 포함한다고 주장한다. Ilyenkov는 규범에 따르는 행동을 이끌어내는 유아의 발달 능력을 중요하게 보았고, 따라서 유아의 행동이 단순히 생물학적 의무에 의해 발생되는 것이 아니라는 것이다. 이러한 과정은 물건—행동을 유발하기 때문에 중요하다고 보이는 사물—을 갖고 노는 손 놀이에서 시작되며, 언어 습득보다 훨씬 이전에 발생한다.

Bildung에 대해 다양하고 만족스러운 설명을 제시하는 것이 문화심리학의 주요 과업이라는 점에서 이러한 부분에 대한 McDowell과 Ilyenkov의

견해 차이는 중요하다. 그러나 두 학자 모두 문화로의 입문이 마음의 발현을 가능하게 하는 전제조건이라는 점에는 동의한다. 따라서 이러한 견해에서 문화가 마음을 촉발한다(enabling)고 하는 것은 문화로의 입문이 단순히 문화의 영향력에서 벗어날 수 있는 능력을 행사할 수 있도록 도움을 준다는 것은 아니다. 오히려 문화로의 입문 과정은 인간 심리의 정수(quintessence)라고 할 수 있는 '의미에 대한 민감성'을 가능하게 한다.

또 다른 중요 포인트는 우리가 문화로의 입문을 통해 믿음과 행동에 대한 합리적 요건에 부응하는 능력, 즉 합리적 규범에 맞추어 우리의 활동을 이끌어 내는 능력을 얻게 된다는 것이다. 이러한 합리적 요건들은—우리의 인지 여부와는 상관없이 '어쨌든 존재'하고 있기 때문에—객관적으로 연결되어 있다고 간주된다. 문화가 주는 선물(gift)은 우리로 하여금 이성의 영역에 대한 윤곽을 파악할 수 있게, 즉 우리의 인지 여부와는 상관없이 영향력을 갖고 있는 이성(reasons)에 대해 파악할 수 있게 해준다는 것이다.

이러한 개념과 문화의 영향에 대한 소위 구성적(constitutive) 시각을 대비시켜 보자. 구성적 시각에서 믿음이나 행동에 대한 타당한 이유는 그 타당성이 계속 유지된다. 왜냐하면 그것은 그 문화 내에서 수용되는 관행을 따르게 되고 결국 공동체가 타당하다고 인정하는 것과 일치하기 때문이다. 여기서 공동체의 관행은 합리성의 기준을 구성하고—즉 공동체가 행하는 것이 이성의 영역을 규정하게 되고—개인은 합리적으로 여겨지는 이러한 관행들에 순응하게 되어 있다.

구성적 시각은 물론 공동체의 관행에 순응한다는 점에서, 문화에 동화하는 과정을 이성(mindedness)의 전제 조건으로 하고 있으며, 이 점에서 문화심리학에 대한 철학적 근거를 찾는 사람들의 관심을 끌 수 있다. 게다가 이것은 특정한 철학적 배경을 가지고 있다. 이것은 Wittgenstein과 Richard Rorty의 전통 철학 비평의 영향력 있는 서적들에서 발견된다.

내 입장에서는 구성적 시각은 문화심리학에 대한 형편없는 기반을 제공할 뿐이다. 믿음이나 행동에 대한 설득력 있는 이유가 결국에는 공동 합의의 문제라는 생각은 우리 자신과 외부 세계와의 관계에 대한 우리의 이해를 해치게 된다. 이것은 공동체가 이성과 더 나아가 진리에 대한 요건을 감찰한다는 입장이다(더욱 나쁜 것은, 그들이 감찰하는 요건들을 구성한다는 것이다). 따라서 이것은—우리의 추론과 탐구의 전제조건인—사고(thought)를 통해 세계는 우리가 만들어낸 것이 아니라는 점에 대해 설명할 필요가 있다는 것을 정당화하는 데 실패한 것이다.

구성적 시각을 매력적으로 견인하는 요소들(attractions) 너무 모호한 대안을 갖고 있어 McDowell적 입장과 관련해서는 간신히 접점을 찾을 수 있다. 나는 구성적 시각이 관심을 끄는 데에 대한 세 가지 주된 이유가 있다고 생각한다.

첫 번째는 현실에 대한 각성의 개념을 수용하는 과학적 자연주의의 지배적인 영향에서 유래한다(McDowell, 1994: lecture V). 이 개념이 만연하여 우리는 현실 세계에서의 이성과 가치, 의미의 자리에 대한 설명을 자포자기의 심정으로 찾고 있다. 각성된(disenchanted) 관점에 의해서 사용가능한 재원들만을 이용하여 이성(reasons)에 대한 민감성을 어떻게 설명할 수 있겠는가? 다수결의 원칙에 따르는 행동 양식들로부터 합리성을 구축하는 것이 유일한 방법으로 보인다. 그러나 이것은 어떤 우연한 행동이 다른 이들의 우연한 행동과 단순히 일치한다는 사실만으로 합리적인 것으로 인정될 수 있다는 점을 암시한다. 그리고 의미에 대해서도 똑같은 우려가 적용될 수 있다. 즉, 한 사람의 입에서 발생하는 우연한 소리가 다른 사람들의 우연한 소리들과 일치하기 때문에 유의미한 것으로 만들어질 수 있다는 것이다. 이 어두운 프로젝트는 잘못 이해된 것이다. 왜냐하면 이것은 현실에 대해 지나치게 단순화된 개념에 의해 유발된 것이기 때문이다.

두 번째로, 구성적 시각은 회의론적 주장에 빠져있는 사람들의 관심을 끌고 있다고 본다. 우리의 관례의 중심에 우리는 일반적으로 믿음이나 행동에 대한 타당한 근거를 구성하는 것에 대한 강한 의식을 갖고 있고, 근거라고 주장되는 것이 실제로 타당한 것인가에 대한 논쟁의 성격에 대해서도 이해하고 있다. 예를 들어, 내가 지금 컴퓨터에 타이핑하고 있다는 것을 믿는 근거는 내가 키보드를 보고 있고, 자판을 만지고 있고, 자판에서의 나의 행동이 내가 기대하고 있는 결과를 정확하게 만들어내고 있다는 것 등등이다. 다시 말해, 나의 현재 경험에 나타나는 모든 것은 이러한 믿음에 의해 나타나고 있는 것이고, 나타나지 않는 것은 이러한 믿음에 반대되는 것이다. 나는 기후의 비정상적인 변화가 지구 온난화의 악영향에 대한 믿음의 근거가 될 수 있는가에 대해 반박할 수도 있다는 것에 대해서는 이해하지만, 내가 지금 예를 들었던 것들이 내가 컴퓨터로 일을 하고 있다는 것을 믿을 수 있는 근거를 구성하는가에 대해서 반박할 수 있을 것이라고는 생각하지 않는다. 그러나 전통적 인식론에서는 우리로 하여금 후자의 경우로 제시된 근거들에 대해 만족하는 데에 머물러서는 안 된다고 충고한다. 왜냐하면 그 근거들은 데카르트 사상의 회의론적 주장에 의한 공격을 받을 수 있기 때문이다. 따라서 회의론의 공격으로부터 완전히 벗어나 우리가 일반적으로 제시하는 것들을 정당화시켜 줄 수 있는 더 나은 근거를 발견할 필요가 있다.

물론, 회의론의 공격에서 완전히 벗어나 우리가 믿고 있는 모든 것에 대한 기초를 마련해 줄 수 있기에 충분히 실질적인 근거라는 것은 존재하지 않는다는—회의론에 대해 근본적으로 반박할 것을 지향하는 사람들이 실망하겠지만—주장이 현재 널리 받아들여지고 있다. 회의론적 우려는 해결될 수 없는 것이라는 사실로 인해 많은 이들이 회의론적 주장을 잘못 이해한 것으로 일축시켜 버리거나 실제로 근본주의자들의 주장을 비웃기도 한다.

(Rorty의 평론이 이것을 잘 보여주는 예이다.) 그러나 회의론의 영향으로, 우리가 일반적으로 제시하는 근거에 뭔가 부족한 것이 존재한다는 생각을 떨쳐버리기는 어렵다는 것을 발견하게 된다. 철학적 주장으로는 이러한 근거들을 보충할 수 없기 때문에 공동체의 보증을 필요로 하게 된다. 이러한 견지에서 이러저러한 생각들을 특정한 믿음에 대한 근거로 만들어주는 것은 그 생각들이 인식론적 공동체의 구성원 사이에서 믿음에 대한 근거로서 간주되는지의 여부이다. 따라서 합의라는 것이 궁극적으로 인식론적 보증이 되는 것이다. 그러나 여기에 상호 합의에 의해 충족될 수 있는 여지가 존재한다는 개념은 오류이며, 회의론의 잔재로 볼 수 있다. 이것을 피할 수 있는 비결은 우리가 일반적으로 사용하는 정당화의 방식이 근본주의적 인식론이나 '탈 근본적' 전통주의에 의해 보충될 필요가 없다는 것을 인정하는 것이다.

마지막으로 세 번째는, 구성적 시각에는 일련의 허풍적인 인간 중심의 사고방식이 존재한다는 것이다. 이것은 인간이 진실과 합리성, (심지어) 선을 창조하고 결정하는 역할을 한다고 간주한다. 이러한 견해는 인간에게 권한을 부여하는 것처럼 보이나 실제로는 미성숙함—즉, 적당히 세속적인 세계관과 타협할 줄 모르는—을 보여주는 것이다. 왜냐하면 이러한 구성적 개념은 진리와 합리성, 가치가 인간성의 궁극적인 표현이라는 생각을 벗어나지 못하기 때문이다. 나는 이것이 환상일 뿐이며, 위험한 발상이라고 생각한다.

구성적 시각이 가진 진짜 매력은 우리로 하여금 공동으로 수용되는 관행들이 우리의 현재와 미래에 깊이 영향을 미친다는 점을 인식할 수 있게 해주는 것이라 할 수 있겠다. 이러한 견해만이 정체성의 사회적 구조 범위를 완전히 파악할 수 있다. 그러나 그 반대의 경우가 참이기 때문에 이것은 또한 오해라고 볼 수 있다. 좋든 나쁘든 간에, 우리가 현실에 대한 확고한 감각을 유지하고 있을 때만 우리는 공동체가 우리에게 영향을 주는 정도를 인식할 수 있다. 즉, 공동체의 관행에 참여하는 것이 우리에게 자율권을 부여할 수 있다. 공동의 동의로부터 독립적인 영향력을 갖고 있는 이성에 대해 우리만의 방식으로 반응하면서 독립적인 경로를 찾을 수 있기 때문이다. 또한 공동체의 관행에 대한 참여가 오히려 우리에게 해가 될 수도 있다. 왜냐하면 공동체가 그 산물이 아닌 진실(truths)을 왜곡하거나 모호하게 할 수 있기 때문이다. 예를 들어, 우리의 관행이 과거를 '구성'하는 것이 아니라 드러내고 폭로하거나 아니면 왜곡하고 숨길 수 있다는 점에 대해 확실히 파악하고 있지 않으면, 우리는 집단적 기억 현상에 대해 분명히 할 수 없을 것이다. 이러한 관행들은 믿음에 대한 근거에서 생겨나는 것이고, 이러한 근거들을 평가하는 데 있어 우리를 이끌고 있는 것은 과거에 대한 책임 의식이다.

결론

마지막 논의가 이 논문의 시작을 이끌었던 기억에 대한 주제로 다시 돌아오게 한다. 기억은 문화심리학의 가능성과 그것이 직면하고 있는 복잡한 특징들을 생생하게 보여주는 주제이다. 주류 심리학에서 기억을 매우 개인주의적인 방식으로 다루어 왔을지라도 기억의 사회문화적 차원들을 발견하기는 어렵지 않다. 그리고 일단 인지되기만 하면, 이러한 요소들은 심리학에서 굉장히 중요한 역할을 할 것으로 보인다. 기억은 결국 정체성에 핵심적인 역할을 한다. 문제는 자아의 통합성(integrity)과 지속성(persistence)에 대한 그럴듯한 견지에서 기억의 개인적 차원과 사회적 차원 둘 다 적절하게 수용할 수 있는 방법을 찾는 것이다. 나는 그 방법이 어떤 문화심리학에도 적용될 수 있는 타당한 기준—내적이고 은밀하며, 개인적인 마음의 차원에 대한 적절한 감각을 유지하면서, 마음의 사회문화적 특성에 신빙성을 줄 수 있는—을 마련하는 것이라고 본다. 그러나 이것은 충족되기 어려운 기준이다. 왜냐하면 지금까지 간과된 다수의 사회문화적 요인들을 기존의 인지과학 분야에서 계승되어 온 개인주의적 정신세계에 단순히 접목하는 것으로 문화심리학이 진행될 수는 없기 때문이다. 문화심리학은 우리로 하여금 현실 세계에서의 마음과 그 역할에 대한 개념, 즉 우리가 세계와 맺고 있는 또한 인간과 맺고 있는 관계들에 대해 다시 생각하게 한다. 이것은 개념적인—즉, 철학적인—변화를 필요로 한다.

Bruner는 항상 철학의 중요성을 인식해 왔기 때문에 누구 못지않게 이 점을 이해하고 있다. 이는 그가 철학이 심리학의 기초를 마련해 줄 것이라고 기대해서가 아니라, 무언가를 밝히고 열정을 쏟으며, 조언하고 지식을 전달하는 데 있어 사변적 탐구의 힘을 항상 인정해 왔으며, 또한 심리학에 대한 높은 이상을 고수해 왔기 때문이다. Bruner에게 심리학의 목표는 자기 이해이며, 현실 세계에서 인간의 위치에 대한 만족스러운 그림을 얻는 것이며 더 나아가 더 나은 삶을 살아갈 수 있도록 영감을 주는 것이다. Bruner에게 심리학이란 실증적 철학의 일환이며, 사색의 뿌리를 놓쳐서는 안 되는 '도덕 과학'의 현대적 계승이라고도 할 수 있겠다.

나는 Bruner가 철학적 탐구의 중요성을 인정하고는 있지만, 그 자신의 철학적 감수성에 의해 문화심리학에 대한 불안정한 전제를 보여주는 입장을 취하고 있다는 점을 보이고자 했다. Bruner는 도식(scheme)과 내용의 이원론에 전념한 나머지 결국 급진적 문화 구성주의와 철학적 비실재론을 인정하게 되었고 이것은 내가 내세운 문화심리학의 타당성에 대한 두 번째 기준에 부합하지 못하게 되었다. 즉, 대체적으로 만들어진 산물이 아닌 세계에 의식을 가진 존재가 거하고 있다는 합리적 실재론의 입장을 취하면서 마음의 사회적 차원을 인정한다는 기준. 나는 마음과 세계의 관계에 대한 좀 더 만족스러운 견해의 씨앗을 John McDowell의 최근 연구에서 발견할 수 있다고 제안했다. 또한 러시아의 철학자 Evald Ilyenkov의 의견에서도 흥미로운 유사점이 발견된다. 두 입장 모두 자각은 현상을 인식하는 것이고 사고는 독립적인 실재와 접촉한다는 것에 긍정하는 이원론을 부정한다.

우리가 살펴보았듯이 McDowell과 Ilyenkov는 마음의 발달에 있어 문화가 매우 중요한 역할을 한다고 본다. 그들의 주장에 따르면 문화로의 입문이 인간으로 하여금 이성의 영역을 다룰 수 있는 인지 능력을 얻을 수 있게 한다는 것이다. 게다가 그들의 입장은 '문화적 도구'가 우리의 현실에 대한 인식에 영향을 준다는 시각과 완전히 호환된다고 볼 수 있다. 우리는 '매개적 수단'이 단순히 우리와 세계 사이에 끼어있는 것이 아니라는 점은 명확히 해야 한다. 오히려, 이것을 사용함으로써 외부 세계를 우리의 영역 내에 두게 되는 것이다. 이러한 점에서 도구의 메타포를 신중하게 볼 필요가 있다. 망치의 용도가 우리가 일하고 있는 것으로부터 우리를 쫓아내기 위함이 아니듯, 우리의 개념, 모델, 이론 등으로 우리의 시야를 가로막는 장벽을 만들 필요는 없다. 우리는 세계를 좀 더 명확히 알기 위해 그러한 도구들을 사용하는 것이지 흐리게 하기 위함이 아니다. 비록 서구 세계의 추종자들에게 주목을 받지 못했지만, 이러한 견해는 바로 Vygotsky가 매개 혹은 중재(mediation)의 개념을 내세웠을 때 가지고 있던 것이다. 그러므로 McDowell의 입장에는 더 많은 진척이 있어야 하지만 이것이 문화심리학에 대한 유망한 협력자의 역할을 할 것이라고 결론을 내리고 싶다.

나의 주장에 대해 Bruner가 논박할 내용이 많을 것이라고 확신한다. 하지만 문화심리학의 주요 메타포와 그 연구에 영향을 주는 마음과 세계에 관한 심상들에 대해 비판적으로 재검토하기 위한 이러한 시도에 대해 환영할 것이라고도 확신한다. 왜냐하면 Bruner는 누구보다도 사변적 성찰(speculative reflections)이 '실제적' 연구에 선행되어야 할 뿐만 아니라 성숙한 심리학적 탐구에 있어 필수적 요소라는 것을 인정하고 있기 때문이다. 그리고 이러한 탐구에 대해 Jerome Bruner 자신만큼 옹호하는 사람도 없다.

주석

이 논문의 초기 버전은 1997년 5월 바리(Bari)에서 열린 집단 기억(Small Group Meeting on Collective Memory) 회의와 퀸즈 대학교 철학 콜로키움(Queen's University Philosophy Colloquium)에서 발표되었다. 이 행사에 참석한 참가자들의 의견과 비판에 감사드리며, 특히 퀸즈 콜로키움에서 통찰력 있는 논평을 해준 숀 맥스웰(Shaun Maxwell)에게 감사를 표한다. 또한 본 연구를 지원해 준 캐나다 사회과학·인문학 연구위원회(Social Sciences and Humanities Research Council of Canada)와 퀸즈 대학교 총장 개발 기금(Principal's Development Fund)에도 감사를 드린다.

1. 경험적 기억(experiential memory)이란 본질적으로 기억 경험이나 심상(imagery)을 수반하는 기억을 말한다. A가 O를 경험적으로 기억한다는 것은, A가 O에 대한 기억 경험을 가지고 있으며, O가 실제로 일어났다는 사실이 A의 현재 O에 대한 기억 경험과 적절하게 연관되어 있다는 것을 의미한다. (예: O가 실제로 있었다는 사실이, 왜 A가 지금 O에 대한 기억 경험을 갖게 되었는지를 설명하는 한 부분이 되는 경우.) 경험적 기억은 '명제적(propositional)' 혹은 '사실적(factual)' 기억—즉, p임을 기억하는 것(memory that p)—과 구별된다. 예를 들어, 내 부모가 내가 태어나기 전에 어떤 주소로 이사했다는 것, 또는 나폴레옹이 코르시카에서 태어났다는 것을 기억할 수 있지만, 이는 그 사건이나 인물에 대한 구체적인 경험을 떠올리는 것은 아니다. 즉, 전혀 어떤 경험을 상기하지 않으면서도 사실을 기억할 수 있다. 경험적 기억은 (어떤 의미에서) 과거를 '다시 살아가는(reliving)' 것을 포함한다. 예컨대 데이비드 위긴스(David Wiggins)는 에펠탑 계단을 올라갔던 일을 기억하는 것은, 그 계단을 오를 때의 행위 자체와 그 충분한 부분을 자기 자신에게 재현(rehearse)하는 것이라고 말한다. 즉, 계단을 오른 사람의 시점에서 그것을 되풀이하는 것이다(Wiggins, 1992: 339). 이는 상당 부분 사실에 가깝지만, 몇 가지 보완이 필요하다. 첫째, 우리는 경험적 기억이 사건을 담은 정신적 비디오테이프와 같다고 생각하기 쉽지만, 실제로 이러한 기억을 구성하는 심상은 종종 단편적이고 불연속적이며, 때로는 사건이나 상황과 관련된 감정적 분위기(mood)에 관한 것이기도 하다. 둘째, 위긴스가 시사하듯이 경험적 기억이 반드시 기억하는 사람이 과거에 실제로 경험했던 1인칭 관점에서 사건을 재현해야 하는 것은 아니다. 때때로 우리의 경험적 기억은 (꿈에서처럼) 과거의 자기 자신을

3인칭 시점에서 나타내기도 하며, 이러한 이미지들은 종종 1인칭 이미지와 함께 제시된다. 예를 들어, 나는 어린 시절 세발자전거를 타고 정원에서 노는 나 자신을 관찰자의 시점에서 보면서도, 동시에 페달의 촉감, 핸들의 모습 등을 1인칭으로 기억할 수 있다. 이러한 3인칭적 자기 표상이 명백히 구성물(construct)이라는 이유만으로 그것을 진정한 기억 경험에서 배제하는 것은 성급하다. 왜냐하면 많은 1인칭 기억 이미지 역시 상당한 구성 요소를 포함하며, 게다가 이러한 구성물 자체가 원래 사건이 일어날 당시에 형성되었을 수도 있기 때문이다. (예: 우리는 종종—대부분 무의식적으로—자신의 몸을 3인칭 시점에서 표상하는 경우가 있으며, 그렇다면 현재 이러한 이미지를 인식하는 것은 과거 경험에 인과적으로 근거한 사건 표상과 연결된다. 이는 충분히 과거 상황이 어땠는지를 경험적으로 기억하는 것으로 볼 수 있다.) 따라서 경험적 기억과 사실적 기억을 날카롭게 대립시키는 것은 잘못이다. 많은 경우 기억은 명제적 요소와 경험적 요소를 모두 포함한다. p임을 기억하는 것은 종종 경험적 기억에 의해 촉발되거나, 반대로 경험적 기억을 불러일으키기도 한다.

2. 이것이 곧 내가 개인 동일성(personal identity)에 관한 '심리적 연속성 이론(psychological continuity theory)'을 지지한다는 것을 의미하는 것은 아니다. 심리적 연속성 이론에 따르면, 한 사람 A가 시점 t_2에서 시점 t_1의 A와 동일한 인물이라는 것은, 두 시점 사이에 A의 기억에 의해 보장되는 올바른 종류의 연속성이 A의 정신 상태(믿음, 욕구, 기억, 성격 성향 등) 안에 존재할 때에만 가능하다. 내가 주장하는 것은 단지 심리적 연속성이 우리가 (정상적인) 인격을 이해하는 데 있어 중요한 차원이라는 것이지, 그것이 개인 동일성의 엄격한 조건이라는 것은 아니다.

3. 마레예프(Mareev)의 저서(1994)는 일리엔코프(Ilyenkov)에 관한 개인적 회고담 모음집이다. 이 책은 즈나니에(Znanie) 출판사에서 250부 한정판으로 발간되었으며, 거친 타자 원고를 불완전하게 복제한 것으로, 질적으로 사미즈다트(samizdat, 지하 출판물)보다 약간 나은 수준에 불과하다. 이는 집단 기억의 취약성을 보여주는 증거다.

4. 비고츠키(Vygotsky)의 기억에 관한 관점과, 그것이 어떻게 볼로시노프(Voloshinov)와 일리엔코프(Ilyenkov)의 연구를 통해 심화될 수 있는지는 Bakhurst(1990)의 주제이다.

5. 마음이 경험을 '조직한다'는 은유는—이는 많은 경험주의적 관점과, '개념적 틀(conceptual scheme)'과 '감각적 내용(sensory content)'의 이원론에 대한 신칸트학파적 변형의 핵심—브루너의 작업에서 여러 형태로 나타난다. 예를 들어, 『마음을 찾아서(In Search of Mind)』에서 브루너는 "우리가 직접 지각하는 세계"를 "여과(filtering), 선별(sorting out), 그리고 궁극적으로 구성(construction)"이라고 묘사하며, 다음과 같이 쓴다. "그 여과 장치와 그것과 함께 작동하는 구성과정의 본질—이것이야말로 진정한 철학자의 돌(philosopher's stone)이다. 그것은 천금을 만드는 것이 아니라, 물리적 '자극'을 지식으로 전환한다. 이는 훨씬 더 가치 있는 변형이다"(1983: 66). 브루너의 입장에 대한 보다 상세한 논의(여기에는 브루너의 관점과 일리엔코프(Ilyenkov) 철학의 관련성에 대한 논의도 포함된다)는 Bakhurst, 1995a를 참조하라.

6. 브루너 자신이 문화심리학을 주류 학문과의 진지한 교류로부터 격리하려는 것은 아니다. 그러나 그의 많은 추종자들 중 일부는 그러한 태도를 보이는 경향이 있다.

7. 나는 이 장에서 경험의 개념화(conceptualization)와 경험의 해석(interpretation)을 혼용하고 있음을 잘 알고 있다. 이는 내가 (아마도 부당하게) 반대자들이 범하고 있다고 가정하는 혼동이다. 예를 들어, 과학적 관찰이 이론 의존적이라는 생각에서 출발해, 해석되지 않은(uninterpreted) 데이터가 존재하지 않는다는 주장으로, 그리고 더 나아가 감각 경험이 해석되지 않은 형태(비해석적)로는 결코 접해질 수 없다는 주장으로 미끄러져 가는 경우가 있다. 이 문제를 보다 충실하게 다루려면 이러한 가정을 입증하고, 이 두 가지 정신 활동이 각각 기여하는 바를 명확히 구분할 필요가 있다.

8. 일리엔코프(Ilyenkov)의 작업, 특히 내가 Bakhurst, 1990에서 제시한 내용을 잘 아는 사람이라면, 내가 일리엔코프와 맥도웰(McDowell) 사이에서 감지하는 조화에 대해 의아해할 수도 있다. 맥도웰은 경험이 현실에 대한 어떤 직접적 접근을 제공한다고 주장하고자 한다. 그러나 일리엔코프는 관념성(ideality)에 관한 작업에서 세계는 오직 인간 활동에 의한 의미 부여, 혹은 '이상화(idealization)' 덕분에만 사고의 가능한 대상이 된다고 주장하는 듯하다. 그렇다면 일리엔코프의 관점에 따르면, 우리는 오직 활동에 의해 매개(혹은 구성?)된 세계에만 접근할 수 있으며, 따라서 세계가 그 자체로 어떠한지는 접근할 수 없다는 결론이 나오지 않는가? 나는 여러 저술에서 이 질문에 대해 부정적인 답을 하려고 노력해 왔다(예: Bakhurst, 1991: 6장, 1995b, 1997 – 마지막 저작은 일리엔코프와 맥도웰 사이의 합치점과 차이점을 다룬다). 나는 일리엔코프가 활동의 매개적 힘을 사물 그

자체와 우리 사이에 어떤 사유 대상이 끼어드는 것이 아니라, 오히려 우리를 세계 그 자체와 접촉하게 하는 것으로 이해한다고 본다. 이 장의 결론에서 나는 다시 매개(mediation) 개념으로 돌아올 것이다.

9. 이러한 비트겐슈타인 해석에 대해서는 예를 들어 Wright, 1980: 11장과 Kripke, 1982를 보라. 또한 McDowell, 1994: 92-94 및 1998: 12장과 비교하라. 내가 Bakhurst, 1995c에서 전개한 비트겐슈타인 해석은 구성적 관점(constitutive view)을 선험적 명제(transcendental thesis)로 수용하는데, 그곳에서 나는 이 관점이 경험적 혹은 '내재적' 실재론과도 양립 가능하다고 주장했다. 그러나 지금의 나는 이 전략을 피해야 한다고 생각한다. 로티(Rorty)의 입장은 복합적이다. 그는 "우리 사회, 즉 우리가 속한 사회가 특정 탐구 영역에서 사용하는 익숙한 정당화 절차의 서술 외에는 진리나 합리성에 관해 말할 수 있는 것이 없다"(1991: 23)고 쓰지만, 그렇다고 해서 자신이 구성적 관점을 받아들인다고 인정하지는 않을 것이다. 로티에 따르면, 구성적 관점은 합리성과 진리의 본성에 대한 철학적 이론을 세우려는 잘못된 시도이며, 그러한 이론에 대한 희망은 버리고, 대신 "자신이 현재의 견해에 이르게 한 구체적이고 세부적이며 일상적인 이유들"(Rorty, 1982: 165)에 호소하는 것에 정당화를 맡겨야 한다고 한다. 그럼에도 불구하고, 로티가 사회와 연대를 반복적으로 언급하는 것은, 우리의 일상적 이유들이 그 자체로서 이유가 되기 위해서는 사회적 보증(social warrant)이 필요하다는 구성적 관점 혹은 그것과 유사한 무언가의 잔재일 수 있다고 의심할 여지가 있다.

10. 맥도웰(McDowell) 자신도 McDowell, 1998(16장)에서 심적 내용의 설명을 논의하며, '가능하게 하는(enabling)' 질문과 '구성적(constitutive)' 질문 및 설명의 구분을 유사하게 활용한다. 그러나 그 맥락에서 맥도웰은 가능하게 하는 설명을 인과적 설명과 동일시한다. 내가 사용하는 구분에서는, 가능하게 하는 설명이 반드시 직관적인 의미에서 인과적일 필요는 없다.

참고문헌

Bakhurst, D. (1990). 'Social memory in Soviet thought', in D. Middleton and D. Edwards (eds.), *Collective Remembering*. London: Sage.

Bakhurst, D. (1991). *Consciousness and Revolution in Soviet Philosophy*. Cambridge: Cambridge University Press.

Bakhurst, D. (1995a). 'On the social constitution of mind: Bruner, Ilyenkov and the defence of cultural psychology', *Mind, Culture, and Activity*, 2 (3): 158-71.

Bakhurst, D. (1995b). 'Lessons from Ilyenkov', *Communication Review*, 1 (2): 155-78.

Bakhurst, D. (1995c). 'Wittgenstein and social being', in D. Bakhurst and C. Sypnowich (eds.), *The Social Self*. London: Sage.

Bakhurst, D. (1997). 'Meaning, normativity, and the life of the mind', *Language and Communication*, 17 (1): 33-51.

Bruner, J. S. (1983). *In Search of Mind: Essays in Autobiography*. New York: Harper & Row.

Bruner, J. S. (1990). *Acts of Meaning*. Cambridge, MA: Harvard University Press.

Bruner, J. S. (1991). 'The narrative construction of reality', *Critical Inquiry*, 18: 1-21.

Bruner, J. S. (1995). 'Meaning and self in cultural perspective', in D. Bakhurst and C. Sypnowich (eds.), *The Social Self*. London: Sage.

Kripke, S. (1982). *Wittgenstein on Rules and Private Languages*. Oxford: Basil Blackwell.

MacIntyre, A. (1981). *After Virtue*. London: Duckworth.

Mareev, S. (1994). *Vstrecha s filosofom E.V. Il'enkovym* (*An Encounter with E.V. Ilyenkov*). Moscow: Znanie.

McDowell, J. (1994). *Mind and World*. Cambridge, MA: Harvard University Press.

McDowell, J. (1998). *Mind, Value, and Reality*. Cambridge, MA: Harvard University Press.

Rorty, R. (1982). *Consequences of Pragmatism*. Minneapolis: University of Minnesota Press.

Rorty, R. (1991). *Objectivity, Relativism, and Truth. Philosophical Papers*, Vol. 1. Cambridge: Cambridge University Press.

Wiggins, D. (1992). 'Remembering directly', in J. Hopkins and A. Savile (eds.), *Psychoanalysis, Mind and Art: Essays for Richard Wollheim*. Oxford: Blackwell.

Wright, C. (1980). *Wittgenstein on the Foundations of Mathematics*. London: Duckworth.

11장 요약

경험적 기억과 집단적 기억이라는 두 출발점은 정체성과 문화심리학의 핵심 쟁점을 선명히 드러낸다. 경험적 기억은 특정 노래가 불러오는 막연한 향수처럼, 명확한 영상이나 사건의 재현 없이도 과거에 대한 직접적 감정을 현재로 불러온다. 이러한 감정은 현재의 자아를 시간적 연속선 위에 놓으며, '살아온 경험들의 역사' 속에서 자신을 파악하게 한다. 또한 경험적 기억과 명제적(사실) 기억은 대립적이라기보다 서로 촉발·교차하며, 하나가 다른 하나의 정당화 단서가 되기도 한다. 반대로 집단적 기억은 전기·기록·의례·기념물 등 사회적 매체를 통해 구성되고 유통된다. 이는 개인의 회고를 넘어 공적 검증과 평가를 거치며 사회적 정체성 형성을 가능케 한다. 맥킨타이어가 말했듯 한 개인의 삶은 서사로서 완결성을 갖고 읽히며, 죽음과 같은 종결점은 그 서사의 전체 윤곽을 잡아주는 지점이 된다. 다만 이는 해석적 테제로서 논쟁의 여지가 남으며, 당사자의 의도와 공동체 서사 사이의 간극은 공적 검증을 필요로 한다.

이 두 차원은 대립적이라기보다 상호의존적이다. 집단적 기억은 다수의 일인칭 경험에 의존해 축적·정당화되며, 개인의 경험적 기억은 사회적으로 확립된 서술·분류·해석의 기술 속에서 맥락화될 때 의미를 얻는다. 따라서 자의식적 경험의 주체로서의 정체성은 곧 '서술적 자아'로서의 정체성에 기대며, 그 역도 성립한다. 경험적 기억은 가공되지 않은 데이터가 아니라 이미 개념적으로 구조화된 채 수용되는 과거의 개방이며, 따라서 정당화의 장인 이유의 공간 안에서 곧바로 근거로 기능한다.

그러나 이러한 접합부에서 문화심리학은 흔히 '해석의 편재'라는 급진적 도식으로 기운다. 브루너가 강조했듯이 경험은 마음이 구성하고 조직한 산물이라는 은유가 강해질수록, 세계는 '내러티브로 구성된 실재'로 환원되며, 급진적 구성주의나 비실재론으로 기울 위험이 있다. 실제로 인지혁명 이후의 심리학은 '의미의 구성'보다 '정보 처리'에 집중했고, 이후 문화심리학 내부에서도 민속심리학과 내러티브 능력에 대한 강조가 '자아=설명적 구성물'이라는 관점과 결합하면서 비실재론적 경향을 강화했다. 그러나 이런 경로는 오히려 심리학을 다시 비인격적 모형이나 소설화된 자아로 되돌릴 위험을 내포한다.

이에 대한 대안으로 맥도웰의 관점이 제시된다. 그는 경험을 '가공되지 않은 감각 데이터(소여)'도, '해석 이전의 외부 충격'도 아닌 세계로의 개방으로 본다. 경험의 산출물은 본래 개념적으로 구조화되어 있어 '이유의 공간' 안에서 믿음의 근거가 될 수 있으며, 이때 사고는 실재 그 자체에 닿는다. 따라서 세계와 마음 사이에 절연된 간극을 가정할 필요가 없으며, 경험을 정당화 가능한 내용으로 바꿔주는 별도의 구성 절차도 필요치 않다. 이 틀을 기억에 적용하면, 기억은 과거로의 개방이다. 기억은 종종 통제 밖에서 인과적으로 떠오르지만 그 정당화 가능성은 결국 '이유의 공간'에서의 검토를 통해 확보된다. 이렇게 볼 때 '자연법칙의 영역'과 '이유의 영역'의 대비는 곧바로 '마음/세계'의 대비로 겹치지 않는다.

문화의 역할을 설명하는 관점 역시 두 가지로 나뉜다. **가능화(enabling) 관점에 따르면**, 문화는 아동을 Bildung(형성)의 과정 속에서 언어·규범·개념적 기술에 입문시키며, 이성의 요구—정당한 이유를 제시하고 그에 따라 행위하는 능력—를 행사할 수 있게 한다. 맥도웰이 언어를 핵심으로 보든, 일리엔코프가 초기의 비언어적 규범추수·도구적 행위를 함께 보든, 공통점은 문화가 인간을 의미에 민감한 존재로 세우는 전제라는 점이다. 특히 일리엔코프는 언어 이전의 규범 추수와 도구 놀이를 Bildung의 기초로 보고, 언어는 이러한 행위적 매개 위에서 성숙한다고 본다. 반면 **구성(constitutive)**

관점은 공동체의 관행이 합리성과 진리의 기준을 만든다고 보지만, 이는 세계에 대한 사고의 독립적 제약을 흐리고, 집단적 기억이 과거를 드러내거나 왜곡할 수 있는 구분 자체를 약화시킨다. 결국 실재에 대한 감수성을 견지해야 공동체 관행의 영향력도 올바로 진단·비판할 수 있다. 그럼에도 이 관점은 (a) 과학적 자연주의의 각성에 따른 단순화, (b) 회의론의 잔여가 남긴 사회적 보증 의존성, (c) 인간중심주의라는 허풍 때문에 매력적으로 보일 수 있으나, 결국 실재의 제약을 흐리는 한계를 드러낸다.

따라서 문화적 도구는 우리와 세계 사이를 가리는 필터가 아니라, 세계에 닿는 방식을 확장하고 정밀화하는 매개로 이해되어야 한다. 망치가 사물을 가리는 장벽이 아니라 그 사태에 맞는 접촉을 가능케 하듯이, 개념·모델·이론은 세계를 흐리게 하기보다 또렷이 보이게 하는 사용의 형식이다. 따라서 매개는 차단이 아니라 접속의 정밀화이며, 개념과 이론은 세계를 번역하지 않고 가시화한다. 비고츠키의 매개 개념은 이런 뜻에서 재해석될 수 있다.

정리하면, 기억은 문화심리학의 난점과 가능성을 동시에 비춘다. 개인주의적 모델로는 경험적 기억의 생생함을, 순수 구성주의로는 집단적 기억의 진리 지향을 포착하기 어렵다. 앞으로의 과제는 (1) 내면적이고 1인칭적인 마음의 차원을 축소하지 않으면서, 동시에 (2) 마음의 사회·문화적 성격을 실재론적 틀 안에서 설명하는 것이다. 이를 위해서는 기존 인지과학에 사회문화 변수를 덧대는 수준을 넘어 마음-세계 관계에 대한 철학적 전환이 필요하다. 철학은 심리학의 기초 규범을 증명하기보다 탐구가 나아갈 지평을 열며, 심리학이 지향해야 할 자기 이해와 더 나은 삶이라는 도덕적 이상을 북돋운다. 문화는 진리를 만드는 공장이 아니라, 우리가 진리에 반응할 수 있게 해주는 빌둥(Bildung)이며, 기억은 그 훈련을 통과한 존재가 과거와 접속하는 규범적 행위다. 결국 현실 세계에 거주하는 인간 정신을 비실재론 없이 설명하고, 문화의 힘을 구성이 아니라 가능화로 읽어내는 길—맥도웰과 일리엔코프가 만나는 지점—이 문화심리학의 미래를 위한 유력한 대안으로 제시된다.

제12장

브루너의 응답

Jerome Bruner

- 아이디어와 해석 공동체: 아이디어는 개인 소유물이 아니라 해석 공동체의 대화와 비판 속에서 성숙하며, 핵심은 정답 도출이 아니라 질문을 어떻게 갱신하고 토론을 지속시키느냐다.
- 다섯 노선과 방법: 사피어-워프, 분트/크로버, 메이에르송, 레비-스트로스/스페르버, 규범 접근은 공통적으로 '문화'와 '마음'을 자족적 실체로 굳히는 한계를 지닌다. 문화심리학의 전략은 인과 · 상관 설명보다 장면 읽기와 서사적 정합성의 해석이어야 한다.
- 문화의 작동 방식: 문화는 고정된 전체가 아니라 제도화된 규범과 그 규범을 비틀어 새로운 가능성을 여는 세계가 주고받는 변증법이다. 연구는 구체적 장면에서 그 변주가 어떻게 의미를 만들고 실천을 조직하는지 서사적으로 추적해야 한다.
- 언어의 토대: 언어의 기원과 습득은 자율적 LAD보다 상호주관성(마음읽기) · 화용적 과제 · 지시성/차례 맞추기에 뿌리하며, 보편성은 뇌 프로그램이 아니라 역사적 표준화와 상호조율의 수렴 결과다.
- 구성주의의 규범: 구성주의는 맥락 · 목적 · 유용성에 따른 다중 현실을 인정하되 공허한 상대주의가 아니라 자연 · 법 · 사회 각각에 맞는 설명 어휘와 규범적 성찰을 갖춘 실천으로 이해되어야 한다.

다른 사람의 눈을 통해 읽는 것은 시를 읽는 흥분과도 같다. 이는 다시 한번 익숙한 낯섦을 만들어내며, 한 때 자명해 보였던 것을 더 촉진한다.

때로 다른 사람들의 관점을 통해 보여주는 버전의 당신은 인식, 즉 자기-인식의 충격을 만들어내며, 당신을 멍하게 만든다. 당신이 본래 하려고 했던 말이 어떤 의미인지를, 어떻게 다른 사람이 당신보다 더 잘 알 수 있을까?

그러나 본 장에서 우리에게 상기시키는 바와 같이 많은 아이디어들은 이러한 아이디어에 대한 한 사람의 표현에만 존재하는 것이 아니라, 해석적 공동체 안에서 존재한다. 본 책의 에세이는 이러한 공동체의 결과물이다. 이러한 공동체의 구성원들은 단지 서로서로의 아이디어를 가지고 살아가는 것이 아니다. 우리는 또한 서로의 개념들이 자신의 선호도에 얼마나 적합한지를 알아보려고 '시도하며' 새롭지만 여전히 공동체적으로 활용 가능한 관점에 도달하게 된다. 이윽고 우리는 심지어 누가 무엇을 제안하였는지조차 놓치게 된다. 중요한 것은 토론을 시작하여 지속시키게 하는 추측이다. 어떠한 대답이 있었는지보다 무엇을 질문하였는지. 이러한 많은 추측은 오랫동안 우리와 함께 하였다. 진짜 문제는 이들이 얼마나 토론의 주제가 되는가이며, 어떠한 형태로 이들이 다시 표면화되는가이다. 해석 공동체의 기능은 이러한 추측을 되살리고, 새로운 아이디어를 통해 답을 할 수 있게 하려는 노력으로, 근본적 추측들을 계속해서 고찰하는 것이다.

나의 연구에서는 이러한 추측들을 수집하였지만, 오히려 책 저자들 중 Clifford Geertz, Michael Tomasello, David Olson, Judy Dunn 등 우리의 해석 공동체 구성원들에 초점을 맞추는 것이 나았다. 아마도 그렇게 했더라면 그렇게 달라지지는 않았을 것이다! 이 책의 초점으로서의 나의 이점은 군대에서 하는 말처럼 복무 기간일 것이다. 단지 근무 연수뿐만이 아니라, 종군 휘장과 심지어는 '복무 중 부상을 입은 군인에게 주는' 퍼플 하트 훈장(Purple Heart)에 이른다.

에세이에 대한 대답으로 나는 내가(그리고 나의 독서 클럽 동료가) 수년간 고투하였던 근본적 추측들에 중점을 두고 싶다. 나는 특정 챕터에서 제기된 요점들에 직접적으로 논평을 하지는 않을 것이지만, 이들이 제기하는 사안들을 다뤄볼 것이다.

내가 탐구해 볼 근본적 추측들은 다음과 같다. 나는 문화가 어떻게 마음에 영향을 미치는지에 대한 질문으로 시작하여, '문화'가 어떻게 이해되어야 하는지를 고찰할 것이다. 그리고 나서 언어의 기원과 발달을 다루고, 문화심리학자들이 왜 '현실'에 대한 구성주의자적 관점을 선호하는 경향이 있는지에 대한 성찰로 결론을 내릴 것이다.

문화-마음의 연결: 다섯 가지 관점

문화는 마음과 어떻게 관련되는가? 문화는 마음의 산물이기도 하며, 분명, 마음에 영향을 미친다. 이는 색다른 상황은 아니지만—산물은 종종 생산자에게 영향을 미친다—문화-마음의 관계는 특별하다.

확신하건대 우리 모두는 어느 순간에 문화가 그러한 문화 안에 살며, 그것을 '안다'고 말할 수 있는 개개인들의 마음에 있는 것을 넘어선 '존재'라는 문화의 '초유기체적' 특성에 관한 Alfred Kroeber의 공리적 주장에 깊은 인상을 받았다(그러나 우리는 문화에서 아무도 문화 전체를 알 수 없다는 상투적인 말에도 주목해야 한다).

물론, Kroeber는 문화와 마음의 개념 사이의 이러한 공리적 차이를 처음으로 주장한 사람은 아니다. Emile Durkheim과 Max Weber는 이에 대해 서로 다른 방식으로 생각을 밝혔다. 그러나 문화가 초유기체적인지 역사적인지 집단적인지에 상관없이 그러한 문화에 참여한 사람들의 마음속으로 들어가게 된다고 추정되었으며, 이는 이들이 스스로에 대해 서로에 대해, 세상에 대해 어떻게 생각하였는지에 영향을 미치게 된다. 이러한 문제에 관한 많은 미사여구들이 존재했지만 놀랍게도 예를 들어 의례적인 발리 사람들의 '문화'가 어떻게 발리 사람들의 마음으로 들어가게 되었는지에 대해서는 거의 밝혀진 바가 없으며, 자바섬의 어린 소녀들이 반-최면적인, 의례적 방식으로 춤을 학습하였다는 사실에도 주목할 필요가 있다. Clifford Geertz가 자바섬의 닭싸움에 관한 유명한 연구를 수행하였을 때, 그는 자바 문화의 더 일반적인 긴장 상태에 관한 현지 공동체적 표현을 반영하기 위해 '규칙'을 취하였다. 이러한 현지의 사례에서는, 문화를 개개인의 마음속에서의 문화 자체로 표현하였다. 그러나 어떻게 대다수의 문화가 닭싸움 도박의 필사적인 경제로 나아가게 되었는지에 관한 성가신 문제가 남아있었다.

내 생각에 사람들은 문화-마음의 관계에 대한 몇 가지 서로 다른 접근법들을 분별할 수 있다. 이제 이러한 접근법들을 비판적으로 관찰해 보자.

첫 번째 접근법은 문화를 건국 신화의 보고로 여기고, 매일의 실천 속에서의 사례들을 통해 우리의 사고, 느낌, 행동 등에 대한 방식을 찾아준 아이디어와 상징체계를 발견하는 것이다. 이러한 일이 어떻게 발생하였는지에 관한 가장 엄격한 설명은, Humboldt-Whorf-Sapir의 거대-가설이었다. 개개인의 정신적 현실은 자신의 토착 언어를 통해 형성되고 이에 반영되었다(개개인이 취한 Whorf의 입장이 얼마나 강한가에 따라). 또한 언어가 (이번에는, Humboldt의 가설이 얼마나 강한지에 따라) 문화에 반영되고 문화에 의해 형성되었다는 사실이 자명한 것으로 보였다. 이러한 문화-언어-마음의 거대 이론에 특징을 부여하였던 la langue(언어)의 범주들의 체계적 상호연계성에 초점을 맞추었던 것은 아마도 Saussure였을 것이다. 그러나 (Saussure)를 포함하여 어떠한 학자에게도 la langue의 추상적 개념들이 어떻게 사람들이 대인 관계 속에서 실제로 사용하는 실용적이며 매우 현지화된 버전의 la parole(말)으로 나타나게 되는지는 명확하지 않았다.

나는 신화와 스토리 형식의 문화적 보고가 개개인의 마음에 더 잘 나타나게 되는 덜 엄격한 방식을 발견하였지만 어떠한 것도 Humboldt-Whorf-Sapir의 우아함이나 힘을 갖고 있지 않았다. 이들의 장래성은 전형적으로 서로서로와의, 세상과의 사람들의 상관관계를 정의하는, 규범적으로 유도된 행동의 연속을 표현하는 서사 형식으로 이러한 보고의 요소들을 형성하는 데 있다.

Kroeber는 문화-마음 관계에 대해 자신의 '초유기체적' 공리에 헌신적인 더 주의 깊은 접근법을 선호하였다. 문화의 신화적, 언어적, 혹은 신념 체계들은 개개인의 실천에 어떠한 영향을 미치며, 실천이 어떻게 마음에 영향을 미치는가는, 그에게 아직 수수께끼로 남아있다. 그는 정신분석—그가 수년간 연습하였던 분야—훈련을 받았으며, 기본적 신념과 건국 신화에 대한 일반화된 문화가 직접적인 방식으로 개개인의 마음으로 '들어간다'는 주장을 꺼렸다. 그는 자신의 저서에서 의견을 밝힌 바와 같이—1950년 하버드 대학교에 있을 당시 내게 말한 것과 마찬가지로—문화적 사실과 개개인의 정신적 내용 사실 사이에는 부적합한 무언가가 있다.

Kroeber는 그 당시 가장 존경받는 인류학자에 속했으며, 나는 주로 인식에 미치는 사회적 및 동기적 영향에 초점을 맞추었던 자신만만한 어린 심리학자였다. 그는 내게 마음의 작용에 문화적 사실들의 인과적 상태를 부여하지 않도록 경고하였다. 그에게, 문화와 마음은 깊은 곳에서는 어울리지 않는 것들로 남아 있었으며, 그는 인류학의 심리학적 해석에 관해 솔직하게 우려를 하였다.

이는 또한 Kroeber와 같은 경고를 반영하였던 Wilhelm Wundt의 **문화-마음 문제에 대한 두 번째 접근법을 야기하였다.** Wundt는 이들이 두 개의 '심리학'이라고 주장하기까지 하였다—개개인의 마음의 자연주의적, 실증주의적, 실험적 심리학과, 음악, 신화, 법과 같은 문화적 산물에 대한 연구에 부여된 '민속심리학'이다. 민속심리학은 설명적(explanatory)이기보다는 기술적(descriptive)인 것이었으며, 실험과학이라기보다는 역사와 같은 것이며, 자연과학이라기보다는 정신과학에 가까웠다. Wundt에게 이러한 두 접근법은 혼합되지 않는 것이라면, 비교 불가능한 것이었다. 그는 경력 인식의 절반을 인식, 기억, 사고에 관한 실험심리학을 연구하는 데 보냈으며, 나머지 절반은 민족 심리학 연구에 보냈다. 그는 이들을 체계적으로 관련시키려 하였으며, 사람들이 자신의 마음을 어떻게 활용하였는지에 대한 민속과 기술의 한계점에 주목하였다. Wundt가 반세기 후 그의 후임자들과 같은 이론적 정교함이 있었더라면 그는 상보성과 같은 원칙을 공식화할 수 있었을 것이다. 둘 다 '진실'인 것으로 여겨지는, 빛의 파동과 입자 이론 사이에, 어떠한 전환성도 존재하지 않는 것과 같이, 개개인의 심리학과 민속 심리학 사이에도 어떠한 전환성이 존재하지 않는다. 분명 민속 심리학은 개개인의 마음의 존재에 따라 달라지지만, 민속 심리학과 마음이 서로에게로 환원되지는 못한다.

그러나 비록 다소 유사한 관점을 취하였지만 이들이 불혼화성에서 벗어나는 방법을 관찰하였다고 믿는 사람들도 있었다. 한 예로, 폴란드의 반유태주의를 탈출하고자 1905년 프랑스로 도피하였던 폴란드의 한 유태인은 의학을 연구하였으며, 이후 선도적인 프랑스의 형태주의자(gestaltist)인 Paul Guillaume의 영향하에서 심리학으로 연구 주제를 바꾸었다.

Ignace Meyerson은 곧, 시대가 어떻게 각기 다른 망탈리테(mentalites, 무의식적인 것)를 형성하였는지에 관한 '역사 심리학'에 흥미를 갖게 되었다. 그의 연구는 이제 프랑스 심리학자들로부터 재발견되고 있으며, 르네상스를 겪고 있다. 심리학자들로부터 재발견되었다는 의미는 사실 Meyerson의 연구가 이미 유명한 역사학자이며, 역사가 왕, 왕조, 전쟁, 헌법에 뿐 아니라, 망탈리테에 미치는 영향과 평범한 것들에 대한 변화하는 개념에도 초점을 맞추어야 한다는 기본적인 아이디어를 주장하는 Annales 학파에 영감이 되었기 때문이다. 그러나 역사학자 Francois Furet과 고고학자 Jean-Pierre Vernant와 같이 Meyerson을 저명한 인문주의자로 소개한, 선도적인 프랑스의 심리학 저널인 Journal de Psychologie의 편집자로서의 수년간의 경력에도 불구하고, 프랑스의 주류 심리학에서는 새로운 '역사적 심리학'에 거의 주목하지 않았다. 안타깝게도, 사실상 Meyerson의 어떠한 저서도 영어로 번역된 것이 없다.

그의 기본적인 전제는 사회와 그 제도가 모든 작품을 이들의 주요 출력(output)으로서 여긴다는 것이다(여기에서의 Wundt의 반향은 Meyerson이 자신의 민족 심리학에 정통해 있었다는 것이다. 이러한 작품들은 창조의 전통에 의존하며, 어떠한 개개인도 '전체적인 것'을 하지 않으며, 심지어는 그 방법을 알지도 못한다는 노동의 분할에 따라 달라진다. 그러나 일단 작품이 형성되고 활용에 들어가게 되면 그에 영향을 받고, 이를 사용하며, 사회생활에서 이를 필요로 하는 모든 사람들의 사고와 행동 방식을 형성하기 시작한다. 작품은 악보와 잘 만들어진 민간설화에서부터, 국법, 과학이론 심지어는 닭싸움에서의 도박 형태에 이르기까지 다양하다. 이들은 또한 기업 조직과 같은 평범한 것에서부터, 프랑스를, 각각의 면이 세상을 향하고 있는 독특한 경계를 이루고 있는 6각형 모양으로 상상하는 것과 같은 기이한 것들까지 포함한다. 마음 혹은 망탈리테는 이러한 작품을 사용하고, 이에 적응하며 심지어는 이에 저항함으로써, 혹은 오히려 가족, 마을, 학교 등에서의 이러한 작품의 현지 표현에 저항함으로써, 점점 더 형성되어 간다. 지역(현지)은 Meyerson의 역사 심리학에서뿐 아니라, Annales 역사학자들의 사고에서도 매우 중요하다.

한마디로 Wundt는 문화-마음의 관계에 비교 불가능성을 도입시켰으며, 이는 Meyerson이 집단주의 사회에서 마음이 작용하고 발달하는 방식을 전달해 주는 '작품'을 생산한다고 주장함으로써 극복하려 했던 개념이다.

문화는 마음에 영향을 미치지 않는다. 개개인이 사용하는 문화의 산물이 마음에 영향을 미치는 것이다.

이제 마음과 문화에 대한 **또 다른 세 번째 접근법으로 돌아가 보자.** 이 접근법은 우리가 논의했었던 많은 사안들을 모호하게 하기 때문에 나는 때로 절망하기도 하지만 이 때문에 인기가 있는 접근법이다. 이는 Vygotsky 및 그의 동료들과 관련된 '내부화' 입장이다. 이러한 관점은 모든 문화가 역사적으로, 특히 언어와 그 밖의 전통적인 상징 형태를 개발하였던, 다양한 구별된 형태를 갖는다는 사고를 취한다. 이러한 형태가 어떠한 모습이 될 것인가에 대해서는 많이 다루지 않는다. 마음에서와 마찬가지로, 이러한 접근법은 토착성(현지성)을 띠는 정신적 활동의 내부 흐름과 함께 삶이 시작된다.

문화화되지 않은 활동의 일부는 단순하게, 외향적인 어휘-문법적 언어가 아닌 것으로 부정적으로 정의되는 '내적 언어'의 발생으로 구성된다. 문화는 '외적 언어'와 과학적 개념과 같은 그 밖의 문화 형태가 통합되거나 '내부화되거나' '내부 언어'를 대체하게 될 때, 마음에 영향을 미친다. 이러한 대체는 말하자면, 단순 연산에서 대수학까지 전인 교육에까지 이른다.

이러한 관점에서 놓친 것은 특정한 마음에서 문화의 '내부화'와 관계없이, 문화의 형태를 특징지으려는 진지한 노력이다. 또한 문화가 무엇인지, 문화가 역사적으로 어떻게 알려지며, 어떻게 전달되었는지를 규정하기 위한 어떠한 진지한 노력도 이뤄지지 않았기 때문에, 이러한 입장은 문화-마음의 관계를 밝히는 데에는 실패한 것이다. 사실 내부화 이론은 마음이 문화를 '내부화시킨다'고 단순하게 주장함으로써 문화와 마음의 비교가능성(commensurability)에 관한 성가신 문제들을 모호하게 만든다. Vygotsky와 그의 추종자들은 아동의 마음이 어떻게 성장하며, 마음이 어떻게 '외적' 형태를 사용하는가에 대한 많은 설명을 제시하였지만 이들은 어떻게 마음이 성취해 내는가에 대해서는 거의 다루지 않았다.

그러나 이러한 문제는, 결코 그 밖의 접근법 옹호자들이 가만히 놔두지 않았다. 두 명의 프랑스 인류학자는 각각 서로에 대해 전력을 다해 반박함으로써 이러한 노력을 이어갔다. 이들은 함께 문화-마음 관계에 대한 **네 번째 접근법을 제안하였다.** Claude Levi-Strauss는 하나는 문화를 향하고, 다른 하나는 마음을 향하는, 두 가지로 나뉘는 접근법에 관한 주장을 펼쳤다. 문화는 희귀한 자원들을 관리하기 위한 네 가지 의무 '교환' 체계로부터 발생한 구조를 갖추고 있다. 한 가지는 상품 및 서비스와 관련되며, 두 번째는 명성 및 지위와, 세 번째는 결혼에 적격한 배우자와, 네 번째는 교환 그 자체의 상징적인 수단과 연결된다. 문화는 이러한 교환들을 관리하기 위해 효과적인 형태를 발달시킨다. 이러한 그림의 심리적 측면은 꽤 다르다. 이는 세상을 이항대립의 대조적 시각(binary contrast)으로 바라보는 것과 같은, '보편적인' 정신적 성향들로 구성된다(Roman Jakobson에 따라, 인간이 어떻게 견고한 언어 체계를 처리하는지로부터 추론됨). 이러한 설명에서 개개인의 마음은, 이들이 원하는 2진 구별 면에서, 초-개인적 문화의 구조를 '처리한다.' 문화는 자신의 대조 원칙들을 적용하는 과장된 심적 구조에서의 인간의 마음에서 발생한다.

물론 나는 지나치게 단순화한 것이지만, 이러한 말이 Levi-Strauss의 입장의 요지를 파악한 것이라고 생각한다. 이에 반대되는 것은 Levi-Strauss의 접근법이 교환 체계에 대해서 너무 엄격하며, 문화적 변화의 특성은 신경을 쓰지 않았고, 심리학적으로도 너무 2진 대조에만 집중되어 있다고 지적한, Daniel Sperber로부터 온다. Sperber는 '역학적' 모형을 제안한다. 그가 주장하길 인간의 마음은 특정한 상징적 형태에 대한 민감성을 발달시켰다. 이렇게 진화론적으로 결정된 민감성과 일치하는 상징적 표현은, 문화 내부에서 발생했거나 외부로부터 영향을 받았는지에 관계없이 내부의 심적 요구에 맞추어주면서 문화의 방식들의 일부로 적응이 되거나 이러한 일부가 되어 버린다. 그리고 나면 특정한 문화적 형태는 전염이 되어 버리며, 이러한 영향하에서, 사실상 모든 문화에서 자신만의 방식(각기 다른 변형 형태로)과 마음을 찾게 된다.

우리는 이러한 관점들에만 오래 머물러 있을 필요는 없다. 나는 네 번째 접근법의 특성을 끌어내기 위해서 이들을 언급했을 뿐이다. 이는 초유기체로서 문화의 존재에 대한 특정한 요건을 취한다. 한 사례에서의 특정한 중대 교환들과 다른 사례에서 진화론적으로 부과된 특정한 성향이다. 이는 또한 마음의 어떠한 특징들을 추정하며, 이는 Levi-Strauss가 문화적 요건과는 관계없는 것으로 여긴 것이며, 또한 Sperber는 문화적 요건과 긴밀한 관계에 있는 것으로 설명한 것이다. Sperber에게 인간은 단순히 상위개념의 문화적 선(good)을 촉진하는 신념 체계의 전염에 취약하다. 우리의 마음은 우리의 생존을 문화로서 선호하도록 조정된다. 따라서 Sperber는 사회생물적인 진화적 형태를 통해 네 번째 관점을 표현한다. 이러한 모든 신-다윈주의 이론들의 큰 문제는 이들이 무엇이 원인이 되고, 무엇이, 무엇에 의해 영향을 받게 되는지에 관한 순환적 추론으로 너무 쉽게 빠져든다는 것이다.

문화-마음 관계에 관한 **다섯 번째이자 마지막 관점은** 규범적인 요소를 포함한다. 기본 전제는, 문화가 개개인의 사고와 행동에 부과된 규범의 이상화된 혹은 기본이 되는 세트라는 것이다. 이는 Durkheim이 '외부성과 제약'을 갖는 문화에 관한 유명한 문구에서 의도하였던 것과 같은 맥락이다. 사회학에 관한 Max Weber의 정교한 체계는, 영국의 사회 인류학에서 주로 제도적 형태를 매우 강조한 것처럼, 주로 이러한 규범적 교리에 의존한다. 이러한 모든 입장들은 문화의 규범적 구조와 일치하는 개개인의 요구를 상정하지만, 이에 대해 다룬 학자들은 거의 없다.

한 가지 예외점은 사회적 행동의 핵심에서 '따라야 할 필요성'을 제기하였던 심리학 이론들이었다. 가장 주목할 만한 것은 Floyd Allport의 순응성에 대한 'J-커브' 이론이었다. 대부분의 '자연스런' 행동은 보통의 이항식 분포에서 정상적으로 분포되는 반면, '사회적' 행동은 규범 근처에서 밀집된 군집으로 분포되며, 즉 J-커브의 모양을 띤다. 그러나 J-커브와 문화적 분석은 사실 결코 진지하게 다뤄지지는 않았다. 초기에 Allport는 행동주의자가 군중심리에 관한 그의 책에서 McDougall을 묵살해 버린 것과 같이 Durkheim의 '집합 표상'을 거절하곤 했던, 솔직한 행동주의자였다.

이들은 문화가 마음에 미치는 영향을 어떻게 다뤄야 할지에 관한 빅 5 '해결책'에 관해 나의 물망에 오른 사람들이다. 이들 모두는 여전히 마음속으로 우리와 함께 하고 있다. 나는 감히 이들에게 명목상의 마술을 만들어내는 공포라고 이름 붙이지는 않겠다. 이러한 입장들의 시련은 한편으로는 개별 심리학으로부터 다른 한편으로는 문화로부터의 '사실'들을 한 데 모으는 데 있어서의 어려움을 강조한다. 그렇다면, 우리가 중심적 아이디어들이 비교 불가능성에 있어서 혼란스러워지기 때문에 '문화적 심리학'이 운이 다 한 것이라고 결론을 내려야 할까? 분명 그렇지 않다! 나는 우리가 단순히 문화와 마음의 관계를 공식화하는 평범한 방식들을 조심하게 되길 원한다. 이러한 신중성은 적어도, 나를 활기를 돋우는 추측(혹은 편견)으로 이끌었다. 이제 몇 가지 추측을 통해 본 항목의 결론을 내려보자.

우선, '문화' 및 '마음'과 같은 개념은 발견된다기보다는 구성되는 것이다. Levi-Strauss에게는 미안한 일이지만 문화를 특징짓는 교환 체계는 자연적인 유형은 아니다. 이들은 사회 세계에서의 활동들을 범주화하는 데 있어서 실용적인 유용한 방식들이다.

마음의 개념에 대해서도 똑같은 말을 할 수 있다. Geertz가 오래전 상기시켰듯이, 마음에 대한 우리의 개념은 그 자체로 '계속하여 실용적으로 실행하는 것'에 대한 예측, 이해, 통제의 목적으로 구성된 문화적 산물이 된다. 여기에서는 내가 오래전, 독특하게 인식할 수 있는 정신 혹은 문화적 세계가 '외부에' 있다는 개념인 긍정주의의 허영을 벗어던졌던 인간 과학이 관여하게 되며, 이는 추상적이며, '주제'가 고려되며, 이들이 행동하는 방식 면에서 고려되는 맥락과 관계없이 특징지어질 수 있다.

모든 인간 행동은 어떠한 문화적 맥락에서 발생하며, 그러한 행동의 형태는 어느 정도 그러한 맥락의 기능을 하게 된다. 이와 같이 문화적 맥락의 특성은 그 안에서 작용하는 사람들에 의해 결정되는 중요한 측정에 있다. 이러한 힘은 우리를 무력한 순환성으로 밀어넣는가? 다시 한번, 나는 그렇게 생각하지 않는다. 해석적 분석에서 경험할 수 있는 것보다 더 많은 순환성을 경험할 수는 없다. 더 구체적으로 말하자면, 개개인의 마음이 어떻게 어떠한 문화적 맥락에 의해 영향을 받는가를 이해하기 위해서는 어떠한 특정한 마음이 맥락을 구성하는지를 결정해야 한다. 이를 이해하기 위해서 (또한 해석적 순환으로부터 일시적으로 탈출하기 위해서)는 또한 문제시되는 사람이 상호작용하는 사람들로부터 맥락이 해석되는 방식을 결정해야만 한다.

문화심리학은 해석적 훈련과도 같다. 문화심리학의 전략은 인과적이거나 상관관계적인 것이 아니라, 해석적인 것이다. 이는 농사를 망치지 않는다거나 가뭄이 서식 양상을 파괴하지 않는다거나 학교교육 기간이 소득과 연관성이 없음을 의미하는 것은 아니다. 발리섬 사람들이 닭싸움 결과에 파산을 가져올 정도의 도박을 하게 만드는 것은 이들의 공동체 생활에서 이러한 닭싸움의 의미에 대한 해석이다. 또한 이러한 해석은 발리 사회가 어떻게 작용하는가에 대한 공동체 개념으로부터 오는 것이며, 이는 또한 발리 사회의 힘 구조, 내러티브 양식의 국보, 건국 신화 등 발리 사회의 '초유기체적' 역사를 이해함으로써 더 명확해질 수 있다. 가뭄과 학교교육

기간 또한 마찬가지이다. 분명 이들은 '측정될' 수 있고, 다른 '변수들'과 상관관계가 있을 수 있다. 그러나 더 깊은 의미에서 볼 때, 진정으로 독립적인 변수는 없으며, 반응이 우리의 종속 변수들을 구성하는 '주체'들(예를 들어, 심리학자들)에 의한 해석으로부터 완전히 독립적인 변수도 없다. 이는 우리가 통계학이나, 선호되는 분산분석 등을 사용할 수 없음을 의미하는 것은 아니지만 이러한 방법들이 좀 더 즉흥적인 정신을 통해 도출하는 것들도 해석할 필요가 있다.

어떠한 것들은 근본적으로 문화와 마음의 관계에 대한 전통적 접근법에 있어서 잘못된 것이라는 사실이 분명해지는 것으로 보인다. 먼저, 우리가 고려한 모든 접근법들은 구체화의 잘못을 저지른다. 이들은 문화와 마음을 마치 독립적이며 자율적인 것들이라고 여긴다. 심지어 Sapir-Whorf 가설로부터 영감을 받은 문화-마음 관계의 해석도 언어의 상호작용적 이면, 즉 화용론(pragmatics)을 제외시키는 경향이 있다. 당신이 화용론—발언이 이뤄지는 때까지의 언어의 사용—과 관련될 때, 당신은 언어를 단지 자율적인 통사론, 의미론, 어휘 등으로 여길 수 없게 된다.

둘째로, 모든 전통적 접근법은 심지어 Meyerson의 접근법조차 소속되지 않는(unsituated) 특성을 가지지만 Meyerson의 접근법은 문화의 모든 작품들이, 어떻게 이를 사용하는 개개인에 영향을 미치는가에 민감하였다. '위치소속성'에 대해 내가 의미하는 바에서는 다소 왜곡된 것이지만, 한 예를 제시하겠다. 종교재판(15-17세기) 전, 스페인의 히브리 종교적 실천은 흥미로운 비유가 된다. 토라(유대교 율법)의 해석은 마이모니데스의 더 자유로운 양식이든 보수적 미드라시의 더 자유로운 양식이든 항상 토라에서의 구체적 단어와 표현을 참고하여 시작되었다. 이러한 고대의 계율을 존중하기 위해서 토라 읽기는 항상 지시봉(pointer)을 사용하여 시작되었다. 호화스러운 종교재판 전 스페인 시대에서 이러한 지시봉은 작은 인간의 손에 집게손가락이 연장된 모양을 한 섬세한 실버 테이퍼드(silver tapered) 막대였으며, 이 막대는 매우 아름답게 조각되었으며 길이는 약 1.5피트였다. 나는 이러한 상징을 '이것보다 신성한 두루마리(Holy Scroll)의 단어와 문구들을 지시할 수 있는 우아하며 섬세한 것은 없음'을 의미하는 것으로 여긴다. 나는 스페인으로 처음 여행을 가기 전까지 이러한 '토라 지시봉'에 대해서는 전혀 알지 못했으며, 나는 마드리드의 한 전통적이며 상류층을 대상으로 한 앤티크 상점에서 이를 우연히 발견하였다. 내가 소유권에 대해 물었을 때, 그는 단순히 '성경을 읽기 위해서' 종교재판 이전의 스페인 유태인들이 사용하였던 것이라고 말해주었다. 나는 이 지시봉을 샀으며, 사실상 문화-역사적 배경 중 무엇도 관련된 것이 없음을 알게 되었다. 스페인 역사와 문화에 대해 더 많이 알게 될수록 이를 통해 전 세계로부터 나의 토라 지시봉에 대한 이야기를 들을 수 있게 되었다. 예를 들어, 나는 은 세공인을 통해 그것이 17세기 후반 혹은 18세기 초반에 제작되었으며, 종교재판 시대보다 한 세기 이상 지난 시대이며, 스페인으로부터 유태인들이 추방당한 이후였고, 아마도 유태인으로서 추방당하지 않는 대가로, 기독교로 개종했던 개종자 공동체들이 사용했던 것으로 추정된다. 이에 대해 더 많이 알게 될수록, 지휘봉은 스페인의 문화적 역사 맥락에서 더 확고히 자리 잡을 수 있게 되었다. 물론 지휘봉은 Meyerson의 작품 중 하나이다. 이에 대해 알게 될수록 나는 사물에 대한 인과적 설명과는 더 멀어지게 되었고, 사물을 더 잘 이해할 수 있게 되었다('이해'와 '설명' 사이에 관한 대한 von Wright의 두드러지는 구별을 떠올리게 한다).

주요한 주장으로 돌아가자면, 문화가 마음에 어떻게 영향을 미치는지는 설명하지 못하지만, 이해될 수 있는 방식으로 이러한 영향을 해석할 수는 있다는 사실이 점점 더 명확해진다. 우리의 예에서, 해야 할 일은 토라(Torah) 지휘봉이 왜 개종자들에 의해 종교재판 이전 스페인에서 사용되었는지, 왜 이들이 지휘봉을 만드는 위험을 감수하였는지, 이들이 스스로에게는 어떻게 설명하였는지, 이들이 왜 많은 개종자들이 한 것처럼 이민을 가지 않았는지를 설명하는 것이다. 이러한 특정한 예에서 문화가 마음에 어떻게 영향을 미치는가는, 설명이론이라기보다는 하나의 장르의 일반론을 암시하는, 이들 사이의 유사성과 연결되는 서사들에서 더 잘 설명되는 것으로 보인다.

마지막으로 고전적인 접근법에서는 보통, 개개인의 마음에 부과시키는 제도적 제약을 무시하거나 오해한다. 종교재판은 사실 기독교 개정과 개종자들의 하위 문화 형성을 이끌었으며, 이들은 또한 많은 다음 세대의 젊은 개종자들이 전통적인 방식들이 덜 확고히 자리 잡았으며, 기회가 더 많은 신세계로 이주할 수 있도록 '유혹을 당하게' 만들었다. 사실, Tzvetvan Todorov가 주장한 바와 같이, 이는 개종자들도 포함된, 스페인의 신세계 정복을 가능하게 하였던, 종교재판 후 스페인의 세계적 관점이었을 수 있다. 따라서 우리는 문화가 마음에 미쳤을 수 있는 효과들에, 세계시민주의와 그 결과들을 포함시키지 않아야 할까?

우리에게 다음과 같은 문제로 이끈다. "무엇이 문화인가?"

무엇이 문화인가?

Clyde Kluckhohn과 Alfred Kroeber는, 한 때, 문화의 171가지 각기 다른 정의들을 적절하게 나눈 13개 범주에 대해 검토하는 논문을 준비하였다. 1950년대의 초반 개요서를 고찰하면서(그는 젊은 대학원생으로서 비평 과제를 맡았다), Clifford Geertz는 다음과 같이 작성하였다.

> '문화'의 우여곡절...은 사실 시작에 불과했다. 모든 사람은 Kwakiutl이 과대망상증이 있으며, Dobu가 편집증이 있으며, Zuni가 냉정하다는 사실을 알고 있었다... 우리는 개념, 원인, 형태, 결과가 동일한 이름을 취하는 논리 및 언어를 사용함으로써 비난을 받는 것으로 보인다(1999: 10-11).

그렇다면 왜 누군가는 이러한 불명확한 개념을 차용하여, '문화적 심리학'을 조성하길 원할까? 나는 최근 다소 긴 책, Minding the Law(Amsterdam & Bruner, 2000)를—법 전문가이자 활동가 동료인 Anthony Amsterdam과 함께—한 편 작성하였으며, 이는 Plessy v. Ferguson부터 Hopwood v. Texas의 인종차별 사례에 관해, 지난 세기에 걸친 미국 대법원 의견에서 자명하게 나타나는 것과 같이 미국 법체계 적용에 이를 적용시키고, 문화에 관한 관점을 자세히 설명하는 데에만 두 챕터를 사용하였다. 책에서는 일반적인 문화를 특징짓는 것을 피하고(또한 문화-마음에 관한 문제를 피하고), 문화의 개념을 법의 해석적 분석에 사용할 수 있는 것들로 구축하려 한다.

이는 안정적 평형에서 조화를 찾는 '통일된 전체'로서의, 문화에 대한 오래된 아이디어를 버린다. 우리 목적에 따르면, 문화는 더 광범위한 공동체가 기준이 되거나 예측 가능한 사회적 현실로서 취하는 것과, 개개인이나 공동체 내의 그룹이 기준이 되는 것에 대안적인 가능한 세계들로 여기는 것 사이의 균형을 나타낸다. 따라서 우리는 '문화'를 기준이 되며, 보통 제도적 형태로 고정된 형태와, 기준적인 것에 대한 변형으로서 발생된 가능한 세계들 사이의 변증법적 상호작용을 '문화'라고 여기지만, 또한 예를 들어, 연극, 비평, 소설에서 때로 제도화될 수 있는 것으로도 여긴다. 부분적으로는 법조인 David Richards가 장려한 바와 같이, 우리는 기준이 되는 것에 대해, 가능성에 대한 지력 공간에서 존재하는 것으로서 이야기하게 되었다. 어떤 경우, 지력은 Harriet Beecher Stowe의 톰 아저씨의 오두막집이 미국의 제도화된 노예제도에 대한 반대 의견을 촉발했던 일이나, 할렘 르네상스가 미국의 인종차별주의 형태의 기반을 약화시켜, Plessy v. Ferguson에서 미국 대법원이 분리주의적 '분리-평등' 정책을 유발했던 것과 같이, 심지어는 기준적인 것을 대체하거나 내쫓기도 한다.

우리는 미국의 인기 있는 사고 형태—미국 신조(American Creed, '모든 사람을 위한 기회의 땅')와 미국 경계(American Caution, '만일의 사태에 대비하고 다른 사람들이 당신으로부터 이익을 취하지 않게 하는 것')에서의 두 가지 '근본적' 신념 사이의 변증법을 추적하여, 이들이 서로 지속적으로 의견 차이가 심했음을 보여준다. 이러한 변화의 설명에서는 어떠한 불가피성도 존재하지 않는다. Harriet Beecher Stowe도, Langston Hughes와 Richard Wright도 무언가의 '필수적' 결과이지는 않았다. 또한 미국을 인종차별에 경계하게 만들었으며, 자국에서 만들어낸 인종차별에 더 민감하게 만들었던 히틀러에 대항한 전쟁이, 대법원이 Brown v. 교육위원회 사건에 영향을 미칠 수 있는 필수 조건은 아니었다. 이러한 설명에서 문화에 관한 우리의 유일한 주장은, 이것이 인종, 차별, 모든 이에 대한 정의에 관한 지속적인 미국인들의 변증법에서의 갈등적인 힘을 묘사하는 정돈된 방식을 제공한다.

솔직하게 1950년대의 인종차별 폐지 싸움에 관여된 모든 사람들이 이러한 변증법의 모든 이면들을 인지하고 있는 것은 아니었다. 이러한 이면들 중 일부가 정말 이해하기 힘들다면, 이들은 어떻게 존재할 수 있었을까? Somersett 사건(한 영국 노예에게 자유를 준 판결)에서의 Lord Mansfield의 유명한 결정을 고려해 보면, 이는 Brown에 대한 선례를 확립하는 데 있어서 중대한 요인이었다. Lord Mansfield는 18세기 중반에 사람들의 자연 상태는 자유로운 것이며, 누군가를 속박하는 데에는 지역의 법령이 필요하다는 주장을 하였다. 따라서 영국을 방문한 미국인 주인으로부터 탈출한 노예인 Somersett은 영국에서 속박을 허용하는 어떠한 법령이 존재하지 않는다면 자유로운 사람이었다. Somersett 사건은 이제 영미 일반법의 일부이며, 이와 같이 선례 구속성의 원리의 전통에서 선례로서 사용될 수 있다. 그러나 법원 앞에서 구두 변론을 할 때 이를 언급하기 위해서는 Thurgood Marshall 사례—차이를 만든 사건—를 언급해야 한다. 우리가 Thurgood Marshall 사건 없이, 법원이 Brown 사건에서 다른 점을 발견하였다고 주장할 수 있을까?

다시 한번 문화는 인과적인 개념이 아니다. 문화적 분석에서의 모든 사람들은, 사건들이 자신이 활용한다는 '의미'에서 어떻게 자신에게 효과가 있는지에 관한 일치성을 탐색한다. 변증법에서의 하나의 요소로서 Somersett을 언급하는 데 있어서 Marshall의 사례는 충분히 일치하였다. 그러나 이러한 일치성은 얼마나 광범위해야 할까? 이들은 어떠한 형태를 취해야 할까? 이들은 어느 정도까지 관계가 있는 것일까? 18세기 Gibbon이 우리에게 촉구한 바와 같이 우리는 대 제국의 몰락을 설명하기 위해서 로마의 도덕적 책임에서 타락의 증거를 찾아야 할까, 아니면 Hugh Elton이 거의 2세기 후에 촉구한 바와 같이, 제국의 3,000마일에 달하는 국경을 통치하는 로마의 군사 체제에서의 자신의 이익을 스스로 고취시키는 내재적 성장을 고려해 보아야 할까? Gibbon과 Elton이 모두 옳았다고 가정해 보자. 국내 엘리트들 사이의 도덕적 태만과, 제국의 국경에서의, 자기 잇속만 차리는 관료적 논쟁 중에, 무엇이 로마의 몰락과, 이를 부추긴 이방인들의 침략에 더 일관적인 맥락을 제공할까?

우리는 선택을 해야 할까? 내가 '관료주의'에 관해 가르쳐 주었다면, 나는 Elton의 사례를 들었을 것이다. 이것이 말하자면 문화적 일치 양상을 선택하는 데 있어서의 강조가, 미사여구식이거나 심지어는 정치적 동기를 갖는다는 것일까? 음, 아마도 그러할 것이다. 그러나 여기에서 다시 한번 화용론을 들 수 있다. 대부분의 문화적 분석은 마음 속 무언가를 가지고 수행되며,

심지어는 학급에서 수행된 것들을 사용하여 진행된다. 문화적 설명에서의 일치성은 그 자체로 문화적 규범에 의해 지배되는 것이기 때문에, 이들 모두가 설득력이 있는 것은 아니다.

이제 다음의 '근본적 추측'으로 가보자. 어떤 식으로, 언어는 문화적 표현이 될까? 언어의 습득은 문화의 실천을 숙달하는 것과 어떠한 관계일까? 또한 (농담 반으로) 언어는 무엇으로 구성될까?

언어, 마음 그리고 문화

첫째로 나는 앞 장(章)에서의 불평 사항들에 대한 답을 해야 한다. 이들 중 하나는 내가 언어의 원주민 보호주의자 개념에 대한 숨겨진 약점을 갖고 있다는 것이다. 나는 언어의 숙달을 촉진하는 Chromsky의 언어습득장치, 즉 LAD와 같은 무언가가 있으며, 언어의 형태가 발달과 변화의 긴 역사적 과정이라기보다는 자족적인 '언어 기관'에 의해 결정된다고 추정한다. 이러한 추정은, 몇몇 저자들이 지적하듯이 내가 취한 다른 입장들과는 일치하지 않는다. 나는 여전히 이러한 문제에 있어 Hamlet과 같은 입장을 취하지만, 그래도 이러한 비난을 부인하고 싶다.

나의 작업가설은 인간의 언어는 상호주관성에 대한 우리의 고유하고, 종과 관련된 서로의 마음을 '읽을' 수 있는 우리의 능력의 유사한 발달을 고려하지 않고는 이해할 수 없다는 것이다. 나는 의도성 그 자체가—지시 대상과의 임의적 상징 관계를 '의미하는 것'—이러한 상호주관성 없이는 불가능하다고 믿는다.

'마음 읽기'는 특성상 추론에 의한 것이다. 우리는 우리가 마음 읽기로 향하는 것과 같이 밀접한 공감의 전염이라고 할 수 있는 텔레파시를 이용할 수 없다. 나머지는 맥락과 관련된 행동과 표현으로부터의 추론을 기초로 한다. 게다가 나는 우리가 원칙적으로 야기될 수 있는 가능한 행동들—소위 말하는 '행동의 주장'—에 관한 다른 사람들의 정신 상태에 관해 추론하기 위해서 우리의 진화론적 과거에 민감해진다고 생각한다. 우리는 초자연적으로 행위자, 의도한 행동, 추구한 목표, 수단 그리고 환경의 영향을 인지하는 경향을 갖는 것으로 보인다. 한마디로 우리는 타인에 대한 우리의 인식을 행위자, 어떠한 목표를 향한 국한된 행위, 특정 수단의 사용, 특정한 유형의 상황에 제한된 모든 것들을 포함하는 것으로 여긴다. 우리는 이를 이러한 '행동의 주장'이 영향을 받거나 심지어 소위 타인의 의도적 상태라고 불리는 것—타인의 신념, 의도, 희망, 두려움 등—에 의해 결정되는 것으로 여긴다. 우리는 구제 불능의 유심론자(mentalist)이다. 우리는 순진하게도 사람들이 특정한 결과를 바라며, 특정한 정세가 이들을 강제한다고 믿기 때문에, 특정한 방식으로 행동을 한다고 생각한다.

게다가 우리는 사람들이 우리의 의사소통적 행동에 '반응적'이거나 '민감한' 것으로 여긴다. 이는 우리가 사물들로부터 진정한 '타인'을 구별할 수 있는 기준이다(또한 따라서 타인에 대한 우리의 범주는 개, 구름, 심지어는 꽃과 같은 부적절한 것들도 포함할 수 있기 때문에 종종 물활론(animism)에 빠지기도 한다(한때 나의 딸이, 우리 차고의 남쪽에 해바라기가 있다는 이야기를 정당화하는 데 있어서 주장한 바와 같이)).

우리는 의도 상태를 단언하거나 변경하고자 하며, 따라서 이들의 행동에 영향을 미치려는 목표를 갖고 타인과 의사소통하며 우리의 의사소통 전략들은 행위자, 특정한 행동, 목표, 수단, 결정적 상황 면에서, 행동에 대한 우리의 개념을 조직한다는 사실들로 형성된다. 위의 모든 사실들은 우리가 어휘-문법에 맞는 언어를 숙달하기 전부터 개체 발생적으로(또한 계통 발생적으로) 시작된다. 이는 이를테면, 인간 의사소통의 실용적 기질을 제공한다.

따라서 어린 아이가 처음으로 언어를 숙달할 때 아이의 비언어적 의사소통이 이미 실용적으로 적응되며, 세상에서 일을 수행하는 데 사용되는 것이라 해도 놀랍지는 않다. 또한 (자폐증이 없다면) 아이는 빠르게 실용적 타당성을 얻게 된다. 어린 아이가 잠자리 시간에 하는 독백조차 최근의 행동들 (특히 의사소통적 행동)이 아동의 세계에서 어떻게 타당성을 얻는지를 재조정하거나 미래 행동과 우연성을 대비해 계획을 세우는 데 사용된다. Emmy의 '요람에서 들려오는 모든 이야기'에서 그녀는 문법적으로 잘 형성된 발언에 관해 어떠한 관심의 공유도 보이지 않았다. 그녀의 관심은 완벽하게 화용론(실용)적인 것이었다(Bruner & Lucariello, 1989).

게다가 겉보기에 새로운 어휘 단어나 통사 형태를 파악하는데 준비된 것으로 보인 Emmy의 준비성은 문법의 미묘한 사항에 대한 관심이라기보다는 화용론적 고려 사항에 의해 완전히 동기부여된 것이었다. 그녀는 자신이 무엇을 했거나, 무엇을 할 수 있는지에 대해 명확히 하려 했던 상황을 말하는 데 있어서 편리한 표현 방식을 찾고 있었다. 그렇다면 자연스런 언어가 이렇게 효과적이고, 실용적인 방식으로 아동이 사용할 수 있는 형태를 어떻게 제공할 수 있을까?

이러한 유명한 미스테리에 접근할 수 있는 두 가지 방법이 있다. 하나는 유전적인 것이며, 다른 하나는 문화-역사적인 것이다. 전자는 우리가 잘 알고 있듯이 그 자체로 특정한 언어에서 지역의 실현주의 규칙에서 표현되는 문법적으로 심오한 구조 유형을 제안한다. 이는 타고난 것이며, 자율적인 '언어 기관'에 있는 것이다. 우리가 이러한 관점에 유행에 따른 진화론적 왜곡을 적용시킨다면, 이러한 규칙은 (Sperber의 전염 이론과 마찬가지로) 자연적 선택에 의해 유리한 결과가 된다. 그러나 이 세상의 어휘-문법상의 언어들의 짧은 생명 주기로 미루어볼 때, 이는 타당해 보이지는 않는다.

또 다른 관점은 지역 언어는, 의사소통 목적이, 역사적으로 언어가 어떻게 진화하는가이기 때문에 적절한 의사소통 목적—화용론적 목적—을 달성하기 위해 필요한 문법 규칙을 갖고 있다는 것이다. Michael Tomasello는 이러한 관점에 대해 특히 우아한 말투로 언급한다. 의사소통의 용이함을 위해서 더 길고 더 복잡한 표현 형태는 어떠한 형태들이 천천히 사용되지 않는 언어들을 버리는 것과 같이 동일한 이유로, 간소화되며, 표준화되고 조절된다.

Hamlet과 마찬가지로 나는 이러한 두 관점 모두에 매력을 느끼게 되었다. 그러나 나는 타고난 언어의 '심오한 구조'가 천체 공간에서 인쇄가 가능했다면 주로 통사론에 관한 것이었을 것이라는 사실은 믿을 수 없다. 나는 Chomsky가 아우구스티누스 신봉자들의 언어 학습에 관한 설명을 위해 Skinner의 이론을 사정없이 공격하였을 때 나 또한 그러한 이론의 트리 구조(tree structure)와 함께 그의 형식주의에 매력을 느꼈음을 인정한다.

그러나 점점 나는 언어 구조가 상호적 편리성을 위해, 최소한의 노력으로 언어를 표현할 수 있고, 통사론적으로 조절된 방식으로 경험을 구성할 수 있는 그 밖의 선천적이지만 매우 잘 형성되지 준비성을 통해 오는 것이라는 관점으로 이동하였다. 이러한 천부성 형태에 가깝다고 생각되는 것은 '행동의 주장' 면에서 세계를 바라보기 위한 우리의 준비성이다. 또한 Charles Fillmore와 같이 나는 이들을 상(aspect, 동사의 형태)이나 시제를 통해 표기되는 것으로 여긴다. 이는 경험이 펼쳐지는 방식이며, 또한 언어 표현의 체계에서 우리가 찾고 있는 것이다. 또한 이는 행위자를 표현하는 방식, 한정된 행위, 바라는 목표, 적절한 혹은 부적절한 수단, 제약이 되는 환경과 같이 언어 사용의 역사에 관한 것이기도 하다.

그러나 이러한 설명에서는 적어도 하나 이상의 요소가 누락되어 있다. 또한 여기에서 나는 상황을 매우 원시적이며, 의사소통에 포함되어 있어 분명하게 표현하는 것이 어려운 것으로 소개한다. 이는 지시(deixis)이다. 우리가 대인적, 상호주관적 공간-시간에 스스로를 언어적으로 어떻게 위치시키는가를 말한다. 나는 가장 원시적인 표현은 Daniel Stern이 엄마와 자녀 사이의 '조율'이라고 칭한 것이라고 생각한다. 이들은 차례로 돌아가며 얼굴 표정이나 자세를 통해 스스로를 표현하고, 스스로를 '적절하게' 위치시키며, 서로에 대해 배려한다. 이들은 '여기-저기'나 '앞-뒤'와 같은 지시 언어의 대조나, 'a-the'와 같은 대용어 구별이나 유표(marked)/무표의 형태를 관리하는 방식 등의 미묘한 차이를 숙달하기 전부터도, 지시 단위들을 형성하게 된다. 나는 이러한 지시(deixis)의 능력을 우리의 영장류 조상으로부터 극적으로 우리를 구별해 주는 진화 단계로 여긴다. 이것이 어떠한 타고난 생물학적 기반을 갖지 않을 것이라고 상상하기는 어렵다고 볼 수 있다.

인간의 내러티브 능력에 대하여 한마디 하자면 내가 다른 곳에서 이미 주장했듯이 우리가 대인 경험을 행위의 논리(arguments of action)에 따라 구조화하려는 성향은 내러티브적 서술을 불가피하게 만들고, 내러티브적 설명에 대한 우리의 수용성을 불가항력적으로 만든다. 내러티브를 생성하는 데 필요한 것은 단지 세상에서 행위가 어떻게 전개되는지에 대한 어떤 '정형화된(canonical)' 기대와, 그 기대가 좌절되거나 위반되는 사건뿐이다.

본 항목 시작의 질문으로 돌아가서 나는 이와 같이 언어 혹은 언어의 습득이, 대인적 세계에서 사물에 영향을 미치게 하는 실용적 강요에 의해 영향을 받지 않는 뇌의 생물학적 기관에서의 단순한 프로그램 전개라는 어떠한 두드러지는 증거도 찾아볼 수 없다. 한 편으로, 자율적으로 진행되는 어떠한 인간 행동의 유형은 소인적인(predisposing) 신경생물학적으로 입증이 되어야 한다. 우리는 토너먼트 테니스 경기와 같이, 혹은 전문 펜싱 경기와 같이 이야기를 한다. 빠르고 거의 흠잡을 데 없이. 이러한 유형의 성과는 꼿꼿한 자세, 인간의 요대(pelvic girdle), 무릎 잠김(locking knee, 갑자기 무릎이 움직이지 않음)과 유사한 것일까? 신경생물학적 증거로서는 그렇지만, 자율적 '언어 기관'에서는 당연히 그렇지 않다! 나에게는 또한,

사회적 관습이 언어가 형성되고 세대에 걸쳐 변화되는 방식에 큰 영향을 미치지 않는다는 것은 상상조차 할 수 없다.

마지막으로, 또한 가장 결정적으로, 나는 소위 말하는 언어의 보편성이 뇌의 언어 기관에 저장된 프로그램으로부터 나오는 것이라는 매우 확실한 증거는 찾을 수 없다. 어떠한 문화에서든 그 안에서의 인간의 역경들의 공통성, 인간의 상호주관성의 변천, 타인의 행동과 의도 상태에 대한 우리의 민감성, 심지어는 세계에서 특정한 계층의 사건들에 관해 빠르게 의사소통하는 긴박한 상황들은 모두, 언어의 보편성에 대한 많은 모음들에 대한 더 나은 설명을 제공해 준다.

구성과 현실

마지막으로 '구성주의'에 관한 의견. 아마추어 '심리학 역사가'로서, 나는 구성주의나 현실주의에 대한 충성을 순전한 기질 덕분이라고 여긴다. 전형적으로 이러한 문제에 대한 입장은 의미론적 출처에 대한 과거의 읽기(혹은 잘못된 읽기)에 그 근원이 있다. 내 경우 Ernst Mach의 The Analysis of Sensation이었다(그러나 나의 친구 Gerald Holton은 의심의 여지없이 내가 Mach의 책을 잘못 해석했다고 주장할 것이다). 또한 Kant의 책을 읽는 것 또한 나의 이러한 입장을 확고하게 하였다.

그러나 나만의 버전의 구성주의는 Kant 신봉자들의 것과는 다르다. Nelson Goodman은 그러한 점에서 나를 치유해 주었다. 나는 어떠한 하나의 '기본적으로 진실한' 현실 버전도 존재하지 않는다는 관점을 취한다. '현실'은 항상 세상에 관해 한 사람이 취하는 관점에 상대적인 것이며, 한 사람이 많은 각기 다른 입장을 취한다면, 이들은 각기 다른 원칙을 통해 선택되거나 조직된다. 나는 모든 현실 버전이 서로서로 전환이 가능하다고 혹은, 이들 중 어느 것은 여러 가지 목적을 한꺼번에 취하고 있다고는 연역적으로 믿을 수 없다. 예를 들어 집을 지을 때, 우리는 '목수의 관점'을 취하며, 줄자와 T-스퀘어에 따라 일을 시작하게 된다. 이 과정에 한정되는 수많은 실용적 규칙들이 존재한다. 이러한 '활용 규칙'은 또한 산술, 기하학, 물리적 원칙에 의해 정교하게 표현되게 된다. 이러한 표현은 모두 매우 편안하게 다가온다. 그러나 우리가 집에 거주하고 사물을 변화시킬 사람들을 위한 충분한 프라이버시를 보장하였는지 면에서, 건설이라는 과제를 바라보아야 한다. 그리고 나서 우리는 방이 서로 충분히 떨어져 있는지, 그러나 공통된 공간을 통해 연결되어 서로 고립되지 않게 하는지에 관해 염려해 보게 된다. '생활 양식'과 미적 고려사항에 대해 생각할 때, 우리가 염두에 두는 모형은 센티미터, 그람, 초와 같은 물리적 척도에 의해 지지되지 못한다.

심리학자가 공간적 현실이 '일차적인' 것이며, 생활적 공간이 '부차적인' 것이라는 Lock의 신봉자들의 결론을 도출하는 것은, 편리하지만 오해를 불러일으킨다. 활용에 있어서 두 가지가 실용적 기준에 따라 달라진다. 특정한 목적을 위해 일하는가? 두 가지 영역인 물리적 영역과 거주적 영역에서, 우리는 결론 도출을 위해 기본적인 논리 형태에 의존한다. 그러나 우리가 논리적 결론으로부터 도출하는 전제들은 다를 수 있다. 또한 우리가 '기준적인' 논리를 느슨하게 적용시키는 데 대해 주의해야 하는 시점도 존재한다. A가 B보다 더 크고, B가 C보다 더 크다면, A가 C보다 더 크다고 해서 예를 들어 누군가가 A 방을 B 방보다 좋아하고, B 방을 C 방보다 더 좋아한다고 해서 이들이 A 방을 C 방보다 더 좋아할 것이라고 생각해서는 안 된다.

이들은 A-B, B-C, A-C 비교에서 각각 다른 기준을 사용할 수 있다. 한 사람이 판단을 할 때 하나의 기준만을 사용하도록 할 수 있다면, 선호도 측정이 더 '현실적'이게 될 것이라고 추정할 수 있을까? 우리는 이러한 문제들을 모든 '현실' 형태보다 위에 있는 정점으로부터 '아무 곳에서도 오지 않은 관점'으로부터 규정할 수 있을까?

이들은 현실주의자와 구성주의자들이 고투하는 유형의 추측이지만, 누구도 완전히 성공적이지는 못했다. 문화 심리학자들에게 근본적인 과제는 우리가 각기 다른 문화에서 혹은 사회생활의 다양한 조건하에서 구축하는 현실에 어떠한 기술적(descriptive) 및 분석적 구조를 적용하는 것이다. 우리는 우리의 자녀를 사랑과 정의에 동시에 비추어 바라볼 수 없다(소송에서의 변호사들에 관한 Roscoe Pound의 유명한 말처럼 이들의 강점은 이들이 불가분하게 서로 연결된 것들에 관해 따로 구별하여 생각할 수 있다는 것이다). 사실, 서사적 정신 구조의 가장 유용한 특징 중 하나는 이들이 서사적 필요성에 문제를 제기할 수 있는 것들로부터 자신들을 격리시키는 방식으로 사실들을 이야기하도록 허용한다는 것이다. 평균적인 미국인 소비자들에게 1962년 랜드 그랜트 칼리지(Land-Grant college, 정부로부터 받은 땅을 기초로 세워진 고등 교육기관)를 설립하는 법안에 서명하는 데 있어서 Abraham Lincoln의 주요한 동기는 시민전쟁에서 협회 뒤에서 농부들이 노력을 하게끔 만드는 것이었다는 이야기를 확신시켜 보자. '그건 정말 링컨 같지 않다'고 이들은 당신에게 말할 것이다. 당신에게 이 문제에서의 '사실들'에 대한 나의 해석을 확신시키기 위해서 나는 당신에게 '(부정한 방법을 쓰기도 하는) 해결사', 법조인, 일리노이 정치가로서의 링컨에 관한 이야기와 또 다른 서사적 경로를 따를 수 있도록 만들어줄 그 밖의 이야기들을 들려주어야 할 것이다.

나는 '사회 구성주의자들'이 하는 구성주의에 귀속된 종교적 중요성에 대해서는 거의 느끼지 못했다. 또한 진실(혹은 현실 등 그 밖에 다양하게 칭해지는 특성)에 대한 실용적 설명에 대한 중요성도 거의 느끼지 못했다. Goodman과 같이 나는 우리가 '현실'에 대해 주장을 하고, 그렇게 하는 것이 우리의 '현실'이 구성됨을 인정하도록 하는 것이라는 데 약간의 연민을 느끼지만(또한 인간으로서의 일종의 부담) 우리는 계속해서 방법론적인 속임수가 있을 것이라는 착각을 하고, 그에 따라 '현실'을 직접적으로 찾을 수 있게 되기도 한다. 존재론은 나의 회의론적 사고방식에 따르면, 인식론의 인위구조이다. 이는 우리의 제안된 현실의 '현실'에 관해 주장을 하는 흥미로운 게임이다. 나는 이것이 '유용성'에 관해서 주장을 하기 때문에 좀 더 성장한 관점이라고 생각한다.

또한 유용성은 다양하다. 법화(legal tender, '진짜' 돈으로 만들어 주는 것)의 유용성은 사람들의 신념에 달려 있다. 법화는 금으로도 교환할 수 있으며, 따라서 상품에 대해 거래될 수도 있다. 법화는 '진정한' 사회적 구성이다. 많은 그 밖의 '현실'은 법 안에서 법화에 귀속되고 있다. 법화를 훔친다면, 법화를 빌린 후 갚지 못한다면, 당신의 이익을 위해 상품이나 서비스를 교환하는 데 있어서 법화에 관한 잘못된 정보를 주었다면, 법화를 소유하는 힘을 헐뜯거나 깎아 내린다면, 당신은 실제 법원으로 소환될 것이며, 결국 실제적인 철창 뒤에서 실제의 시간을 소비해야만 할 것이다. 바보만이, 이것이 안개상자(cloud chamber)에서, 그리고 나서 원자 폭발(atomic explosion)에서 증명되는 원자 이론의 '현실'이나 검증가능성과 같은 것임을 부인할 것이다.

그러나 왜 우리는 이 시점에서 자연과 문화가 완전히 비슷하거나 완전히 다른 것이라고 주장해야 할까? 법과 금융의 세계는 물리학의 세계와는 매우 다르며, 마음을 사용하여 사회적 노력을 조직하는 서로 다른 방법들을 필요로 한다. 의심의 여지없이 원자(자연에서의 구조)는 이에 대한 우리의 신뢰에는 영향을 받지 않는다. 그러나 금융 거래는 말 그대로 상호 신뢰라는 매개체에서 흘러가게 된다.

인간 과학자들로서의 우리의 과제는 인간 생활의 정리가 어떻게 작용하는가를 서로 설명하는 것이다. 인간 과학자로서 우리는 우리가 이해하려 하는 '현실'의 일부이기 때문에 우리의 설명은 종종 이러한 정리에 강력한 영향을 미친다. 모순은 자연 세계를 이해하기 위한 노력을 방해한, 실증적 현실주의 유형을 훨씬 앞선다는 이점을 가르쳐준 것은 물리학이었다는 것이다. 구성주의와 같은 개념 없이는 우리는 완전하게 환원주의적 독단주의의 희생자가 될 것이다.

마지막 언급 사항은 구성주의는 실용주의적 기준을 적용한다는 것이다. '현실주의'는 바람직한 목표를 달성하는 데 있어서 성공하였는가? 현실주의는 생성적인 논리와 작업 언어를 발생시키는가? 나는 물론 실용적 기준(효과가 있는지에 관계없이)의 필수적인 충분한 기준이 또한 문화적으로 확정되는 것이라는 점도 인정한다. 상정된 '현실'이 실용적으로도 적합한지를 측정할 수 있는 정확한 측정-규칙은 없다. 이 모든 것은 단지 구조 그 자체와 같이 특정한 이론 구조의 적합성 측정이 인간적이며, 문화적인 산물이라고 말하기 위함이다.

결론

이 책에서 제기한 문제들에 관한 나의 성찰로 마무리를 짓는다. 나는 본 장에서 펼쳤던, 무모한 주장과 무엇보다 중요한 일반화에 대해서 사과하지는 않을 것이며, 우리가 종종 대중적 선언에 있어서 지나치게 조심하는 것으로 느끼는 성향을 방지하려는 마음으로 이들을 제시하는 것이다. 나는 본 책의 나머지 다른 장들도 매우 좋아한다. 당신은 앞으로 제기되는 문제들에 대한 나의 대답의 메아리를 들을 수 있을 것이다.

주석

1. 나는 꽤 우연한 계기로 메이예르송(Meyerson)의 작업에 발을 들이게 되었다. 1990년대 중반, 이른바 '메이예르송 르네상스'의 일환으로, 그의 저작을 기념하고 낭테르 대학교(University of Nanterre)에 메이예르송 아카이브가 개관하는 것을 축하하는 콜로키움이 파리에서 열렸다. 나는 문화심리학이라는 포도밭에서 고군분투하는 해외 연구자로 초대되었다. 주최자인 프랑수아즈 파로(Françoise Parot)는 메이예르송의 글 한 묶음을 보내주며, 이제 내가 따라잡을 때가 되었다고 재치 있게 알려주었다. 이 자리에서 발표한 나의 논문은 Bruner(1996)로 출판되었다.

2. 내가 이 다소 특이한 예시를 선택한 데에는 이유가 있다. 나는 프랑스에 친구가 많으며, 그들 모두가 이 고전적인 육각형(프랑스 지형을 나타내는 상징)에 기초한 자국의 이미지를 고수한다. 이는 오래 거주한 뉴요커들이 미국을 처음 구분할 때 허드슨강을 기준으로 '이쪽'과 '저쪽'으로 나누는 방식과 거의 흡사하다.

3. 나는 피아제와 비고츠키의 견해에서 무엇이 조화될 수 있는지를 밝히기 위해, 이 입장을 다른 글에서 보다 상세히 논의한 바 있다(Bruner, 1997).

4. 나는 여기에서 맥두걸(McDougall)과 프로이트(Freud)는 논의에서 제외한다. 왜냐하면 이 두 사람 모두 '인간 본성'에서 비롯된 우리의 심리적 성향이 어떻게 문화를 형성하는지에 더 관심을 두었다고 보기 때문이다. 같은 이유로, '문화-성격(culture-personality) 이론'이라는 이름으로 불렸던 다소 특이한 지적 흐름 역시 여기에서는 다루지 않는다.

참고문헌

Amsterdam, A. and Bruner, J. S. (2000). *Minding the Law*. Cambridge, MA: Harvard University Press.

Bruner, J. S. (1996). 'Meyerson aujourd'hui: quelques reflexions sur la psychologie culturelle', in F. Parot (ed.), *Pour une psychologie historique: Ecrits en hommage à Ignace Meyerson*. Paris: Presses Universitaires de France.

Bruner, J. S. (1997). 'Celebrating divergence: Piaget and Vygotsky', *Human Development*, 40: 63-73.

Bruner, J. S. and Lucariello, J. (1989). 'Monologue as narrative recreation of the world', in K. Nelson (ed.), *Narratives from the Crib*. Cambridge, MA: Harvard University Press.

Geertz, C. (1999). 'A life of learning'. The Charles Homer Haskins Lecture for 1999. American Council of Learned Societies, Occasional Paper.

12장 요약

브루너는 『Jerome Bruner: Language, Culture, Self』의 마지막 장에서 문화와 마음, 언어의 기원과 발달, 그리고 구성주의적 현실 이해를 하나의 축으로 묶어 해석 공동체의 관점에서 새롭게 제시한다. 그의 핵심 주장은 학문적 아이디어가 개인의 독창적 산물이 아니라, 공동체적 대화와 상호비판 속에서 질문이 재소환되고 변주되는 과정에서 성숙한다는 것이다. 따라서 탐구의 초점은 단일한 정답의 도출이 아니라, 무엇을 묻고 어떻게 그 물음이 지속적으로 갱신되는가에 있다. 학문은 곧 살아 있는 해석 공동체의 서사적 활동이다.

문화와 마음의 관계를 설명하려는 기존 논의는 다섯 가지로 나뉜다. (1) 사피어-워프 가설과 소쉬르 구조주의는 신화와 언어가 사고를 조직하는 틀을 제시했지만, 실제 상호작용—즉 화용론적 차원—을 충분히 설명하지 못했다. (2) 분트와 크로버는 개인 심리학과 민족 심리학을 층위적으로 구분했으나, 두 층위의 접속은 모호하게 남았다. (3) 메이에르송은 법과 제도, 설화 같은 '작품(oeuvres)'을 매개로 문화가 마음에 스며든다고 보았고, 지역성과 사용 맥락을 강조했다. (4) 레비스트로스와 스페르버는 구조와 전염의 힘을 통해 보편성과 전이 가능성을 설명했으나, 원인과 결과가 순환하거나 경직되는 한계를 지녔다. (5) 뒤르켐과 베버의 규범 접근은 규범의 외재성과 제약을 드러냈지만, 개인이 규범을 어떻게 전유하고 일탈하는지 미시적으로 기술하지 못했다. 이들 모두는 문화와 마음을 고정된 실체로 구체화(reification)했다는 한계를 공유한다.

브루너는 이러한 구도를 넘어 문화를 고정된 전체가 아니라 제도화된 규범과 그것을 비트는 가능세계의 변증법으로 재정의한다. 문화는 단선적

인과 체계가 아니라 역사적·제도적 맥락 속에서 의미의 정합성이 끊임없이 재구성되는 과정이다. 법적 판례의 변천이나 문학·예술의 파급력이 보여주듯, 문화 분석은 원인을 찾는 일이 아니라 사람들이 특정 장면과 제도에 부여하는 의미를 해석적으로 읽어내는 작업이다. 문화심리학의 전략은 따라서 상관관계 설명이 아니라 장면 읽기와 서사적 이해다.

언어에 대한 그의 입장 역시 자율적인 '언어 모듈(LAD)' 가설과 거리를 둔다. 언어는 타인의 마음을 추론하고 의도를 조율하려는 상호주관성에서 비롯된다. 유아는 문법을 내재화하기보다 먼저 화용적 필요(무엇을 하려는가)에 반응하며, 지시성·차례 맞추기·호명과 응답 같은 상호작용적 능력을 습득한다. 이러한 능력이 언어 학습의 실제 토대를 이룬다. 언어의 보편성도 뇌 속 프로그램이 아니라, 공동주의와 의도 민감성, 실용적 편의가 역사적으로 표준화되는 과정에서 수렴한 결과다. 언어는 구조의 집합이 아니라 상호주관성과 내러티브적 행위 논리에 뿌리내린 문화적 실천이다.

현실 이해에 대해서도 브루너는 구성주의를 옹호하되 그것이 곧바로 상대주의로 기울어서는 안 된다고 경고한다. 그는 목수의 관점(치수와 재료)과 거주자의 관점(프라이버시와 미감)을 예로 들어, 전환 불가능한 복수의 현실 버전이 존재함을 설명한다. 판단의 기준은 '더 진짜인가'가 아니라 '언제, 누구에게, 어떤 목적에 유용한가'이다. 사회적 구성물도 실제적 효력을 지니므로 법화(法貨)는 합의의 산물이지만 동시에 현실적 제재를 행사한다. 따라서 자연과 문화의 세계를 동일시하거나 절연하지 않고, 각각에 맞는 기술과 설명 어휘를 마련해야 한다. 이때 문화심리학자의 설명은 단순 기술을 넘어 대상 현실을 재구성하는 개입이 되므로 언제나 성찰적이어야 한다.

결론적으로 브루너는 문화, 마음, 언어, 현실을 맥락 속 행위와 해석의 연쇄로 이해한다. 연구자는 인과적 변수보다 사람들이 장면에서 어떻게 의미를 만들고 따르며 비트는지를 서사적으로 기록해야 한다. 해석 공동체 안에서 질문을 되살리고, 사례를 가리키며, 가능 세계를 실험하는 이 실천이 문화심리학의 핵심 과제다. 심리학은 정보처리의 과학이 아니라, 인간이 세계와 관계 맺고 새로운 현실을 창출하는 서사적·문화적 실천의 탐구로 재구성되어야 한다.

찾아보기

인명

Akhtar and Tomasello ········· 87
Akhtar, Carpenter and Tomasello ·· 88
Amsterdam & Bruner ········· 17
Astington ········· 29
Austin ········· 80
Bakeman and Adamson ········· 85
Baldwin ········· 86
Bermudez, Marcel & Eilan ········· 29
Brown ········· 113
Bruner ········· 58, 92
Bruner, Goodnow and Austin ········· 76
Bruner, Greenfield and Oliver ········· 76
Bybee ········· 95
Chomsky ········· 84
Churchland ········· 28
Cole ········· 19
Corkum과 Moore ········· 85
Damasio ········· 29
de Laguna ········· 79
Dennett ········· 29, 40
Dewey ········· 62
Dilthey ········· 38
Donald ········· 19
Edwards & Potter ········· 19
Eilan, McCarthy & Brewer ········· 29
Fancher ········· 23
Gardner ········· 18
Gergen ········· 19
Givón ········· 91
Goldberg ········· 94
Gopnik & Meltzoff ········· 29
Grice ········· 80
Harré ········· 80
Harré & Gillett ········· 19
Kant ········· 38
Kenny ········· 80
Langacker ········· 94, 98
Locke ········· 22
Piaget ········· 36
Pinker ········· 31, 113
Quine ········· 27
Ratner와 Bruner ········· 81
Rorty ········· 211
Ryan ········· 81
Saussure ········· 133
Scaife와 Bruner ········· 84
Searle ········· 80
Shatz ········· 112
Shweder ········· 19
Slobin ········· 95
Stich ········· 28
Strawson ········· 80
Talmy ········· 94
Tinbergen ········· 81
Tomasello ········· 83
Tomasello and Brooks ········· 98
Tomasello, Kruger and Ratner ········· 99
Tomasello, Mannle, Kruger ········· 86

Tomasello와 Farrar ············ 85
Tomasello와 Todd ············ 85
Trevarthen ············ 85, 112
Whitehead ············ 67
Wittgenstein ············ 81
콩디야크 ············ 148
포도 ············ 214

내용

『 ㄱ 』

가상적 텍스트 ············ 346
가설 시험 ············ 214
감정적 맥락의 중요성 ············ 184
개념 구성하기 ············ 219
공동 관심 ············ 114
관찰 학습 ············ 277
구성과 현실 ············ 426
구성의 의미론과 화용론 ············ 95
규칙과 기계 ············ 318
규칙의 이중성 ············ 308

『 ㄴ 』

내러티브 ············ 59, 99
내러티브 구조 ············ 346
내러티브의 중요성 ············ 190
내면 상태에 대한 담론 ············ 186
내재주의와 외재주의 ············ 213
놀이 ············ 278
능력의 발현 ············ 281

『 ㄷ 』

담화심리학 ············ 314
도구 사용 ············ 287
도상적(iconic) 학습 ············ 238
동물행동학적 관점 ············ 114
두 번째 인지 혁명 ············ 308

『 ㅁ 』

마음 이론 ············ 355
마음 읽기(mind reading) ············ 44
말하기 위해 태어나다 ············ 113
메타-표상(meta-representational) 체계 ············ 219
무엇이 문화인가? ············ 417
문법 능력의 습득 ············ 88
문화-마음의 연결 ············ 405
문화심리학 ············ 377
문화심리학 구성하기 ············ 60
문화적 전환 ············ 20
미성숙과 발현 행동 ············ 288
미성숙의 성격과 사용 ············ 77
민간 심리학(folk psychology) ············ 39
민속심리학 ············ 407
민속심리학(혹은 민간심리학) ············ 357

『 ㅂ 』

발견법 ············ 121
발생주의자들 ············ 113
발현 행동 ············ 289
변형 의미(variational meaning) ······ 347
비계 제거하기 ············ 109

비고츠키주의자들 ··· 216
비트겐슈타인의 구분의 중요성 ··· 319

『 ㅅ 』

사회적 상호작용의 중요성 ··· 194
사회적 상호작용주의 ··· 110
상상 놀이 ··· 111
상징적 학습 ··· 238
생성문법 ··· 94
생태 심리학의 ··· 264
세계를 표상하는 세 가지 방식 ··· 237
속이려는 시도 ··· 189
순서 바꾸기 ··· 117
스캐폴딩 ··· 215
스캐폴딩(scaffolding) 이론 ··· 32
습관이나 훈련된 수행 ··· 323
실재의 내러티브적 구성 ··· 80
심리언어학 ··· 29, 150
심리학의 기술화 ··· 344

『 ㅇ 』

아동의 가작화 놀이 ··· 120
아동이 말하는 행위(child's talk) ··· 80
아동지향어 ··· 111
어포던스 ··· 264
언어 문화(languaculture) ··· 126
언어 사용의 발생적 기원 ··· 151
언어 습득지원 체계(LASS) ··· 215
언어, 마음 그리고 문화 ··· 421
언어문화적 발달 ··· 125
언어사용 학습하기 ··· 80
언어습득 ··· 282
언어습득장치(Language Acquisition Device, LAD) ··· 84
언어습득지원체계(Language Acquisition Support System, LASS) ··· 84
언어의 계통 발생적 기원 ··· 149
언어의 기원 ··· 173
언어학적 계통 발생 ··· 154
역량의 발아 ··· 159
역사적 내러티브 ··· 100
역할 바꾸기 모방 (role reversal imitation) ··· 83
영장류의 몸과 뇌의 크기 진화 ··· 280
영장류의 언어 발달 ··· 131
원초적 정신 능력 ··· 159
윌리엄스 증후군 ··· 119
유인원의 도구 사용 ··· 282
유전자 모델링 ··· 29
의미는 움직인다 ··· 349
이야기를 하는 것(telling stories) ··· 58
인식론의 자연화 ··· 27
인지 과정의 결정성 ··· 310
인지 혁명 ··· 18
인지 혁명의 재고 ··· 51
인지과학 ··· 18
인지신경과학 ··· 29
인지의 재조직화 ··· 221
인지혁명 ··· 378
일상 심리학 ··· 347
일상(민간 혹은 민속의 통속 심리학 (folk psychology) ··· 44
일상(혹은 민간, folk) 심리학 ··· 356
일상(혹은 민간, folk) 인간 과학 ··· 356

『ㅈ』

자연주의 인식론 27
작동적 학습 237
전문가 시스템의 프로그래밍 321
제1차 인지 혁명 303
제거적(소거적) 유물론 27
존재의 일회적 발생 사건 348

『ㅊ』

초기 내러티브 190
초기 환경과 신경 발달 278
초기환경과 사회적 인지 발달 279

『ㅌ』

튜링 테스트 325

『ㅎ』

학습의 생태학 240
행동(action)의 유형 315
화행이론(Speech Act Theory) 80

『기타』

Bruner의 삼원이론 237

GOFAI 318